Global Political Economy 총서 6

재벌,
한국을 지배하는
초국적 자본

Global Political Economy 총서 6

재벌, 한국을 지배하는 초국적 자본

박형준 지음

책세상

| 프롤로그 | 7 |

1부 권력의 시각에서 자본주의 발전 과정에 접근하기

1장 서론 : 발전주의 경제학을 넘어서   29
- 지배적 패러다임 : 발전주의와 생산의 비정치화   38
- 발전주의 담론의 한계   52
- 대안적 접근 방식   62
- 책의 구성   68

2장 권력의 관점에서 '경제발전'에 접근하기   83
- 이론적 관점과 그 한계 범위   86
- 생산과 권력   94
- 역사적 블록 접근 방식   110
- 자본주의의 역사적 블록   128

3장 자본권력의 측정 : 축적 체제의 분석틀   157
- 자본의 권력적 본성을 파악하려던 마르크스의 시도   161
- 마르크스 자본 이론의 한계   167
- 닛잔과 비클러의 권력가치론   180
- 착취와 축적   186
- 국가와 자본의 상호 전환   202
- 자본의 초국적화   209
- 결정론과 환원론의 거부   218

2부 권력자본론의 관점에서 한국 자본주의의 진화 분석하기

4장 한국 자본주의 권력의 형성   223
산업과 영리 활동   226
자본의 집적과 집중   231
세계대전 직후 분배 연합의 출현   243
혼란 속의 기회   250
위기 속의 기회   256
강철군화와 보이지 않는 손 : 자본주의 거대기계의 형성   260
권위주의 정권하의 차등적 축적   268
외국자본   277
사회적 질서 양식으로서의 차등적 자본화의 확립   281

5장 자본 권력의 구조조정과 1997년의 축적 체제 위기   285
들어가며   287
1997년 위기의 재조명   293
한국에서의 차등적 축적   305
계급투쟁   313
지구화의 맥락 속으로   319
신자유주의 세계화에 대한 적극 대응   328
우물 안 개구리   341

6장	Post-1997, 한국 자본주의의 전환	**347**
	권력자본론의 입장에서 본 Post-1997 '양극화 성장'	**352**
	지배적 자본의 부활	**359**
	'시장자본주의'로의 이행	**368**
	지배적 자본의 초국적화	**371**
	기득권 세력의 초국적 융합	**379**
	핵심은 차등적 자본화	**385**
	자유시장, 국가, 그리고 사회양극화	**392**

에필로그		**409**
	참고문헌	**427**
	찾아보기	**440**

프롤로그

1987년을 민주화 원년으로 삼는다면 2012년은 한국 민주주의가 25돌을 맞이한 해였다. 25라는 숫자에 특별한 의미가 있을 이유는 없지만, 왠지 모르게 2012년을 계기로 한국 사회가 지금까지와는 다른 새로운 시대적 국면으로 접어들리라는 기대감이 있었다. 아마도 5·16 군사 쿠데타가 1961년에 일어났다는 사실을 상기하면서, 다른 한편으로는 사반세기가 보통 사회적 차원의 세대교체가 이루어지는 한 주기라는 생각으로, 우리 사회가 다시 한 번 중요한 전환점을 맞을 때가 되지 않았나 하여 막연히 의미를 부여했을 것이다. 때마침 민주화 25돌을 맞는 해에 치러진 대통령 선거도 이러한 기대감을 부추기는 데 한몫했다.

그러나 선거 결과는 보수 진영을 대표하는 박근혜의 승리로 끝났다. 역시 헛된 바람이었나? 이른바 "미래 세력과 과거 세력의 한판 승부"에서 국민들은 과거 세력을 선택한 것일까? 문재인에게 표를 던졌던 많은 이들은 낙담하고, 소주잔을 기울였다. 절망 속에서 MB 정부 5년을 보낸 사람들에게 새누리당의 재집권이라는 현실은 끔찍한 악몽일 것이다. 진보 진영은 가라앉은 분위기 속에서 선거 패배를 분석하느라 분주한 시기를 보냈다. "박정희 대 노무현 구도라는 프레임의 실패", "보수의 결집", "50대의 변심", "노년층의 증가", "지지부진했던 단일화 과정", "계파 정치 폐해" 등등 많은 이야기가 쏟아져 나왔다. 다 맞는 말이다. 하지만 왠지 흡족하지 않은 느낌이다. 너무 선거에만 매몰된 표층적인 분석이랄까.

선거 전략 분석도 중요하지만, 2012년 진보 진영의 선거 패배는 우리 사회에 관해 보다 근본적이고 구조적인 고민을 요구하고 있다고 생각한다. 단순히 선거 전략상의 '실수'가 아니라, 1987년 이후 급변해온 사회 현실에 민주당을 비롯한 진보정당들이 제대로 대응하지 못한 결과였다. 그들은 시대에 맞지 않는 자신들의 정치 프레임 속으로 대중들을 밀어 넣으려고만 했다.

통합민주당과 새누리당은 (이름을 여러 차례 바꾸긴 했지만) 진보와 보수 양대 진영을 대변하며 지난 25년 동안 사생결단하듯 선거를 치러왔다. 하지만 싸움의 형식은 치열했으나 싸움의 내용은 명확하지 않았다. 보수 쪽의 지향이 뚜렷했던 데 반해 진보정치 세력은 자기를 주체적으로 정의하는 데 실패했다. 계속해서 보수 집권 체제를 부정하는 방식으로 자기를 표현했을 뿐이다. 말하자면, 반노태우, 반김영삼, 반MB라는 네거티브 프레임을 통해 보수 세력이 집권하면 안 되는 이유만을 부각시켰지 정작 진보 세력이 집권해야 할 이유를 설득력 있게 보여주진 못했다. 민주당은 이 프레임을 이용해 10년 동안 집권했지만, 막상 권력을 잡았을 때 보수 정권과의 차별성을 보여주지 못했다. 2007년 대통령 선거 때 63퍼센트라는 낮은 투표율과 민주당 정동영 후보가 얻은 26퍼센트라는 저조한 득표율은 노무현 정부가 원인을 제공한 정치적 냉소의 표현이었다.

민주당의 정치적 한계를 지적하며 독자 정당 운동을 펼쳤던 좌파 정당들도 자기 정립에 실패했다. 민주노동당으로 시작된 좌파 진보정당 운동은 한국 사회의 구조적인 문제점들을 밝히고, 민주당이 표방하는 것보다는 좀 더 근본적인 개혁이 필요하다는 점을 주창해왔다. 하지만 정작 자신들은 1980년대에 형성된 사상의 프레임을 탈피하지 못하고, 시대에 뒤떨어진 소위 NL과 PD의 대립 구도에서 분열을 거듭하며 쇠락을 자초했다.

그러나 박근혜 후보의 당선이 역사의 후퇴를 의미하진 않는다고 믿는다. 진보건 보수건, 좌파건 우파건 시대정신을 넘어서는 정치를 할 순 없다. 역사학자 페르낭 브로델Fernand Braudel의 표현을 빌리자면, 박근혜 정부의 정책들도 "가능성의 한계the limits of the possible"에 규정당할 것이다. 돌이켜 보면, 광주에서 학살을 자행했던 전두환 정권이 1987년 6월에 다시 한 번 유혈 진압을 하지 못할 이유는 없었다. 무소불위의 권력을 휘두른 집단이지만, 시대의 요구를 거스를 순 없었던 것이다. 1987년 대선에서 쿠데타 주도자 중 하나인 노태우가 당선해 '군부' 재집권에 성공했지만, 이후 전두환을 백담사로 보내야만 했고, 민주화라는 시대의 '정언명령'을 따를 수밖에 없었다. 박근혜 당선의 가장 유력한 배경인 박정희의 조국 근대화 성공담도, 엄밀한 평가는 잠시 보류하고 말하면, 당시 시대정신에 부합한 결과였다. 군사독재 정권이 주도하지 않았더라도 근대화라는 화두가 우리 사회를 지배했을 것이다.

　신자유주의 '종결자' 역할을 할 것 같았던 MB 정부도 2008년 세계 금융공황으로 인해 뜻대로 하지 못하고, 나중에는 결국 '재벌 기업에 좋은 것이 대한민국에 좋은 것'이라는 정책 기조에서 물러나 형식적이나마 동반성장위원회를 만들어야 했다. MB 정부가 자본시장통합법을 기초로 삼아 역점을 두고 추진하려 했던 글로벌 메가 뱅크나 거대 투자은행 설립, 헤지펀드 활성화 방안도 제대로 진행되지 못했다. 2011년 자본시장통합법 개정안을 내놓으면서 금융화 확대 프로젝트를 재가동하려고 했지만, 법안은 국회에서 잠자고 있다가 박근혜 정부에 들어와서 겨우 통과되었다. 4대강 사업은 막무가내로 완수했지만, 신자유주의보다는 개발독재 프레임에 더 가까웠다.

　박근혜 정부도 마찬가지일 것이다. 잘하고 못하고를 떠나서, 우리 시대의 요구에 제한당할 것이다. 한국 사회가 어디로 나아갈지는 아직 알 수 없지만, 앞에서 언급했듯이, 산적한 사회경제적 문제들을 피해 갈 수 있는 우회로는 없다. 비유하자면, 박근혜는 소닉붐 직전의 비행기 조종사가 된 것이다. 소닉붐은 비행기가 음속을 돌파할 때 생기는 충격파로 인해 생기는 굉음을 가리킨다. 속도가 높아지면서 비행기 기수에 여러 겹의 공기층이 쌓이면서 엄청난 압력을 발생시키는데, 비행기가 이를 뚫고 나갈 때 강한 파장이 발생한다. 박근혜 정부가 몰고 갈 '주식회사 대한민국호' 앞에는 박정희 정권 때의 개발독재가 남겨놓은 역사적 잔재, 2008년 세계 금융공황을 계기로 시작된 신자유주의 체제 붕괴와 장기 불황, 재벌 기업들의 독점적 권력 축적과 경제 양극화, 비정규직 증가·청년 실업에 의한 삶의 불안정화 등 온갖 난제들이 겹겹이 쌓여 있다. 박근혜 정부의 선택지는 둘 중 하나다. 어떤 묘수를 찾아내 소닉붐을 일으키며 난관을 뚫고 나가든지, 아니면 뭉기적대다가 추락하든지.

민주화 25돌을 맞은 해에 치러진 대통령 선거가 보수 진영의 승리로 끝났지만, 시대의 화두가 보수적일 것 같진 않다. 박근혜 개인이나 박근혜

정부가 이른바 '줄푸세(세금은 줄이고, 규제는 풀고, 법질서는 세운다)' 기조를 버리고 '좌클릭'하진 않겠지만, 현재의 국내외 상황을 무시하고 그 길을 고집할 수는 없다. 이미 대선 전부터 새누리당은 위에서 열거한 사회경제적 문제점들을 인정하고, 경제민주화와 복지국가 담론을 받아들여야 했다. 새누리당은 대선이 끝나자마자 공약 수정의 필요성을 제기하며 기만적인 태도를 보이고 있지만, 경제민주화와 복지 확대라는 큰 틀 자체를 없던 일로 할 순 없을 것이다.

싸움은 끝나지 않았고, 이제부터 본격적으로 시작된다. 우리는 지난 반세기 동안 형성된 이른바 선성장·후분배 원칙에 기초한 사회변화의 경로를 수정할 절호의 기회를 맞고 있다. 진보 진영이 이번 대선에서 패배한 것은 애석한 일이지만, 협소하게 선거 결과 분석에 몰두하기보다는 이러한 기회를 살려 새로운 사회적 경로를 열어갈 준비가 되어 있는가라는 화두를 붙들어야 한다. 그러나 현실은 안타깝게도 그렇지 않다는 생각이 든다. 이번 대선에서 진보 진영이 새누리당의 재집권을 막아야 한다는 과제에 공감해 다 함께 뭉치기는 했지만, 진보정치 세력은 새로운 사회적 전망이나 기존 경로의 변경 가능성을 구체적으로 제시하지 못했다.

민주당은 지난 25년 동안 일종의 '대안 부재론', 즉 자신들 말고는 집권 능력이 있는 대안 야당이 없다는 현실을 이용해 진보 성향의 대중들을 볼모로 잡는 정치를 펼쳐왔다. 진보적인 사회경제 체제에 대한 고민 없이 '민주 대 반민주' 구도로 선거 이벤트에만 몰두하다 막상 집권하자 신자유주의 체제 확립을 주도했다. 지금 한국 사회를 질식시키고 있는 비정규직 문제, 가계 대출 팽창을 통한 부동산 거품 형성, 무분별한 자유무역협정의 확대 등이 모두 민주당 집권기에 심화되었다. 그런데도 민주당은 이번 대선에서 통렬한 자기반성 없이 구태의연한 진영 논리에 기대려고 했다. 이

구도를 탈피하려는 대중의 움직임이 소위 안철수 현상으로 물화되어 나타났지만, 정작 안철수는 이런 변화의 염원을 실현할 인물은 아니었던 것 같다. 물론 안철수 현상이 용두사미가 된 이유는 안철수 개인의 한계 때문이라기보다는 진보 진영 전체가 대안적 사회경제 체제에 대한 내용을 아직 준비하지 못한 탓이다.

진보 진영은 처음부터 다시 고민을 시작해야 한다. 어디서부터 다시 시작해야 할까? 우리가 떠안은 이 시대의 화두는 한국 사회의 역사적 경로 변경이다. 경로를 바꾸기 위해서는 지향점을 정해야 하지만, 우리가 지금까지 어떤 길을 걸어왔는지를 제대로 인식하는 것이 더 중요하다. 그래야만 실질적인 추동력을 얻어 우리 현실에 맞는 변화를 모색할 수 있다. 지나온 궤적을 결정했던 힘을 파악하지 못하고 미래의 지향만을 말한다면, 80년대에 형성된 좌파 운동의 전철을 되풀이하거나 10년간 집권했던 민주당처럼 모순된 정치 행로를 반복할 뿐이다.

이 책은 경제민주화, 복지국가 논쟁 등 한국 사회의 역사적 경로 변경에 관한 여러 논의들을 계속 밀고 나가기 위해서는 지금까지 우리 사회가 밟아온 변화의 궤적을 규정했던 구조적인 힘을 명확히 이해해야 한다고 판단하여 기획한 정치경제학 연구서이다. 이 책에서 필자는 지난 반세기 동안 한국 사회의 변화 경로가 **권력으로서의 자본의 역사적 운동**에 의해 규정되었다고 보고, 해방 이후부터 박정희 시대의 압축 성장, 1987년 민주화, 1997년 경제위기, 포스트-1997 구조 개혁, 그리고 최근 경제민주화 논의에 이르기까지 한국 현대사의 주요 골간들을 한국 자본주의 권력 양식의 진화 과정으로 설명했다. 이 연구에서 구체적인 경제민주화 방안이나 진보적 사회 개혁 방안을 제시하진 않지만, 사전 작업으로서 꼭 필요한 현대 자본주의 사회에서의 권력 개념과 작동 메커니즘을 설명하고 있다.

'민주화'는 권력 양식을 바꾸는 문제인데, 존재하는 권력 양식을 제대로 이해하지 않고 민주화를 계속 추구할 수 있을까?

이 책은 권력의 관점에서 지난 반세기 동안의 한국 자본주의 진화 과정을 재해석함으로써 거시적 성장만을 주목하는 주류 한국 경제론의 한계를 극복하려 한다. 한국 자본주의 발전 과정에 대한 기존 주류 연구자들의 접근 방식과 분석틀에서는 자본과 사회의 관계, 다시 말해 사회적 권력 관계에 대한 고려를 전혀 찾을 수 없다. 지금까지 한국 자본주의 연구는 발전경제학 영역에서 신고전파와 국가 주도 발전이론(또는 발전국가론) 학파가 지배해왔다. 이 두 주류 관점은 군사독재 치하에서의 급속한 산업화, 1997년의 금융위기, 위기 이후 경제성장 동력의 약화 원인 등에 관한 논쟁을 주도하고, 국가와 시장의 이분법적 대립 구도에서 고도성장의 원동력과 위기의 원인을 찾으며 상충된 견해를 펼쳐왔다. 두 주류 이론 그룹은 한국 자본주의의 진화 과정에 대한 논의를 거시경제의 성장 흐름에 국한함으로써 사회계급의 형성과 발전, 부의 집중, 자본의 축적, 권력구조의 변화 등은 등한시해왔다.

신고전파는 1970년대부터 최근까지 세계경제 체제를 지배해온 신자유주의 담론에 이론적 기초를 제공해온 경제학파이다. 이들은 한국이 자유시장 경제체제를 받아들여 기업의 자유로운 경제활동을 통한 생산의 촉진과 자유무역이 제공하는 비교우위 혜택을 누림으로써 급속한 경제성장을 달성했다고 주장해왔다. 반면, 발전국가론은 특정 사회 그룹과의 이해관계에서 자유로운 강력한 국가의 존재가 급속한 경제성장의 원동력이었다고 본다. 다시 말해, 이들은 신고전파의 주장을 정면으로 반박하면서, 자유무역이 아닌 보호무역이, 자유시장이 아닌 국가의 간섭을 통한 시장의 '왜곡'이 경제적 성공의 열쇠였다고 주장한다. 1997년 금융위기의 원인은 양자 모두 상대편이 주장하는 성공 요인에서 찾는다. 신고전파는 국가-재벌 사이에 만연했던 정실주의가 결정적 원인이었다고 주장하는 반면, 발전국가론자들은 1990년대에 무리하게 추진한 경제자유화가 문제였다고 본다. 따라서 신고전파는 위기 이후 신자유주의적 구조조정을 통한 '국가의 후퇴'가 한국 경제발전의 필수 과정이었다고 보지만, 발전국가론자들은 이를 성장 동력의 약화를 초래한 과정으로 인식한다.

이 책에서는 두 가지 관점을 모두 비판하며, 대안적인 분석을 제시하려 한다. 두 접근법의 주요 문제점은 다음과 같이 간략히 정리할 수 있다. 첫째, 신고전파와 국가주의 발전론은 대립 관계에 있는 것처럼 보이지만, 둘 다 '정치'와 '경제'를 이분법적으로 분리하고, 경제를 권력에서 독립된 과정으로 전제한다. 따라서 억압적 노동 과정, 인권유린, 언론 탄압, 무자비한 폭력, 지정학적 대립, 불평등한 분배 구조 등은 경제와는 무관한 요소 혹은 외부 요소 정도로 취급한다. 발전국가론은 국가의 개입이 경제성장에서 핵심 역할을 했다고 강조하지만, 이러한 이분법에서 벗어나지 못한다. 오히려 권력기구라는 국가의 본성을 감추고, 국가가 마치 효율적이고 합리적인 '생산성본부'인 양 포장했다. 둘째, 두 가지 접근 방식 모두 역사적 관점을 결여하고 있다. 신고전파와 발전국가론자 모두 시장 혹은 국가에 고정불변의 형이상학적 성격을 부여하고, 이에 근거해 경제성장과 위기를 설명하려고 한다. 다시 말해, 전자는 자율조정시장, 후자는 사회관계로부터 독립된 합리적 국가이성이라는 신화에 근거해 한국의 자본주의 발전 과정을 설명한다. 국가나 시장의 특성이 경제발전의 한 요소로 작동할 수 있었던 특정한 역사적 조건과 사회적 맥락은 간과하고 있다. 또한 국가와 시장, 그리고 자본이 사회를 재구성하는 운동 속에서 상호 융합하면서, 상대의 본질적 성격을 변화시켜왔다는 사실을 놓치고 있다.

이 책에서는 기존 연구들의 이러한 문제점을 극복하기 위해서 권력자본론[1]으로 불리는 독특한 정치경제학적 관점을 채택했다. 권력자본론은──본문에서 자세히 설명하겠지만──자본주의를 권력의 한 양식으로 정의하고, 기업의 집합적 개념으로서의 자본을 핵심 권력기관으로 파악한다. 역사에 존재했던 모든 유형의 사회체제는 지배계급의 세계관에 따라 만들어진 고유 규범과 권력 양식을 가지고 있었다. 지배계급은 이를 중심으로 사회를 구성하고 재조직하며, 여타 사회집단을 이 질서에 복속시키려 했다. 권력자본론은 자본주의도 과거의 사회체제와 다르지 않으며, 바로 그렇기 때문에 자본주의의 변화·발전도 자본가의 세계관에 따라 만들어진 규범과 권력 양식을 중심으로 이해해야 한다고 주장한다.

동서양을 막론하고 대부분의 전근대사회는 태어날 때부터 정해진 신분에 따라 사람들의 삶이 규정되는 기본 질서를 원칙으로 조직되었다. 예를 들어, 조선시대의 사농공상士農工商이라는 지배적 관념, 그리고 노비에 대한 신분차별은 개인이 성취할 수 있는 '가능성의 한계'를 규정했다. 아무리 뛰어난 능력의 소유자라도 극히 드문 예외를 제외하고는 이 기본 격자를 넘어서지 못했다. 자본주의에서는 출생에 의해 결정되는 신분제 질서는 없어졌지만, 대신 사회관계를 **상품화함**으로써 위계질서를 정하는 권력 양식이 자리 잡았다. 역사적으로 자본은 원심력 운동을 통해 상품 관계를 우리 삶의 영역 전체로 확대해왔으며, 동시에 구심력 운동을 통해 사회적 과정에 대한 통제력을 소수의 지배적 자본에 집중해왔다. 이러한 자본

---

[1] 권력자본론은 조너선 닛잔Jonathan Nitzan과 심슨 비클러Shimson Bichler가 발전시킨 이론이다. 닛잔은 현재 캐나다 요크 대학교 정치학과 교수로 재직 중이며, 필자의 대학원 지도교수였다. 비클러는 이스라엘의 대학에서 강의하고 있다. 이들의 이론은 본문에서 구체적으로 소개할 것이다. 이들의 저서 가운데 《권력자본론》이 국내에 번역 출간되었다(Nitzan and Bichler 2004b).

의 사회 통제력은 자산시장에서 소유권 매매를 통해 금전 가치로 **자본화** capitalization된다.[2] 여기서 일어나는 소유권의 가격 변동은 다시 사회 전반에 영향을 미치며, 우리 삶을 규정한다.

이러한 시각에서 볼 때, 지난 반세기 동안 펼쳐진 한국 현대사의 핵심은 자본주의 권력 양식의 사회적 인프라 확립이며, 이 과정에서 재벌 대기업은 중심적 권력기관으로 성장했다. 시장 메커니즘이 보편화되면서, 한편으로는 개인의 재산 수준에 따라 사회적 계층화가 이루어졌고, 다른 한편으로는 사회적인 생산과 재생산 과정에 대한 지배력을 점점 더 소수의 기업들이 독점해왔다. 그 결과, 커피와 빵에서 전자제품, 자동차, 아파트에 이르기까지 우리 일상은 몇몇 유명 브랜드에 점령당했고, 중고등학생의 노스페이스 점퍼 계급도가 상징적으로 보여주듯, 동원할 수 있는 돈의 양에 따라 신분질서가 정해져왔다.

권력자본론이 말하는 자본의 권력은 이른바 '삼성 X파일'로 상징되는 정치권에 대한 재벌가의 영향력과는 다르다. 잘 알려져 있는 것처럼, 한국의 재벌들은 오래전부터 검찰, 정치인, 관료 같은 사회 지도층 인사들과 광범위한 연줄을 맺고 돈으로 이들을 관리해왔다. 미국발 세계 금융공황을 통해 드러났듯이, 이러한 정실주의가 한국뿐만 아니라 거의 모든 나라에서 주요한 기업 활동의 하나라는 사실은 광범위하게 인정되고 있다. 그런데 일반적으로 정실주의는 기업의 이윤과 외적인 관계를 맺는 것처럼 설정된다. 다시 말해, 이윤은 원래 생산 활동의 결과물이라는 전제를 깔고, 일탈 행위로 부당하게 만든 이윤이 일부 있다고 보는 것이다. 하지만 권력자본

---

[2] 자본화의 의미는 본문에 자세히 설명해두었다. 여기서는 주식이나 채권의 시장가치를 가리키는 말 정도로 이해하고 넘어가자.

론에서는 이러한 구분이 불가능하다고 주장한다. 애초부터 이윤은 자본의 '생산적 기여'라는 정의가 잘못되었다고 보기 때문이다.

권력자본론은 이윤의 원천을 생산 활동이 아니라, 사회의 생산과정에 대한 자본의 **전략적 사보타주**라고 주장한다. 자세한 설명은 본문에서 하기로 하고, 여기서는 개념 이해를 위해 간단히 예만 들겠다. 전략적 사보타주의 본성은 영국에서 15세기부터 시작된 인클로저enclosure 운동에서 찾을 수 있다. 인클로저 운동은 개방 경작지 체제에서 공동 목초지로 사용되던 초원에 소수의 대농장주들이 울타리를 치면서, 마을의 공동 경작지를 사유화한 역사적 사건이었다. 인클로저는 중세에 벌어진 일이지만, 이후 자본주의적 권력 양식의 기본 질서로 자리 잡는다. 이는 다름 아니라 자본가들이 다른 사람들을 사회적 생산과정에서 배제할 수 있는 힘이다. 마르크스가 말한 것처럼, 이 힘은 노동자들을 생산수단에서 분리해, "굶어 죽을 자유"를 부여할 수 있는 능력이다. 또한, 다른 자본가들이 자신들의 사업 영역에 들어오지 못하도록 진입장벽을 세워 소위 '나와바리'를 치는 능력이다. 권력자본론에서는 이러한 자본가의 능력이 기업의 이윤과 자본축적의 원천이라고 본다.

자본가들이 진입장벽을 설치하여 경쟁자들을 배제하는 능력에는 정치인·관료와 맺는 정실 관계를 통한 독점 사업권 확보, 사유재산 보호, 특허권 및 지식재산권 주장, 노동법 제정, 무역협정 체결, 담합, 가격 카르텔 활용, 약탈적 가격정책 시행, 경찰 동원 등의 무수히 많은 제도적 과정이 관련된다. 현대 사회에서 기업의 영리 활동과 무관한 제도적 장치는 찾아보기 힘들 정도이다. 자본가들은 이러한 제도적 과정을 자신들에게 유리한 방향으로 재구성하려고 끊임없이 노력한다. 이를 통해 사회적 생산과정 전반에 대한 지배력을 확보하고, 유지·확대하려 한다. 권력자본론은 증권시장에서 주식과 채권의 거래를 통해 형성되는 기업의 가치, 즉 자본화가 자본가들이 사회 과정에 행사하는 지배 권력을 화폐가치로 수량화하는 메커니즘이라고 본다.

그렇다면, 기업과 생산이 무관하다는 말인가? 그렇진 않다. 법인기업 corporation은 20세기 초부터 지금까지 사회적 생산을 조직하는 핵심 기구였다. 동시에 기업은 사회적 생산, 즉 공동체의 집단적인 창조적 생산물을 사유화하는 기본 조직이다. 이러한 기업의 이중적 본성으로 인해 현대 산업사회에서의 생산은 점점 더 사회적 성격을 강하게 띠게 되었으나, 그 결실인 사회적 부는 지속적으로 소수에게 집중되어 불평등이 강화되는 경향을 낳았다. 기업의 이윤은 생산물의 물질적 특성에서 나오는 것이 아니라, 생산물을 이윤이 남기에 충분한 가격으로 팔 수 있는 능력에서 나온다. 이 능력은 위에서 말한 여러 제도적 과정에 대한 자본가의 통제력에 따라 결정된다. 비근한 예로, 이건희가 반도체를 생산하는 기술적인 과정에 대해서 얼마나 알겠는가? 기업 경영은 수많은 전문가와 기술자들을 자기 통제 아래 조직화하는 동시에, 해당 영역에 장벽을 쌓는 '정치적 기술'을 발휘하는 것이다. 권력자본론은 공동체가 보유한 총체적인 과학기술의 물화 과정인 생산과정을 자본가들이 '울타리치기'를 통해 사유화하는 정치적 과정이 자본주의 발전의 본성이라고 본다. 이러한 본성에 따라 사회가 조직되면서, 다음의 두 가지 사실이 사회 발전의 기본 축으로 자리 잡아왔다. 첫째, 생산과정에 대한 통제력이 소수의 기업들에 집중되고, 일부 대기업들은 '대마불사'의 특혜를 누리게 되었다. 둘째, 소유권을 바탕으로 이들 대기업을 지배하는 자본가들은 엄청난 부를 축적하고 사회적 과정에 대한 영향력을 확대해왔다.

이제 우리의 관심사인 1997년 금융위기, 위기 후 한국 자본주의의 대전환, 재벌의 팽창, 그리고 경제민주화로 눈을 돌려보자. 권력자본론의 입장에서 이러한 이슈들에 접근했을 때 제시할 수 있는 설명은 주류의 관점과 무엇이 다른가? 권력자본론의 관점에서 한국 자본주의의 전환과 재벌 기업의 진화에 접근하는 이 책의 연구는 기존 연구와 구별되는 세 가지 특징을 가지고 있다.

첫째, 대부분의 기존 연구가 정치 영역과 경제 영역을 이분법적으로 분리하면서 거시적 경제성장의 궤적을 따라 한국 자본주의의 진화 과정을 설명하는 데 반해, 이 책에서는 두 영역을 하나의 통합적인 권력 과정으로 보고 자본주의 권력 양식의 성장이라는 궤적을 따라 분석한다. 이러한 접근 방식에서는, 예를 들어, 박정희 체제를 설명하는 '민주주의를 유린했지만 경제성장의 공로는 인정해야 한다'는 이분법적 인식틀이 배제된다. 권위주의적 정치체제는 한국의 사회 성원 전체가 일궈낸 산업화를 재벌 기업이 집중적으로 사유화하게 만든 핵심 기제였다. 위에서 언급한 것처럼, 현대 경제는 기업을 중심으로 생산 활동이 이루어지고, 이 과정의 핵심 성격은 자본가들의 울타리치기를 통한 사회적 생산과정의 사유화이다. 자본주의사회에서 이러한 생산의 사유화라는 정치적 과정과 분리된 경제의 일반적 성장 과정은 존재하지 않는다. 우리는 이제 질문을 설정하는 틀을 바꾸어야 한다. 그동안 대부분의 논자들은 경제를 독립된 영역으로 정의하면서, 거시 성장 궤도를 따라 한국 사회의 최근 변화를 '고성장 체제'에서 '저성장 체제'로의 전환으로 규정해왔다. 권력자본론은 이에 대한 대안으로 사회적 생산을 사유화하기 위한 제도적 장치와 권력 양식에 일어난 변화를 중심으로 사회체제의 성격을 파악해야 한다고 주장한다.

둘째, 포스트-1997 체제에 대한 대부분의 연구가 이전 시기와의 '구조적 단절'을 강조하는 데 반해 이 책에서는 '연속성'을 강조한다. 이 말이 변화를 부정한다는 뜻은 아니다. 그보다는 사회적 생산의 사유화에 초점을 맞춰 금융위기 이후 한국 사회의 구조적 변화에 접근하면, 소위 개발독재로 시작해 1987년의 민주화, 1997년의 금융위기를 거쳐 현재의 신자유주의 체제에 이르기까지 한국 정치경제의 역사적 궤적을 관통하는 동일한 권력의 동학dynamics을 발견할 수 있다는 의미다. 그것은 바로 시장 메커니즘의 확산과 동시에, 그 메커니즘에 대한 재벌의 지배력을 점점 더 확대한 권력의 역학이다. 이러한 자본주의적 권력의 메커니즘을 체계적으로 구조화한 주체가 다름 아닌 '강한 국가'로 불리는 군사정권이다. 군사정권이 시장을 억압했다는 주장은 시장-국가 이분법이 낳은 착각이다. 강한 국가가 반드시 반시장적 정책을 펴는 것은 아니다. 국가권력이 강력한 것과 국가의 사회적 공공성이 강한 것은 다르다. 개발독재 체제는 사회관계를 급속도로 상품화하면서 시장 메커니즘을 확대했다. 잘 알려져 있듯이, 개발독재를 주도한 권위주의 국가는 재벌 기업들에게 직접 보조금 지급, 세금 감면, 특별 이자율과 환율 혜택, 다양한 형태의 국가 보증, 외국 차관 배분, 수탈적인 노동정책 및 보호무역 정책 수립 등의 특혜를 제공했다. 이러한 특혜들을 통해 나라 안팎의 경쟁자들이 재벌 기업들의 사업 영역에 들어오지 못하도록 배제했다. 이는 위에서 언급한 전략적 사보타주의 전형적인 예이다. 진입장벽을 설치해 재벌들에게 배타적으로 이윤의 흐름을 집중시킨 것이다.

　이러한 국가와 재벌의 관계는 시장 중심 경제라고 불리는 포스트-1997 체제에서도 지속된다. 흔히들 국가와 시장을 맞세우는 이분법 틀 속에서 신자유주의 체제를 '국가의 후퇴'로 묘사하곤 한다. 그러나 경제기획원을 폐지하면서 국가가 대기업들의 투자 방향에 직접 개입하는 관행은 없어졌지만, 대기업들의 이윤과 자본축적에서 국가가 차지하는 중요성은 결코 줄어들지 않았다. 세금 감면, 환율정책, 금융정책, 노동정책, 국제 통상 협약 등등 국가의 모든 정책 행위들은 여전히 재벌 대기업들에 유리한 이윤 흐름을 만들어주고 있다. 국가가 후퇴한 게 아니라 재벌이 성숙한 것이다. 과거에는 비즈니스 인프라가 확립되지 않았기 때문에 국가의 지원이 매우 직접적인 형태를 띠었으나 지금은 시장 메커니즘을 통한 간접 지원 방식이 자리 잡았을 뿐이다. 환율정책을 예로 들 수 있다. 정부가 과거처럼 수출 기업에게 직접적으로 환율 혜택을 주거나 보조금을 지급하진 않지만, 수출 대기업에 유리한 범위 내에서 환율을 유지하기 위해 공개시장 개입 정책을 펼치고 있다. 이를 위해 정부는 외국환평형기금을 운용하고 있는데, 매해 수조원의 손실을 보고 있다. 재벌들의 수출 증진 비용을 사회가 떠안고 있는 것이다.

셋째, 권력자본론의 시각에서는 '생산적 산업자본'과 '비생산적 금융자본'이라는 이분법이 기각된다. 우리가 흔히 기능주의 관점에서 국민은행은 금융 부문, 삼성전자는 산업 부문으로 분류하는 것과는 다른 의미에서 그러하다. 우리의 관심사는 경제활동 영역의 분류가 아니라, 자본의 본성이다. 권력자본론은 자본가의 소유권이 금융 부문에 있든 산업 부문에 있든 그 본성은 생산 자체와는 아무런 관련이 없으며, 자본가를 사회적 생산 과정에 대한 이윤청구권을 행사하는 부재소유자absentee owners로 본다. 부재소유자는 부재지주absentee lord와 같은 맥락에서 이해하면 된다. 즉 지주가 토지에 대한 소유권을 바탕으로 타인의 노동의 결실에 지대를 청구하는 것처럼, 자본가들은 사적 소유권을 바탕으로 사회적 생산의 결실에 '이윤청구권'을 행사하는 사회집단이다.

이런 관점에서 1997년을 계기로 급진적으로 전개된 한국 경제의 세계화에 접근하면, '생산적인 국내 산업자본'과 '비생산적인 외국 금융자본'

이라는 기존 구도가 허구적이라는 사실을 발견할 수 있다. 권력자본론의 시각에서 볼 때, 세계화의 본성은 국내 재벌들과 외국자본이 상호 융합하여 한국 사회에 대한 지배력을 강화함으로써 자본축적을 확대한 것이다. 위에서 설명했듯이, 자본은 사회에 대한 지배력을 키우기 위해 서로에게 전략적 사보타주를 가하며 항상 경쟁한다. 그렇지만 동서고금의 모든 역사적 권력 싸움이 말해주듯, 경쟁은 연합을 낳는다. 합종연횡을 통해 다른 적들을 제압하고, 권력의 전체 파이를 키운 후 나누어 먹는 것이다. 포스트-1997 구조조정의 핵심은 국내 재벌과 외국자본이 소유권을 융합하여 초국적인 지배력을 형성함으로써 한국 사회에 대한 자본의 권력을 강화하고 축적을 확대한 것이다. 대립 구도는 국내자본과 외국자본이 아니라 **지배적 자본 대 사회이다.**

이런 시각에서 접근하면, 흔히 '국가 합리성' 대 '시장 합리성'의 대립틀에서 논의되는 포스트-1997 구조조정의 본성은 거시적 경제성장 모델의 전환이 아니라, 자본축적 체제의 전환에서 발견된다. 기업의 설비투자 감소, 청년 실업의 증가, 비정규직화, 중소기업의 경쟁력 약화, 소득불평등 심화 등의 포스트-1997 체제의 주요 특성들은 재벌이 한계에 봉착한 기존의 축적 체제를 넘어서기 위해 여타 사회집단에 대해 자신의 본성인 전략적 사보타주를 강화한 결과로 봐야 한다. 재벌 집단은 권위주의 체제에 결코 도전하지 않았지만, 민중들이 엄청난 희생으로 일궈낸 민주화 과정에 무임승차함으로써 과거 군부를 중심으로 조직되었던 지배 블록 내의 권력 네트워크를 자신들 중심으로 재편했다. 그 과정에서 이질적인 연합체 성격을 지녔던 한국의 지배 블록은 승자 독식의 권력 원리를 내재한 시장의 법칙을 사회의 가장 기본적인 조직 원리로 받아들임으로써 통일된 지배계급으로 전환했다. 이러한 전환 과정에서 핵심 역할을 한 세계화의 본성은 '생산적' 국내자본이 '투기적' 외국자본에 종속된 것이 아니라, 축적과 소유권이 지구적 차원에서 공간적으로 통합되는 가운데 권력으로서의 자본이 국가의 경계를 넘어선 것이다. 한국의 지배계급은 이 흐름에 편승해 지역적 한계를 뛰어넘어 초국적인 부재소유자의 구조 속으로 편입해 들어갔다.

정리하면, 경제민주화의 개념을 제대로 세우기 위해서는 현대사회에서 권력의 의미는 무엇이고, 어떻게 구조화되었는지를 정확히 파악해야 한다. 이 책에서는 이를 위해 자본, 국가, 세계 질서 등의 개념들과 자본-시장-국가의 관계를 재정립하면서, 한국 사회의 권력구조가 어떻게 재편돼 왔는지를 설명한다. 하지만 그간의 이러저러한 변화들을 단순히 총망라하여 서술하려고 하진 않았다. 이 책의 핵심 목적은 지난 반세기 동안 우리가 경험한 고성장 국면, 금융위기, 위기 후 구조조정, 그리고 저성장 국면으로의 진입 같은 일련의 과정들의 본질을 자본축적 체제의 변화라는 맥락에서 파악하는 것이다. 재벌 기업들의 자본축적에 대한 수량적 분석과 제도 변화들을 유기적으로 엮어, 지난 반세기 동안 우리 사회가 자본주의 권력 양식의 진화라는 궤적을 따라 움직여왔음을 보일 것이다.

이 책은 필자의 박사학위 논문에 바탕을 두고 있음을 밝힌다. 영어로 쓴 논문을 한글로 번역하면서, 단행본 형식에 맞게 수정하고 내용을 일부 추가했다. 마지막으로, 이 책의 출판을 도와주신 분들께 인사를 남기고 프롤로그를 마치겠다. 누구보다 먼저, 스승이자 친구인 캐나다 요크 대학의 조너선 닛잔Jonathan Nitzan 교수께 감사의 말을 전한다. 그의 도움이 없었다면, 이 책은 물론 학위 논문도 나올 수 없었을 것이다. 그의 권력자본론을 접하면서 세상을 새롭게 인식하게 되었고, 뒤죽박죽이던 머릿속이 잘 정리되었다. 그리고 오랜 친구이자 현재 직장 보스인 글로벌정치경제연구소의 홍기빈 소장에게 짤막하나마 깊은 감사의 뜻을 전한다. 그와 25년 동안 함께 지내며 나누었던 무수히 많은 대화에서 얻은 도움은 일일이 다 언급하지 못해 안타까울 정도다. 그 밖에, 물심양면으로 도와주신 글로벌정치경제연구소의 이범 이사장님, 오건호 실장님, 정효·김지선 간사님께 고맙다는 말을 남긴다.

이 졸저를 사랑하는 우리 엄마 최덕자 여사께 바친다!

2013년 8월 서교동 연구실에서
박형준

권력의 시각에서 자본주의 발전 과정에 접근하기

1부

서론:
발전주의 경제학을 넘어서

1장

한국 사회는 지난 사반세기 동안 급속한 정치경제적 전환을 겪었다. 그간 있었던 사회변화의 가장 핵심적이고 상징적인 두 국면을 꼽는다면, 아마도 1987년에 있었던 군사독재의 종식과 1997년에 있었던 금융위기일 것이다. 두 사건은 모두 사회구조에 극적인 변화를 불러왔지만, 성격은 정반대였다. 1987년 민주화 항쟁의 승리는 권위주의 정권에 대항한 민중의 끈질긴 저항이 일구어낸 결실이었다. 이를 계기로 지배 체제의 핵심부가 심각한 타격을 입었고, 권력 구도의 재편이 불가피해졌다. 군사정권이 민주 세력의 '혁명정부'로 대체되진 않았지만, 어느 누구도 시간을 거꾸로 돌릴 수는 없었다. 이후 제도 변화가 진행되면서 형식적 민주주의가 빠르게 자리 잡았다. 반면, 1997년에 일어난 금융위기는 지배계급의 공세가 강화되는 계기가 되었다. 위기 이후, 기득권 세력은 민중들에게 광범위한 사회적 고통을 전가하고, 어지러운 상황을 이용하여 한국 사회에 대한 통제력을 강화했다. 이른바 '충격요법'을 통해 짧은 기간에 자유화, 규제 완화, 유연노동 등 이른바 워싱턴 컨센서스란 이름 아래 세계적인 차원에서 추진되던 정치경제 개혁 프로그램들이 급진적으로 실시되었다. 이 두 사건 사이에 놓인 10년 세월은 우연이든 필연이든 냉전에서 세계화로의 지구적 전환과 맞물렸다. 이러한 동시적 상황 전개는 한국 사회의 정치경제적 구조조정이 세계 질서의 광범위한 변화와 불가분의 관계에 있음을 암시한다.

냉전에서 세계화로 지구적 질서가 전환하는 가운데, 성격이 다른 두 가지 사회개혁의 흐름이 뒤섞이면서, 1997년 이후 한국 사회는 매우 복잡하고 역동적인 변화에 휩싸인다. 민주 대 반민주, 신자유주의 대 반신자유주의, 노동 대 자본, 외국자본 대 국내자본(혹은 금융자본 대 산업자본) 등등 다양한 사회세력들이 여러 대립 구도를 설정하며 한국 사회의 구조조정을 놓고 쟁투를 벌여왔다. 2008년 세계 금융공황을 계기로 신자유주의의 공격적 팽창이 막을 내리면서, 대립 전선의 중심축은 복지국가, 경제민주화, 재벌 개혁 등의 문제로 옮겨 갔지만, 한국 사회는 여전히 보수 대 진보로 나뉘어 한 치의 물러섬도 없는 싸움을 펼치고 있다. '역사의 간계'라고나 할까, 87년 민주화 항쟁 25돌이 되는 해에 치러진 2012년 대선에서는 경제민주화가 주된 화두로 부각되었지만, 87년 이전의 이른바 개발독재 체제를 확립했던 박정희의 딸이 결국 대통령에 당선되었다.

우리 앞에 놓인 역사적 선택지는 무엇인가? 우리 사회는 앞으로 어떤 경로를 선택할 것인가? 신자유주의는 끝났는가? 우리가 북유럽식 복지국가의 길을 걸을 수 있을까? 재벌규제를 강화할 수 있을까? 세계경제 불황은 언제까지 지속될까? 박정희식 보호주의 발전국가 모델로 돌아갈 수 있을까? 중소기업과 재벌 대기업이 상생하고, 비정규직이 없는 경제를 만들 수 있을까? 재벌을 규제하면 한국 경제의 성장 동력이 멈춰버릴까?

미래에 관한 이러한 질문들의 해답을 찾으려면, 우선 우리의 현재 모습을 이해해야 한다. 우리 사회는 어떤 역사적 궤적을 따라 현재에 이르렀는가? 이 궤적은 어떤 사회적 역학 관계에 의해 결정되었는가? 우리가 밟을 수 있었던 여러 가능한 경로들을 제약한 구조적 힘은 무엇인가? 예를 들어, 왜 군부 엘리트들은 1980년과는 달리 1987년에는 시위를 무자비하게 진압하지 않았을까? 핵심 요소들이 매우 건전해 보였던 한국 경제가 1997년 갑자기 위기에 빠져버린 원인은 무엇일까? 1987년의 정치적 격변과 1997년의 경제적 격변은 아무런 연관성이 없을까? 이른바 '민주 세력'은 왜 신자유주의를 적극 추진하게 되었을까? 박정희 시대에 시작된 개발독재 체제와 1997년 위기 이후의 신자유주의 체제는 완전히 다른 본성을 가지고 있는가?

이 책의 목적은 **정치경제학적** 관점에서 이러한 질문들의 답을 찾는 것이다. 정치경제학은 우리가 흔히 경제라고 칭하는 생산-유통-분배-소비의 영역을, 사회계급·계층 간의 권력관계, 이데올로기, 법적·제도적 장치 같은, 정치 영역으로 분류되는 사회제도와 연관 지어 탐구하는 학문이다. 이 책에서는 이러한 정치경제학적 접근 방식을 통해 박정희 시대의 급속한 산업화 과정부터 1987년 이후의 민주화, 1997년 경제위기, 포스트-1997 구조 개혁에 이르기까지 우리가 반세기 동안 겪은 급격한 사회경제적 변화들이 **권력으로서의 자본의 역사적 운동**에 의해 규정돼왔다는 사실을 밝히고 있다. 그리고 다음 세 가지를 이 운동의 주요 축으로 파악하고, 이러한 유기적 관계 속에서 금융위기, 한국 경제의 구조조정, 사회 양극화 같은 최근의 변화는 물론 이른바 개발독재 시대의 고도성장 과정을 체계적으로 분석한다.

(1) 세계 질서의 재편
(2) 한국에서의 자본가 지배계급의 형성과 자본주의 권력 양식의 발전
(3) 국내적/지구적 차원에서의 자본축적 체제의 성격 변화

이 책은 재벌 대기업 체제를 한국 사회에서 권력으로서의 자본의 역사적 운동이 만들어낸 결정체라고 정의한다. 그래서 지난 반세기 동안 우리가 밟아온 정치경제적 변화의 경로를 살펴보는 작업과 재벌 체제의 형성·발전에 대한 역사적 분석은 불가분의 관계에 있다. 재벌 기업을 실질

적으로 장악하고 있는 총수 일가의 막강한 사회적 영향력은 이미 잘 알려져 있다. 총수와 그 가족들의 전횡이 재벌 체제와 관련해 중요한 문제이긴 하지만 그것이 전부는 아니다. 재벌 체제는 지배계급이 사회를 통제하고 조직하는 핵심 권력기구이다. 이러한 관점에서, 이 책은 국내 차원뿐만 아니라 지구 차원에서 사회계급 간 세력균형의 변화에 재벌 기업이 어떻게 조응하며 진화해왔는가에 초점을 두고 한국 자본주의의 발전 과정을 분석한다. 재벌 기업은 총수 일가뿐만 아니라 국제 자본, 국가 관료, 정치인, 테크노크라트 등 지배적인 사회세력이 하나의 계급으로서 사회적 과정을 통제하고 조직하기 위한 제도적 장치로 설명해야 한다. 이렇게 접근해야, 개발독재 체제에서 신자유주의 체제로의 전환 과정에서 발생한 사회경제적 변화들을 올바로 이해할 수 있다고 본다. 다시 말해, 최근 우리가 겪은 '대전환'이 어느 날 갑자기 이식된 것이 아니라 개발독재 체제가 잉태했던, 국가-시장-재벌-외국자본이 융합된 자본주의 권력 양식이 진화한 결과임을 파악할 수 있다.

  이 책에 담긴 가장 기본적인 문제의식은 독재 종식, 민주화, 금융위기, 세계화, 신자유주의 개혁, 경제력 집중, 사회 불평등 심화 등 지난 25년 동안 한국 사회가 겪은 여러 변화의 본질을 파악하기 위해서는 **자본을 권력의 관점에서 설명하는 새로운 이론을 수립해야 한다는 것이다.**

  1990년대 이후 국내뿐만 아니라 세계 차원에서 사회 흐름의 가장 주요한 특징은 거대 자본의 영향력이 무한히 팽창해왔다는 사실이다. 한국 사회에서도 '삼성공화국'이라는 표현이 유행어가 될 정도로 재벌의 사회적 영향력 확대 현상이 크게 부각되었다. 아이러니하게도, 자본과 사회의 관계를 권력 차원에서 설명해주는 이론이 절실한 시기에, 정작 이런 과업을 떠맡았던 정치경제학은 붕괴했다. 이 분야를 주도했던 마르크스주의 정치경제학은 1980년대에 대학을 다닌 사람이라면 누구나 한번쯤 관련 서적을 탐독했을 정도로 유행했지만, 1990년대에 들어서면서 급속히 영향력을 잃고 지금은 낯선 단어가 되었다. 정치경제학이 쇠락하게 된 가장 큰 계기는 구소련 체제의 붕괴였지만, 마르크스 정치경제학의 이론적 한계도 한몫을 했다. 한마디로 시대에 뒤처졌다. 현실의 물질적 조건들은 빠르게 변화해왔는데, 정치경제학은 마르크스가 살았던 19세기에 머물러 있었다. 그 결과 현실을 설명하는 능력을 상실하고, 마르크스가 한 말을 누가 올바로 해석하는가를 따지는 교조 이론이 되어버렸다.

좌파 정치경제학이 퇴조하면서, 한국 자본주의 발전 과정에 관한 연구는 경제적 과정이 정치적 과정과 분리되어 외따로 존재한다고 보는 경제 이론들에 의해 주도되었다. 지난 반세기 동안 우리가 겪은 여러 경제 변화들에 관한 대부분의 연구가 사회계급의 형성과 발전, 부의 집중, 자본축적, 권력구조의 변화와 같은 측면들은 배제하고 거시적 성장의 강화 혹은 약화에만 초점을 맞추어왔다. 이러한 이분법적 인식틀의 설정은 사회적 과정으로부터 독립된 자율조정시장을 상정하고, 사회를 허구적인 시장의 논리에 종속시켜야 한다는 이데올로기를 설파해온 주류 경제학에만 국한되지 않는다. 시장의 불완전성과 불안정성을 비판해온 '진보적 경제학'도 이런 테두리 안에 머물러 있다. 예를 들어, 한국에서 가장 유명한 경제학자인 케임브리지 대학의 장하준 교수는 과거 고도성장기에 권위주의적 국가와 재벌이 급속한 산업 발전에 기여한 공을 높이 평가하지만, 어떤 사회관계와 권력구조 속에서 이런 열매를 맺었는지는 좀처럼 언급하지 않는다.

장하준 개인을 거론하긴 했지만, 필자가 주목하는 것은 개인의 정치적 태도가 아니라 경제학의 이론적 한계이다. 재벌이 한국 사회에 끼친 폐해를 모르지 않을 장하준 같은 지식인이 "경제민주화와 재벌 개혁은 낡은 화두"라고 주장하고(장하준 2012, 420쪽), 재벌 개혁의 선봉장인 김상조 교수가 진보적인 미래 진로로 "구자유주의 확립"을 주장하는데(김상조 2012, 58쪽), 이는 자신들이 신봉하는 경제학에 바탕을 두고 있다. 다시 말해, 장하준과 김상조로 대변되는 진보 진영 내의 두 주도적 담론 생산자가 내보이는 '급진적'인 비판의식과 '보수적'인 해결책의 모순 결합은 그들의 경제학에 내재한 세계관, 이론적 관점, 기본 범주, 주요 개념, 분석틀의 한계에 기인한다. 이 두 그룹은 극단적인 시장만능주의를 펼쳤던 신자유주의 체제와 거대 자본의 지나친 경제력 집중으로 인한 사회양극화를 공히 비판하고 있지만, 이론적으로는 그동안 한국 자본주의 연구를 지배해온 신고전파와 발전국가론 학파의 논의틀 속에 갇혀 있다고 볼 수 있다.

신고전파와 발전국가론의 접근 방식에서는 경제적 과정이 어떤 사회관계와 권력구조 속에서 전개되는가의 문제나 역으로 경제가 권력관계를 어떻게 강화 혹은 약화시키는가의 문제는 연구 영역에서 배제된다. 권력 문제에 관심을 보이더라도 기껏해야 '부작용' 정도로 치부한다. 이런 태도의 핵심에는 '탈정치화'된 시장 혹은 국가라는 개념이 자리 잡고 있다. 신고전파는 애초부터 정치적 과정으로부터 분리된 자율조정시장 기제를 상정하고, 시장의 내재적 본성에서 경제발전의 동력과 원인을 찾는다. 정치적 요인은 기껏해야 외생변수로 설정되며, 주로 시장의 자율조정 기능을 저해하는 요소로 이해한다. 발전국가론은 자율조정시장의 존재를 부정하고, 국가의 산업정책이 경제성장에 중요한 역할을 해왔다고 주장하면서 정치와 경제의 이분법을 넘어서는 듯한 태도를 보인다. 국가와 제도의 역할을 중요시한다고 하여 '제도주의'라고도 불린다. 하지만 발전국가론의 국가는 사회관계로부터 독립된 국가기구이다. 국가는 효율적인 산업정책을 추진하는 중립적이고 합리적인 '국가이성'으로 정의된다. 국가의 산업 정책이 어떤 국내외 계급관계 속에서 펼쳐지고, 그로 인한 경제 성과가 여러 사회집단 사이에서 어떻게 분배되는가의 문제에는 관심을 보이지 않는다. 다시 말해, 경제 과정을 총체적인 사회제도 속에서 파악하지 않고, 경제성장과 직접적인 연관성을 가질 만한 국가의 정책만을 골라 제도의 중요성을 강조하는 경향이 있다.

정치와 경제를 분리하는 이분법적 존재론과 탈정치화된 시장과 국가라는 개념을 기반으로 삼은 경제학으로는 지구적 차원에서 펼쳐진 거대 자본의 사회적인 지배력 확대를 제대로 설명할 수 없다. 뿐만 아니라 경제민주화, 재벌 개혁, 복지국가 등 한국 사회에서 새롭게 떠오르고 있는 시대적 담론을 발전시켜 구체적인 대안사회의 상을 제시하는 데도 한계가 있다. 그래서 이 책에서는 경제 영역과 정치 영역을 하나의 통일되고 통합된 과정으로 보는 사회적 존재론에 기초한 새로운 정치경제학적 접근 방식을 모색한다. 그런 가운데, 시장과 국가를 자본주의 권력 양식의 핵심 기제로 다시 개념화하여 어떻게 시장자유화를 골간으로 하는 신자유주의 세계화가 이른바 '삼성공화국'의 팽창으로 귀결되었는지를 분석하려고 한다.

책의 전체 내용을 개괄하는 이번 장에서는 먼저, 앞에서 간략히 언급한 한국 자본주의 발전 과정에 관한 기존 연구들과 주요 논쟁점들을 좀 더 구체적으로 살펴보겠다. 그다음에 기존 연구들의 한계와 문제점을 설명하고, 이를 극복하기 위해 이 책에서 채택한 접근 방식을──2장과 3장에서 자세히 설명하기 때문에──짤막하게 소개한다. 마지막으로 책의 구성과 각 장의 내용을 요약하며 이번 장을 마무리하겠다.

지배적 패러다임 : 발전주의와 생산의 비정치화

앞에서 언급했듯이, 지금까지 한국 자본주의의 변천 과정에 관한 연구는 발전주의 패러다임이 주도해왔다. 피터 프레스턴이 지적했듯이, 발전 이론은 냉전 기간에 미국이 펼친 대공산주의 봉쇄정책의 "이데올로기적 산물"이었다(Preston 1986). 미국 정부는 신생 독립국들을 서구 자본주의 체제에 재통합하고 소련의 팽창을 막기 위해 보수 학계로 하여금 발전주의라는 이념을 널리 퍼뜨리도록 고무했다. 발전주의 이론에는 경제학, 사회학, 정치학, 문화 이론 등 다양한 학문 분야가 결합되어 있다. 광범위한 영역에 걸쳐 있어 이론의 경계선을 정확히 긋기가 쉽지 않지만, 크게 경제 성장 이론(개발 이론)과 근대화 이론으로 나뉜다(Haque 1999, 49쪽). '후진국'이 전통적 사회경제 체제에서 서구 선진국 모델로 이행하는 것은 역사에 내재된 자연스러운 과정이라는 신화를 공유하며, 그 핵심에는 경제 개발이 곧 역사적 진보라는 이데올로기가 자리 잡고 있다(Rostow 1960 ; Eisenstadt 1966 ; Shils 1966).[3] 발전이론의 핵심은 발전경제학으로서 이는 세계은행이나 IMF 같은 국제 금융기구와 긴밀한 관계를 맺었고 지배계급에 의해 장려되었으며, 긍정적이든 부정적이든 제3세계에 지대한 영향을 끼쳤다.

발전이론은 2차 세계대전 이후 신생 독립국들의 민족주의와 근대화 열망과 결합되었고, 한국을 포함한 제3세계 국가에서 가장 효과적인 통치 이데올로기로 이용되었다. 2012년 대통령 선거에서 박근혜가 아버지 박

---

3 그래서 이 책에서는 근대화 이론, 개발 이론, 발전경제학을 세밀하게 구분하지 않고 발전주의라는 하나의 범주에 넣어서 다룬다.

정희의 후광을 등에 업고 당선됨으로써 발전주의가 한국 사회에서 여전히 가장 영향력이 큰 정치 이데올로기라는 사실을 다시금 증명해 보였다. 진보 진영이 발전주의를 넘어서지 못한다면, 첫째, 보수 정치 세력을 제치고 집권하기가 쉽지 않을 것이고, 둘째, 집권한다고 해도——김대중 정부와 노무현 정부에서 경험했듯이——성장 담론에 발목이 잡혀 보수 정권과의 차별성을 보이지 못할 것이다. 진보 진영이 발전주의라는 큰 산을 넘어서기 위해서는 경제민주화와 복지국가 등 새로운 시대 담론이 부상하는 현재 시점에서 발전주의를 차근히 살펴볼 필요가 있다.

라틴아메리카 발전 논쟁

초기에 발전이론가들은 라틴아메리카에 관심을 집중했다. 이 지역에서 발전이론의 도입은 1930년대까지 거슬러 올라간다(D. Hunt 1989, 44쪽). 일찍이 라틴아메리카에서 발전이론을 받아들인 이유는 이 지역 국가들이 다른 제3세계와는 달리 19세기에 이미 독립국이 되었기 때문이다. 발전이론의 주된 초점이 지리적으로 라틴아메리카에서 동아시아로 이동한 것은 1970년대 후반에 이르러서였다. 흔히 아시아의 네 마리 용으로 불렸던 한국, 대만, 홍콩, 싱가포르가 1960~1970년대 후반에 비약적인 경제성장을 이루자 학계의 분석가들이나 정책 결정자들이 지대한 관심을 기울였다. 아시아 신흥공업국의 고도성장은 죽어가던 발전경제학을 살려준 것이나 다름없었다. 발전경제학은 라틴아메리카에서 보여준 실제 성과가 너무나 형편없었기 때문에 허구적 이데올로기로 낙인찍혀 있었다. 가장 유명한 발전경제학자 중 한 명인 앨버트 허시먼이 "발전주의 경제학은 애초의 목적이었던 가난한 나라의 경제발전은 이루지 못하고, 이론만 무성하게 발전시켰다"고 자조적으로 말할 정도였다(Hirschman 1981, 1쪽). 그 결과, 라틴아메리카에서는 발전주의 경제학이 설 자리를 잃어버렸고, 대신에 안드레 군더 프랑크의 "저발전의 발전"(Frank 1966)이라는 말로 널리 알려진 종속이론이나 네오-마르크스주의가 큰 인기를 얻었다.

   종속이론에 대해서는 동아시아의 발전이론을 이해하는 데 필요한 부분만 간략히 설명하고 지나가겠다. 종속이론에도 다양한 조류가 있는데, 우리의 관심사는 저발전국가들의 경제발전이 구조적으로 불가능하다고 주장한 마르크스주의 전통의 견해이다. 흔히 네오-마르크스주의로 분류되는 좌파 종속이론은 마르크스의 착취 이론을 국제 관계에 적용해 발전시킨 것으로, 핵심 논지는 다음과 같다. 주변부(혹은 저발전) 국가의 경제적 잉여가 현지에서 축적되어 미래 성장의 발판으로 사용되지 못하고, 서구 선진국을 의미하는 메트로폴리스(혹은 중심부)로 이전되기 때문에 저발전국가들은 계속해서 정체될 수밖에 없다(Baran 1968 ; Frank 1969). 이러한 저발전의 발전은 첫째, 이 지역의 주요 산업인 농업을 지배하고 있는 소수 대농장주들이 자신들의 사치스런 소비 생활을 위해 비생산적인 수입을 촉진하고, 둘째, 외국자본의 투자에 의존해 미약하나마 산업이 발전하지만 기술은 이전되지 않으며, 잉여가 재투자되지 않고 중심부로 이전되는 데에 기인한다.

   종속이론의 핵심 논지는 발전주의 경제학의 직선적 발전 사관을 부정하는 것이다. 위에서 언급했듯이, 발전주의 이론은 모든 저발전국가들이 서구 선진국의 산업화된 사회 모델로 나아가는 단선적인 이행 경로를 밟을 수밖에 없다고 주장한다. 종속이론은 선진국과 저발전국가 사이에 엄존하는 도저히 따라잡을 수 없는 산업기술 격차로 인해 이러한 경로를 따르는 이행이 불가능하다고 반박한다. 그리고 저발전국가들은 자본주의 세계체제에 편입되는 순간 중심부와 주변부로 구조적으로 분할된 세계시장 내에서 중심부에 의해 잉여를 착취당할 수밖에 없는 주변부라는 영구적인 지위를 부여받는다고 주장한다. 세계 자본주의 시장 내에서 이처럼 구조적인 종속 관계를 맺기 때문에 주변부의 자본가들은 자국 경제를 독립적으로 발전시키고 지배하는 위치에 서지 못하고, 중심부의 자본이 관리하는 전체 시스템 내에서 종속적인 '매판자본comprador capital'으로 자리매김한다(Amin 1976, 200~203쪽). 따라서 좌파 종속이론가들은 서구의 부르주아계급이 맡았던 역사적 역할을 주변부에서는 기대할 수 없으며, 사회주의혁명을 통해 자본주의 세계시장과의 연계를 끊는 것만이 저발전의 발전이라는 악순환의 고리에서 벗어나 진정한 발전의 길로 들어서는 길이라고 주장한다(Baran 1968 ; Frank 1969 ; Dos Santos 1970).

지지부진한 산업화, 대농장과 수입업 중심의 경제, 직접투자로 광업을 장악한 외국자본의 존재, 사회양극화 심화로 상징되는 라틴아메리카의 현실에서는 발전주의 이론보다 종속이론이 훨씬 더 설득력을 발휘할 수밖에 없었다. 그러던 차에 1970년대 동아시아 신흥공업국의 급속한 산업화를 통한 고도성장은 궁지에 몰렸던 발전주의 경제학이 단번에 '전세'를 역전시킬 수 있는 기회를 제공했다. 반면 종속이론의 저발전의 발전 테제는 적합성을 상실해버렸다. 좌파학계에서도 변화된 현실을 인정하고, 중심부와 주변부의 이분된 세계 자본주의 시장의 구조를 중심부-반주변부-주변부의 삼분된 세계체제로 재설정함으로써 기존 이론을 수정했다(Wallerstein 1974, 1979). 단일한 세계시장 내에서 종속성은 지속하지만, 어느 정도 산업 발전에 성공해 중심부와 주변부 사이에서 매개 역할을 하는 반주변부라는 범주를 추가한 것이다.

주도권을 되찾은 발전경제학은 1980년대에 많은 양의 문헌을 쏟아내며, 동아시아의 고도성장 원인을 설명하려고 시도했다. 발전경제학의 지역적 초점이 이동하면서 성격도 변했다. 이전에는 모든 저발전국가들에 적용되는 보편 이론으로서의 발전 모델을 추구했다면, 이제는 동아시아 모델의 특수성에 착목했다. 다시 말해, 라틴아메리카에서는 잘 안 되었는데, 왜 동아시아 국가들에서는 급속한 성장이 가능했는지를 집중 연구했다. 그런 가운데, 종속이론이 제기했던 국제적 불균등·불평등, 권력구조, 부의 분배, 계급 문제 등은 철저히 배제되고 경제성장의 원인 분석이라는 주제로 연구가 협소화되었다.

신고전파와 발전국가론 논쟁

한국 자본주의의 발전에 관한 논의들은 이러한 동아시아 경제 모델의 특수성을 분석하는 연구의 일환으로 이루어졌다. 이 논의에서 신고전파와 발전국가론이 주류를 이루었다. 둘 사이의 주된 쟁점은 첫째, 동아시아 경제성장의 원인을 국가와 시장 중 어디에서 찾을 것인가, 둘째, 국가와 시장의 관계를 어떻게 설정할 것인가라는 문제였다. 그러다가 1990년대 후반 금융위기를 겪으면서 펼쳐진 논쟁의 2라운드에서는 초점이 경제위기의 원인과 성장 동력 약화의 원인으로 이동한다. 기본적으로, 신고전파는 동아시아 신흥공업국의 시장 지향적 정책들이 성공의 열쇠였고, 국가의 개입으로 인한 시장 왜곡이 1997년의 위기를 불러왔다고 주장한다. 반면, 발전국가론자들은 국가의 적극 개입을 통한 시장의 규제가 경제성장의 원인이었고, 시장 자유화가 위기를 몰고 왔다고 주장한다. 이러한 대립 구도는 경제학의 양대 산맥인 신고전파와 케인스주의 경제학의 오랜 논쟁과 같은 맥락에 있다. 발전국가론을 주장한 학자들이 모두 경제학자는 아니었지만, 그들의 이론의 바탕에 케인스주의 경제학이 자리 잡고 있음을 감안하면 논쟁의 양상을 파악하는 데 도움이 된다.[4]

신고전파와 발전국가론의 논쟁을 좀 더 구체적으로 살펴보자. 신고전파의 주장은 '보이지 않는 손'이라는 신화에 근간을 두고 있다. 신고전파 학자들은 이러한 근원적 전제로부터 국내에서는 자유방임, 국제적으로는 자유무역이라는 두 가지 기본 원칙을 도출한다(D. Hunt 1989, 295쪽). 이 원칙들은 모든 국가가 받아들여야 하는 정언명령이다. 이렇게 신고전파와 발전이론의 주창자들은 교과서의 이론적 명제들을 당위의 규범처럼 제3세계 경제 연구와 정책 수립에 보편적으로 적용하는 경향을 보인다. 따라서 신고전파 학자들이 한국과 동아시아의 지속적인 경제성장이 자유시장 경제의 우수성을 입증하는 증거라고 주장하는 것은 놀라운 일이 아니다(Friedman 1980). 즉 이 지역 국가들이 자유로운 자본과 노동 시장, 그리고 사적 자본에 의존했기 때문에 성공을 거두었다는 것이다. 한술 더 떠, 신고전파 경제학자들은 경제적 성공의 열쇠였던 수출 지향 산업이 '비교우위론'을 입증했다고 주장한다(Balassa 1981, 16·351쪽). 또한 "정부가 시장 간섭을 최소화하는 정책을 펼침으로써 시장의 가격 왜곡이 심하지 않았고, [시장 친화적 가격정책은] 효율성을 증대시켰다"고 주장한다(Kiely 1998, 117쪽).

그러나 차후에 신고전파 학자들은 이 지역의 빠른 경제성장 과정에서 국가가 한 역할을 어느 정도 인정할 수밖에 없었다. 동아시아 신흥공업국 경제에서 정부 간섭은 너무나 명백한 사실이기에 부정하기 힘들었다. 그럼에도 불구하고, 자유방임에 대한 신고전파의 믿음은 결코 흔들리지 않았다. "정부의 개입에도 불구하고 성공적인 결과를 낳았다"고 완곡하게

---

4 경제학에서 발전국가론의 효시는 19세기에 제도주의 경제학을 창시한 독일의 프리드리히 리스트 Friedrich List(1789~1846)로 거슬러 올라간다. 이에 대해서는 2장에서 설명한다.

표현을 바꾸었을 뿐이다(Lal 2000, 46쪽). 그들의 주장에 따르면, 성공의 원인은 정부의 개입으로 인한 해로운 영향을 비교우위에 입각한 자유무역의 긍정적인 효과로 중화한 데 있었다. 더 나아가, 신고전파는 "시장 친화적인 정부 간섭"이라는 새로운 개념을 만들었다. 이것이 의미하는 바는 동아시아 신흥공업국에서 볼 수 있었던 국가 개입은 기본적인 시장 원칙에 순응하는 경향을 보였고, 그럼으로써 시장의 힘이 제대로 작동할 수 있었다는 것이다(World Bank 1993, 5쪽).

발전국가론은 우선 신고전파 학자들이 동아시아 국가들의 지속적인 발전이 가능했던 원인을 설명하면서 국가가 차지하는 결정적인 역할을 간과했다고 비판하면서 등장했다. 일본에 관한 연구를 통해 동아시아 발전국가론을 부각시킨 차머스 존슨이 첫 주자이다(Johnson 1982). 그는 일본 정부가 빠른 성장, 높은 생산성, 강력한 국제경쟁력을 달성하기 위하여 "시장을 지도하는" 발전국가 역할을 수행했다고 주장한다. 이후 앨리스 암스덴(Amsden 1989), 로버트 웨이드(Wade 1990), 피터 에번스(Evans 1995) 등의 학자들이 발전국가론 연구를 한국과 대만, 홍콩, 싱가포르 등으로 확대한다. 발전국가론은 동아시아 국가들을 서구 선진국의 자본주의 모델이나 소련식 국가사회주의 모델과 구별되는 독립 모델로 설정했으며, 후기 산업화에 적합한 일반적인 모델로 발전시켜나갔다. 이때부터 동아시아 국가들을 주식회사 일본, 또는 주식회사 한국처럼 하나의 사업체처럼 취급하는 경향이 생겨났다.

좀 더 자세히 살펴보면, 발전국가론을 주창한 학자들은 동아시아 경제의 지속적인 성장이 이 지역 국가들의 특이한 성격에 기인했다는 생각을 공유한다. 존슨의 "국가 지도 시장이론guided market theory", 웨이드의 "국가 유도 시장이론governed market theory", 암스덴의 "국가규율 시장이론

disciplined market theory", 에번스의 "연계된 자율성 이론embedded autonomy theory"에서 보듯이 학자들마다 국가의 특색을 조금씩 다르게 파악하고 있지만, 모두 중립적 입장에서 발전 전략을 선도하고 시장을 관리하며 사회집단의 이해를 조율하는 국가를 성장 동력의 핵심으로 보고 있다(이병천 2003). 이들의 주요 주장은 다음과 같이 요약할 수 있다. 발전국가는 구체적인 산업 프로젝트를 세우고[5] 사업가들에게 규율을 강제하며, 개별 기업의 사업을 통합 조정해왔다. 이를 통해, 단기적인 개별 이익을 장기적인 국가 발전 전망에 종속시켰다. 또한, 발전국가는 생산성 향상과 기술발전을 위한 지속적인 계획을 확립하고 수행해왔다. 이러한 발전국가의 활동의 중심에는 매우 능력 있고 자율적인 국가 관료들이 자리 잡고 있었고, 이들은 자신들의 임무를 장기적인 국가 경쟁력이라는 관점에서 정의했다.[6]

동아시아의 급속한 경제성장에서 국가가 차지하는 역할이 어느 정도 인정되면서 국가의 적극 개입이 시장 친화적이었는가 아니면 시장을 '왜곡'했는가의 문제로 논쟁 구도가 조금 바뀌었다(Kohli 1999, 93~94쪽). 한국의 경제발전에 관한 연구로 가장 잘 알려진 학자 중 하나인 암스덴은

---

5 암스덴(Amsden 1989)은 "후기 후기자본주의는 매우 새로운 기술의 발명이나 혁신보다는 학습을 바탕으로 발전했다"고 말한다. 암스덴은 거셴크론(Gerschenkron 1962)을 부연하면서, 동아시아 자본주의의 장점과 단점을 동시에 설명하려 했다. 그녀의 수상을 다음과 같이 간단히 옮길 수 있다. (산업자본주의의 효시인) 영국과 (독일이나 미국 같은) "후기자본주의"는 각각 발명과 혁신을 바탕으로 발전했다. 동아시아의 신흥공업국(후기 후기자본주의)은 이런 선진 산업국가들이 개발한 것들을 단순히 가져다 씀으로써 발전하는 혜택을 누릴 수 있었다. 그러나 최신 기술을 채택할 수 없는 한계로 인해, 가장 수지타산이 높은 분야의 시장에는 진입하기 힘든 단점도 가지고 있다.

6 피터 에번스(Evans 1995)에 따르면, 이 점이 '약탈국가'와 '혼합국가'로부터 '발전국가'를 구분하는 핵심 특징이다. 발전국가와는 달리 (예를 들어, 자이레 같은) 약탈국가는 적절한 보상 없이 사적 분야를 착취한다. 혼합국가는 (브라질같이) 발전국가와 약탈국가의 중간에 자리 잡은 형태이다. 장하준·정승일·이종태(프레시안, 2012년 6월 8일자)가 박정희는 "폭압적 독재자였다 할지라도, 그에 못지않게 폭압적이었던 이디 아민(우간다)이나 마르코스(필리핀)"와는 다른 훌륭한 점이 있다고 주장하는 것도 이러한 맥락에서 나온 말이다.

동아시아의 성공 요인으로 "가격 왜곡"을 강조했다(Amsden 1989). 암스덴은 '가격체계를 바로잡자'라는 신고전파의 구호를 논박하며, 가격체계의 왜곡이 동아시아 신흥공업국 전체의 경제발전에, 특히 한국의 경제발전에 가장 중요한 역할을 했다고 주장한다. 그녀의 주장은 동아시아의 성공이 낮은 수준의 가격 왜곡에 기인한다는 1983년 국제개발보고서의 주장을 정면으로 반박하는 것이었다(Kiely 1998, 118쪽). 암스덴은 "후기 산업화 국가는 이익이 남는 투자 기회를 창출하기 위하여 일부러 상대적 가격체계를 왜곡한다"고 말한다(Amsden 1989, 14쪽). 가격 왜곡은 보조금, 특별 환율과 이자, 직접적인 가격 통제, 금융과 직접투자의 이동 통제를 통해 이루어졌다. 가격 왜곡은 또한 정부와 다각화된 대기업의 상호 관계에도 필수 요소였다. 보조금을 잘 이용하는 기업은 더 많은 혜택을 제공함으로써 상을 주고, 그렇지 못한 기업은 보조금 지급을 중단함으로써, 정부는 대규모 기업집단에 특권을 부여함과 동시에 규율을 강제했다(Wade 1992, 285쪽). 그래서 발전국가론의 주장에 따르면, 국가의 간섭은 기업들의 성장을 촉진했을 뿐만 아니라 동아시아 신흥공업국 경제성장의 원동력이었다.

1997년 위기의 원인에 관한 신자유주의자들과 국가주의자들의 논쟁 역시 정부 간섭을 통한 가격 왜곡이 핵심 문제였다.[7] 위기 자체는 누구도 예상하지 못했지만, 신자유주의자들과 국가주의자들이 위기 분석의 논리적인 줄거리를 어떻게 풀어나갔을지 예상하기란 그리 어려운 일이 아니었다. 발전국가론의 관점에서 보면, 1997년의 위기는 합리적인 계획자, 조정자로서의 국가의 역할이 약화되면서 일어났다. 그들은 1980년대 말

---

7 1997년 금융위기에 관한 논쟁은 5장에서 자세히 다루기 때문에 여기서는 간단히 언급하고 넘어간다.

이래로 아시아 자본시장의 자유화와 규제 완화가 개별 사업체들을 조정해내는 국가의 능력을 감퇴시켰다고 주장한다. 이전에 장기적인 국가 이익에 종속되어 있었던 단기적·개별적 이익을 추구하는 경향이 통제 불능 상태로 접어들었다는 것이다. 한마디로, 규제 완화가 경제위기로 이어졌다는 말이다. 반면, 신자유주의자들은 지나친 국가의 간섭이 1997년 위기의 주범이라고 주장한다. 시장근본주의자들은 위기가 "정실자본주의"와 "과잉 규제"로 요약할 수 있는 시장 왜곡적인 정책의 근원적 한계에서 비롯되었다고 본다. 그린스펀도 다음과 같이 주장한다. "정부의 지도로 이루어진 생산, 통제된 은행 대부, 국내에서 소비되는 상품과 수출에 대한 시장 수요가 지속적인 변동을 따라가지 못한다. 그 결과, 과잉과 부족의 발생은 필연적인 현상일 수밖에……"(Wade 1998에서 재인용).

진보 진영의 포스트-1997 개혁 논쟁

앞에서 언급했듯이, 한국 사회에서 1980년대에 전성기를 누렸던 마르크스주의 정치경제학은 소비에트 진영의 붕괴 이후 급속히 약화되면서, 정치적 영향력과 이론적 설명 능력을 모두 상실했다. 80년대 학생운동은 이른바 NL과 PD로 양분되어, 전자는 한국 사회를 '식민지 반봉건 사회(혹은 주변부 자본주의)'로, 후자는 '신식민지 국가독점 자본주의'로 정의하며 이론 투쟁을 벌였지만, 넓은 의미에서 양자 모두 종속이론의 테두리 안에 있었다고 볼 수 있다.[8] 한국 좌파 운동의 지적·정치적 영향력이 급격히 쇠락한 데는 소련의 붕괴 못지않게, 한국 자본주의의 급속한 발전

---

8 한국 사회구성체 논쟁에 관한 구체적인 설명은 박현채·조희연 편저,《한국 사회구성체 논쟁 1~4》(한울, 1997) 참조.

을 좌파 정치경제학이 제대로 설명하지 못한 이론의 한계에 기인한 바가 크다. 국제적으로 불균등 혹은 불평등한 역학 관계는 여전했지만, 20세기 말의 세계 질서를 '(신)식민지'란 개념으로 설명하는 이론은 더 이상 대중을 설득하기 힘들었다. 세계적 차원에서 주류 발전경제학이 뜨고 종속이론이 지는 것과 궤를 같이하여 한국의 좌파 정치경제학도 대중의 인기를 상실했고, 진보 진영 내에서조차 담론 형성의 주도권을 잃고 말았다. 그 결과 진보 진영 내에서 진행되고 있는 한국 경제에 대한 논의의 주요 흐름이 지금까지 정리한 신고전파와 발전국가론의 논쟁 구도와 별반 차이가 없을 정도로 유사해졌다.

진보 진영 내에서 2000년대 중반에 1997년 위기의 원인과 한국 자본주의의 진로를 놓고 벌어진 논쟁, 그리고 최근 경제민주화-재벌 개혁을 둘러싸고 펼쳐진 논쟁에서 이러한 경향이 잘 드러난다.[9]

첫 번째 논쟁은 주로 '참여연대'와 '대안연대'에 속한 학자들 사이에서 벌어졌는데, 참여연대가 재벌을 개혁하기 위한 방편으로 펼친 소액주주 운동을 대안연대 쪽에서 신자유주의의 핵심인 주주자본주의를 지향하는 것이라고 비판하면서 시작되었다.[10] 대안연대는 한국 사회의 당면 과제로서 외국자본의 침탈에 맞서는 재벌-정부-노동조합의 국민적 대타협을

---

9 첫 번째 논쟁 이후 각 진영은 각각 자신들의 생각을 모아 대담집 형식으로 출판한다. 장하준, 정승일, 이종태의 《쾌도난마 한국 경제》(2005)와 김상조, 유종일, 홍종학 등의 《한국경제 새판짜기》(2007) 참조. 참여연대와 대안연대 쪽 주장과 양자 모두에 대한 비판적 입장을 모아놓은 이병천(엮음)의 《세계화 시대 한국 자본주의 : 진단과 대안》(2007) 참조. 최근에 다시 불붙은 논쟁에 관해서는 유종일(엮음)의 《박정희의 맨얼굴》(2011), 김상조의 《종횡무진 한국 경제》(2012), 장하준·정승일·이종태의 《무엇을 선택할 것인가》(2012), 이병천의 《한국 경제론의 충돌》(2012) 참조.
10 참여연대 경제개혁센터에 속해 있으면서 소액주주 운동을 주도했던 김상조는 경제개혁연대를, 장하성은 좋은기업지배구조연구소를 만들어 현재 참여연대로부터 독립한 상태이고, 대안연대는 사실상 해체된 상태지만, 편의상 두 단체의 이름을 사용해 논쟁의 대척점을 형성했던 두 주체를 지칭하겠다.

제시했는데, 1997년 금융위기의 책임을 물어야 할 재벌에게 타협을 제안하는 것은 재벌 옹호론이 아니냐는 반비판을 당한다.

한국 사회의 '바람직한' 진로를 놓고 일어난 두 그룹의 충돌은 1997년 위기를 비롯해 한국 경제가 당면한 주요 문제들의 근원에 관한 인식 차이에서 기인했다. 소액주주 운동을 주창한 참여연대 쪽 학자들은 정치인-관료-재벌가의 정경유착, 그 결과 나타난 재벌 기업들에 의한 경제력 집중, 재벌 일가의 전횡을 통한 사적 이익 편취에서 위기의 원인을 찾는다. 한마디로, 한국 자본주의의 '천민성'을 우리 사회의 근본 문제로 규정한다. 따라서 첫째, 정경유착으로 형성된 불공정 시장을 개혁해 법치주의가 관철되는 공정시장을 육성하고, 둘째, 경영과 소유를 분리함으로써 재벌 일가의 경영권을 약화시키며, 셋째, 주주행동주의(현실적으로는 소액주주 운동)를 통해 기업지배구조를 개혁하는 일을 가장 시급한 과제로 정의한다(장하성 1998 ; 김기원 2001 ; 김상조 2004). 소액주주 운동의 의미가 "상법과 증권거래법에서 보장된 소수주주권이라는 가장 자본주의적인 운동 수단을 통해 자본에 내재된 문제점을 가장 예리하게 비판할 수 있게 된 것"이라는 김상조(김상조 외 2007, 359쪽)의 말은 위에 정리한 참여연대 측의 생각을 단적으로 확인시켜준다.

반면, 대안연대 쪽은 외국의 금융자본이 1997년 위기의 주범일 뿐만 아니라 이후 성장 동력의 약화를 초래했다고 본다. 외국자본에 대한 대안연대의 생각은 다음과 같이 요약할 수 있다. 국내자본과는 달리 대부분의 외국자본은 한국 산업의 발전에 아무 관심이 없는 투기자본이며, 외국인 투자자들은 배당과 시세차익 등 오로지 단기 이익만 추구한다. 그렇기 때문에 외국자본은 생산성 향상을 위한 장기 산업투자에 소극적이다. 한국에 외국자본이 주도하는 주주자본주의가 자리 잡으면, 산업의 중추 역할을 하는 재벌 기업들도 생산적인 장기 투자를 하지 않고 경영권 방어에 소모적 비용을 쏟아부어야 한다. 결국 기업과 경제 전체의 장기 발전이 제약될 수밖에 없다. 따라서 대안연대 측은 국가가 외국자본, 특히 금융자본을 규제하여 국내자본을 보호해야 한다고 주장한다. 그렇게 하지 않으면, 한국 경제가 외국인들의 변덕에 완전히 휘둘리고 말 것이라고 단언한다. 더 나아가, 국가 산업 기반을 지켜내기 위해서는 자본, 노동, 국가가 타협할 필요가 있다고 강조한다. 노동은 재벌 일가의 기업집단에 대한 지배력을 보장하되 재벌 일가는 투자를 늘리고 일자리를 창출하며, 국가는 외국자본에 대한 규제를 강화해야 한다는 것이다(장하준 2004 ; 장하준·정승일 2005).

참여연대 쪽은 재벌에 대해, 대안연대 쪽은 외국 금융자본에 대해 비타협적인 태도로 비판하지만, 사실 양자가 제시하는 개혁의 방향은 그리 진보적이지 않다. 앞서 설명한 신고전파와 발전국가론자들의 논쟁과 마찬가지로 참여연대는 공정한 자유시장에 대한 믿음을, 대안연대는 사회관계로부터 독립적이고 오로지 국익을 추구하는 국가라는 믿음을 바탕으로 한국 사회의 진로를 제시하고 있다.

참여연대 쪽에서 논쟁을 주도했던 김상조는 최근 자신의 '개혁과 진보'를 위한 '방법론'을 정리한 책에서 한국 경제의 근본 문제가 "신자유주의의 과잉 및 구자유주의의 결핍"이라고 도식화하면서, "법치주의 내지 공정 경쟁 질서의 확립 등과 같은 구자유주의적 과제가" 개혁·진보 진영이 떠맡아야 할 "역사적 책무"라고 주장한다(김상조 2012, 57~58쪽). 이러한 주장의 정당성은 "중상주의 → 고전적 자유주의 → 포드주의 → 신자유주의"로 이어지는 서구 자본주의 역사에 비추어, "한국 경제는 중상주의(박정희식 개발독재 모델)에서 신자유주의로 바로 건너뛴 것"과 마찬가지라는 생각에서 도출된다. 따라서 "단기적 투기자본의 이동을 제약하는 장치" 등 외국자본에 대한 일정한 규제 도입에 반대하지 않지만 "금융자유화 및 금융세계화의 시대적 조류에 역행"해서는 안 되고, 국가 산업정책의 필요성을 어느 정도 인정하지만, 그 메커니즘은 어디까지나 "시장기구를 직접 이용하거나 또는 최소한 시장에서 생산되는 정보를 적극 활용하는 시스템"이어야 한다고 주장한다(김상조 외 2007, 360·369쪽).

대안연대는 발전국가론의 전통에서―― 국가의 산업정책을 중심으로 비시장적 제도가 경제성장에서 차지하는 역할을 강조하는 입장에서―― 신자유주의에 의해 파괴된 국가-은행-재벌의 효율적 생산 체계 복원을 한국 사회의 가장 중요한 과제로 설정한다(장하준 외 2005, 2012). 재벌의 경제력 집중도 이런 관점에서 이해한다. 다시 말해, 재벌 기업들의 순환출자는 총수 일가의 전횡에 이용되는 측면도 있지만, "경영권의 중앙 집중, 대규모 자금 동원력, 위험 분산 능력 등을 통해 적극적인 투자와 신산업으로의 진출을 용이하게" 만들어주는 장점이 있다고 본다(장하준 2007, 386쪽). 따라서 산업 발전을 통한 경제성장에 우선적 가치를 부여하는 입장에서는 한국의 산업 중추를 형성하고 있는 다각화된 재벌 기업 체제는 해체의 대상이기보다는 '외국 투기자본'으로부터 보호해야 할 대상이다. 더 나아가 이러한 입장에서는 박정희 시대가 민주주의를 억압하긴 했지만, 당시의 국가-금융기관-산업자본 연합을 장기 투자를 통해 효율적으로 산업을 발전시킨 모범적인 모델로 만들었다고 평가한다. "자본주의 경제 발전은 선악의 잣대로 잴 수" 없고 단지 어떻게 성공했는가를 파악하면 된다는 장하준·정승일·이종태(2012, 175~179쪽)의 말은 발전주의 관점을 집약적으로 표현하고 있다.

발전주의 담론의 한계

이제 지금까지 살펴본 한국 자본주의 발전에 관한 주류 담론들의 한계를 살펴보고, 그 한계를 극복하는 데 유용하다고 생각되는 대안적 접근 방식을 간단히 소개하겠다. 요약한 것처럼, 신고전파와 발전국가론은 급속한 경제성장과 급격한 위기의 원인이 시장에 있는가 아니면 국가를 중심으로 한 비시장적 제도에 있는가에 논쟁의 초점을 맞춰왔다. 그들은 논쟁에서, 억압적 노동 과정, 인권유린, 언론 탄압, 무자비한 폭력, 지정학적 대립, 불평등한 분배 구조, 자본의 축적 등은 경제와는 무관하거나 외적인 요소 정도로 취급해왔다. 두 진영의 접근법에 도사린 문제는 단지 연구 범위의 협소함뿐만이 아니다. 첫째, 경제 변화를 사회적 권력관계나 국제적 위계질서와 무관한 것처럼 설명하는 태도는 경제 영역과 정치 영역을 이분법적으로 분리하는 사회 존재론적 오류에 기인한다. 이는 두 진영이 공히 기반으로 삼는 경제학 체계 전체가 기각되어야 함을 의미한다. 둘째, 두 가지 접근 방식 모두 시장 혹은 국가에 고정불변의 형이상학적 성격을 부여하고, 이로부터 경제 변화를 설명하는 본질주의적 문제점을 안고 있다. 이런 본질주의적 오류는 국가와 시장을 사회관계 밖에 자리매김하는 데서 기인한 것으로, 사회적 역학 관계와 국가와 시장이라는 제도의 상호작용을 간과함으로써 경제 변화의 동학을 설명하지 못한다. 뿐만 아니라 자본주의 발전 과정에서 국가와 시장 자체의 본성이 변화해왔다는 사실을 놓치고 있다.

1997년 위기 이후 각각 "소액주주 운동과 재벌 개혁", "외국자본 규제와 재벌과의 대타협"을 내걸고 경제개혁 운동을 주도했던 진보 진영의 학자들을 죄다 동아시아 발전주의 논쟁에서 형성된 '신고전파 대 발전국가론' 대립 구도에 기계적으로 끼워 맞출 수는 없다. 하지만 그들의 개혁 논쟁 자체는 '시장 대 국가'의 대립 맥락에서 전개되었다고 이해해도 무방하다. 여기서 다루려는 발전국가론과 신고전파의 한계는 각자의 이론적 초석인 시장과 국가 개념에 맞춰져 있다. 그래서 진보 진영 내의 주요한 두 가지 담론의 문제점도 발전주의의 한계와 함께 설명하겠다.

신고전파의 문제점

두 진영의 논쟁을 보면, 둘 사이에는—— 시장과 국가의 관계만큼이나—— 마치 메울 수 없는 심연이 존재하는 것처럼 보인다. 실제로, 이 두 진영은 오랫동안 세계적 차원에서 경제 담론 형성을 놓고 쟁투를 벌이면서, 세계은행이나 IMF 같은 국제 금융기구와 개별 국가들의 경제정책 프레임을 놓고 주도권 싸움을 펼쳐왔다. 하지만, 발전국가론과 신고전파의 드러난 차이는 과장되어온 반면, 공통된 이론적 기반은 간과되어왔다고 생각한다. 그들의 이론적 관심은, 국가의 시장 개입 혹은 방임이 경제 발전을 촉진하는가, 아니면 저해하는가라는 문제로 정리할 수 있다. 겉으로 보아 대립하는 것처럼 보이지만 깊숙이 들여다보면, 두 학파가 그리 멀리 떨어져 있지 않다는 사실이 밝혀진다. "이론적 관점perspective은 사회·정치적 시공간의 특정한 위치로부터 도출되고, 이론은 언제나 특정한 목적을 가지고 특정한 주체를 위해 존재한다"는 로버트 콕스(Cox 1986, 207쪽)의 말을 상기하면서 신고전파와 발전국가론의 근저에 깔려 있는 사회적 존재론, 이론틀, 그리고 이데올로기적 지향을 면밀히 검토하면, 두 접근 방식 모두 사회관계와 분리된 경제 영역을 설정하고 있으며, 이를 통해 기존의 권력구조를 정당화하는 데 복무하고 있음을 알게 된다. 다만 발전국가론은 '독립된' 경제 영역 안에서 비현실적인 신고전파의 시장 개념을 똑같이 추상적이고 비현실적인 국가 개념으로 보강했을 뿐이다.

좀 더 구체적으로 살펴보면, 신고전파와 발전국가론자들의 접근 방식은 닛잔과 비클러(Nitzan and Bichler 2002, 9쪽)가 "정치와 경제의 이분법"이라 칭한 사회적 존재론을 공유하고 있다. 경제학과 정치학의 분리는 단순한 '노동 분업'이 아니고 기능 차원의 분류도 아니다. 애덤 스미스의 "보이지 않는 손"이라는 표현이 상징적으로 말해주듯, 근대 경제학은 시장이 자연법칙처럼 독립적으로 작동하는 균형 원리를 내재한 사회 메커니즘이라고 가정하면서 시작되었다. 애덤 스미스의 "보이 않는 손"이 세이의 법칙, 발라의 일반균형이론으로 '발전'하면서, 경제는 사회(혹은 사회적 제 관계) 속에 있는 영역이 아니라 사회 위에 분리돼 있는 영역이라는 인식이 확립되어왔다.

그러나 "보이지 않는 손"은 이론적으로나 실증적으로나 증명된 적이 없다. 시장 메커니즘이 효율적인 자원 배분, 자동적인 시장 조정, 공정한 분배를 통하여 생산-소비의 균형과 완전고용을 달성함으로써 사회 성원 모두에게 행복을 가져다준다는 주장은 그저 환상적인 수학적 아름다움에 바탕을 두고 있다. 즉 완벽하게 조화로운 시장은 수많은 비현실적 가정을 요하는 기하학적 균형에 불과하다는 뜻이다. 이런 자율조정시장 이론이 가능하려면 무엇보다 먼저, 모든 인간은 효용의 극대화만 추구하는 원자화된 쾌락주의자로 단순화되어야 한다. 둘째, 이상화된 시장은 다른 사회적 영역과 완전히 분리되어 있어야 한다. 셋째, 시장은 무수히 많은 구매자와 판매자로 구성되어 있어 어느 누구도 가격에 영향을 미칠 만한 힘이 없어야 한다. 이 밖에도, 미래에 대한 불확실성이 없어야 하고, 가능한 모든 선택에 대해 완벽한 지식을 가지고 있어야 하며, 한 균형점에서 다른

균형점으로 즉각 이동할 수 있어야 한다(E. K. Hunt 2002, 388쪽 참조).[11]

이러한 가정들은 너무나 비현실적이어서 신고전파 이론은 현실에서 어떤 분석 능력도 가질 수 없다. 많이 알려져 있는 것처럼 현대 경제학은 최적화 모델을 놓고 수학 문제 풀이만 한다. 그러나 경제학은 현실과 무관한 학문이 아니다. 신고전파 경제학자들은 이런 현실감각의 부재를 규범적 원칙으로 바꾸어버린다. 현실이 자신들의 이론과 상충하면, 그들은 현실을 문제 삼는다. 침대 길이에 맞춰 사람의 다리를 잘랐다는 그리스 신화의 프로크루스테스와 비견될 정도다. 예를 들어, 1997년 한국 금융위기의 원인을 설명할 때처럼, 경제문제가 발생하면 자신들이 생각하는 자유방임과 자유무역의 수준을 현실이 충족하지 못했기 때문이라고 탓한다. 좀 희화화해서 얘기하자면, 신고전파의 입장은 경제가 잘되면 자유시장 덕이고, 안 되면 국가 개입 탓으로 돌린다고 요약할 수 있다.[12] 신자유주의는—— 경제사상의 한 가지 조류로 환원할 수는 없지만—— 신고전파의

---

11 "보이지 않는 손"의 존재를 처음 수학적으로 증명했다는 발라Léon Walras의 일반균형이론은 수많은 부분 시장의 수요/공급의 변수를 설정하고, 그 미지수 숫자만큼의 방정식을 세울 수 있음을 수학적으로 증명함으로써 모든 부분 시장의 균형가격이 동시에 존재할 수 있다는 가능성을 보여준 데 불과하다. 노벨경제학상 수상자 중 다수는 발라의 일반균형이론을 수학적으로 발전시킨 공로를 인정받은 것이었다. 그중 제라르 드브뢰Gerard Debreu는 발라의 연립방정식을 완벽하게 증명했다고 칭송받았다. 수학적으로 한 걸음 더 나아갔지만, 앞에서 언급한 추상적 전제는 없어지지 않았다. 우리에게 잘 알려진 경제학자 조지프 스티글리츠Joseph Stiglitz는 현실 시장은 완전경쟁시장이 아니고 정보의 비대칭성이 존재하기 때문에 최적화를 위해서는 제도적 장치를 통해 이를 해소하는 것이 중요하다는 이론을 펼쳐 노벨상을 수상했다. 스티글리츠가 신자유주의 반대 캠페인을 열정적으로 펼쳐온 것도 이러한 자신의 이론에 바탕을 둔 것이다.
12 그래서 경제가 위기에 빠지면, 원인 분석은 항상 똑같이 흘러간다. 자율조정시장에 국가가 정치적으로 간섭했기 때문이라는 결론이 나온다. 신고전파는 1930년대 대공황도 통화주의자의 입장에서 '정책 실수'로 설명한다. 이런 견해의 대변자가 현재 미 연방준비제도 이사회 의장 벤 버냉키이다. 그는 밀턴 프리드먼의 견해를 발전시켜 신용 위축 상황에서 연준이 통화량을 감소시키는 실수를 저질러 대공황이 발생했다고 주장한다. 신고전파가 가끔 시장 실패란 결론을 내기도 하는데, 신고전파 경제학자들은 이러한 가능성을 경제 전반에 적용하기보다는 특정 영역에 한정해서 사용한다.

자율조정시장에 대한 신화를 지구적 차원에서 수용하게 만드는 정치 프로젝트였다.

시장이 자율조정 메커니즘을 가지고 있다는 존재론적 전제는 경제 영역의 비정치화로 이어질 수밖에 없다. 경제 영역을 정치 영역에서 분리하면서, '더러운' 권력 문제는 정치학에 맡기고, 경제학자들은 보편적 공공선으로 간주되는 생산성과 성장 문제만을 다룬다고 간주하는 것이다. 그래서 주류 경제학자들은 본질적으로 "경제학은 진보적이고 정치는 퇴보적"이라고 단언한다(Gilpin 1987, 30쪽). 아이러니하게도, 경제 영역의 비정치화는 가장 정치적인 전략이다. 자율조정시장의 원리가 작동하는 경제에서는 자본과 노동의 구분 없이 모든 사람이 상품 판매자이고 동시에 소비자다. 사회에서 차등 지위를 갖는 계급·계층 범주는 사라진다. 노동자와 자본가는 동등한 입장에서 자신의 효용을 충족하기 위해 각자 소유한 상품을 파는 것이다. 그리고 완전균형은 공정한 배분을 의미한다. 각자의 생산성 기여분 혹은 효용의 양에 따라 가격이 결정되기 때문에 시장에서의 소득 분배는 분배 정의를 자동으로 실현한다. 신고전파의 사전에 불평등이란 존재하지 않는다.

따라서 이와 같은 신고전파의 관점에서는 급속한 산업화 과정에서 나타난 국가권력의 역할, 안기부에서 깡패 조직에 이르는 다양한 폭력 수단의 이용, 정치 권리의 억압, 대대적인 국민 동원, 노동자들에 대한 체계적인 착취 등이 한국 자본주의의 발전과는 무관해 보이는데 이는 어쩌면 당연하다. 신고전파의 발전이론은 한국을 포함한 동아시아의 구체적 정치경제사를 (설명하는 것이 아니라) 자신들이 떠받드는 시장의 신화로 환원하는 데 불과하다. 실증경제학을 강조하지만, 신고전파는 사실 '규범경제학'을 하고 있다. 모든 국가에서 '자율조정시장'이 작동하도록 제도 개혁을 강제하고, 사회적 제 관계를 상품관계로 전환함으로써 특정한 사회 계급의 이익을 옹호하는 이데올로기를 설파할 뿐이다.

발전국가론의 한계

발전국가론은 시장에 대한 국가의 간섭을 강조하고, 경제성장에서 제도의 역할을 중시함으로써 정치와 경제의 이분법을 극복한 것처럼 보인다. 하지만 실제로는 이분법이 그대로 남아 있을 뿐만 아니라, 권력기구로서의 국가의 성격을 탈각함으로써 국가가 마치 효율적이고 합리적인 '생산성본부'인 것처럼 포장했다. 발전국가론에서 말하는 제도는 비정치적 제도이다. 산업과 직접적인 관련성이 높아 보이는 국가정책과 조직 체계를 가리키는 말이다. 신고전파가 시장에 접근하는 방식에서 보듯 발전국가론 역시 국가를 사회와 분리된 실체로 정의한다. 다시 말해, 국가가 사회관계로부터 독립된 엘리트 집단에 의해 '국익'의 관점에서 운영되는 것처럼 설정하면서, 국가에 자율적 작동 양식을 부여한다.[13]

앞에서 인용한 "이론적 관점은 사회·정치적 시공간의 특정한 위치로부터 도출되고, 이론은 언제나 특정한 목적을 가지고 특정한 주체를 위해 존재한다"라는 콕스의 말을 다시 한 번 떠올려 보자. 신고전파는 자율조정 시장이라는 추상적 기제를 이용해 계급의 피라미드가 사라진 평탄한 허구적 시공간을 만듦으로써 자본의 입장을 대변했다. 발전국가론은 사익을 좇지 않고 오로지 '부국강병'만을 추구하는 자율적이고 강력한 국가 엘

---

13 이런 국가 개념과 국가 엘리트 개념은 막스 베버, 오토 힌츠——빌헬름 1세 때 비스마르크의 철혈통치에서 히틀러의 나치즘에 이르기까지——등으로 대표되는, 강한 중앙 집중적 전제정치 아래서 급속한 산업 발전을 이룬 독일 사회과학 전통의 영향을 받은 것이다(김윤태 2000, 39쪽). 이러한 접근법을 체계화한 학자로는 피터 에번스, 디트리히 로이슈마이어Dietrich Reuschemeyer, 테다 스카치폴Theda Scocpol 등이 있다. 이 세 사람이 공동으로 펴낸 *Bring the State Back In*(1985)을 참조하라.

리트가 최상위에 자리 잡고 제 사회 그룹의 개별 이익을 중재 혹은 규제하여 구현한, 계급·계층의 벽이 없고 하나로 융합된 사회적 시공간을 설정한다. 이러한 사회적 시공간에서는 재벌 같은 대자본도 국익을 위해 움직이는 산업 효율성이 뛰어난 제도적 기구일 뿐이다. 그래서 발전국가론은 개발독재 시대에 있었던 '강한 국가-국유화된 은행-집중화된 재벌'의 긴밀한 연계를, 시장의 비효율성을 제거해 성장 효율을 극대화함으로써 따라잡기catch-up 전략을 성공적으로 이끈 핵심 요인으로만 파악한다(Amsden 1989 ; Woo-Cumings 1991 ; 신장섭·장하준 2004). 이러한 전략이 어떤 사회관계 속에서 누구를 위해 만들어졌으며, 그 결과 기존의 사회관계에 어떤 변화를 가져왔는지는 철저히 무시한다.

  발전국가론이 한국의 급속한 경제성장에서 국가가 차지한 역할을 간과한 신고전파의 설명을 비판한 것은 전적으로 옳다. 하지만 발전국가론이 말하는 것은 '산업 발전' 과정이지 '자본주의 발전' 과정은 아니다. 발전국가론이 주장하듯이 자본주의 초기 국면에 나타나는 국가의 핵심 역할은 동아시아 모델에 국한되지 않고, 독일, 러시아 등 19세기 유럽의 후발 산업국가뿐만 아니라 영국 같은 선발 산업국가에서도 발견된다. 또한 산업화 자체는 전제정치, 소비에트, 파시즘 등 자본주의가 아닌 다른 체제에서도 가능하고, 실제 역사에서도 이러한 비자본주의 체제들은 이른바 '국가주도' 경제성장을 훌륭히 이루어냈다. 심지어 산업화는 노예제도를 바탕으로 이루어질 수도 있다. "최대 다수의 최대 행복"이라는 말로 잘 알려진 공리주의자 제러미 벤담은 영국 산업혁명기에 급진 부르주아 사상을 대표한 사람 중 하나인데, 그가 설계한 파놉티콘 감옥은 죄수 감시용일 뿐만 아니라, 개별 방에 갇혀 있는 죄수들을 거대한 기계를 돌리는 동력으로 사용하기 위해 고안된 것이었다. 그의 생각은 나중에 떠돌이 빈민들을 가두어 놓고 이용하는 데로 확대되며, 종국에는 사회 전체를 같은 원리로 조직하려고 설계했다(Polanyi 2009, 329·351쪽).

비자본주의적 산업 발전을 언급한 이유는 박정희 군사독재 체제의 부정적 성격을 부각시키기 위해서만은 아니다. 발전국가론이 이론적으로 성립하고 설득력을 확보하려면, 그들이 전제하는 사회관계에서 독립된 국가의 자율성과 사회의 통합성을 증명해야 한다. 그러지 못하면 이론 전체가 무너지게 된다. 우선 국가의 자율성은 국가 엘리트들이 타 사회계급과는 다른 세계관을 가지고 사회를 특정한 체제로 조직할 수 있는 전망을 세울 수 있어야 성립한다. 박정희가 초기에 파시즘의 전망을 가지고 있었을 수는 있다. 해방 이후 한국 사회에서는 지주, 자본가, 농민, 노동자 등 어느 계급도 국가를 주도할 만큼 강한 세력을 형성하지 못했기 때문에, 쿠데타로 집권한 초기 박정희 정권은 자율적으로 사회적 전망을 제시할 수도 있었다. 하지만 박정희 시대의 산업화는 냉전이라는 세계 질서 속에서 실행되었고, 한국같이 작은 나라는 그 질서에 종속된 상태에서 발전할 수밖에 없었다. 냉전 체제는 한국의 산업 발전에 중요한 동력이었으며, 동시에 발전의 경로를 제약하는 요소였다. 박정희 정권은 미국 주도의 세계 자본주의 질서에 편입되는 발전 경로를 택할 수밖에 없었다. 즉 비자본주의적 산업화는 애초부터 선택지에 없었다.

박정희 개인은 산업화에 기초한 '부국강병'을 최상의 가치로 놓고 죽을 때까지 자기가 지배하는 체제를 추구했을지 모른다. 그러나 그는 자신의 꿈을 국제적으로는 미국 주도의 세계 자본주의 시장에, 국내적으로는 재벌 대기업에 의존해서 추구했다. 특정한 국면에서 강한 국가가 재벌 기업 한두 개쯤은 문 닫게 만들고 외국자본의 직접투자를 최소화하고 보호무역을 극대화할 수는 있었지만, 시간이 흐르면서 한국 경제는 점점 커져가는 재벌 기업들과 세계 자본시장에 종속되었다. 독재자인 박정희도 이런 흐름을 무시하고 권력을 휘두를 순 없었다. 다시 말해, 나라 안팎의 자본주의적 사회관계로부터 독립된 박정희의 길은 존재하지 않았다. 그동안 한국 자본주의의 급속한 성장을 상징했던 산업의 "압축 성장"이라는 표현 자체는 틀렸다고 할 수 없지만, 이렇게 규정하면 산업 발전이 자본주의적인 계급 관계가 "압축 성장"하는 과정의 일부였다는 사실을 간과하게 된다. 그래서 발전국가론은 국가와 재벌의 연합이 산업 발전에 효율적이었다는 점만 보고, 그들이 사회 성원 전체가 공동으로 일궈낸 산업 발전의 성과를 억압적 방식으로 사유화했다는 사실에 대해서는 일언반구도 없다.

발전국가론은 신고전파가 내세우는 자율조정시장의 허구성을 비판하지만, 둘은 동전의 양면이다. 발전국가론은 시장 개념만큼이나 추상적인 국가 개념으로 시장을 보충하고 있을 뿐이다. 발전국가론은 국가가 계급 관계로부터 독립해 있다고 간주하고, 국가 엘리트를 국익을 추구하는 자율적·합리적 주체로 설정하면서, 신고전파와 마찬가지로 경제 영역을 비정치화한다. 이를 통해, 자본을 국가와 묶어 산업 효율성이란 단어로 그 권력적 성격을 감추고, 자본축적 과정, 자본가 지배계급의 형성 및 발전, 경제력 집중, 불평등한 소득 분배 등에 대해서는 눈을 감아버린다. 발전국가론과 신고전파가 설정하는 시장과 국가의 이분법은 허구의 구도이다. 강한 국가가 반드시 반시장적인 것은 아니다. 시장과 국가의 대립적 성격을 판별하는 기준은 국가권력의 강약이 아니라, 사회관계의 상품화 수준과 국가의 사회적 공공성 수준이다. 박정희 시대의 강한 국가는 사회관계를 급속도로 상품화하며 시장 메커니즘을 확대했을 뿐만 아니라, 국가의 공권력을 이른바 '될 놈만 밀어주기'에 동원하여 사회적 생산을 사적으로 전유하는 문화를 확산시켰다.

발전국가론은 이러한 추상적 국가 개념을 기초로 경제발전 모델을 설정하기 때문에 자본주의의 역사적 변화를 설명하지 못한다. 왜 그렇게 성공적이었던 국가 발전 모델이 자유시장주의에 기초한 변화의 길로 들어섰을까? 경제성장에 더 효율적인 모델이 덜 효율적인 모델로 전환할 이유가 어디에 있는가? 발전국가론은 모델 내부에서는 변화의 요인을 찾을 수 없기 때문에 '외인론'에 의존할 수밖에 없다. 즉 외국자본의 압력으로 변화를 수용할 수밖에 없었고, 그래서 경제가 나빠졌다는 얘기다. 잘되면 시장 덕, 잘못되면 국가 탓으로 돌리는 신고전파와 다를 바 없다. 1997년 금융위기 논의에서 최근 재벌 개혁 논쟁에 이르기까지 한국 경제의 변화를 외적 요인만으로 설명할 수는 없다. 분명 외적 요인이 영향을 미쳤지만, 많은 연구자들이 신자유주의를 신봉하는 관료 세력이 생겨나 외적 압력과 무관하게 이를 적극 추진했다는 사실을 밝히고 있다(이장규 1991 ; 김윤태 2000 ; 사공일 외 2003).

사회변화의 동력은 사회집단의 상이한 세계관과 다양한 정치적 지향들 간의 갈등과 타협에서 나온다. 발전국가론의 설명 모델에서는 국가와 경제를 이러한 사회관계 바깥에 있는 추상적인 실체로 설정하기 때문에 변화의 동학을 제시할 수 없다. 예를 들어, 최근에 전개된 재벌 개혁 논쟁에서 우리가 우긴디의 이디 아민, 필리핀의 마르코스가 아닌 박정희의 발전국가 경로를 밟은 것에 위안을 삼아야 한다는 장하준 측의 말을 생각해보자(프레시안, 2012년 6월 8일자). 같은 논리로 우리는 왜 스웨덴의 발전 경로를 걷지 못하고, 군사독재 치하의 억압적 산업 발전의 길을 밟았는지 반문할 수 있다. 그리고 앞에서 언급했듯이 그렇게 좋은 발전 모델이 왜 변화를 겪어야 했을까? 결과론적으로 경제적 성공이나 실패에 맞춰 관련성이 높아 보이는 요인들로 이론을 구성하는 발전국가론의 모델에서는 이러한 질문에 답을 내놓을 수가 없다.

지난 반세기 동안 우리가 경험한 급격한 정치경제적 변화의 동학은 산업 발전 전략이 아니라, 지배 전략에서 찾아야 한다. 다시 말해, 우리 사회에 어떤 세계관으로 무장한 지배적 사회집단이 형성되었고, 이들이 어떤 사회적 역학 관계 속에서 성장 전략을 추구했는지, 이 지배 집단은 다른 나라, 특히 세계 질서를 주도했던 선진국의 지배 집단과 어떤 관계를 설정했으며, 그 질서에 어떻게 조응해갔는지, 경제적 변화가 국내외 사회집단 사이의 역학 관계에 어떤 영향을 미쳤는지, 그로 인해 기존 관계가 어떻게 재설정되었는지를 밝혀내야 한다. 이처럼 '정치'와 '경제'를 통일된 유기적 관계로 파악해야만 급속한 산업화부터 1987년의 민주화, 1997년의 금융위기, 포스트-1997 구조 개혁으로 이어지는 우리 사회의 변화를 설명할 수 있다.

대안적 접근 방식

신고전파와 발전국가론이 제시하는 한국 자본주의 발전에 관한 설명의 한계를 요약하면, 두 이론 속의 시장과 국가는 자본주의 시장과 자본주의 국가가 아니다. 신고전파가 설정하는 시장은 물물교환 시장이 확대되면서 교환의 매개수단으로 화폐를 사용하게 된 이른바 완전경쟁시장이다. 이러한 종류의 시장이 실제 역사에 존재하긴 했겠지만, 그것이 자본주의 시장은 아니다. 시장의 역사와 관련해 누구보다 많은 자료를 바탕으로 연구를 해왔다고 자타가 공인하는 브로델에 따르면, "자본주의 시장은 13세기 이탈리아에서 시작될 때부터 언제나 권력과 밀착된 '거상'들이 지배하는 독과점적 시장이었다"(Braudel 1982, 229쪽). 발전국가론의 국가 개념은 신고전파의 시장 개념이 거울에 비친 상이다. 아직 국가가 왕족 개인의 소유였던 17세기에 형성된 베스트팔렌 체제Westfalen inter-state system에서 나온 유럽의 근대 민족국가 개념을 유지하고 있다. 다시 말해, 상호 주권을 존중하는 국제 관계 속에서, 국가가 단일한 이해관계를 가지고 부국강병을 추구한다고 전제한다. 실제 근대국가의 역사는 시민사회의 확장과 동시에 펼쳐졌고, 사회적 계급 관계 속에서 발전했으며, 서서히 자본가계급 주도의 국가로 전환되어왔다. 또한 자본이 국경을 넘나들면서, 글로벌한 자본주의 질서를 형성해왔다. 따라서 한국의 압축 성장이라는 말은 단순히 산업의 급속한 성장을 의미하는 게 아니라, 국가와 시장이 융합되고, 동시에 세계 자본주의 질서에 편입되면서 자본주의적 권력구조가 급속히 발전한 과정을 가리키는 것으로 의미가 전환되어야 한다.

서두에서 언급했듯이, 필자는 이 책을 통해 이러한 기존의 주류 접근법의 한계를 극복하고, 현대 자본주의사회의 변화를 추동하는 권력의 동학을 파악함으로써 지난 반세기 동안 우리 사회가 겪은 정치경제적 변화들을 재인식하려 한다. 정치와 경제를 분리하는 이분법적 존재론이 이러한 변화의 동학을 이해하는 데 가장 큰 걸림돌로 작용한다. 경제 영역과 정치 영역을 이분법적으로 분리하는 사회적 존재론을 극복하지 못하면, 최근 우리가 겪은 다양한 사회변화의 본성을 제대로 파악하지 못할뿐더러 대안적인 사회체제를 모색하는 데도 한계에 봉착할 수밖에 없다. 그래서 이 책에서는 우선 경제 영역과 정치 영역을 하나의 통일되고 통합된 사회적 과정으로 보는 새로운 정치경제학적 접근 방식을 검토하고, 이를 통해 급속한 산업화, 1997년 금융위기, 위기 이후의 구조조정 등 지난 반세기 동안 우리가 겪은 사회변화들을 분석한다. 그런 가운데 국가, 자본, 시장, 국가-자본-시장의 관계, 세계 질서 등등 주요한 정치경제학적 개념들을 재정립함으로써 타 권력 형태와 구별되는 자본주의 고유의 권력 특성을 파악하려고 한다.

이를 위해, 이 책에서는 다음 세 가지 접근 방식을 채택했다. 첫째는 닛잔과 비클러(Nitzan and Bichler 2002 ; 2009)가 발전시킨 권력자본론이다. 권력자본론의 가장 중요한 요지는 자본 자체를 권력의 한 형태로 봐야 한다는 것이다. 다시 말해, 권력자본론은 자본을 다른 권력 양식과 마찬가지로 지배계급이 사회적 과정 전체를 구성해내고 통제하는 제도적 복합체로 정의한다. 닛잔과 비클러는 근대국가의 형성 및 발전 과정은 권력의 상품화를 통해 자본이 지배적인 권력기구로서 점진적으로 발전해온 과정과 불가분의 관계에 있으므로 자본과 국가는 하나의 통합된 권력 과정의 두 가지 제도적 양상으로 정의해야 한다고 주장한다. 따라서 이 관점은 "권력은 정치학, 생산은 경제학"의 영역으로 돌리는 통상의 이분법과는 달리 "생산의 정치학", 더 넓게는 "공동체에 대한 권력적 지배"라는 관점에서 자본을 연구해야 한다고 주장한다(Nitzan and Bichler 2002, 9~14쪽). 권력자본론은 한국 자본주의 발전에 관한 기존 연구들 대부분이 전제하는 '정치'와 '경제'를 나누는 이분법을 극복함으로써, 1987년을 계기로 급진전된 민주화라는 '정치 개혁' 과정과 1997년을 계기로 가속화된 '경제 개혁' 과정이 두 가지 상이한 흐름이 아니라, 자본주의 권력 양식의 확립이라는 하나의 통합적 과정이라는 사실을 이해할 수 있게 해준다.

둘째, 국가와 시장, 그리고 자본을 추상적인 불변의 본성을 지니는 실체가 아니라 여러 사회세력들 사이의 역학 관계에 의해서 규정되는 역사적 구조historical structure의 일부로 파악한다(Cox 1996, 97쪽). 이 관점은 사회세력을 "물질적 역량", "이념", "제도"로 구성된 통합적 운동 과정으로 개념화함으로써, 사회계급의 형성 과정과 그들이 창출해내는 권력 양식의 역동적 상호 규정 관계를 동시에 검토할 수 있게 해준다. 한국 자본주의 발전에 관한 기존 연구들은 '합리적' 시장이나 '중립적' 국가이성이라는 추상적인 본성을 전제로 경제성장을 설명하면서, 사회계급의 형성·발전 과정을 무시해왔다. 역사적 구조 개념은 사회구조와 사회 주체의 역동적 관계를 파악함으로써 기존 연구들의 추상적 접근 방식의 한계를 극복하고, 개발독재에서 신자유주의로의 이행을 연속적인 과정으로 이해할 수 있게 해준다. 다시 말해, 개발독재에서 신자유주의로의 이행을 국가와 시장의 대립 구도가 아니라, 지배계급의 진화와 더불어 이루어진(국가와 시장이라는) 두 권력 메커니즘의 융합·발전이라는 틀에서 설명한다. 예를 들어, 개발독재 시대의 군부-재벌 지배 블록은 급격한 산업화를 통해 사회관계를 급속도로 상품화했는데, 이 지배 전략으로 인해 국가와 자본, 시장의 구조적 관계가 변하게 되었고, 이러한 변화는 다시 지배 블록 자체를 재구성하는 원인으로 작동했다.

마지막으로, 이 책에서 제시하는 세 번째 대안적 접근 방식은 자본축적을 자본주의 발전 분석의 중심에 놓는 것이다. 앞에서 자세히 살펴보았듯이, 지금까지 한국 자본주의에 관한 연구는 발전경제학 영역에서 신고전파와 국가 주도 발선이론 학파기 지배해왔다. 이 두 학파는 GDP 지표로 측정되는 거시적 경제성장을 전체 사회적 과정에서 떼어놓고, 국가 또는 시장의 기여도를 논하는 데 초점을 맞춰왔다. 권력 과정에 대한 무관심은 논외로 친다고 해도, 생산과 분배는 분리할 수 없는 하나의 과정이다. 그럼에도 두 학파는 분배 측면을 무시하고 생산 측면에만 초점을 맞추어 사회 발전을 이야기해왔다. 자본주의적 생산의 목적은 차등적으로 이윤을 확대하고 자본을 축적하는 것이다. 따라서 차등적인 이윤과 자본의 축적 과정에 초점을 맞추어 분석해야만 생산의 사회적 성격이 드러난다. 따라서 이 책에서는 지난 반세기 동안 우리가 경험한 고성장 국면, 세계화, 금융위기, 위기 후 구조조정, 그리고 저성장 국면으로의 진입을 비롯한 과정들의 본질을 권력자본론이 제시하는 차등적 자본축적 체제의 변화라는 맥락에서 파악한다.

이 책에서는 위의 세 가지 접근 방식을 통합한 관점에 입각해 한국 사회가 겪은 최근의 급격한 정치경제적 개혁들을 다음의 세 가지 맥락에서 설명한다. 첫째, 냉전에서 세계화로 세계체제가 전환하면서, 글로벌 자본축적 체제의 성격이 변했고, 이는 한국 정치경제의 가능성의 한계를 재규정했다. 둘째, 한국 사회의 권력 구도 재편은 1987년 성공적인 민중항쟁으로 촉발되었다. 하지만 그 바탕에는 오랫동안 국가의 보호 아래 성장해온 지배적 자본이 보호막 역할을 했던 국가의 껍질을 깨고 나와 국가를 자본의 논리에 복속시키는 과정이 깔려 있다. 셋째, 한국의 지배적 자본은 지구적 차원의 자본주의 재편 과정에 적극 대응하면서, 세계화를 한계에 다다른 국내 축적 공간을 넘어 지구적 차원에서 차등적 축적을 강화하고 글로벌 부재소유자의 구조로 편입해 들어가는 계기로 삼았다.

이러한 관점에서 보면, 한국의 지배 블록에게 민주화와 신자유주의 세계화는 실로 중대한 전환이지만, 과거와의 단절을 의미하는 것은 아니었다. 1987년 민중항쟁과 1997년 금융위기로 제도 변화가 가속화되었지만, 그로 인해 이전 체제와 충돌하는 이질적 성격의 사회변화 경로가 설정된 것은 아니란 말이다. 한국의 신자유주의 체제는 지난 반세기 동안 전개되어온 자본주의적 권력 양식의 진화로 설명할 수 있다. 말하자면, 현재 우리 사회의 성격은 개발독재 체제에서 형성된 사회구조와의 단절이라는 관점보다는 '경로의존성'이라는 측면에서 접근할 때 오히려 더 잘 이해할 수 있다. 반세기 동안의 자본주의적 진화 과정에서 국가와 자본은 상호작용을 통해 융합하면서, 자본주의 권력 양식의 중요한 제도적 기구로 발전해왔다. 동시에, 한국 사회를 지배해온 이질적 지배 블록 내의 여러 세력은 통일된 자본주의적 질서 양식을 따르는 통합된 지배계급으로 성장해왔다.

부연하면, 세계적 차원에서 자본주의가 재편됨에 따라, 처음부터 지역적·지구적으로 통합 발전해온 한국 자본주의의 구조조정은 필연일 수밖에 없었다. 대략 1980년대 중반까지 한국 자본주의는 냉전 질서 속에서 억압적 국민 동원 체제를 기반으로 이룬 급속한 산업화를 통해 발전해왔다. 우방, 특히 미국과 일본을 위한 반공 진영의 보루를 자임해온 한국의 지배자들은 자금과 기술, 산업 시스템, 그리고 수출시장을 제공받았다. 그러나 이러한 축적 체제를 계속 유지하기는 쉽지 않았다. 냉전에서 세계화로의 전환 국면에서, 안에서는 강력한 민주화 요구와 노동운동의 도전에 직면하고 밖으로부터는 자유화와 규제 완화를 요구받았다. 이러한 기로에서 한국의 지배계급은 권력 체제의 전환이라는 합의를 이루어낸 듯하다. 새로운 체제의 가장 큰 특성은 권력의 유연성과 초국적화로 볼 수 있다. 이 체제는 단순히 한국의 지배계급이 국제 자본의 압력에 굴복한 결과가 아니라 자신들의 권력을 확대하려는 노력의 결과로 봐야 한다. 소유권의 초국적화를 통해 재벌 기업 체제는 국내자본과 해외자본의 융합체로 전환했다. 이 과정에서 오랫동안 지배 블록의 핵심부에 있던 군부 엘리트들이 권력의 중심에서 물러날 수밖에 없었다. 그러나 지배계급을 구성했던 이들에게는 군사독재의 종식이 그다지 커다란 문제가 아니었다. 이미 한국에서 자본주의적 권력 형태의 진화는 이런 전환을 소화하는 데 무리가 없을 정도로 진전된 상태였다. 오히려, 새롭게 권력의 중심부로 진입한 소위 '민주 세력'을 자본주의적 권력 체계에 손쉽게 통합해버렸다. 또한 전환 과정에서 1997년 금융위기를 맞긴 했지만, 사회적 비용을 민중들에게 효과적으로 이전하면서 지배 블록은 위기를 자신들의 권력을 확대하는 기회로 만들어버렸다.

책의 구성

이제 이 책의 전체 구성을 간략히 살펴보자. 총 6장으로 구성된 이 책은 크게 두 부분으로 나뉜다. 서론인 1장과 2, 3장을 1부로 묶고, 나머지 세 개 장을 2부로 묶었다. 1부에서는 이론을 개괄하는데, 한국 자본주의의 발전에 관한 주류 접근 방식들을 비판적으로 평가하고, 대안적 접근 방식을 제시한다. 2부 세 개 장에서는 박정희 시대의 급속한 경제발전, 1997년 금융위기, 그리고 포스트-1997 구조조정 과정을 각각 자본축적 분석에 초점을 맞춰 실증적으로 분석한다. 2장에서는 위에서 간단히 소개한 권력적 접근 방식을 구체적으로 설명한다. 3장에서는 닛잔과 비클러가 권력자본론에 기초해 만든 자본축적 분석틀을 자세히 설명한다. 여기서는 마르크스주의 정치경제학과 주류 경제학의 근본적인 한계를 짚어보고, 권력으로서의 자본의 역사적 운동을 설명하는 데 적합한 자본축적의 수량적 분석 방식을 제시한다. 4장에서는 신자유주의 개혁 이전 시기에 초점을 맞춰 현재 한국의 정치경제를 지배하고 있는 재벌 그룹들이 냉전질서 속에서 권위주의적인 국가기구의 배타적 지원을 받으며 성장한 과정을 조명한다. 5장에서는 한국 정치경제의 구조조정을 급진화하는 계기가 된 1997년 금융위기의 원인을 분석한다. 여기서는 국내외 자본축적 체제의 변화와 권력구조의 변화라는 맥락에서 1997년 위기의 원인을 분석한다. 마지막으로 6장에서는 권력자본론의 시각에서 1997년 위기로 가속화된 한국 정치경제 구조조정의 본질적 성격을 파악하고자 한다. 여기서 포스트-1997 구조조정의 본질은, **자본화** 공식이 사회의 지배 원리로 확립되면서 국가와 자본이 단일한 자본주의적 권력 양식의 제도적 기구로 자리매김되고, 동시에 한국의 지배계급이 초국적 부재소유자의 구조 속으로 편입해 들어간 것이라고 주장한다.

다음 다섯 소절에 걸쳐 3~6장에서 펼칠 주장과 주요 내용을 좀 더 자세히 요약하고, 이번 장을 마무리하겠다. 2장의 내용인 (이 책에서 채택하고 있는) 권력적 접근 방식은 위에서 이미 설명했기 때문에 제외한다.

권력자본론과 자본축적 체제의 분석

3장에서는 이 책에서 채택하고 있는 닛잔과 비클러의 자본축적 분석 방식을 설명한다. 3장에서는, 우선 두 사람이 권력자본론에서 새롭게 개념을 재정립한 자본, 국가, 세계화의 의미를 검토하고, 이를 바탕으로 그들이 제시하는 자본축적의 분석틀을 정리한다. 이런 과정을 거쳐 한국에서 자본주의적 권력 형태가 진화해온 궤적을 실증적으로 파악하는 데 적합한 이론틀을 모색한다.

닛잔과 비클러는 자본 자체를 권력의 한 형태로 보는 관점에서 국가와 자본의 관계에 접근한다(Nitzan and Bichler 2002 ; 2009). 두 사람은 무엇보다 자본주의가 생산양식이 아니라 권력 양식이며, 그 핵심에는 자본이 자리 잡고 있다는 점을 강조한다. 주류 경제학 이론들은 대부분 자본을 물질적 실체로 정의한다. 즉 사적으로 소유된 상품을 생산하는 '도구'이다. 그리고 이러한 생산수단을 가리키는 자본이 독립된 경제 영역에 속해 있다고 전제함으로써 정치 혹은 권력은 자본의 운용과는 무관하거나 외적인 관계를 맺고 있을 뿐이라고 본다. 이러한 구도에서, 한 기업의 시장가치는 기업의 생산 능력을 반영하는 것이라고 설정한다. 닛잔과 비클러는 이러한 주류의 자본 개념이 논리적 차원과 실증적 차원에서 모두 잘못되었다고 기각하면서, 자본을 지배계급이 사회 전체를 규정하고 통제하는 **제도적 복합체**로, 즉 권력기구로 정의한다. 그리고 자산시장에서 평가되는 기업의 시장가치는 물질적 생산 능력이 아니라 사회에 대한 한 기업의 지배력을 다른 기업의 권력에 대비해 상대평가한 지표라고 본다.

좀 더 자세히 살펴보면, 역사상 존재했던 모든 사회체제는 고유의 사회 질서를 만들고 운영하는 데 기준이 되는 원칙과 양식을 가지고 있다. 자본주의도 마찬가지다. 닛잔과 비클러는 이를 생성의 질서creorder : the creation of order라고 부르는데, 이는 질서가 가지고 있는 "정중동, 즉 변화와 정체"의 이중성을 복합적으로 표현한 것이다(Nitzan and Bichler 2009, 18쪽). 닛잔과 비클러는 자본주의를 다른 권력 양식과 구별해주는 가장 큰 특징, 즉 자본주의 고유의 생성의 질서를 자본화capitalization라고 정의한다. 자본화는 형식적으로는 미래의 이윤 흐름을 위험률과 정상수익률로 할인하여 현재의 가치로 전환하는 알고리듬으로 표현된다. 이러한 알고리듬 자체는 전 세계 금융시장에서 일반적으로 쓰이고 있기 때문에 닛잔과 비클러의 자본화 공식 자체에 특별한 것은 없다. 중요한 것은 각각의 변수들이 대변하는 사회적 요소가 무엇인가라는 문제이다. 다시 말해, 무엇이 미래의 이윤 흐름, 위험률, 정상수익률을 결정하는가라는 문제이다. 닛잔과 비클러는 바로 조직된 권력이 이를 결정한다고 주장한다. 왜냐하면, 자본화 공식의 변수들은 단지 상품을 사고파는 기업의 경영 관련 제도들뿐만 아니라 전체 권력 제도와 관련이 있기 때문이다. 좀 길지만, 그들의 설명을 인용해보겠다.

현대사회에서는 이윤의 흐름과 관련성이 있어 보이는 모든 활동이 자본화의 대상이 된다. 이윤의 흐름은 사회적 기관, 조직, 제도, 제반 사회 활동들과 복합적으로 얽혀 있어, "모든 것이 자본화되고 있다"라고 봐도 무방하다. 자본가들은 인간의 유전자 코드, 사회 관습을 포함해 인간의 생명 활동을 현재 가치로 할인하고 있다. 뿐만 아니라 교육, 오락, 종교, 법을 비롯한 다양한 분야에서 조직된 제도적 기관들의 활동도 마찬가지다. 자본화는 여기서 그치지 않는다. 인터넷 소셜 네트워크에서의 자율적인 개인의 참여, 도시 폭동, 어떤 국가에서 벌어지고 있는 내전, 국가 간 군사 충돌, 그리고 지구환경의 미래도 할인되어 현재 가치로 자본화된다. 그 무엇도 자본화의 손아귀를 벗어날 수 없을 것처럼 보인다. 무엇이든지 미래의 소득과 연관이 있어 보이기만 하면, 자본화 알고리듬에 넣어 현재 가격을 산정할 수 있다. (Nitzan and Bichler 2009, 158쪽)

이러한 관점에서 우리는 국가와 자본의 관계, 그리고 정치와 경제의 관계를 새롭게 정의할 수 있다. 국가는 더 이상 자본과 외부 관계를 맺는 기구로 설정되지 않는다. 다시 말해, "기업이라는 법적 조직체와 정부를 구성하는 여러 조직들의 네트워크는" 자본화를 통해 "하나의 통합된 권력 양식의 일부로" 자리매김된다(Nitzan and Bichler 2009, 8쪽). 국가권력은 기업의 이윤과 위험률에 차등적으로 영향을 미침으로써 자본의 한 양상으로 자리 잡아왔으며, 국가기구와 국정 운영은 지속적으로 자본의 논리에 의해 규정되어왔다. 다른 한편으로, 국가와 자본은 역사적으로 상호작용하면서 서로 융합해왔고, 이를 통해 정치 영역과 경제 영역의 구분을 무의미하게 만들어왔다.

닛잔과 비클러는 이러한 생각을 바탕으로 자본축적은 권력의 일반적 특성에 맞게 차등적으로 분석해야 한다고 주장한다. 권력은 언제나 상대적으로 평가할 때 의미가 있기 때문이다. 지배계급은 한편으로 피지배계급의 저항을 뚫고 자신들이 원하는 방향으로 사회를 운영하기 위해 투쟁하며, 다른 한편으로는 권좌를 놓고 지배계급 내부에서 각축전을 벌인다. 자본가들도 마찬가지다. 자본가들이 권력을 놓고 벌이는 각축은 "인력과 척력" 모두를 발생시켜, "분배 연합"의 쉼 없는 형성과 재형성을 촉발해낸다. 이러한 권력의 역동적 운동 속에서 "가장 강력하고 이윤을 많이 가져가는 기업연합"이라는 의미의 **지배적 자본**이 "사회적 과정의 중심부를" 장악한다(Nitzan and Bichler 2002, 40쪽). 핵심 자본가는 지배적 자본을 통해 권력을 행사하여 사회 환경을 자기들의 이해에 맞게 전략적으로 규정해나간다. 따라서 이들의 지배하에 있는 기업집단의 자본화가 전체 기업계의 자본화에서 차지하는 비중을 상대적으로 측정한다면 "자본가들 사이의 권력 분배 지도를 얻을 수 있다"(Nitzan and Bichler 2009, 18쪽).

닛잔과 비클러는 지배적 자본 집단이 상대적인 권력을 키울 수 있는 네 가지 방식을 설명하며, 이에 따라 자본축적을 분석할 것을 제안한다. 첫 번째는 **외부적 넓이 지향**external breadth 체제로서, 지배자본dominant capital[14]이 업계 평균보다 빠른 속도로 고용을 늘림으로써 시장 지배력을 늘려 이윤을 확대하는 방식이다. 둘째는 **내부적 넓이 지향**internal breadth 체제로서 M&A를 통해 시장 지배력을 확장함으로써 이윤을 확대하는 방식이다. 셋째는 **내부적 깊이 지향**internal depth 체제로서 생산비용을 평균보다 낮춤으로써 이윤을 확대하는 방식이다. 넷째는 **외부적 깊이 지향**stagflation 체제로서 특정 국면에서 상대 가격을 더 많이 올려 부의 파이를 확대하기보다는 기존 파이

---

14 이 책에서는 dominant capital의 번역어로 지배자본과 지배적 자본을 같이 쓴다.

를 상향 재분배하는 형식으로 이윤을 확대하는 방식이다. 닛잔과 비클러는 20세기의 글로벌 지배적 자본의 자본축적을 분석한 결과를 바탕으로, 개별 기업 차원이 아닌 사회세력 차원에서 주요한 경향을 보면 크게 넓이breadth의 축적 체제와 깊이depth의 축적 체제가 번갈아 등장한다고 주장한다(Nitzan and Bichler 2009, 386쪽). 이는 자본가 전체와 여타 사회집단의 싸움, 그리고 자본가들 내부 싸움의 역학 관계에 따라 지배적 자본이 상이한 성격을 가진 축적 방식을 선택하기 때문이다.

권력자본론은 권력이 이윤과 자본축적의 원천이라고 설명하지만, "권력이라는 정성적인 과정을 정량적인 과정으로 '전환'하는 것이 기계적인 과정은 아니라"고 말한다(Nitzan and Bichler 2002, 39쪽). 예를 들어, 특허, 정부의 특정 기업 밀어주기 정책, 환율정책, 관료와의 유착 등은 기업의 이윤과 자본의 축적에 영향을 주는 권력 장치이지만 이러한 과정이 정확히 얼마로 '환전'되는가의 문제는 정황적으로 설명될 수밖에 없다. 따라서 닛잔과 비클러는 우리가 할 수 있는 일은 "자본축적의 정성적 과정과 정량적 과정"에 다리를 놓는 일이며, 이는 "수량적인 변동을 먼저 관찰한 후 이러한 변화의 원인으로 짐작되는 여러 제도적 원인들을 설명하는 것"이라고 말한다.

이 책은 권력자본론이 제시하는 방식을 따라, 한편으로는 한국의 지배적 자본이라고 볼 수 있는 재벌들이 이룬 자본축적을 수량적으로 분석하고, 다른 한편으로는 이를 가능케 한 제도 변화를 설명할 것이다. 이를 통해 경제성장의 신화 속에 감춰진 소득 분배, 경제 권력 독점, 국가의 폭력, 착취, 지배계급의 형성과 발전 등의 문제들을 자본주의 권력 양식의 진화라는 하나의 이야기로 통합해보겠다.

한국 자본주의 권력의 형성

4장에서는 흔히 발전국가 체제를 확립한 시기라고 불리는 1960~1980년대 말에 중점을 두고 한국 자본주의의 형성 과정을 실증적으로 분석한다. 그동안 한국의 자본주의 발전 과정에 대한 연구들은 한국인들이 지난 반세기 동안 이룬 급속한 산업 발전과 높은 경제성장률에 초점을 맞춰왔는데, 여기서는 권력의 관점에서 이 과정을 재구성한다. 부연하면, 3장에서 설명했던 권력자본론에 입각하여, 흔히 '시장'과 '국가'의 대립으로 표현되는 '정치'와 '경제'의 이분법을 바탕으로 수행된 기존 연구에 대한 대안적 분석을 제시할 것이다. 권력자본론이 제시하는 것처럼 차등적 자본축적을 분석의 중심에 놓고 한국의 '근대화' 과정을 파헤침으로써, 이 시기의 본질을 경제성장이 아니라 한국의 지배계급이 특정한 세계 질서에 조응하면서 창출해낸 자본주의적 권력 양식에서 찾아야 한다는 점을 규명한다.

4장에서 펼칠 핵심 주장은 다음 두 가지로 요약될 수 있다. 첫째, 한국의 지배계급은 밖으로는 냉전 질서 속에서 한반도의 지정학적 위치로 인한 혜택을 받고, 안으로는 농촌의 풍부한 유휴노동력을 권위주의 국가기구를 통해 억압적으로 동원함으로써 짧은 기간 안에 엄청난 차등적 축적을 이룰 수 있었다. 그 결정체가 바로 한국의 지배적 자본으로 규정할 수 있는 재벌 그룹들이다. 둘째, 급속한 산업화는 한국의 지배적 자본 집단이 추구한 넓이 지향의 차등적 축적 체제 전략이었으며, 이 체제의 본질은 소스타인 베블런Thorstein Veblen이 말한 산업에 대한 전략적 통제sabotage에 있다.

한국이 지난 반세기 동안 급속한 산업화와 경제성장을 이룩했다는 사실은 의심의 여지가 없다. 그러나 발전주의 이론가들은 한국의 급속한 경제성장 과정에서 냉전, 군사독재, 인권 탄압, 노동 착취 등의 정치적 과정을 분리함으로써 국가와 자본을 제도적 권력기구가 아닌 사회적 생산성 증진 기구로 간주하고, 지배 체제를 정당화하는 데 복무했다. 베블런이 제시하는 것처럼 기업의 영리 활동에 의한 산업의 종속을 염두에 두고 한국의 경제성장을 살펴본다면, 발전주의 이론가들의 오류를 피할 수 있다. 기업의 영리 활동은 사회 공동체 전체의 잠재력을 물화하는 과정인 산업을 배타적으로 전유하는 과정이기 때문에 권력의 문제이다. 고도로 집중화된 자본인 한국의 재벌은 냉전, 군사독재, 노동 착취, 인권 탄압, 언론 자유 말살, 체계화된 폭력 등을 통해 국가-자본 연합이 공동체 전체의 창조성에서 도출되는 산업적 성과를 사유화한 결과물이다.

따라서 4장은 경제성장 자체보다는 성장의 열매가 어떻게 차등 분배되었는지에 초점을 맞춘다. 예를 들어, 한국의 대표적인 재벌 삼성그룹의 순이윤이 한국의 (명목) GDP에서 차지하는 비중은 1960년에 0.019퍼센트 수준이었는데, 2010년에는 이 비중이 2.1퍼센트로 증가했다. 이는 지난 반세기 동안 한국에서 생산된 새로운 부가가치 중 삼성그룹에 돌아간 상대적 몫이 113배 증가했다는 것을 의미한다. 그리고 같은 기간 삼성그룹의 (명목) 총자산은 10억 원에서 320조로 32만 배 커졌다. 삼성은 어떻게 이처럼 경이로운 성장을 이룩할 수 있었을까? 삼성의 창업자와 후손들의 '창의적인 기업가 정신' 때문이었을까? 억압적인 국가기구의 배타적 지원 없이는 삼성의 이러한 성장은 불가능했을 것이라고 필자는 생각한다.

4장은 이러한 과정들을 구체화하면서, 자본의 축적과 권력기관, 각종 제도적 장치들이 어떻게 연관되어 있는지를 밝힌다. 다시 말해, 어떻게 억압적 권력 과정이 재벌들의 상대적 자산 가치로 수량화되는지를 파헤친다. 이 책에서 추상적인 금융가치로 표현되는 자본축적은 '생산적인 경제 활동'에 근거한 결과로 이해되지 않는다. 자본축적은 사회적 과정 전체를 전략적으로 장악해나가는 자본가들의 힘의 상대적 증가로(즉 다른 자본가들에 대해 상대적으로 측정된 값으로서) 이해된다. 재벌의 이윤을 규정한 권력 제도와 장치들을 역사적으로 검토하면서, 재벌의 출현과 발전이 성장이나 생산성 자체에 의한 것이라기보다는 사회적 과정 전체를 다양한 —— 폭력과 전쟁, 거대한 동원 체계, 억압기구, 그리고 정치인, 관료, 주요 경영자 집단 사이의 체계적인 네트워크 등을 포함하는 —— 권력 기제로써 배타적으로 통제한 결과임을 입증해 보일 것이다.

1997년 위기와 권력의 구조조정

5장에서는 1997년에 발생한 경제위기의 원인을 분석한다. 이 장에서는 다음의 가설을 입증하려 할 것이다. 첫째, 위기의 원인을 시장의 '복수'(과도한 규제)와 투기자본의 '변덕'(지나친 규제 완화) 중 하나를 선택하는 데서 찾을 수 없다. 위기는 전 세계적인 차원에서 자본주의를 재편하는 과정, 즉 자본축적 체제가 전환하는 과정의 일부였으며, 이와 더불어 한국 내에서 계급투쟁이 격화되면서 일어났다고 봐야 한다. 둘째, 위기는 지배계급에게 좋은 기회이기도 했다. 실제로 위기 이후에 이루어진 한국 정치경제의 재편은 지배계급을 단결하게 하고, 권력과 부의 상향 재분배를 용이하게 만들었다.

지난 20년간 한국 사회는 급속한 사회정치적 변화를 겪어왔다. 이러한 변화의 기폭제는 1987년에 있었던 군사독재의 종식일 것이다. 이는 지난 반세기 동안 한국 사회의 변화를 규정했던 권위주의 체제에 맞서 민중이 벌인 지속적인 정치적 저항의 결실이었다. 그 결과, 지배계급의 권력은 상당한 타격을 입었다. 군사독재 종식에 이어서, 한국의 지배적 자본가계급은 계속되는 민주화와 재분배를 요구하는 강력한 노동운동과 사회운동의 저항에 직면했다. 이와 동시에, 세계화라는 기치 아래 한국 경제를 신자유주의 원칙에 부합하도록 구조조정하라는 국제적 압력이 가해졌다. 그때까지 한국의 자본가들은 권위주의적 국가의 보호 아래 노동운동이나 외국자본으로부터 자유로울 수 있었다. 하지만 1980년대 중반 이후로, 민주화와 세계화라는 이중 운동의 엄청난 압력을 받았다. 이런 내외의 압력 속에서 그들은 선택의 여지가 없었다. 생존하기 위해서는 이전의 축적 양식과는 사뭇 다른 축적 체제를 만들어내야만 했다.

그렇다고 한국의 자본이 변화하는 환경에 수동적으로 대처한 것은 결코 아니었다. 여러 가지 수단과 방법을 동원해 변화한 환경에 적극 대응하면서 한국 자본주의의 전환을 주도해나가려고 했다. 한국의 지배적 자본이 오랫동안 추구해왔던 신규 산업투자 중심의 축적 체제도 내재적 한계에 봉착했기 때문에 차등적 축적을 지속하는 유일한 길은 더 큰 비즈니스 세계로 나가는 것뿐이었다. 실제로, 1990년대 들어 지배적 자본의 차등적 축적, 특히 상위 4대 재벌 그룹을 제외한 30대 그룹의 차등적 축적은 크게 위축된다. 1997년 금융위기 직전 몇 년간 지속적으로 수익성 악화를 겪으면서, 이미 여러 주요 재벌 기업들이 파산 상태에 빠져버린다.

5장에서는 1997년 위기의 원인을 금융 구조의 취약성에 국한하지 않고, 좀 더 광범위한 정치적 지배 과정과 자본축적의 사회적 과정이라는 맥락 속에서 설명하려 한다. 1990년대 초반부터 가속화된 자유화와 규제 완화로 한국 금융 시스템에 일어난 변화가 1997년 위기의 핵심 요소 중 하나였다는 것은 틀림없는 사실이다. 예를 들어, 기업 부문의 높은 자기자본 대비 부채비율과 단기부채의 급속한 증가로 인해 외국인 투자자들의 변덕에 따라 위험에 빠질 수도 있는 상황이 빚어졌다. 그러나 부채의 규모만을 따지는 것은 아무런 의미가 없을 수도 있다. 부채는 미래의 이윤 창출 능력보다 빠르게 성장할 때만 문제가 된다. 미래의 이윤 창출 능력은 사업 수단뿐만 아니라 전체 권력 제도의 광범위한 스펙트럼에 의해 좌우된다. 외국인 투자자들이 자본을 철수하고 부채 연장을 거부했던 이유는 단순한 변덕이나 음모 때문이 아니라 한국의 국가-자본 연합의 전반적인 사회 통제 능력과 그것의 금융적 표현인 자본축적을 부정적으로 판단했기 때문이다.

1960년대 초 이래로 한국의 축적 체제는 세금 감면, 차등적 이자율과 환율 적용, 외국자본의 차등적 분배, 억압적이고 착취적인 노동정책 수립, 언론과 출판의 자유에 대한 무자비한 탄압, 냉전 지정학의 영향 등 다양한 제도와 정치적 과정에 의존해왔다. 1990년대 초 자본축적이 내리막길을 걸은 것도 같은 맥락에서 이해될 수 있다. 필연인지 우연인지 알 수 없지만, 한국의 지배적 자본이 추구한 넓이 지향 체제breadth regime의 약화 현상은 농촌의 유휴노동력 고갈, 군사독재의 붕괴, 냉전에서 지구화로의 세계 질서 전환과 동시에 일어났다. 이 모든 상황 변화는 권력 제도 전반에 영향을 미쳤으며, 사회관계를 변화시켰다. 1997년의 위기는 이러한 전반적인 사회정치적 변화의 한 국면으로 이해해야 한다.

포스트-1997 한국 자본주의의 전환

6장에서는 1997년 경제위기 이후에 한국의 정치경제가 구조조정되는 과정을 '냉전에서 세계화'로 규정되는 국제 질서의 전환이라는 맥락 속에서 검토할 것이다. 여기서 필자는 한국 자본주의의 신자유주의적 세계화가 ─ 한국에서 가장 인기 있는 ─ 민족주의적 관점을 가진 이들이 호소하는 것처럼 한국이 외국의 금융자본에 정복당한 사태가 아니라 권력으로서의 자본, 특히 지배적 자본이 초국화되는 과정이라고 주장한다

(Nitzan and Bichler 2002, 275쪽). 또한, 이 과정에서 지배적 자본가들의 핵심은 지역의 한계를 뛰어넘어 초국적인 부재소유자의 구조 속으로 그들을 통합해내려고 시도해왔다고 주장한다.

위기 이후, 지배적 자본의 소유구조는 급격히 세계화되었다. 외국자본 유입이 최고조에 이르렀던 2004년을 기준으로 보면, 외국인이 소유한 주식의 가치가 한국증권거래소에 상장된 기업 전체 시장가치의 40퍼센트를 넘었다. 위기 이전에는 5퍼센트 미만이었다. 30대 재벌만 놓고 볼 때, 외국인들이 현재 주식가치의 48퍼센트를 소유했고, 전체 635개 상장기업 중 상위 100개 기업을 기준으로 보면 외국인들이 주식가치 55퍼센트를 소유했다. 한국 정부는 외국자본 유치가 절체절명의 과제인 것처럼 주장하면서 외국기업들과 투자가들에게 법인세, 재산세, 등록세, 소득세 등을 감면해주는 특혜를 부여했다. 일반 기업에 대한 '떨이'가 어느 정도 마무리되자 '한국 주식회사 처분Selling Korea Inc.' 열풍이 금융 부문으로 집중되었다. 과거 한국 경제의 특징은 무엇보다 정부에 의한 시중은행 통제였지만, 1997년 위기 이후, 정부는 시중은행의 지분을 팔기 시작했고, 결국 한국의 주요 시중은행은 짧은 기간에 대부분 사유화됨과 동시에 초국적화되었다.

상황이 이렇게 진개되자, 발전국가론자들을 중심으로 진보 진영에서는 '국가적 소유권'을 팔아넘기는 정부를 강력히 비판하며, '민족자본'을 보호해야 한다고 주장하고 나섰다. 외국자본은 한국 산업의 장기 발전을 위한 투자에 나선 게 아니라 단기 시세차익을 노리고 들어온 투기자본이며, 이들은 상황에 따라 투기자본을 갑자기 죄다 회수해 한국에 거대한 사회경제적 재앙을 몰고 올 것이라고 단언했다. 이러한 인식 아래 한국 사회의 최대 기득권자들인 재벌 총수들의 권리를 보호해주고, 대신 그들이 한국의 안정적인 산업에 계속 투자할 수 있도록 유도해야 한다는 이른바 '재벌과의 대타협론'을 제기하기도 한다.

외국자본의 급격한 유입이 여러 문제점을 야기한 것은 맞지만, 발전국가론의 외국자본 비판이 재벌 보호로 이어지는 것은 타당하지 못하다. 이들의 주장은 '산업자본주의'와 '금융자본주의'의 허구적 이분법에 근거하고 있다. 이런 주장을 하는 사람들은, 기본적으로 '국내자본'은 돈벌이만이 아니라 산업 발전 자체에 관심이 있는 산업자본이고 '외국자본'은 순전히 금전적 이익만 추구하는 금융자본이라고 정의한다. 국내자본과 외국자본의 차이를 과장하면서 외국자본에 대한 반대를 마치 제국주의에 맞서는 '독립운동'처럼 묘사하는 경향이 있다. 한국의 대규모 기업집단에 대한 통제권을 놓고 외국자본과 국내 재벌들 사이에 싸움이 벌어질 수는 있다. 하지만 이런 권력 싸움은 국내 자본가들이 민족적 혹은 국가적 이해를 대변하기 때문에 생기는 것이 아니다. 또한 국내자본이 산업 발전을 추구하는 집단이라는 사실을 뒷받침하지도 않는다. 국내자본과 외국자본 모두 금전 가치로 수량화되어 표현되는 사회적 과정에 대한 자본주의적 권력을 확대하기를 원할 뿐이다.

6장에서는 권력자본론의 입장에서 외국 금융자본 대 국내 산업자본이라는 이분법적 분석틀을 대체할 접근 방식을 제공하려 한다. 여기서는 한국의 지배적 자본에 대한 외국인 소유 증가가 세계적 차원에서 벌어지고 있는 권력의 초국적화 현상의 일부라고 설명한다. 한국 자본주의의 전환을 상품화된 권력이 더욱더 보편화되고 표준화되는 과정의 일환으로 설정하면서, 한국의 지배적인 자본의 핵심이 자신을 어떻게 초국적 부재지주로 전환시키려고 노력해왔는지를 검토할 것이다. 또한, 세계대전 이후 자본주의의 구조 개편 과정에 맞물려 진행되어온 한국 자본주의의 발전을 역사적으로 추적하여 검토함으로써, 최근의 세계화로 외국자본에 대한 한국 정치경제의 '종속'이 갑자기 심화된 것이 아니라, 소유권이 공간적으로 통합되면서 한국의 지배적 자본이 초국적화된 글로벌 자본축적 과정 속으로 편입되었다는 점을 설명할 것이다.

권력의 관점에서 '경제발전'에 접근하기

2장

이번 장에서는 이 책의 이론틀을 설명하려 한다. 앞에서 언급했듯이, 한국 자본주의에 관한 담론은 발전주의가 주도했다. 발전주의는 정치 영역과 경제 영역을 분리하고, 자본, 시장, 국가를 사회관계 바깥에 설정해왔다. 그 결과, 한국 자본주의의 발전 과정에 대한 논의에서 억압적 노동 과정, 인권유린, 언론 탄압, 무자비한 폭력, 지정학적 대립, 불평등한 분배 구조, 자본의 축적 등은 경제와는 무관하거나 외적인 요소 정도로 취급되었고, 논의의 초점이 급속한 경제성장과 급격한 위기의 요인이 시장에 있는가 아니면 국가를 중심으로 한 비시장적 제도에 있는가 하는 문제에 맞춰져왔다. 이는 단순히 연구 범위의 협소함에 관한 문제만은 아니다. 논의를 이끈 신고전파와 발전국가론 모두 시장 혹은 국가에 고정불변의 형이상학적 성격을 부여하고, 그로부터 경제 변화를 설명하는 본질주의적 문제점을 안고 있다. 두 그룹은 잘되면 시장(혹은 국가) 덕, 잘못되면 국가(혹은 시장) 탓으로 돌려버린다. 또한 사회적 역학 관계와 국가와 시장이라는 제도의 상호작용을 간과함으로써 경제 변화의 동학을 설명하지 못하고, 자본주의 발전 과정에서 국가와 시장이 융합해왔다는 사실을 놓치고 있다. 마지막으로, 두 진영의 접근 방식은 ―― 개별 학자들의 의도나 입장과는 무관하게 ―― 권력과 무관한 경제 과정을 전제함으로써 한국 사회의 지배구조를 이데올로기적으로 옹호하고 마는 문제점을 안고 있다.

이번 장에서는 경제 과정과 정치 과정을 존재론적으로 통합된 사회 과정으로 파악하는 접근 방식들을 살펴보고 체계적으로 융합함으로써, 기존의 한국 자본주의 발전 과정에 관한 연구를 지배해온 주류 관점들에 맞서는 대안을 모색한다. 앞에서 언급했듯이, 이 책에서 채택한 대안적 접근 방식의 주요한 두 축은 베블런의 비즈니스 사보타주 개념을 발전시킨 닛잔과 비클러의 권력자본론capital as power approach, 안토니오 그람시Antonio Gramsci의 역사적 블록 개념을 발전시킨 로버트 콕스의 사회세력 이론 social-force theory이다. 이 두 접근 방식을 검토하면서 산업, 자본, 시장, 국가, 세계 질서 같은 정치경제학적 기본 개념들을 재정립함으로써 이른바 '경제발전'을 자본주의 권력 양식의 진화 과정 속에서 이해할 수 있는 이론틀을 도출하려 한다.

이론적 관점과 그 한계 범위

사회과학이든 자연과학이든 이론의 일차 목적은 현상을 설명하는 것이다. 과학자는 자연현상이나 사회현상을 '객관적' 입장에서 관찰하고 특정한 원리에 입각해 현상의 발생 메커니즘을 설명하려고 한다. 그런데 근대과학이 태동한 이후 이러한 과학의 기본 개념과 관련해 지속적인 논란거리로 남아 있는 문제가 있다. 바로 과학자라는 주체가 객관적인 존재일 수 있는가라는 문제이다. 과학사 분야에서 토머스 쿤(Kuhn 1996)이 패러다임이란 개념으로 이른바 "과학혁명의 구조"를 밝힌 이후, 사회과학뿐만 아니라 자연과학에서도 과학자들의 주관적인 세계관과 분리된 과학 이론은 있을 수 없다는 입장이 널리 받아들여지고 있다.[15]

---

15 쿤은 《과학혁명의 구조》에서 과학 발전이란 첫째, 지식의 축적으로 이루어지는 직선적 발전이 아니며, 둘째, 과학자 공동체가 공유하는 패러다임의 대체, 즉 상충하는incommensurable 인식틀 간의 싸움을 통한 지배적 패러다임의 전환과 그 패러다임이 한정하는 정상과학normal science의 확대를 통해 진행

특히 사회과학에서는 설명의 대상인 사회가 자연과는 달리 설명 주체와 무관하게 주어진 것이 아니고, 과학자가 속한 사회 성원들에 의해 구성된 것이므로 과학의 '주관성'이 자연과학의 경우보다 더 강하게 사회적 성격을 띤다.[16]

예를 들어, 신고전파 경제학자들이 주장하는 자율조정시장 이론이 설득력을 획득해 정책 결정자들에게 받아들여지면, 사회가 시장 메커니즘을 중심으로 재구성되고 사회 성원들의 삶에 큰 변화가 초래되면서, 설명하려고 했던 대상 자체의 성격이 변화하게 된다.

사회과학 이론이 가진 사회성의 근원은 크게 두 가지로 분류할 수 있다. 첫째, 과학자가 아무리 객관적 입장을 견지하려고 해도 자기가 속한 공동체의 사회관계로부터 자유로울 수 없기 때문에, 사회과학 이론은——사회가 다양한 사회집단으로 분화되어 있는 한——특정한 사회집단의 이해와 연관될 수밖에 없다. 둘째, 좀 더 근본적인 요인으로서, 모든 사회과학 이론은 우주관이나 인간의 본성에서 정치 영역과 경제 영역의 분리, 국가와 시장의 개념 등에 이르기까지 주관적인 기본 전제와 개념을 미리 설정하고 사회현상에 접근한다. 이를 통틀어 사회적 존재론이라고 칭하면, 이론은 그것이 전제하는 상이한 사회적 존재론에 따라—— 때론 과학자 개개인의 정치적·윤리적 입장이나 취지와는 무관하게—— 첫 번째 요인과 결합해, 즉 특정 사회집단의 세계관과 교집합을 형성하면서 그들의 이해득실을 대변하게 된다.

예를 들어, 최근 한국 사회에서 진보적 자유주의를 표방하는 이론가들

된다고 주장한다.
16 거넬(Gunnell, 1968)은 이러한 특성을 염두에 두고 자연과학의 대상인 자연을 1차 현실first-order reality로, 사회과학의 대상인 사회를 2차 현실second-order reality로 구분한다.

이 많이 거론하듯(유종일 2012, 46쪽 ; 김상조 2012, 44~46쪽), 애덤 스미스가 '보이지 않는 손'이라는 자율조정시장을 상정한 것은, 당시 영국 왕실과의 정실 관계를 통해 특권을 누리던 중상주의자들을 비판하고, 경제활동의 결실이 온 국민의 후생복지 증진으로 이어지기를 바랐기 때문이었다. 또한 애덤 스미스의 자유시장에서는 신자유주의의 시장에서처럼 '탐욕에 찌든' 개인이 아니라, 그의 또 다른 저작《도덕 감정론》이 제시하듯, 자기애를 추구하지만 '역지사지'할 줄 아는 개인이 주체다. 그러나 이른바 '보이지 않는 손'이 전제하는 사회적 존재론은 당시 급부상한 신흥 부르주아계급의 세계관과 일치하는 것으로서, 스미스의 시장 개념은 개인의 선한 취지나 의도와는 '무관'하게 부르주아계급이 전개한 사회운동의 일부로 의미를 얻게 되었다.

좀 더 구체적으로, 애덤 스미스의 시장 이론은 근대 자연과학의 기본 전제로 자리 잡은 데카르트적 시공간과 원자적 세계관, 더 나아가 이를 집대성한 뉴턴 물리학을 바탕으로 인간 사회를 이해한 것이다. 다시 말해, 뉴턴이 진공 속에서 질량을 지닌 원자들 사이의 인력과 척력으로 우주 전체의 조화로운 운동을 설명하는 것처럼, 애덤 스미스는——사회 속에 존재하는 인간이 아니라——자기애라는 자연적 본성을 지닌 원자적 개인들이 시장이라는 공간 속에서 밀치고 당기는 운동을 통해 조화로운 사회가 만들어진다는 이상을 제시하고 있다.[17]

이러한 생각은 당대에 서서히 정치 세력을 확대해가던 신흥 부르주아

---

17 이러한 생각의 틀은 그보다 앞선 토머스 홉스, 존 로크, 몽테스키외 등 자연법 철학을 기초로 근대 자유주의 사상을 발전시킨 사상가들에 의해 체계화된 것이다. 특히 홉스는《리바이어던 Leviathan》에서 뉴턴의 인력과 척력 개념을 이용해 기쁨을 향한 당김attraction과 고통에 대한 밀침repulsion이 인간의 본성이라고 정의하고, 이런 속성을 지닌 원자화된 개인의 갈등과 타협으로 조직화된 강력한 근대국가의 탄생을 설명한다.

계급에게 강력한 이데올로기적 토대를 제공했다. 이후 원자화된 개인들 사이의 상품 관계가 자율 조정 메커니즘을 통해 조화로운 사회를 만든다는 이념은 19세기 후반 신고전파 경제학이 도입한 수학적 기법에 힘입어 좀 더 '과학적'인 이론으로 발전했고,[18] 최근에는 이러한 이상을 전 지구적 차원으로 확대하여 세계 전체가 하나의 조화로운 시장처럼 조직될 수 있다는 신자유주의 캠페인으로 이어졌다.

이와 같은 특정한 우주관과 인간의 본성을 바탕으로 사회과학의 **이론적 관점**perspective 혹은 **패러다임**paradigm이 도출되고, 시장이나 국가 같은 기본 개념들이 정의된다. 이론이 전제하는 이러한 기본 관점은 위에서 예를 들었듯이 특정 사회집단의 이데올로기와 결부될 수밖에 없을 뿐만 아니라, 사회현상에 대한 "질문의 종류를 규정하고 제한하며, 그에 대한 해답의 종류와 범위도 한정한다"(Gill 1988, 17쪽). 예컨대, 발전국가론과 신고전파가 동아시아 자본주의의 변화 과정을 설명하면서, 급속한 경제성장 혹은 위기의 요인에 질문을 한정하고, 이에 대한 답을 추상적인 국가나 시장의 본성에서 찾으려고 했던 것을 들 수 있다. 또한, 이론적 관점이 제기하는 질문의 종류와 해답의 범위가 한정된다는 것은 관련 사회정책의 방향과 범위도 제한된다는 것을 의미한다. 예를 들어, 앨런 그린스펀 전 연준 의장은 2008년 세계 금융공황 직후 열린 미국 의회 청문회에서 "중앙은행이 금융시장보다 자산 가격의 적정한 수준을 더 잘 알 수 없기 때문에 자산시장의 거품을 미리 판단할 수 없을뿐더러, 가격이 급등하더라도 중앙은행이 개입할 수는 없다"고 말했다. 이는 그가 신봉하는 통화주의에

---

18 신고전파 경제학은 애덤 스미스로 대표되는 고전파 경제학classical economy이 설정하는 자율조정시장 개념은 받아들이지만, 또 다른 이론적 주춧돌인 노동가치론은 폐기한다. 대신 공리주의 철학에 바탕을 둔 한계효용 개념으로 새로운 가치론을 확립한다. 가치론에 관한 논쟁은 3장에서 다룬다.

서는 중앙은행이 통화량을 조절해 생산·소비 물가의 안정을 꾀하는 데에 정책 개입을 한정하기 때문이다. 그린스펀은 중앙은행이 할 수 있는 일은 버블이 터지면 사후에 수습하는 것이라는 말을 덧붙였다.

　이론적 관점과 관련해 한 가지 더 언급하자면, 신고전파와 발전국가론처럼 경쟁적인 패러다임의 관계에 있을지라도, 상이한 패러다임이 유사한 존재론적 전제를 공유할 수도 있다는 점이다. 두 이론은 경제성장에서 국가와 시장이 차지하는 역할을 둘러싸고 서로 대립하지만, 발전국가론의 관점도 신고전파와 마찬가지로 데카르트적 시공간과 원자론적 세계관을 전제한다. 다만 신고전파는 원자론적 주체를 개인으로, 발전국가론은 국민국가로 설정한다는 차이점이 있다. 발전국가론은 토머스 홉스의 '만인에 대한 만인의 투쟁'을 '만국에 대한 만국의 투쟁'으로 응용한 현실주의Realism[19] 국제 관계를 기본적인 이론틀로 설정한다. 현실주의 관점은 국가를 하나의 통합된 주체로 설정하고, 국내 정치나 국가-시민사회 관계를 비롯한 국가 내의 다양한 사회적 역학과 정치경제적 이해는 무시한다. 그리고 이기적인 국익의 추구를 —— 시장에서 자기애를 추구하는 개인과 마찬가지로 —— 원자론적 주체, 즉 국가의 본성으로 설정하고, 이러한 본성을 가진 국가들 사이의 갈등과 충돌, 그리고 힘의 균형으로 국제 질서 —— 간국가 체제inter-state system —— 를 설명한다. 발전국가론의 '아버지'라 할 수 있는 프리드리히 리스트는 이러한 현실주의 관점에서, 국가 중심의 자주적인autonomous 국민경제 개념을 확립하고, 산업 발전을 약육강식의 국제

19　현실주의는 국제사회의 현실은 본성상 언제나 국가 간 갈등이 기본 질서가 될 수밖에 없다는 관점을 내세운다. 현실주의자들은 자유시장을 전 세계적으로 확대함으로써 평화롭고 조화로운 세상을 만들 수 있다고 주장하는 자유주의를 이상주의idealism라고 규정하고, 이에 대비시켜 자신들의 주장을 현실주의라 칭한 것이다. 국제정치경제학 분야에서는 현실주의가 중상주의와 밀접하게 연결되어 있어, 둘을 함께 결합하여 중상주의적 현실주의라고 부른다.

관계 속에서 "자위권의 생존 법칙"에 따라 국가의 힘을 강화하는 중요한 방편으로 정의한다(List 1993, 95쪽 ; Bolsinger 2004, 8쪽 재인용).[20]

1997년 금융위기 직후 나라 경제를 살리겠다고 집에 있던 금붙이를 들고 나왔던 한국인들의 정서에는 자유주의적 이상주의보다는 현실주의가 더 강한 호소력을 발휘할 것이다. 그러나 현실주의 관점도 자유주의처럼 사회현상에 대한 질문의 종류와 해답, 정책 지향을 특정한 범위와 방향으로 한정한다. 현실주의 관점으로부터 확립된 발전국가론은 국가를 단일한 이해 집단으로 전제하기 때문에 국내 정치체제의 성격, 사회계층·계급 간의 분화와 갈등, 분배 정의 등은 간과하는 경향이 강하다. 이러한 이론적 경향으로 인해, 1997년 위기 이후의 구조조정 성격 논쟁에서 장하준으로 대표되는 발전국가론은 성장 동력의 약화나 사회양극화의 원인이 모두 외부(외국 금융자본)에 있고, 국내 재벌 기업들은 국익을 위해 보호받아야 할 대상이며, 고도성장을 이루었던 박정희 체제가 정치적 독재와는 무관하게 신자유주의 체제에 비해 훨씬 낫다는 입장을 보였던 것이다(장하준 외 2005).[21]

마지막으로, 모든 이론적 관점의 현상 설명력은 역사적으로 제한된다는 점을 지적할 수 있다. 이론적 관점은 특정한 국면의 사회관계, 과학기술 수준, 기타 물질적 조건을 반영해서 체계화되기 때문에, 이러한 환경

---

20 리스트의 정치경제학은 주 19에서 설명한 자유주의적 이상주의의 기원인 애덤 스미스의 《국부론》을 비판하면서 확립되었다. 그의 비판 요지는, 스미스의 《국부론》에는 개인의 경제학과 그것을 보편적으로 확장한 세계시장의 경제학만 있고, 정작 국부를 관장하는 국민국가경제학은 빠져 있다는 것이다. List, *The National System of Political Economy*(1855/1966) 참조.
21 리스트는 국가의 경제 개입과 성장에서 제도가 차지하는 역할을 강조하긴 했지만, 전제정이나 독재 체제를 옹호하진 않았다. 그는 "높은 수준의 경제발전은 국민의 자유와 대외적 방위력, 안정된 법과 정책체계, 효율적인 제도적 장치 등을 확립할 수 있는 정부 형태를 운용하는 나라들만이 이룰 수 있다"고 말했다(Bolsinger 2004, 16쪽에서 재인용).

조건들이 변화하면 현상 설명의 유효성이 변하고 정책들의 성격도 달라진다. 예를 들어, 위에서 언급했듯이, 애덤 스미스는 당대의 신흥 부르주아계급의 입장에서 고전파 정치경제학을 발전시켰다. 그 핵심에는 노동가치론이 자리 잡고 있는데, 지금 생각하면 부르주아 입장에서 노동가치론을 주장한 것이 언뜻 이해가 되지 않을 것이다. 당시 부르주아들은 귀족들에게 땅을 빌려 농작물을 생산하고 지대를 지급하던 농업 자본가였다. 애덤 스미스와 그를 이어 노동가치론을 한 차원 더 발전시킨 데이비드 리카도David Ricardo는 노동가치론을 통해 귀족 지주들이 생산에 기여하지도 않으면서 지대를 뜯어가는 기생 계급임을 '과학적'으로 증명하려고 했던 것이다. 그런데 세월이 흘러 19세기 중반으로 넘어가면, 산업혁명의 여파로 대공장 소유주가 자본가들의 주력이 되고, 농업 분야의 자본가들도 대토지 소유주가 되어 더 이상 생산적인 노동을 하지 않고 그 역할은 임노동자들이 맡게 된다. 이 점을 간파하고, 자본가의 이해를 대변하기 위해 개발한 노동가치론을 자본가를 향한 비판의 무기로 전환한 사람이 바로 마르크스이다.

현실주의 관점은 국가를 단일한 주체로 설정하고, 군사력이나 경제력에 기초한 이기적인 국익 추구가 국가의 본성이며, 기실 '평화로운' 국제질서의 본성도 대립하고 갈등하는 국가들 간의 힘의 균형 상태일 뿐이라고 규정한다. 이러한 관점은 1648년에 종교전쟁에 종지부를 찍고 다른 주권국가의 내정간섭을 빌미로 전쟁을 일으키지 않겠다는 약속을 주요 내용으로 하는 베스트팔렌 조약이 맺어진 이후의 근대 유럽 질서를 반영한 것이다. 조약이 말하는 주권은 국민국가의 주권이라기보다는 왕들의 국가주권을 의미하지만, 베스트팔렌 조약은 일반적으로 유럽 민족국가의 시발점으로 정의된다. 현실주의 관점은 그 후 대략 2차 세계대전까지 적어도 국제 관계를──군사적인 영역뿐만 아니라 경제적인 영역에서도──설명하는 데 강한 설득력을 발휘한다. 그러나 냉전시대에 접어들면서 국제 관계는 질적인 변화를 겪는다. 자유주의 진영과 공산주의 진영의 대립은 현실주의로 설명할 수 있지만, 진영 내에서 진행된 통합은 이 관점의 설명력을 약화시켰다. 앞에서 언급했던 국가 내의 사회관계를 간과한 문제를 차치한다고 해도, 자본이 국경을 넘나들며 형성해낸 초국적 세계 질서를 현실주의 관점에서는 설명하기가 쉽지 않다. 비근한 예로, 왜 미국은 마셜 플랜을 통해 유럽 국가들에 대규모 자금을 지원하여 전후 산업 복구를 도왔을까? 산업 복구는 곧 경제적으로나 군사적으로 미국을 추격한다는 것을 의미하는데.[22] 왜 애플은 미국에서 아이폰을 생산하지 않고 중국에서 생산할까? 주식의 60퍼센트를 외국인이 소유하고 있는 삼성전자는 한국 기업일까 외국 기업일까? 애플(혹은 삼성)의 이익은 미국(혹은 한국)의 이익인가?

요약하면, 사회현상은 자연현상과는 달리 인간들에 의해 구성된 "2차 현실"이고, 현상을 설명하는 모든 이론은 특정한 사회적 존재론의 기반 위에서 만들어진 이론적 관점을 전제하고 있어서 이른바 Sein(현상의 설명)뿐만 아니라 어떤 사회집단의 입장에서 사회를 재구성해나가는 Sollen(당위나 규범)의 역할을 한다. 다시 말해, 이론은 특정한 사회세력의 시각에

---

[22] 원자폭탄까지 투하하며 적대국들을 파괴했던 미국이 전쟁이 끝나자마자 대규모 원조를 제공한 '기괴한' 행동에 대해 현실주의는 소련의 팽창을 막기 위해 어쩔 수 없었다고 설명한다. 그렇다고 해도 그때부터 냉전이 종식된 1990년대 초까지 진영 내에서 자리 잡은 새로운 세계 질서와 냉전 이후 이른바 지구화 과정은 기존 현실주의에서 설정하는 국가의 본성으로는 설명할 수 없다. 이러한 문제로 20세기 후반에 (신)현실주의는 전통적인 입장을 수정해 헤게모니 국가가 제공하는 기본 인프라를 중심으로 형성되는 국제 체제international regime 이론으로 수정된다. 이 과정에서 사실상 현실주의와 자유주의 사이의 차이가 없어진다. Gilpin, *The Political Economy of International Relations*(1987) 참조.

서 현상에 대한 질문의 종류와 해답을 제한하며, 그런 입장에서 사회를 재구성하는 역할을 한다. 이론은 사회관계 속에서 구성되지만, 동시에 사회관계와 사회 현실을 변화시키기 때문에 현상 설명의 유효성도 시간적으로 제한된다.

이 책에서 한국 자본주의 발전사를 설명하기 위해 채택한 이론적 관점도 이러한 한계를 모두 극복한 보편적이고 초역사적인 접근 방식일 수는 없다. 그렇지만 사회관계와 역사적 변화를 접근 방식 속에 담을 수는 있다. 다시 말해, ① 사회현상을 설명할 때 전제되는 인간, 국가, 시장 등을 본질주의 관점에서 변화하지 않는 사회적 실체로 정의하지 않고 사회관계 속에서 규정하며, ② 사회적 실체와 사회관계의 상호작용을 통한 상호 변화를 "2차 현실"의 본성으로 정의하는 접근 방식을 설정할 수 있다. 말하자면, 보이지 않는 손이 작동하는 자율조정시장 혹은 사회관계 바깥에 존재하는 자율적인 국가 같은 추상적 개념에서 출발하여 이론을 구성하지 않고, 세계관과 이해가 상이한 사회세력들의 관계 속에서 시장과 국가를 개념화하고, 국가와 시장의 작동으로 사회세력들의 역학 관계와 정체성이 변화할 수 있다는 가능성을 이론틀 안에 구조화하는 것이다.

생산과 권력

기존의 주류 연구가 자유주의와 현실주의 관점에서 산업 발전이나 GDP 같은 거시 경제지표로 측정되는 경제성장 요인에 집중하여 한국 자본주의의 변화에 접근해왔다면, 이 책은 생산과 권력의 상호관계에 착목하는 이론적 관점에서 접근한다. 이러한 접근 방식에 담긴 기본적인 문제의식은 다음과 같이 정리할 수 있다.

> 생산은 모든 사회적 존재 형태의 물질적 기초를 창출한다. 그리고 생산과정에 사람들이 어떤 방식으로 결합되느냐에 따라 정부 형태를 비롯해 다양한 사회적 삶의 양상이 영향을 받는다. 생산은 권력을 발휘할 수 있는 역량의 밑천이지만, 생산이 펼쳐지는 양식은 권력에 의해 결정된다. 따라서 (자본주의의) 역사적 변화는 권력과 생산의 상호관계에 착목하여 이해해야 한다. (Cox 1987, 1쪽)

잘 알려져 있듯이, 이렇게 생산과 권력의 상호관계에 중심을 둔 정치경제적 연구 방법론을 처음 집대성한 사람은 마르크스이다. 그래서 이 책에서 채택한 이론틀에 대해서는 마르크스가 제시한 방법론을 간단히 소개하면서 설명하는 것이 좋을 듯싶다.[23] 잘 알려져 있는 것처럼, 마르크스는 〈정치경제학 비판 서문 서설〉[24]에서 자본주의사회를 연구하기 위한 이론틀을 제시했는데, 이는 훗날 **역사적 유물론**으로 불리게 된다. 마르크스의 역사적 유물론을 한 문장으로 정리할 수는 없지만 핵심은 그림 2.1에 도식화한 것처럼 ① "주어진 물질적 생산력의 발전 단계"에 조응하여 "생산관계"가 형성되고, ② 생산력과 생산관계가 결합된 생산양식(혹은 토대)에 조응하여 "법적·정치적 상부구조"가 세워진다는 주장이다. 마르크

---

23 마르크스의 분석 방법론은 우리의 출발점이지만, 우리 앞길을 가로막고 있는 산이기도 하다. 이 책에서 택한 분석틀은 그의 정치경제학에서 시작하지만, 또한 그것을 비판적으로 넘어서려는 시도들을 바탕으로 종합한 것이다. 이번 장에서는 마르크스주의의 두 갈래인 구조주의와 역사주의의 한계를 극복하고, 사회적 주체와 구조를 통일적으로 결합한 로버트 콕스의 '역사적 구조' 개념을 주로 소개한다. 이어 3장에서는 마르크스의 노동가치론의 한계를 지적하고, 권력가치론을 발전시킨 닛잔과 비클러의 자본 이론을 다루고 있다.

24 Karl Marx, "A Contribution to the Critique of Political Economy"(1859/1993) 참조. 온라인 버전 www.marx.org에서 다운로드.

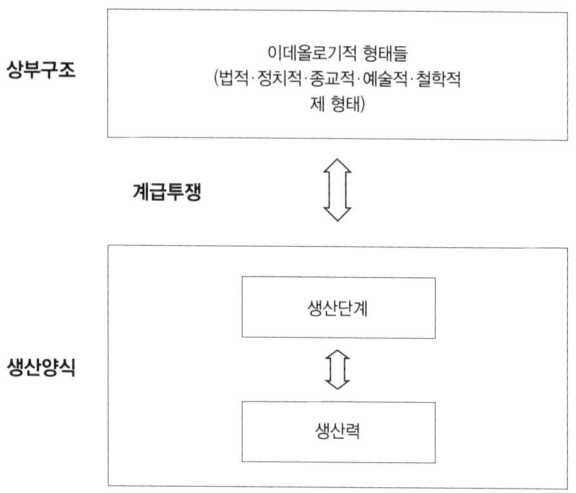

그림 2.1 사회구성체 연구를 위한 마르크스의 이론틀

스는 생산수단의 소유관계와 사회적 생산물이 지배계급에 의해 전유되는 방식에 초점을 맞춰 권력 체제의 역사적 진화를 파헤치면서, 원시공산제-고대노예제-봉건제-자본주의-공산주의로 이어지는 역사 단계 이론을 피력한다.

생산수단의 소유관계와 생산물의 전유 방식은 자본주의사회에서 권력관계를 분석하는 데 특히 중요한 의미가 있다. 자본주의 단계에 들어서면서 유사 이래 가장 중요한 사회조직 원리였던 위계적 신분제도가 서서히 철폐되었기 때문이다. 마르크스는 전前 자본주의 단계의 권력관계가 '핏줄'을 기준으로 천부적으로 결정되었기 때문에 생산양식의 중요성이 간과되었지만, 실제로는 신분제도를 지탱하던 법적·정치적·종교적·예술적·철학적 제 형태의 이데올로기가 각 사회 단계의 생산력 수준과 생산관계에 조응해 형성되었다고 주장하며, 이른바 생산양식과 상부구조 사이의 선차성을 강조한다. 이러한 분석 방식은 자본주의가 형식적인 '계급 철폐'를 통해 외관상으로 모든 사회 성원들이 자유와 평등을 누릴 수 있는 사회 체제인 양 포장하고 있지만, 권력의 물질적 기초인 생산수단과 생산물의 전유에 초점을 두고 사회를 파악한다면 자본주의도 이전에 존재했던 역사적 사회 단계와 마찬가지로 여전히 계급사회라는 점을 부각시키려는 의도를 담고 있다. 마르크스는 이러한 이론적 관점으로부터 사유재산 제도와 상품화가 점점 더 일상화되고 보편화되는 "시민사회의 해부"에 방점을 찍으면서, 한편으로는 "생산을 부단하게 혁신하지 않으면 존재가 위태로워지는" 자본가의 사회적 운명을 분석하고, 다른 한편으로는 새로운 생산력과 생산단계에 조응한 제 형태의 이데올로기 발전, 특히 "근대국가의 행정 기구가 부르주아계급의 공동 관심사를 관리하는 위원회"로 전환되는 과정을 파헤치려고 노력했다(Marx 1848).

마르크스의 역사적 유물론은 물질과 의식, 주체와 객체, 정치적 과정과 경제적 과정의 이분법을 넘어 사회현상을 전체론holism의 관점에서 파악하고 그 역사적 변화를 실천철학을 통해 설명하고 있다.[25] 이것은 주체와 객체의 기계적 분리가 특징인 데카르트의 시공간과, 부분의 본성으로부터 전체를 설명하는 원자론적 세계관의 한계를 극복할 수 있는 새로운 과학적 사회 분석 패러다임이었다. 그러나 마르크스는 생전에 이러한 패러다임을 이론적으로 체계화하지 못했고, 자신이 제시한 방법론으로 자본주의를 구체적으로 분석하려고 심혈을 기울였던 《자본론》마저도 완성하

---

25 마르크스가 독창적으로 창안했다기보다는 집대성했다고 말하는 편이 옳을 것이다. 레닌이 인정했듯이 마르크스의 사상은 독일 관념론, 영국의 정치경제학, 프랑스의 사회주의 논의들을 종합하여 발전시킨 것이다. 또한 "이제까지의 철학자들은 단지 세계를 다양하게 해석했을 뿐이다. 그러나 중요한 것은 세계를 변화시키는 것이다"라는 〈포이어바흐에 관한 테제〉로 상징되는 그의 독특한 실천철학은 잠바티스타 비코Giambattista Vico(1668~1744)에게서 비롯된 것으로 파악된다(Gill 2003, 16쪽).

지 못하고 말았다. 결국 사회의 총체성과 역사성을 보여주려던 마르크스의 의도와는 달리, 지난 1세기 동안 마르크스주의 논쟁사는 생산력과 생산관계의 조응 문제, 생산양식과 상부구조의 선차성 문제, 도구주의적 국가론, 노동가치의 전형 문제, 이윤율의 경향적 저하법칙 등 주로 구조주의 혹은 경제결정론 방식의 해석을 둘러싼 비생산적인 싸움으로 점철되었다. 이 책에서 방대한 마르크스주의 논쟁사를 다룰 수는 없지만, 한국 자본주의 발전 과정을 분석하는 데 필요하다고 생각되는 부분은 이번 장과 3장에서 일부 다루겠다. 특히 3장에서는 자본축적 분석과 관련해 마르크스주의 노동가치론의 한계를 설명하고, 그 대안으로 권력가치론을 제시한다. 여기서는 먼저 그림 2.1에 도식화한 '사회구성체 연구를 위한 마르크스의 이론틀'을 바탕으로, 한국의 자본주의 발전 과정을 추상적 인간, 국가, 시장의 고정된 개념이 아니라, 사회관계와 사회적 실체의 상호작용과 변화란 맥락에서 접근해야 하는 이유를 설명하겠다.

생산은 사회적 삶을 영위하는 데 가장 중요한 물질적 기초이다. 이 명제는 생산력이 인류 역사의 발전 단계를 규정해왔다고 주장한 마르크스를 거론하지 않더라도, 좌우파를 막론하고 아무도 부인하지 않을 상식이다. 18세기 말 증기기관이 실용화되면서 시작된 1차 산업혁명, 그리고 19세기 말 전기와 내연기관의 발명, 화학 소재와 제철 기술의 혁신을 바탕으로 한 2차 산업혁명을 거치면서 인류는 미증유의 생산력 발전을 달성할 수 있었다. 산업혁명을 거치면서 근대화 = 공업화 = 진보(혹은 발전)라는 등식을 전 세계가 공유하게 되었다. 인류가 현재 보유하고 있는 생산력만 따지면 이 등식이 그리 잘못된 것은 아니다. 아마도 21세기 현재의 생산력은 케인스가 1930년에 〈우리 손자들 세대의 경제적 가능성〉이란 글에서 예견했듯이 "하루에 세 시간씩, 일주일에 5일, 총 열다섯 시간 노동으로 먹고사는 문제는 해결하고", 나머지 시간을 "여가를 어떻게 즐기며 보낼까" 고민해야 하는 수준에 이르렀다고 판단된다. 그러나 현실은 이런 이상과는 사뭇 다르다. 2011년 기준 세계의 1인당 GDP(경상가격)는 1만 달러를 돌파했지만, 전체 인구의 43퍼센트인 25억 명이 하루에 2달러 미만의 소득으로 살아가고 있다.[26]

국가 차원에서는 사회집단 간의 양극화로, 세계 차원에서는 지역 간의 양극화Global South로 빈부 격차가 점점 더 구조화되는 현실은 생산성 개념만으로 산업 생산 혹은 경제에 접근하는 주류 경제학 이론들이 무의미할 뿐만 아니라 심지어 사회적으로 해악을 끼칠 수도 있음을 보여준다. 학자들 개개인의 양심과는 무관하게, 주류 이론들 대부분은 생산이 특정한 사회관계 속에서 이루어진다는 기본 사실을 고려하지 않기 때문에 생산과 결부된 구조적 불평등, 불공정 분배, 권력의 집중 등을 간과하거나 아예 정당화하는 경향이 있다. 좀 더 정확히 말하면, 역사적으로 존재해온 모든 형태의 생산양식에는 성격이 서로 다른 두 가지 사회관계가 융합되어 있는데, 주류 이론들은 그중 하나에만 관심을 갖는다. 바로 노동 분업이다. 노동 분업은 생산과정을 어떻게 조직적으로 할당할 것인가를 결정하는 기술적인 사회관계로서 생산성과 결부된다. 그러나 생산 영역에 존재하는 또 다른 사회관계는 경제학의 연구 대상에서 제외된다. 생산수단의 소유권 여부로 생산과정을 통제하는 자와 통제받는 자로 갈라지면서 생기는 두 그룹 사이의 '갑을 관계'이다. 소유관계는 역사적으로 내려오는

---

26 세계은행에 따르면, 2011년 경상가격 기준 세계 1인당 GDP는 10,035달러, 구매력평가PPP 기준으로는 11,594달러이다. 반면 하루 1달러 미만의 소득으로 살아가는 인구는 8억, 1.25달러 미만으로 살아가는 인구는 13억, 2달러 미만으로 살아가는 인구는 25억에 이른다. 이는 전 세계 인구의 43퍼센트가 1년에 730달러 미만으로 살아가고 있다는 뜻이다.

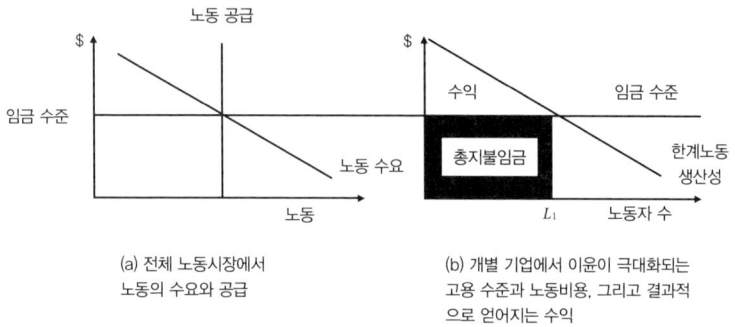

그림 2.2 신고전파 세계에서의 분배 정의(1)

(a) 전체 노동시장에서 노동의 수요와 공급

(b) 개별 기업에서 이윤이 극대화되는 고용 수준과 노동비용, 그리고 결과적으로 얻어지는 수익

관습이며 법적·제도적 장치로 보호받을 때만—— 때로는 경찰력이나 군사력을 동원해야—— 유지될 수 있기 때문에 그 자체가 정치·권력적 관계이다. 다시 말해, 생산의 영역에는 노동 분업의 수평적 인간관계뿐만 아니라 노예와 노예주, 영주와 농노, 소작인과 지주, 노동자와 자본가 등의 수직적 사회관계도 존재한다.

하지만 신고전파 경제학은 생산 영역에서의 권력관계마저도 노동 분업 시각으로 바라본다. 신고전파 경제학에서는 노동자와 자본가 모두 생산자이고 소비자이며 상품 판매자다. 모든 인간은 자기가 투자할 수 있는 효용과 얻으려는 효용 사이의 차이를 극대화하기 위해 주판알을 튕기는 계산기일 뿐이다. 주류 경제학자들은 "가계(혹은 개인)가 재화를 소비함으로써 얻어지는 효용과 재화를 사는 데 필요한 비용을 얻기 위해 잃어야 하는 효용(즉 노고)의 차이를 극대화하려고" 노력하는 것처럼 "기업은 생산요소를 투여하기 위해 희생해야 하는 효용(투자비용)과 그 결과물을 팔아 얻는 효용(수익)의 차이를 극대화하려고" 할 뿐이라고 주장한다(E. K. Hunt 1979, 275쪽). 더 나아가 "노동자들이 자신이 생산에 기여한 만

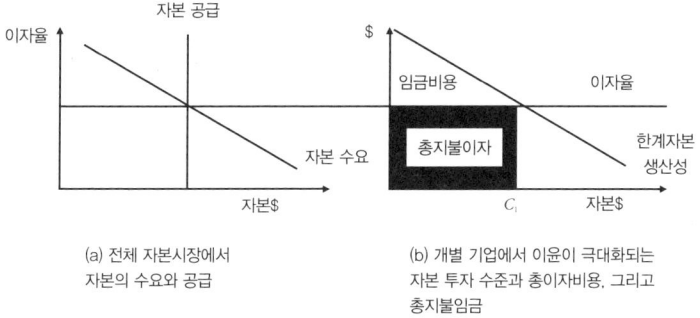

그림 2.3 신고전파 세계에서의 분배 정의(2)

(a) 전체 자본시장에서 자본의 수요와 공급

(b) 개별 기업에서 이윤이 극대화되는 자본 투자 수준과 총이자비용, 그리고 총지불임금

큼을 임금으로 받는 것처럼 자본가들도 생산에 기여한 만큼을 보상받기 때문에, 세상에는 착취도 없고 잉여가치라는 것도 없다"(E. K. Hunt 1979, 289쪽).

그림 2.2는 이러한 신고전파의 생산관계 개념을 도식으로 나타낸 것이다. 신고전파는 완전경쟁시장을 전제하므로 노동자의 임금은 개별 기업과는 무관하게 노동시장에서 노동의 수요와 공급이 만나는 지점에서 결정된다. (a)에 나타낸 것처럼 일정한 시기에 노동의 공급은 인구수로 고정되기 때문에 임금 수준은 노동 수요의 변화에 의해 결정된다. 그러면 노동 수요는 어느 지점에서 결정될까? (b)는 평균적 기업을 나타낸 것으로, 기업에서 노동의 수요는 한계노동생산성의 가치가 지불해야 하는 임금과 같은 지점인 L_1에서 결정될 수밖에 없다. 그래야 효용(수익)이 극대화되기 때문이다. 그 이상 고용하면 지불해야 하는 임금보다 얻을 수 있는 생산성의 가치가 작기 때문에 기업은 손해를 본다. 따라서 기업이 투자한 대가로 얻는 효용, 즉 수익은 상품의 총가치에서 총지불임금을 뺀 나머지가 된다.

그림 2.3은 이와는 반대로 자본의 생산성을 기준으로 기업의 수익을 계산하고 잔여적으로 임금비용을 도출하는 방식을 도식화한 것인데, 2.2와 2.3의 노동비용과 수익은 결과적으로 같다. 자본시장도 완전경쟁시장이어야 하기 때문에, 이자율도 개별 기업과는 무관하게 시장에서 결정된다. 자본의 총공급도 일정한 시기에 총예금에 의해 고정되어 있기 때문에 전체 자본 수요에 의해 이자율이 결정된다. 여기서도 기업이 투자를 위해 대출받은 돈의 비용, 즉 이자와 한계자본생산성의 가치가 같은 C_1 지점에서 수요는 결정된다. 그 이상의 대출을 통한 투자는 기업에게 손해를 의미하기 때문이다. 따라서 C_1 지점에서 결정되는 총이자(기업 수익)를 총상품 가치에서 빼면 총임금비용이 계산된다. 이러한 주류 경제학의 논리대로라면, 위에서 언급한 것처럼, 노동자와 자본가는 정확히 자신들이 생산에 기여한 만큼 대가를 지불받게 된다(E. K. Hunt 1979, 286~289쪽 참조). 자본과 노동은 각자의 상이한 효용을 주고받는 분업적 관계를 맺을 뿐이다. 이러한 합리화는 완전경쟁시장이라는 신화 속에서는 나름 생각해볼 여지가 있지만, 전제가 비현실적이라는 점을 차치하더라도 생산성을 계산하기 위해 선행해야 하는 투입요소를 수량화할 수 없다는 문제점이 있다. 이에 관해서는 발전국가론을 다루면서 다시 설명하겠다.

신고전파의 세계에서는 경제 영역에서 모든 비시장적 요소들을 배제해야 한다. 대표적 요소가 바로 국가이다. 국가가 경제에 개입하면 자율조정 시장의 작동이 교란되고, 시장 참여자에게 잘못된 신호를 보내 경제위기가 유발된다고 보기 때문이다. 바로 이 점에서 신고전파 이론은 발전국가론과 첨예하게 대립한다. 발전국가론의 경제학은 앞에서 언급했던 리스트에서 유래한 현실주의적 제도주의와 케인스 학파의 전통을 혼합한 것으로 볼 수 있는데, 핵심은 경제성장을 위해 국가의 개입(혹은 제도적 요소)이 필수라는 생각과 산업자본과 금융자본의 철저한 구분이다. 그렇지만 발전국가론은 국가의 개입이나 제도적 요소를 모두 비정치적인 것으로 치부하며, 생산 영역의 권력관계는 철저히 무시한다. 발전국가론의 문제의식은 국가의 개입이 생산성을 높인다는 명제에 맞춰져 있다. 다만 금융자본에 비생산적이고 탐욕만 추구하는 '고리대금업자'의 이미지를 덮어씌우며 윤리적으로 접근하고, 국제 관계에서 국가 간 경쟁을 강조하며, 경제를 국가 간 역학 관계의 중요한 요소로 볼 뿐이다. 따라서 국민경제 내부에서 자본과 노동의 구조적인 역학 관계나, 자본들 사이의 비대칭적 역학 관계는 관심 밖의 일이다. 그들은 국가, 자본, 노동 모두 국민경제의 생산성과 관련된 요소로만 파악하며, 세 요소가 어떤 관계를 맺으며 조직될 때, 다시 말해 어떤 성격의 '노동 분업'을 형성할 때 잘 성장할 수 있는가에 관심을 기울일 뿐이다.

경제성장에서 국가와 여타 제도적 요소의 역할을 놓고 발전국가론은 신고전파와 첨예하게 대립하지만, 좀 더 자세히 들여다보면 차이가 모호해진다. 예를 들어, 발전국가론은 국민국가의 발전을 GDP 지표 중심으로 파악하는데, GDP는 개별 기업이 생산한 재화와 용역의—— 최종 생산물을 기준으로—— 시장가격을 총합한 것에 불과하다. GDP를 한 나라 안에서 1년 동안 생산된 부가가치의 총합이라고 정의해 생산적인 결과물로 여기는 경향이 있지만, 생산물이 '생산적'이냐 '파괴적'이냐는 상관하지 않는다. 무기 같은 파괴적인 생산물, 4대강 공사같이 반환경적인 공사, LH공사가 토지를 수용하고 재판매하면서 붙이는 지가 차익, 은행의 높은 예대 마진 등도 모두 GDP에 포함된다. 반면 전업주부들의 가사노동은 GDP에 포함되지 않으며, '비생산적'인 노동으로 규정된다. 시장가치가 없기 때문이다. 박근혜 정부가 역점을 두고 추진하고 있는 정책 중 하나인

"지하경제 양성화"가 제대로 이루어진다고 가정하면, 우리나라의 GDP에서 '룸살롱'이 차지하는 역할은 어마어마해질 것이다.

또한, GDP가 국민들의 부와 후생의 증진과는 무관하게 증가할 수도 있다. 생산된 부가가치가 생산의 영역에서 어떻게 분배되는지는 전혀 감안하지 않기 때문이다. 최근 한국 사회에서 가장 큰 사회 문제로 부각된 '동반성장'이란 화두도 이 문제가 표면화된 것이다. 재벌 : 하청 중기업 : 재하청 소기업 사이에서 부가가치가 4 : 3 : 3으로 분배되든 7 : 2 : 1로 분배되든, 아니면 자본과 노동 사이에서 7 : 3으로 배분되든 5 : 5로 배분되든 GDP로 측정되는 '국민국가'의 경제력은 동일하다. 주류 경제학의 배경을 가진 스티글리츠(2011) 같은 학자들도 이런 문제점을 지적하며 GDP를 대체할 수 있는 지표 개발에 나서고 있다.

이런 문제점들을 감안하더라도 여전히 GDP가 생산과 연관되어 있다는 사실은 부인할 수 없다고 주장할 수 있다. 틀린 말은 아니지만, 증명하기는 쉽지 않다. 더 정확히 말하면, 불가능하다. GDP가 생산성에 기초하고 있다는 사실을 보여주려면 상품 가격이 생산성에 비례하여 결정된다는 것을 증명해야 한다. 왜냐하면, GDP는 결국 상품 가격의 합이기 때문이다. 이를 증명하려는 시도는 중농주의, 애덤 스미스, 리카도 시대부터 시작되었지만, 200년이 넘도록 아무도 성공하지 못했다. 생산성을 이야기하려면 투입량과 산출량을 측정할 수 있어야 하는데, 주요 투입요소인 자본과 노동을 수량화하는 일조차 불가능하기 때문이다. 특히, 노동보다는 자본의 수량화가 문제인데, 자본은 나사못부터 슈퍼컴퓨터까지 수십만 개의 이질적인 구성요소를 가지고 있어 단일한 단위로 통합할 수가 없다. 그래서 경제학자들은 보편적 척도인 화폐가치로 자본을 통합하는데, 문제는 설명하려 했던 것이 바로 가격이라는 점이다. 결국 순환론에 빠진다. 이와 관련한 더 자세한 논의는 가치론을 다루는 3장에서 살펴보고, 여기서는 발전국가론이 중시하는 GDP 지표가 가격을 결정하는 생산 영역에서의 권력관계와 결부되어 있다는 점만을 짚고 넘어가겠다.

흔히 생산성을 측정한다고 말할 때, 대개 가격으로 표현된 부가가치 생산성을 가리킨다. 때로 산출량을 말할 때도 있는데, 이는 자본주의에서 별 의미가 없다. 자본가는 물량 증대가 아니라 돈을 더 많이 벌기를 원하기 때문이다. 예를 들어, 어떤 공장에서 기계를 새로 들여와 동일한 노동과 시간으로 100단위의 물품을 생산하다가 120단위의 물품을 생산하면 생산성이 1.2배 향상되었다고 말할 것이다. 하지만 가격 변동으로 인해 1단위의 부가가치가 1,000원이었다가 800원이 된다면 실제로 전체 생산된 부가가치는 10만 원에서 9만 6,000원으로 내려간다. 이 기업의 부가가치 생산성은 줄어든 것이다. 투입한 자본의 증가를 수량적으로 표현할 때 그나마 이런 계산이 의미가 있는데, 애초에 수량화할 수 없다는 문제점이 있다. 다른 예를 하나 더 들면, 재벌 기업과 하청 중소기업의 거래에서 재벌 기업이 1단위에 600원에 공급받던 물품을 1,000원에 시장에 내놓다가 납품단가 '후려치기'로 500원에 공급받고 시장가격은 1,000원으로 유지한다면 대기업의 부가가치 생산성은 25퍼센트 증가하게 된다. 반대로 하청 중소기업이 노동자의 임금이나 재하청기업의 단가를 줄이지 못하면, 그만큼 부가가치 생산성은 줄어든다.

그렇다면, 발전국가론이 강조하는 산업자본과 금융자본의 차이도 모호해진다. 산업자본은 '생산적'이고 금융자본은 '비생산적'이라고 주장하지만, 양측이 다루는 상품이 재화든 서비스든 간에, 지불해야 하는 '투입요소'의 비용보다 높은 가격에 '완성품'을 팔 수 있으면 생산적인 자본이 된다. 이른바 '나이키화Nikification'는 자본의 이러한 성격을 잘 드러내주었다. '공장 없는 기업'의 상징이 된 나이키는 전 세계 40여 개 국가에서 OEM이나 ODM 방식으로 물품을 들여와 영업을 하고 있다. 나이키가 창출하는 부가가치는 흔히 우리가 '브랜드 파워'라고 부르는 가격 결정자 price-maker로서의 사회적 권력이 물화된 것이다. 기아자동차의 경차 '모닝'도 나이키처럼 생산되고 있다. 모닝은 서산에 있는 동희오토라는 곳에서 100퍼센트 하청으로 만들어지고, 기아의 브랜드를 달고 판매된다. 기아가 생산 라인에는 참여하지 않지만, 동희오토에 지급한 비용과 시장에 판매되는 가격의 차이가 기아의 '생산성' 기여분이 된다.

가치사슬value chain의 실상은 생산 영역 속의 권력관계이다. 교과서에서 GDP를 설명할 때 드는 예제처럼 1차산업 → 2차산업 → 3차산업을 거치면서 창출된 부가가치가 합해져 최종 생산물의 가격이 결정되는 것처럼 보인다. 하지만 속을 들여다보면 '먹이사슬'의 최상층에 자리 잡은 재벌 대기업이 최종 생산물의 가격을 먼저 결정하고, 생산 피라미드의 상층에서 하층으로 내려가면서 각 단계에서 취할 수 있는 가치의 양이 권력 서열대로 정해진다. 국내 최상층에 자리 잡은 대기업의 가격 결정권을 제한하는 것은 해외시장에서의 가격 경쟁력이다. 기업이 가격을 결정하는 힘과 생산의 어떤 요소들이 —— 가령, 원천기술이 —— 관련되어 있다고 여겨지기는 하지만, 둘의 수량적 관계가 비례하는 것 같진 않다.

예를 들어, 그림 2.4는 애플 아이폰(3G)의 제조원가 구성비를 국가별로 나타낸 것이다(Xing and Detert 2001). 아이폰이 중국에서 생산되고 있지만 중국이 챙기는 부가가치는 3퍼센트에 불과하다. 일본은 무려 34퍼센트, 독일 17퍼센트, 한국도 13퍼센트를 차지한다. 애플의 본거지 미국은 6퍼센트 정도이다. 이러한 부가가치 구성을 부품 관련 원천기술의 확보로 설명하면 그럴듯하게 들릴 것이다. 그런데 제조원가가 179달러인

그림 2.4 아이폰(3G)의 가치사슬 구성

제조원가 : 179달러(100%)

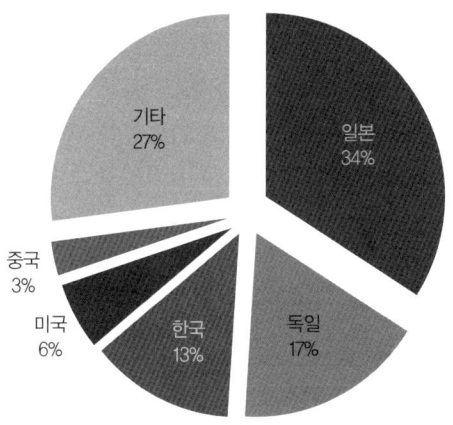

아이폰을, 애플은 소매가 500달러에 팔고 있다. 제조원가의 180퍼센트에 달하는 액수의 부가가치를 애플 본사가 '창출'하고 있다. 애플의 부가가치 창출 원천기술을 스티브 잡스의 천재성으로 설명하든, 욕망에 관한 사회심리학으로 설명하든, 경제학에서 말하는 생산성과는 거리가 있어 보인다. 애플이 생산과 무관하게 아이폰 원가의 180퍼센트를 부가가치로 부과하는 것처럼, 원가를 구성하는 일본, 독일, 한국의 기업들이 창출한 부가가치에도 생산적 기여 이외의 구성요소가 있을 것이다. 그것이 바로 가격 결정력이고, 이는 사회적 생산관계에 내재된 권력의 표현이다.

이제 마지막으로 국가와 제도의 생산적 기여를 살펴보자. 국가가 산업정책이나 사회간접자본 투자, 국민교육 체제 확립 등을 통해 국민경제의 생산성 향상에 큰 역할을 한다는 것은 틀림없는 사실이다. 그렇지만 국가와 경제 혹은 생산 영역의 관계가 발전국가론이 주로 거론하는 몇 가지

정책에 한정되어 맺어질까? 가령, 박정희 시대의 억압적 성격은 한국 경제의 생산성 향상과 양(+)의 관계를 맺었을까 부(-)의 관계를 맺었을까? 아니면 전혀 관계가 없었을까? 정답은 모르겠지만, 자율적인 노조 활동을 금지당해 박봉에 시달리면서 하루 16시간의 노동을 할 수밖에 없었던 노동자들은 근로 의욕이 생기지 않아 능률이 높지 않았을뿐더러 창의성도 발휘할 수 없었을 것이다. 작업장에서 십장에게 스패너로 머리를 맞는 것이 두려워 '타이밍'이라는 각성제를 먹고 졸음을 참으며 간신히 일하다가 손발이 잘려나가는 일이 허다했는데, 이러한 작업장 문화는 생산적이었을까, 비생산적이었을까? 발전국가론은 박정희 시대의 국가-은행-재벌 관계가 주식회사 한국의 효율적인 성장의 원동력이었다고 하는데, 이런 관계에서 파생되어 기업 대출뿐만 아니라 면 서기와 농민, 선생님과 학부모가 일련의 관계를 맺는 일에 이르기까지 한국 사회 구석구석에 깊숙이 뿌리박은 '와이로(뇌물)' 문화는 주식회사 한국의 효율성을 높였을까, 낮췄을까? 대통령부터 초등학교 1학년까지 자행하는 일명 '조인트 까는' 폭력적 서열화는 경제성장을 뒷받침했을까, 저해했을까? 청년들 머리가 길다고 경찰이 아무 때나 검문하여 자행한 가위질은 생산과 무관한 정책이었을까? 사상의 자유는 둘째로 치더라도, 이러한 사소한 문화에서까지 규제당했던 한국 젊은이들의 창의성은 아예 질식당해 죽어버리지 않았을까?

여하튼 결과적으로 고도성장을 했고 주요 산업도 국제경쟁력을 갖추었으니 국가가 생산적으로 양(+)의 역할을 하지 않았느냐고 말할 수 있다. 아마도! 하지만 그 크기는 얼마나 될까? 국가의 생산적 역할을 꼭 수량화해야 한다는 의미는 아니다. 말하고 싶은 것은, 첫째, 제도가 경제와 뗄 수 없는 관계에 있다면 이는 산업정책이나 금융 지원 정책 같은 몇 가지 관계로 제한되는 것이 아니라 전면적인 관계를 맺을 수밖에 없다는 점이다. 사회적 과정은 복합적이고 총체적으로 진행되기 때문이다. 둘째, 국가가 생산에 미친 양(+)의 영향이 단일한 통합체로서 국민경제 전체에 미친 영향은 아니라는 사실이다. 셋째, 경제학에서는 생산성 개념을 물질적으로 정의할 수 있고 과학적으로 측정할 수 있을 것처럼 말하지만, 조금만 따지고 들어가면 이는 허공에 떠 있을 뿐만 아니라 매우 정치적인 개념이라는 점이 드러난다.

국가가 생산적으로 기여했다 하더라도, 그 역할은 재벌 대기업, 국가의 '애정'을 조금밖에 받지 못한 대기업, 중소기업, 노동자, 농민 등과 생산 영역에서 맺는 다양한 사회관계에 차등적으로 영향을 미쳤을 것이다. 가령 국가의 생산적 역할이 도합 10이라 칠 때 각 사회집단들에 미친 영향은 (순서대로) 10 : 5 : -1 : -2 : -2일 수도 있고, 3 : 2 : 2 : 1 : 1일 수도 있다. 농림수산부의 통계에 따르면, 1970년 80퍼센트였던 우리나라의 식량 자급률이 2011년 22퍼센트로 떨어졌는데, 이는 국가가 농민들에게 부(-)의 역할을 했다고 볼 수 있는 지표가 아닐까?

중요한 것은 질문의 설정이다. 발전국가론은 국가가 경제성장에서 나름의 역할을 했느냐 안 했느냐의 문제로 질문을 제한한다. 우리는 국가가 어떤 사회관계 속에서 생산적으로 기여했고, 그 결과 사회집단들 간의 정치·경제·사회 관계가 어떻게 재구성되었으며, 국가는 이러한 관계의 재생산 속에서 어떻게 변화했는가라는 문제로 질문을 바꾸려고 한다. 왜냐하면, 생산은 단지 GDP로 측정되는 물질적 발전이 아니라 그 이상의 의미가 있기 때문이다. 앞에서 예로 든 국가의 생산적 기여가 사회집단에 어떻게 차등적으로 배분되었는지, 그 결과 사회 성원들의 역량에는 어떤 변화가 생겼는지, 이들 사이에서 사회적 부와 권력이 어떻게 배분되었는지에 따라 사회의 성격이 달라진다. 이렇게 차등적으로 영향을 미치는 일이 한두 해가 아니라 다년간 지속되면, 이른바 경로의존성이 생기면서 특정한 사회체제가 만들어지고, 우리의 삶의 양식이 형성된다. 어떤 성격의 사회관계 속에서 생산이 실행되었는가는 결국 우리가 어떤 유형의 인간이 되는가의 문제로 이어진다.

역사적 블록 접근 방식

지금까지 논의한 것처럼, 산업 생산 혹은 경제성장의 변화는 사회관계 속에서 이해할 때만 의미가 있다. 즉 생산성과 권력을 하나의 사회적 과정으로 포착해야 한다. 생산 영역의 사회관계는 그 영역에 한정되지 않고, 국가기구와 위정자들과의 상호관계 속에서 재생산된다. 생산은 특정한 정치경제적 관계 속에서 성장·정체·후퇴하며, 역으로 생산적인 결과는 정치경제적 사회관계를 변화시킨다. 뿐만 아니라, 한 나라 안에서의 생산과 정치경제적 상호 관계는 나라 안에서 고립된 채로 유지되지 않고, 세계적 차원에서 형성되는 정치경제 질서 속에서 국제적 상호작용을 통해 부단히 변화한다. 따라서 한국 자본주의의 발전 과정을 올바로 이해하려면, 산업 변화-생산관계-국가 체제-세계 질서의 성격을 복합적으로, 동시에 포착할 수 있는 접근 방식을 채택해야 한다. 이 책에서는 이를 위해 앞서 언급했던 마르크스의 역사 유물론적 분석 방법론을 구조주의 혹은 경제 결정론으로 해석하지 않고, 그람시의 **역사적 블록**이라는 개념을 바탕으로 재해석한 정치경제적 접근법을 선택했다. 이제 로버트 콕스(Cox 1981 ; 1987)가 체계화한 이 접근 방식을 살펴보자.

역사적 구조

마르크스의 사회구성체 분석 방법론은 구조주의적 해석의 소지가 있었다. 마르크스가 토대와 상부구조의 총체적 관계를 설명할 때 생산력, 생산관계, 이데올로기적 제 형태들이 일방향적 관계를 갖는 것처럼 이해할 수 있는 여지를 남겼기 때문이다. "물질적 삶의 생산양식이 사회적, 정치적, 지적 삶의 과정을 제약한다. 인간 존재를 규정하는 것은 인간의 의식이 아니고 그 역이 참이다. 즉 사회적 삶의 양식이 인간의 의식을 규정한다"라는 마르크스의 말(1993)을 두고, 마르크스주의자들은 오랫동안 물질과 의식, 토대와 상부구조 간의 선차성에 대한 소모적 논쟁을 벌였다. 이 문제가 마르크스주의자들 사이에 중요했던 이유는 자본주의 붕괴와 사회주의 도래가 역사적 필연이라는 운동의 대의를 마르크스의 '과학적' 이론에서 끌어내려 했기 때문이다. 다시 말해, 부르주아계급이 봉건주의 안에서 태동한 새로운 생산양식을 토대로 봉건주의적 생산관계의 질곡을 넘어서기 위해 계급의식을 발전시키고 혁명을 일으켰듯이, 프롤레타리아도 일정한 단계에서 생산력을 정체시킬 수밖에 없는 자본주의적 생산관계의 한계를 넘어서 사회주의로 나아간다는 필연성이다.

생산 영역에서의 사회관계와, 특정한 사회집단이 이러한 관계 속에서 축적한 물질적 힘이 법적·제도적·정치적 영역에 영향을 미친다는 사실은 현실에서 자명해 보이지만, 사실은 그 관계가 자동으로 맺어지는 것은 아니며 일방향인 것도 아니다. 마르크스도 《철학의 빈곤》에서 생산 영역에서 분화된 사회관계는 '즉자적' 계급을 낳을 뿐이며, "정치적 투쟁을 통해 보편적 계급의식을 확립할 때만, 하나의 독립적 계급으로서class for itself" 의미를 갖게 된다고 말했다. 또한 《루이 보나파르트의 브뤼메르 18일》에서는 "인간은 스스로 역사를 만들지만, 원하는 대로 이루어지는 것은 아니다. 의지와는 무관하게 과거의 유산으로 물려받은 기존의 사회 환경 속에서 역사를 만들어야" 하기 때문이라는 말을 남기면서, 사회적 구조와 인간 주체의 상호작용으로 역사의 변화를 설명해야 한다고 밝혔다. 따라서 그림 2.1에서 나타낸 마르크스의 역사 유물론적 사회분석 방법론은, **공시적** 차원에서 생산 영역과 정치·이데올로기 영역의 구조적 관계를 분석하고, 동시에 **통시적** 차원에서 사회계급과 사회구조의 상호작용을 통한 상호 변화를 분석해야 한다는 의미로 해석해야 한다.

 이러한 해석을 기초로 로버트 콕스(Cox 1981, 135쪽)는 하나의 사회구조를 "이념, 물질적 역량, 제도적 장치"의 융합으로 파악하는 "역사적 구조" 개념을 제시한다. 그는 "매우 추상적인 수준에서 말하자면, 역사적 구조는 사람들의 행위를 위한 구조적 틀로서 특정한 순간에 여러 사회집단 간의 세력 구도를 정지 화면으로" 파악한 것이라고 말하면서, 루이 알튀세르(Althusser and Balibar 1970) 같은 구조주의자들이 설정했던 주체와 객체의 이분법을 허물어버린다. 역사적 구조는 "인간들의 집단적 행위를 통해 형성되고 변화되는 가운데 일정 기간 유지되는 관행일" 뿐이며, 역

그림 2.5 로버트 콕스의 역사적 구조

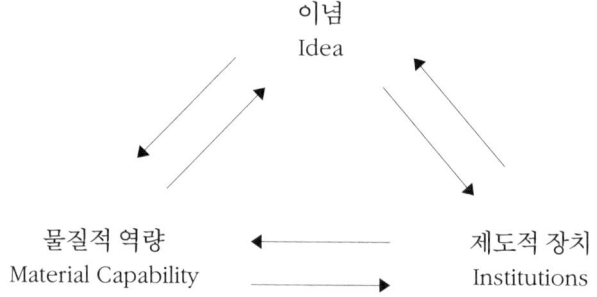

사적 구조를 이루는 세 가지 범주 사이에는 일방향적인 인과율이 성립되지 않고, 지속적으로 상호작용이 이루어진다(Cox 1987, 4쪽).[27] 또한, 역사적 구조는 상이한 이념-물질적 역량-제도적 장치를 보유한 사회세력들 사이의 부단한 쟁투 속에서 변화하며, 결과에 따라 각 세력이 사회에 발휘할 수 있는 권력의 크기도 달라진다.

물질적 역량-이념-제도적 장치로 구성된 역사적 구조는 존재론적 · 인식론적 틀이다. 즉 하나의 사회 분석 형식으로서 생산 영역, 정치 영역, 세계체제 등 부분적인 시공간에 적용할 수도 있고, 모두 아울러 봉건주의, 자본주의 등 거시적 역사 체제에 적용할 수도 있다. 이 점을 염두에 두고 역사적 구조의 세 가지 범주를 좀 더 구체적으로 살펴보자.

물질적 역량은 어떤 사회세력이 확보한 "기술적이고 조직적"인 능력으로서 생산 영역에 동원되는 기계장치, 자금력, 인적 동원 능력 등으로 구성된다. 물질적 역량은 주류 경제학 이론이 말하는 바와는 달리 생산적인 성격만 가지고 있지는 않다. 인간 삶에 꼭 필요한 물품을 만드는 기술뿐만 아니라 무기처럼 파괴적인 기술도 포함한다. 그리고 생산은 환경 파괴를 동반하며, 한국의 공업화 과정에서 나타난 것처럼——농업 분야 같은——타 산업 분야를 파괴하며 발전할 수도 있고, 인간의 존엄성을 말살할 수도 있다. 주류 경제학에서도 최근에는 이런 문제를 외부효과라는 개념으로 설명하는데, 뒤에서 베블런을 다루며 자세히 이야기하겠지만, 이는 자본주의 경제에서 '외부적'인 요소가 아니라 내재적인 요소이다. 현대 산업사회에서는 농경제 사회와 달리 생산이 고립적인 자급자족 단위가 아니라 전 사회적——최근에는 전 세계적——차원에서 펼쳐졌는데,

---

27 출처를 밝힌 인용문 이외에도, 이번 절의 주요 골격은 Cox(1981 ; 1987)를 정리한 것임을 밝혀둔다.

이 과정에서 필히 사회적 비용social cost[28]이 발생할 수밖에 없다(Kapp 1963). 아마존의 삼림을 농장이나 공장지대로 전환할 경우 발생하는 환경파괴, 안전 장비 없이 화학약품을 다루다 스러져간 노동자들의 산재 문제, 재개발 지역에서 삶의 터전을 강제로 수용당해 추방당한 저소득층의 비극 등 자본주의적 '생산' 활동은 생산-파괴, 수익-비용의 사회적 분배와 뗄 수 없는 관계에 있다.

자본가들의 물질적 역량은 사회적 비용을 다른 사회집단에 전가하고 수익은 사유화하는 '정치적' 능력이다. 각국의 핵심 자본가들은 사적 소유권을 바탕으로 생산 영역에서 이러한 물질적 역량을 독점하고 이를 바탕으로 자신들의 사회적 권력을 부단히 확대해왔다. 이후 다시 이야기하겠지만, 오해가 없도록 한 가지 사항을 덧붙이자면, 물질적 역량의 담지자가 꼭 생산 활동에 직접 가담하는 사회집단일 필요는 없다. 구소련 체제에서처럼 국가 관료도 생산 영역의 물질적 역량을 독점할 수 있다. 박정희 시대의 개발독재 체제도 소련과는 다르지만 물질적 역량의 담지자로서 국가의 역할이 도드라진 체제였다. 군사조직에 기초한 폭력적 힘은 이러한 체제를 주도하는 세력들의 물질적 역량을 구성하는 가장 중요한 요소로 작동한다.

---

[28] 예를 들어, 전현희 전 민주당 국회의원이 2008년 10월 배포한 국감 자료에 따르면, 2007년도 담배 매출액은 7조 8,000억 원인데, 이 중 1조 5,000억 원은 국민건강증진기금, 5조 2,000억 원은 부가가치세 포함 세금, 나머지 1조 1,000억 원은 담배 회사의 몫이었다. 흡연은 사람들의 건강과 질병에 직간접 영향을 미치기 때문에 담배의 생산 및 판매는 의료비 등의 사회적인 비용을 초래한다. 2008년에 나온 흡연으로 인한 사회적 비용 추계 연구를 인용하면, "흡연과 관련된 질병 및 사망으로 발생한 비용을 추정하는 유병률 접근법 및 내부적 비용 및 외부적 비용을 모두 포함하는 사회적 관점을 취하여 30세 이상 성인을 대상으로 비용을 추계한 결과, 2006년 한 해 동안 흡연으로 인해 손실된 사회적 비용은 최소 4조 8,860억 원에서 최대 5조 9,381억 원이었다"(김수정·권순만, 《정책분석평가학회보》 제18권 4호). 이 계산에는 간접흡연 결과는 포함되지 않았다는 사실도 감안해야 한다. 수익이 있으면 또 한편에는 사회적 비용을 부담하는 주체가 있다.

만약 사회 성원 다수가 자본가들이 생산물에 대해 배타적 권한을 가지는 것에 동의하지 않고 거부해버린다면, 자본주의적 생산관계는 유지되지 못할 것이다. 이념은 이런 관계를 '상식'으로 뿌리내리게 하는 역할을 한다. 생산 영역의 권력관계를 확대재생산하려면, 자본가들뿐만 아니라 다른 사회집단도 이러한 관계를 당연하게 받아들이도록 영속적인 관습으로 만들 필요가 있다. 그래서 우리는 상점에서 돈을 안 내고 물건을 들고 가거나, 남의 집이나 땅을 무단으로 점거해 이용하거나, 공짜로 차를 타면 안 된다고 교육받으며, 공식·비공식 교육과정을 통해 윤리적인 차원에서 '사적 소유'의 침해를 사회악이라고 인식할 뿐 아니라 범죄로 받아들이고 처벌해야 한다고 생각한다. 이러한 인식틀 속에서, 우리는 은연중에 '삼성은 이건희의 것'으로 간주하고, 그의 일가가 1퍼센트도 안 되는 지분으로 전권을 휘두르는 것을 받아들이고 있다.

이념은 '과학적' 타당성을 제시하는 이론과 윤리적 당위를 제시하는 이데올로기로 —— 즉 sein과 sollen으로 —— 나눌 수 있는데, 둘은 상호 보완하는 관계이다. 이념은 때론 과학적 설득력에 근거하고 있지만, 많은 부분 사회적 역학 관계의 지속으로 인해 관습화된 것이다. 다시 말해, 권력을 바탕으로 강제된 특정한 사회적 행위가 세월이 흐르면서 고착된 것이다. 예를 들어, 어떤 이론가도 자본주의의 출발점이 되었던 토지의 사적 소유를 정당화하는 데 성공하지 못했다. 대표적인 시도로 꼽히는 저서가 존 로크John Locke의 《통치론 Two Treatises of Government》이다. 로크는 이 책에서 사적 소유의 정당성을 끌어내는 데 실패했고, 노동의 투여로 맺은 결실에 대한 소유권을 합리화하는 데는 어느 정도 성공했다. 이것이 고전파 경제학의 핵심인 노동가치론의 시원이다. 그러나 노동가치론은 자급 자영농에 대해서는 어느 정도 말이 되지만, 복합적인 사회관계 속에서 행해지는 자본주의 산업 생산에 적용하면 논리가 꼬인다. 다시 말해, 별로 복잡하지 않았던 자본주의적 생산 초기 단계에서조차도 이미 자본가의 이윤-지주의 지대-노동자의 임금이라는 형식을 취해 생산의 결실을 일정 비율로 분배하는 행위를 정당화하기가 쉽지 않았다. 애덤 스미스 이래로 수많은 학자들이 여러 사회집단 간 생산물의 분배가 생산성에 비례해서 이루어진다고 전제하고 합리적인 이론 근거를 제시하려 했지만, 모두 실패했다. 앞서 살펴본 신고전파의 한계효용 이론도 이러한 시도의 하나였지만, 허무맹랑한 이야기일 뿐이었다.

이념에는 지금까지 설명했던 관습적으로 확립된 관계 이외에 주체 간 '계약'으로 출발해 모두가 지켜야 하는 룰로 자리 잡은 것도 있다. 이런 이념을 "간-주관성inter-subjectivity"이라고 부르는데, 상이한 주체들 사이의 공감대consensus라는 뜻이지만 그들 사이의 역학 관계도 반영돼 있다. 대표적인 예가 국제 관계에서 기본 철칙으로 여기는 주권 개념이다. 오늘날 사람들은 국가가 특정 영토 안에서 물적·인적 자원에 대해 배타적인 지배권을 행사하고, 특히 군사력을 독점하며, 다른 나라의 내정에는 간섭하면 안 된다고 생각한다. 이러한 주권 개념이 역사적 보편성을 띨 것 같지만, 실제로는 베스트팔렌 조약 이후의 산물이다. 그나마 잘 지켜지지 않다가 최근에는 정치경제적 세계화를 통해 새로운 국제적 권력관계가 형성되어 온 것으로 보인다.

앞으로도 국가라는 단위가 없어지진 않겠지만, 앞에서 언급했듯이, 현실주의-중상주의적 관점으로 경제문제에 접근하는 발전국가론이 설명할 수 없는 현상들이 계속 늘어나고 있다. 삼성전자는 주권국가 한국의 산업 경쟁력을 상징할까, 이건희의 사유물일까, 지분의 60퍼센트를 외국인이 소유하고 있는 외국 기업일까? 중국은 3조 달러가 넘는 외환보유고를 자랑하는데 이는 중국의 국력 팽창이라고 볼 수도 있지만, 동시에 미국의 달러본위제에 기초한 자유주의 세계 금융 체제에 종속된 증거라고 볼 수도 있다. 더 나아가, EU와 유로존의 탄생으로 '민족국가'와 '초국적' 정치경제 공동체의 복합적 세계 질서가 실체화되면서 국가라는 개념을 다시 생각할 필요가 있게 되었다. 요점은 국가와 국가 간 관계가 고정불변의 성격을 지닌 추상적 실체가 아니라 사회관계 속에서 그 본성이 계속 변해온 것이라는 사실이다. 국가 주권 개념과 정치경제적 세계화 개념이 혼재돼 있는 상태에서, 우리나라에서도 한편으로는 18만 7,453제곱미터의 독도 영유권 문제로 민족주의 정서가 고취되고 있지만, 다른 한편으로는 일본인들이 제주도에 그보다 열두 배나 큰 221만 4,000제곱미터의 땅을 소유하고 있는데도 아무도 문제 삼지 않을뿐더러 경제 활성화에 도움이 된다며 환영하는 경향이 있다.

  마지막으로, 역사적 구조의 세 번째 구성요소인 제도적 장치를 살펴보자. 제도적 장치는 사회세력 간 물질적 역량과 이념을 바탕으로 생겨난 "특정한 질서를 영구화하고 안정화하는 수단"이다. 여기에는 각 사회세력들이 만드는 조직이나 기관이 포함되고, 그들 간의 역학 관계가 반영되어 수립되는 법률이나 정책도 해당된다. 생산 영역에서 만들어진 대표적인 제도적 기관으로 법인기업과 노조를 꼽을 수 있으며, 그들의 연합 혹은 상급기관으로서 전국경제인연합회, 대한상공회의소, 민주노총, 한국노총 같은 조직들도 포함된다. 상이한 사회세력들은 이와 같은 조직이나 기구를 통해 집단적인 힘을 발휘하여 노사관계법이나 상법, 조세법 등의 법률적 장치를 만들고 개정함으로써 자신들에게 유리한 사회질서를 고착시키려고 노력하며, 서로 투쟁한다. 최근 많이 회자되고 있는 중소기업 적합업종 제도, 대형 마트 신규 입점 및 영업시간 제한, 중소기업 협동조합에 납품단가 조정 협상권 부여 등도 이런 세력 간 권력관계를 안정화 혹은 변화시키려는 싸움의 일환이다.

　세력 관계의 제도화가 생산 영역의 직접적인 이해관계와 직결된 제도적 장치에만 한정되는 것은 아니다. 세력들은 노동조합이나 경영자협회뿐만 아니라, 자신들의 이해를 대변하는 정치정당과의 긴밀한 연계 속에서 특정한 질서를 만들어간다. 정당이 반드시 노동자들이나 자본가들의 피조물일 필요는 없다. 말하자면, 노동자들이 직접 만들어야 노동자정당인 것은 아니며, 부르주아 정당이라고 당원이 사업가들로 구성되어 있는 것도 아니다. 중요한 것은 이념의 공유이다. 즉 정당의 사회적 성격은 어떤 사회세력의 세계관과 이해를 바탕으로 제도적 장치를 만들려고 노력하는가에 달린 문제이다. 더 나아가 사회세력 역학 관계의 안정화 수단으로서 제도적 장치의 꽃은 국가 체제이다. 국가의 성격도 사회관계 속에서 힘의 균형을 반영하여 규정되며, 정당이 달라도 비슷한 국가 체제를 추구할 수 있다. 미국의 민주당과 공화당은 동성애와 낙태 등 몇 가지 이슈에 대한 견해차를 제외하면 거의 차이가 없다. 한국의 민주당도 1997년 위기 이후 일명 '좌파 신자유주의'를 추구하며 보수정당과의 차별성을 상실했다. 유럽에서도 이른바 '제3의 길' 이후 좌우가 중도로 수렴하면서, 추구하는 국가의 성격 차이가 희미해져왔다.

　세력 관계의 제도화에서, 생산 영역 내의 힘의 관계를 국가가 체제에 반영하는 쪽으로만 나아가는 것은 아니다. 국가 코포라티즘이나 구소련 체제처럼 국가가 생산 영역의 관계를 위로부터 규정하는 제도화도 존재한다. 또한 세력 관계의 제도화가 한 국가 내에서 독립적으로 이루어지는 것도 아니다. IMF, 세계은행, WTO(라운드 체제 포함) 등 세계적 차원의 기구들과 이를 통해 이루어지는 자산 소유권의 초국적화, 특허권 보호, 투자자-국가 소송 등도 사회적 세력 관계가 지구 차원에서 제도화되는 것이다. 이는 또한 특정한 세력 구도를 반영하여 만들어지고 동시에 특정 세력의 힘을 강화 또는 약화시킨다. 예를 들어, 존 러기(Ruggy 1982)가 제한적 자유주의embedded liberalism라고 칭했던 2차 세계대전 이후의 이른바 케인스주의-브레턴우즈 체제에서는 기본적으로 전 세계적 차원에서의 자유주의 확대를 추구했지만, 세계대전 과정에서 발생한 국민의 희생에 복지국가라는 '대가'를 지불해야 했던 선진국 내부 사정으로 인해 국내외 정치경제 관계에서 자유주의를 어느 정도 규제해야 했다. 다시 말해, 전후의 오묘한 사회세력 균형으로 인해 최소한 선진국에서는 누진적 성격이 강한 조세 체계와 보편적 복지 체제가 확립되었고, 이를 안정적으로 추구할 수 있도록 국제적 차원에서는 보호무역이 허용되었으며, 자유주의는 장기적인 차원에서만 추구되었다. IMF와 세계은행 같은 국제 금융기구의 기본 목적도 국제경제 질서의 균형과 안정이었다. 하지만, 1970년대에 들어서면서 세력 균형이 깨지고, 초국적 금융자본의 주도로 이른바 신자유주의 세계화가 진행되었다. 이 과정에서 국내외 제도가 많이 바뀌었고 국제 금융기구의 성격도 자유주의 개혁을 강제하는 기구로 재정립되었다.

정리하면, 생산이 사회 존립의 근간이자 사회 성원들의 삶의 원천이지만, 생산은 독립된 물질석 영역이 아니며, 생산 자체는 사회적 가치를 갖지 못한다. 생산은 언제나 특정한 사회관계 속에서만 이루어지며, 가치 평가도 마찬가지다. 생산 영역에 뿌리박은 사회관계는, 노동 분업 같은 기술적인 조직화와 함께 소유권 확보 여부로 생산과정의 통제와 생산물에 대한 분배 권한이 규정되는 권력적인 조직화 본성을 가지고 있다. 즉 산업 생산의 발전은 항상 생산관계의 기술적·권력적 조직화의 변화와 결부돼 있었다. 그리고 생산력과 생산관계의 '조응 관계'는 특정한 권력관계를 관습화하고 상식화하는 이념의 발전, 이를 안정화·고착화하는 법적·제도적 장치의 확립과 함께 진행되었다. 이러한 물질적 역량-이념-제도 간의 상호 관계는 단지 구조적 요소들 간의 객관적이고 자동적인 상호 결합이 아니라, 사회집단이 독립된 사회세력으로 등장하는 역사적 과정의 '정지 화면'이며, 실천적인 운동의 결과물이다. 역사적 구조의 관점에서 보면, 경제적 과정(혹은 토대)은 정치적 과정(혹은 상부구조)과 떼어놓고 분석할 수 없으며, 사회세력과 구조도 이분법적으로 분리되지 않는다.

역사적 블록 : 역사적 구조의 실체화

특정한 형태의 물질적 역량-이념(이론과 이데올로기)-제도적 장치의 유기적 결합으로 만들어지는 역사적 구조는 결국 하나의 독립된 사회세력이 지배계급으로 형성·발전하는 과정을 의미한다. 즉 역사적 구조는 특정한 사회세력이 생산 영역에서 상이한 위치에, 대개는 비대칭적이고 불공평한 권력관계에 있는 다른 사회집단까지도 자신들이 추구하는 이념과 제도 안으로 끌어들여 하나의 통합된 정치경제 체제로 융합하는 운동 과정으로 정의할 수 있다. 이것이 바로 그람시가 "지적 도덕적 헤게모니"의 창출을 통한 "역사적 블록"의 형성이라고 칭한 사회구성체 개념이다.[29] 그리고 역사적 블록을 창출하면서 스스로 사회의 핵심적 위치를 확보한 사회세력을 지배 블록이라고 한다.

콕스는, 그람시 시대에는 국민국가 형태로 확립되는 역사적 블록이 주요 과제로 설정되었지만, 2차 세계대전 이후에는 지구적 차원의 역사적

---

29 Gramsci, *Selection from the Prison Notebooks*, Q. Hoare and G. N. Smith (eds.)(London : Lawrence and Wishart, 1978) 참조. 특히 121~318쪽, "Notes on Politics" 참조.

블록 형성이 지배적인 사회세력의 운동 목표로 설정·추진되었다고 주장하며, 그림 2.6에서처럼 ① 생산 영역 안에서 권력관계에 기반을 둔 사회세력, ② 일국 내에서 시민사회와 국가기구의 복합체로 만들어지는 국가형태, ③ 국가 간 "간-주관성"이라는 형태로 제도화되는 세계 질서라는 세 가지 공간적 수준에서 역사적 구조의 총체성을 파악할 것을 제안한다(Cox 1981, 138쪽). 세계 질서는 그람시 시대에도 물론 중요했겠지만, 콕스가 염두에 두고 있는 세계 질서는 초국적 자본가계급이 지배적인 사회세력으로 부상하며 창출하는 세계적 차원의 신자유주의 역사적 블록이다.

역사적 블록은 통일된 융합체이지만, 동시에 서로 경쟁하고 상이한 물질적 역량-이념-제도적 장치를 추구하는 사회세력들의 역학 관계를 반영한 '모순된' 결합체이기도 하다. 따라서 각 세력이 펼치는 다양한 운동 속에서 이루어지는 '밀침과 당김'의 결과에 따라 역사적 블록의 성격은 달라진다. 때로는 역사적 블록의 핵심 그룹을 구성하는 성원들이 재편되거나 완전히 뒤바뀌면서 급진 개혁이나 혁명이 일어나기도 한다. 따라서 역사적 블록 개념을 바탕으로 정치경제 과정을 통합적이고 총체적으로 파

그림 2.6 세 가지 공간적 수준에서의 유기적인 역사적 구조 분석

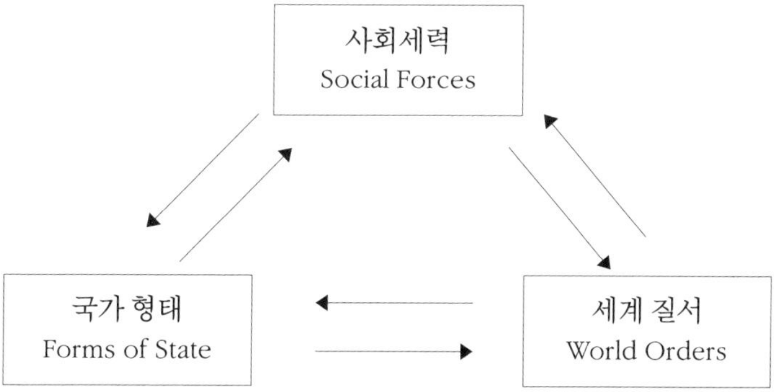

```
              사회세력
           Social Forces
            ↗        ↘
           ↙          ↖
    국가 형태   ←——    세계 질서
  Forms of State  ——→  World Orders
```

악한다는 것은 사회변화를 중심으로 권력을 이해한다는 뜻이다. 분석의 기본 단위는 생산 영역에 뿌리를 둔 사회세력이며, 특정한 세력이 자신들의 세계상——예를 들어, 자율조정시장을 통해 이루어지는 공정한 세상, 사적 소유 철폐를 통한 평등 세상, 국가 관료의 능동적 통제를 통한 조화로운 사회 유기체, 조국 근대화를 통한 부국강병 등의 이념——을 어떻게 세계 질서와 조응시키며 국가 체제로 제도화해왔느냐가 이 접근 방식이 추구하는 기본적 문제 설정이다.

생산 영역의 사회세력-국가 체제-세계 질서 간의 관계를 좀 더 자세히 살펴보자. 앞에서 역사적 구조를 설명하며 들었던 예를 통해 넌지시 말했던 것처럼, 이 세 가지 사회적 공간들은 일방향적 관계가 아니라 동시적이고 상호 보완적인 관계를 맺는다. 콕스의 말대로 "생산이 국가 형태에 영향을 미치는 물질적 기초를 제공한다는 의미에서 논리적으로 선행하지만, 역사적으로 선차성을 갖진 않는다. 오히려, 실제 역사에서는 생산의 주요 골격을 국가가 직접 만들어낸 것은 아닐지라도, 생산이 최소한 국가에 의해 촉진되고, 유지되어왔음을 확인할 수 있다"(Cox 1987, 5쪽).[30]

역사적 구조의 관점에서는 어디서 출발하든 각 부분들은 서로 유기적 관계를 맺게 된다. 예를 들어, 1960년대 이후 한국 사회의 변화 과정을 설명할 때, 가장 중요한 요소를 국가라고 생각하고, 발전국가론처럼 강력한 국가가 어떤 산업정책을 펼쳤는지를 중심으로 분석할 수 있다. 그런데 이러한 강력한 국가가 들어설 수 있었던 것은, 한편으로 미·소 냉전이라는 대립적 국제 질서 속에서 미국이 자신들이 추구하는 자유주의 세계체제에 어

---

[30] 그렇지만 이 말이 발전국가론에서 주장하듯 국가가 '생산성본부'의 역할을 했다는 의미는 아니다. 생산은 사회세력이 지닌 물질적 역량의 주요 구성요소이며, 국가가 경제 개입을 통해 물질적 역량을 포함한 사회적 권력관계의 확대재생산에 주도적 역할을 해왔다는 의미이다.

굿나지만 이를 일시적으로 용인하고 오히려 지원해주었기 때문이라고 볼 수 있다. 다른 한편으로는, 이승만 정권 때 이루어진 토지개혁과 정치적 탄압으로 지주 세력이 크게 약화되었고, 농민들은 대부분 소규모 자영농이나 소작인이어서 조직화되지 않은 사회집단이었으며, 아직 공업화가 미성숙해 자본가와 노동자가 독자 세력화를 꾀할 수 없었던 사회적 역학 관계에 기인했다고 볼 수 있다. 신고전파의 자율조정시장, 발전국가론의 합리적이고 자율적인 국가 같은 추상적 전제에서 출발하지 않고 역사적 구조의 관점에서 접근하면, 어디서 시작해도 크게 문제가 되진 않을 것이다.

중요한 것은 부분들 간의 선차성이 아니다. 역사적 블록의 접근법이 주장하는 요지는 개인, 계급, 생산, 시장, 자본, 국가, 국제 관계 등의 본질적 성격이란, 선험적으로 주어지는 것이 아니라, 다양한 사회집단이 저마다 원하는 세계상에 따라 사회를 총체적으로 재구성하려고 펼치는 싸움 속에서 형성되며, 그 결과 만들어진 특정한 시공간에서의 역사적 구조가 역으로 이들 사회집단의 집단적 정체성과 권력을 어떻게 강화 혹은 약화시키는지를 연관 지어 파악해야 한다는 것이다. 이러한 관점에서는, 예를 들어, 사회계급이 생산수단의 소유 여부로 단순하게 정의되기보다 특정한 사회세력이 실천적으로 창출하는 물질적 역량-이념-제도의 복합체인 역사적 구조의 생성-발전-정체-소멸 과정에서 형성되는 것으로 정의된다.[31]

국가에 대해서도 선험적인 본성을 가지고 있다고 전제하지 않고, 어떤 사회세력이 지배 블록으로 성장해가면서 다른 사회집단에 대한 통제와

---

31 따라서 지배계급 혹은 지배 블록을 반드시 생산 영역에 직접 몸담고 있는 사회집단이 주도해 형성해낸다고 볼 수는 없다. 구소련이나 군사독재 정권이 지배하는 국가에서 알 수 있듯이, 지배 블록을 주도하는 그룹은 군부일 수도 있고 당 관료일 수도 있다. 다만 지속가능한 생산양식 없이는 안정된 지배 체제를 유지할 수 없기 때문에, 생산 영역에 뿌리를 두고 있는 사회집단과의 연합은 거의 필수라고 말할 수 있다.

동의를 획득해가는 과정에서 성격이 부여된다고 본다.

한 지배 블록이 창출하는 역사적 블록에는 시공간적 제약이 내재되어 있다. 세계관이 서로 다른 사회세력이 도전할 수도 있고, 지배 블록 내에서 분열이 일어날 수도 있으며, 물질적 조건이 변화하면서 지배 이념이 대중적 영향력을 상실할 수도 있다. 어떤 경우에는 전쟁이나 경제 제재, 금융위기 같은 외부 충격에 의해 약화될 수 있다. 이러한 변화로 인해, 때로는 이른바 혁명을 통해 지배 블록이 완전히 다른 사회세력으로 교체되고, 기존의 지배 블록을 구성하는 사회집단 간 서열이 바뀌기도 하며, 지배 블록이 와해되거나 이중권력의 상태가 지속되면서 내전과 무정부 사태로 이어지기도 한다. 역사적 블록의 안정성과 (시간적) 지속성은 결국 지배 블록이 내세울 수 있는 물질적 역량-이념-제도가 사회 성원들의 보편적 정서에 얼마나 호소력을 발휘하느냐에 달려 있다. 물론 대안 사회세력이 부재할 때는 지배 블록의 수준이 낮아도 당장 무너지지는 않을 것이다. 하지만 안정될 수는 없다.

이해를 돕기 위해, 생산 영역의 사회세력-시민사회와 국가의 복합체-세계 질서 간의 상호관계와 이 요소들 간의 '조화로운' 결합이 일궈낸 역사적 블록의 탄생, 그리고 모순의 폭발로 역사적 블록이 붕괴하는 과정을 잘 보여준 예를 하나 살펴보자. 이러한 분석의 대표적인 사례로 칼 폴라니(Polanyi 2009, 93~133쪽)가 "백년 평화"와 "보수적인 1920년대, 혁명적인 1930년대"라는 제목으로 《거대한 전환》의 1장과 2장에서 설명한 19세기 유럽 자유주의 체제를 들 수 있다. 폴라니는 여기서 "19세기 문명을 떠받치던" 네 개의 제도로서 ① 한 세기 동안이나 파괴적 전쟁을 방지했던 "세력균형 체제balance-of-power-system," ② "국제 금본위제international gold standard," ③ "전대미문의 물질적 복지를 낳았던 자기조정시장selfregulating market," ④ 자유주의국가liberal state를 꼽았다. 폴라니는 결과적으로 이 체제를 끝낸 결정적 요인이 "금본위제의 붕괴"였기 때문에 이것을 네 가지 가운데 가장 중요한 요소로 꼽을 수도 있지만, "19세기 체제가 나오게 된 원천이자 모태였던 것은 자기조정시장"이었다고 주장하며 다음과 같이 설명을 이어간다.

> 19세기의 독특한 문명이 발흥하게 된 것은 바로 이 자기조정시장의 출현이라는 혁신이 있었기 때문이다. 금본위제의 운영은 이 국내의 시장경제 체제를 국제적 영역으로 확장하기 위한 노력에 불과한 것이다. 또 세력균형 체제란 이 금본위제에 의존하는 것이었다. 게다가 자유주의적 국가라는 것도 그 자체가 자기조정시장의 피조물이었다. 결국 19세기 문명의 제도 체제를 이해하는 열쇠는 시장경제를 통제하는 여러 법칙에 있었던 셈이다. (Polanyi 2009, 93쪽)

폴라니의 책 내용을 상세히 요약하는 것은 우리의 목표를 벗어나기 때문에 생략하고, 그가 주장하려고 한 요지만 간략히 부연하겠다. 즉 우리가 논의했던 역사적 구조가 세 가지 공간적 수준에서 어떻게 조화로운 체제를 형성했고 내부 모순으로 어떻게 붕괴했는지만 살펴보겠다. 폴라니는 19세기 유럽의 평화 체제가 유지된 이유를 중세 때 주요 "왕조들과 각급 교회 조직들이" 친밀한 네트워크를 통해서 수행했던 조정의 역할을 무엇인가가 대신했기 때문이라고 생각하는데, 그것이 "오트 피낭스haute finance"라고 주장한다. 오트 피낭스[32]는 "14세기 피렌체의 메디치 가문" 같은 대형 금융자본을 가리키며, 단순히 자금 중개 기능뿐만 아니라 전쟁 등

---

32 오트 피낭스에 관해서는 칼 폴라니, 《거대한 전환》, 홍기빈 옮김(길, 2009), 105쪽 옮긴이주 참조.

지정학적 '정책 금융'을 통해 국가를 좌지우지한 자본 세력을 의미한다. 19세기의 대표적인 오트 피낭스로는 영국의 대자본가 로스차일드Nethan Mayer Rothchild를 들 수 있다. 오트 피낭스는 신자유주의 시대를 주도한 초국적 금융지주회사들의 네트워크로 비유할 수 있는데, 이들은 주로 유럽 차원에서 국경을 초월한 금융시장을 형성하며 "상업 어음, 해외 인수 어음, 순수 융통 어음, 콜머니(요구불 단기 차입금)와 여타 주식거래"는 물론, 각국의 중앙은행과 연계해 외환 업무, 각국 정부의 국채 거래, 외국인 직접투자 등을 수행하면서 현대 금융시장과 견주어도 손색이 없을 정도의 발전을 이루어냈다.

폴라니에 따르면, 오트 피낭스는 본래 평화에는 관심이 없고 오로지 이익만을 좇는 집단이며, 때로는 전쟁을 통해 이익을 실현했다. 하지만 그들이 형성한 국제 금융시장이 확대되면서 전쟁이나 격변으로 인한 급격한 사회 변동이 수익에 끼치는 영향의 불확실성도 함께 커지면서 자유주의적 이상인 자율조정시장이라는 이념적 컨센서스가 확립되었다. 그리고 자율조정시장[33]의 이상을 실현하기 위해 국제 차원에서는 금본위제를 바탕으로 하는 자유무역 체제를 추구하고, 국내 차원에서는 (자유민주주의적) 헌정주의를 제도화하려는 사회세력과 밀착했으며, 공식·비공식 채널을 통해 '평화적' 국제 관계의 안착을 도모했다. 이러한 배경 속에서 1846년 영국 자유주의 체제의 상징적 시발점으로 정의되는 곡물법 폐지라는 사건이 일어났고, 이후 이른바 팍스-브리태니카 자유주의 국제 질서가 확립된다. 하지만 19세기 자유주의 질서에서는 금본위제나 자유무역 원칙 말고는 질서를 관장할 제대로 된 국가-간 제도적 기관이 만들

---

33 자율조정시장과 자기조정시장은 같은 의미로 사용한다.

어지지 못했다. 결과적으로, 영국에 자리 잡은 국제금융의 중심 "시티City가 (자율조정시장이라는) 보편 룰에 따라 질서를 유지하고 관리하는 주체가 되었고, 영국의 강력한 해군력은 그 배후에서 잠재적으로 이를 강제하는 역할을 했다"(Cox 1981, 140쪽). 이렇게 오트 피낭스가 형성한 자유주의적 국제 질서의 성격을 단적으로 보여주는 예로서 전쟁 와중에도 지속된 적대국 사이의 대규모 상업 교역을 들 수 있는데, "스페인-미국 전쟁 중에도 전쟁 관련 수출입 금지 품목만 아니라면 미국인 소유의 화물을 가득 채운 중립국 선박이 스페인의 항구로 떠날 수" 있었다고 한다(Polanyi 2009, 118쪽).

오트 피낭스가 주도한 이러한 자유주의 체제는 1차 세계대전의 발발로 붕괴했고, 1920년대에 19세기 자유주의 체제로의 국제적인 복귀 노력이 실패하면서, 사회주의와 파시즘의 도래로 상징되는 '거대환 전환'을 겪게 된다. 폴라니는 자유주의 체제 몰락의 직접적 계기는 "금본위제의 붕괴"였지만, 보다 근원적인 원인은 "자기조정시장을 확립하려던 경제적 자유주의의 노력이 갖는 유토피아적 성격에 있다"고 보았다. 폴라니에 따르면, 자유주의 경제학자들은 금본위제가 자율조정시장의 이상을 따라 사회를 재편하기 위한 "사회적 메커니즘의 일부"일 뿐이라는 사실을 간과하고, 자율조정시장의 원칙이 이른바 "고삐 풀린 시장disembedded market"의 기계적 리듬에 인간(노동)과 자연(토지)을 종속시키면서 사회를 파탄 냈다는 현실은 전혀 고려하지 않은 채, 형식적 금본위제의 복귀만을 외쳤다. 독일을 비롯해 여러 대륙 국가에서 사회의 파탄으로 자유주의 세력이 이미 헤게모니를 상실했기 때문에 19세기 자유주의 체제의 회복은 불가능했다는 말이다. 또한, 앞에서 언급했던 리스트가 간파했듯이, 자유주의 경제학자들은 자율조정시장이라는 이상이 고안한 제도적 장치 중 하나인 자유무역 체제가 국가 간 불평등을 심화하는 권력의 메커니즘이라는 사실도 묵과했다. 폴라니가 "이중 운동double movement"이라고 칭했던 것처럼, 이러한 자율조정시장의 모순 심화는 인간과 자연의 '본능적' 반발을 낳았고, 현실주의적인 국가 중심 정치경제 운동과 결합되면서 몇몇 주요 국가들에서 파시즘이라는 '대안'의 역사적 블록이 만들어졌다. 파시즘은 세계적 차원에서 자유주의 체제에 도전했고, 두 경쟁하는 사회세력의 권력 쟁투는 결국 2차 세계대전으로 이어져 5,000만 명의 희생자를 내고서야 끝났다.

자본주의의 역사적 블록

앞에서 언급했듯이, 콕스의 역사적 구조는 마르크스의 역사적 유물론을 그람시의 실천철학적 해석을 바탕으로 발전시킨 사회 존재론적·인식론적 분석 방법론이다. 이 접근법은 사회집단, 국가, 국제 질서 등의 사회적 실체를 선험적으로 규정하면서 사회현상에 접근하지 않고, 사회집단들이 실천적 운동을 통해 객관화하는 물질적 역량-이념-제도의 총합으로 사회적 실체를 이해한다. 그리고 이들 실체들의 유기적 관계 속에서 전체 사회구조를 이해하고, 다시 구조가 사회세력 사이의 균형과 각자의 정체성에 어떤 변화를 초래하는지를 살핌으로써 주체와 객체를 통일적으로 파악한다. 역사적 구조는 형식적 틀로서 생산 영역, 정치 영역, 국제관계 등 부분에 대한 분석, 세 시공간을 한꺼번에 아우르는 세계 질서 분석, 봉건주의, 자본주의, 공산주의 같은 거시적 역사 체제에 대한 분석에 모두 적용할 수 있다.

이제 역사적 구조라는 접근법을 우리의 관심사인 자본주의 발전에 관런시켜 좀 더 구체화해보자. 다 알다시피 우리는 자본주의사회에서 살고 있다. 결과적으로, 우리의 관심사인 20세기 중반부터 최근까지의 시기는, 프랜시스 후쿠야마가《역사의 종말—역사의 종점에 선 최후의 인간》이란 책에서 선언했듯이, 자유민주주의적 시장자본주의가 승승장구하며 팽창해온 역사이다.[34] 같은 시기 한국 사회의 주요 변화도 이러한 자유주의 세계 질서의 승리주의triumphalism라는 맥락에서만 이해할 수 있다. 이 시기를, 세계 차원과 국내 차원에서 공히 **자본주의 역사적 블록의 확립 시기**였다고 칭해도 무방할 것이다. 따라서 우리의 관심사는 일반적인 산업 생산, 국가, 국제 관계가 아니라, 자본주의적 생산, 자본주의국가, 그리고 자본주의 세계체제이다. 당연한 말을 굳이 하는 이유는 매일 햇볕을 쬐고 살지만 태양을 쳐다보지 않듯이, 자본주의를 자연스럽게 받아들이고 있는 우리는 자본이 무엇인지 따져 묻지 않기 때문이다. 붕어빵에 붕어가 없는 것처럼, 한국 자본주의 발전 담론을 주도해온 발전국가론과 신고전파의 연구에는 자본이 빠져 있다.

이번 절에서는 자본주의의 고유한 권력 특성을 논하며 앞에서 설명했던 역사적 구조의 형식 틀을 보강하려 한다. 학자들에 따라 다르지만, 브로델 같은 사람은 자본주의가 13세기 이탈리아의 '도시국가'까지 거슬러

---

[34] 자본주의가 영미식 자유시장 경제 형태만 있는 것이 아니라, 노사관계·교육제도·기업지배 방식·기업 관계·고용 형태 등의 분야에서 나라마다 다른 제도적 조정 방식을 지닌 복수의 자본주의 형태가 존재한 다는 이른바 '자본주의 다양성' 논의가 한국 진보학계의 주된 입장이다. 이러한 입장이 그릇된 것은 아니지만, 지난 몇 세기 동안의 실제 세계 역사는 원래 하나였던 자본주의가 다양하게 분화한 것이 아니라 공통점이 별로 없이 지역적으로 쪼개져 있던 세계가 점차 하나의 단일하고 통합된 세계 자본주의 체제로 수렴해온 역사이다. 자본주의 다양성은 왕정, 파시즘, 공산주의 등 자본주의로 수렴되기 이전 체제에서 형성된 사회관계와 역사적 구조가 모두 다르다는 사실에 기인하는데, 그나마 남아 있던 다양성도 최근 신자유주의 물결 속에서 거의 사라졌다. 자본주의의 다양성을 파악해 시장만능주의에 대한 대안을 제시하는 것은 중요한 일이지만, 왜 그리고 어떻게 이런 방향으로 역사가 흘러왔고 이를 추동한 힘은 무엇인지를 먼저 파악해야 한다고 생각한다.

올라간다고 보기 때문에, 자본주의 역사적 블록의 특성에 대한 논의를 20세기 후반에 국한할 수는 없다. 하지만 자본주의 역사 총정리는 이 책에서 감당할 수 있는 작업이 아니기에, 여기서의 논의는 자본주의의 '주인'인 자본이 산업 생산, 국가와 맺는 관계를 설명하며, 자본의 권력적 본성을 파악하는 것으로 한정한다. 이 책에서 채택한 권력자본론이 제시하는 권력으로서의 자본의 작동 방식과 권력의 측정 지표인 자본축적에 관해서는 3장에서 따로 다루고, 마르크스 – 베블런 – 닛잔과 비클러로 이어지는 권력자본론의 시각에서 자본주의의 본성에 관한 개념적인 설명만 제시하고 이번 장을 마무리하겠다.

산업과 영리 활동

우리는 자본주의의 발전을 흔히 공업화와 등치시키는 경향이 있다. 즉 공업의 급격한 발전으로 산업의 중심이 농업 중심의 1차 산업에서 제조업 중심의 2차 산업으로 전환하는 과정을 떠올린다. 자본을 생산성 증대와 결부시키는 것이 상식으로 자리 잡았다. 영국의 산업혁명을 계기로 폭발적으로 증가한 생산력에서 기인한 이런 연상 작용이 크게 틀린 것은 아니지만, 반드시 그렇지는 않다. 그리고 더 깊이 파고들면, 자본과 생산성의 상관관계가 매우 모호하며, 모순 관계에 있기도 하다는 사실이 드러난다. 공업화는 자본주의뿐만 아니라 군주제, 전제주의, 공산주의에서도 '훌륭히' 이루어졌다. 이런 점에서 산업 발전 과정에서 국가의 핵심 역할을 강조하는 발전국가론이 일리가 있다. 하지만 발전국가론은 **자본주의적 산업 발전**을 이야기하지 않고, 전반적인 산업화 과정을 추상적으로 일반화한다. 구체적인 사회관계를 무시한 채, 추상적인 국가 주도 발전론을 주장함으로써 가치중립적인 태도를 취하는 것 같지만, 사실은 산업화의 권력적 성격을 감추고 있다. 또한 산업화를 통한 경제성장 자체를 하나의 진보로 규정하는 발전주의 이데올로기를 유포한다.

자본주의적 산업 발전은 시장 제도의 발전과 분리해서 이야기할 수 없다. 그렇지만 신고전파가 상정하는 시장은 자본주의 시장이 아니다. 그들이 말하는 완전경쟁시장이 실제로 존재했는지는 애매한데, 굳이 분류하자면, 브로델이《물질문명과 자본주의》에서 설정한 자급자족이 주류인 "물질문명", 경쟁과 교환이 이루어지는 "시장", 독점의 원리로 운영되는 "자본주의"라는 세 가지 구조적 층위 속에서만 존재할 수 있다. 이 말은 자본주의 문명의 본질은 물질문명-시장-자본주의 3층 구조의 최상층을 차지하고 있는 독점이며, 시장은 결국 독점의 원리에 종속된 채 작동될 수밖에 없다는 것을 의미한다.[35] 자유로운 경쟁 원리로 운영되는 시장이라는 사회적 공간을 상정한다고 해도, 그 공간 전체가 이미 독점적 자본주의 원리에 종속되어 있기 때문에 실제로는 '자유롭지' 못한 것이다. 이런 공간에 속한 기업이나 개인은 주류 경제학에서 말하는 것처럼 '가격 수용자 price taker'이긴 할 것이다. 그런데 이 가격은 완전경쟁에 의해 주어진 '공정가격'이 아니라, 독과점 자본에 의해 결정된 '불공정가격'이다. 오늘날 경제의 양극화는 바로 이러한 자본주의의 본질이 속살을 드러내는 현상이라고 볼 수 있다. 재벌 대기업이 중소 하청업체에 자행하는 납품단가 후려치기, 편의점 본사와 점주의 불공정 약관 체결, 백화점 입점업체의 지대 납부, 비정규직 노동자들의 저임금 구조 고착에서 보듯이 '경쟁시장'에 속한 주체들은 최상위층 주체들의 이른바 '갑의 횡포'로 정해지는 가격을 수

---

35 브로델은 논리적인 선차성 차원에서 시장이 물질문명에서 분리되어 나오고, 자본주의가 시장경제에서 나왔다고 설명하지만, 역사적인 선차성을 부여하진 않는다. 2장에서 언급했듯이, 그는 13세기에 자본주의가 시작될 때부터 거상들이 지배하는 독과점 시장이 존재했다고 말한다.

용해야만 한다.

대공장·기계화·산업화와 시장은 자본주의 발전의 필수 요소이지만, 자본주의와 등치될 수는 없다. 자본주의의 본질은 산업 생산이나 시장 제도 자체가 아니라, 그것을 통제하는 권력관계에서 찾아야 한다. 즉 생산력 혹은 경제성장이라는 물질적 변화와 시장 제도를 (그 자체의 의미에 매이기보다는 자본주의를 지향하는) 지배 블록이 사회를 조직하고 통제하는 주요한 방편으로 파악해야 한다. 따라서 우리는 이 지배 블록이 어떤 이념과 제도를 통해 사회적 생산과 재생산 과정을 조직하고 통제하는지, 또 그것을 바탕으로 어떤 형태의 국가 체제와 세계 질서를 형성하는지를 주목해야 한다. 한마디로, 자본주의 권력 양식이 다른 권력 양식들과 구분되는 본질적 특성이 무엇인가를 파악하는 것이다.

역사적 선차성이 아니라 논리적 선차성 차원에서 생산 영역 내에 구조화된 자본주의 권력의 원천부터 구체적으로 살펴보자. 베블런이 말한 것처럼(Veblen 1904, 1908, 1923) 자본주의적 산업 생산의 가장 근본적인 특성은 "산업Industry 활동이 비즈니스 목적Business ends에 종속되어" 실행된다는 사실이다. 실제 세계에서는 분리할 수 없지만, 자본주의적 생산은 산업과 비즈니스라는, 본성이 다른 인간 활동의 모순적 결합으로 이루어진다. 산업을 추상적으로 비즈니스에서 분리해 생각한다면, 산업 활동은 인간의 삶을 영위하는 데 필요한 물품을 만드는 창의적이고 기술적인 과정이며, 그야말로 생산성의 영역이다.[36] 동서고금을 막론하고, 산업 활동

---

[36] 장하준을 비롯한 발전국가론자들은 산업과 비즈니스(혹은 자본)의 범주 대신 산업자본과 금융자본이라는 범주를 쓰면서, 마치 한국의 재벌들이 산업 발전에 기여한 것처럼 주장한다. 이후 자세히 설명하겠지만, 산업자본과 금융자본 모두 사회적 생산과 재생산 과정에 대한 지배력을 사적 이윤으로 전환하는 제도적 기구들일 뿐이다.

은 항상 공동체의 역사적 유산인 지식을 바탕으로 이루어지기 때문에 독립된 개인의 활동으로 환원될 수 없다. 특히 산업혁명으로 기계화 시대가 열리면서, 산업은 오직 국가적·국제적 차원의 "사회적 생산"으로 정의할 수 있게 되었다. 수학, 물리학, 화학, 공학, 예술, 다양한 사회과학 등 산업 과정에는 인류 공동의 지식과 창의성이 복합적으로 결합되어 있을 뿐만 아니라, 투입되는 수많은 재료들과 부품들을 고려할 때 공동체 차원의 생산이라는 방식으로만 개념화할 수 있다. 앞에서 예로 든 애플 사의 아이폰을 떠올리면 바로 공감할 수 있을 것이다. 산업혁명 이전 사회에서의 산업도 지적인 유산에 의존한 공동체와 밀접하게 관련된 생산 체제였지만, 생산력 수준이 낮았고 농업 중심의 산업 활동이 지역적으로 고립되어 진행되었기에, 산업혁명 이후 생산의 전체론적 성격은 질적으로 다른 수준으로 고양되었다고 볼 수 있다.

비즈니스는 이러한 생산적이고 창의적인 원리의 산업 활동과는 전혀 다른 원리에 의거해 작동할 뿐만 아니라 양자는 서로 모순되기까지 한다. 비즈니스의 목적은 영리 활동 혹은 이윤의 추구이며, 영리 활동은 공동체적 생산 체제인 산업을 사적으로 전유함으로써 이루어진다. 즉 다른 사람들이 사용하지 못하게 규제할 수 있는 권리를 바탕으로 사용료를 지불하게 만드는 힘이다. 이러한 영리 활동의 원천은, 가령, 우물이 하나밖에 없는 마을에서 한 집안이 우물을 독점하고, 물을 길러 오는 사람들에게 한 바가지당 얼마씩 내지 않으면 물을 퍼갈 수 없게 제한할 수 있는 힘에 비유할 수 있다. 2012년 조세 회피 목적으로 벨기에로 망명하겠다고 선언한 프랑스의 유명 배우 제라르 드파르디유가 출연했던 〈마농의 샘〉이라는 영화는 마을에 하나뿐인 샘을 막아버린 후 땅을 싼값에 인수하려는 사업가의 탐욕이 야기한 비극적 서사로서 영리 활동의 본질을 잘 표현한 작품이다. 1999년에 미국의 글로벌 건설기업인 벡텔Bechtel이 볼리비아 코차밤바 지역의 상하수도 시설 운영 권리를 2만 달러에 매입한 후 1주일 만에 수도요금을 대폭 인상했던 예에서 볼 수 있듯이, 우물의 독점은 옛날얘기만은 아니다. 당시 볼리비아의 최저임금이 월 70달러 정도였는데, 벡텔이 코차밤바 지역 주민들에게 부과한 요금이 한 달 평균 20달러 수준이었다고 한다. 수입의 30퍼센트를 수돗물 값으로 물었다는 이야기다.

그래서 자본주의에서 이윤과 축적은 사회에 대한 지배력을 바탕으로 해서만 가능하며, 본성상 '반사회적'이라고 정의할 수 있다. 마르크스의 말처럼 자본주의 체제의 기본 모순은 "생산의 사회적 성격과 소유의 사적 성격"의 충돌에 있으며, 이윤의 확보와 부의 축적은 오로지 공동체의 창의적 활동에 대한 지배를 통해서만 가능하다. 그렇기 때문에 비즈니스 활동은 정치적 활동일 수밖에 없다. 영리 활동의 근간인 사적 소유권 자체가 정치적인 힘의 표현이며, 사회적 노력의 결실에 대한 분배의 규칙을 정하는 것도 정치적 과정이다. 이 과정에는 사회 성원들과의 갈등이 내포돼 있는데, 분배의 규칙을 이념적으로 정당화하고 상식으로 확립해야 한다.

주류 경제학은 이러한 과제를 위해 존재하며, 기본 목표는 영리 활동을 통해 자본가가 얻는 이윤이 산업 영역에 물질적 근거를 두고 있다는 점을 '과학적'으로 해명하는 것이다. 고전파 경제학의 노동가치론, 신고전파의 효용가치론은 이러한 정당화 이론의 초석이다. 반면, 비주류 경제학에서는 주류 경제학의 가치론이 근거가 없다는 것을 밝힘으로써 자본가가 가져가는 이윤의 정당화 논리를 무너뜨리는 것이 핵심 과제였다. 주류 경제학에서는[37] 그림 2.2와 그림 2.3을 통해 설명한 것처럼, 노동자와 자본가

---

37 신고전파 경제학은 고전파 경제학의 노동가치론의 두 가지 '한계'를 떼어버린다. 하나는 계급론이다. 고

는 모두 동등한 '상품 매매자'이며, 한계생산성에 의해 가격이 결정되는 지점에서 각각의 생산적 기여에 합당한 대가를 지불받는다고 주장한다. 이에 대해, 좌파 정치경제학에서는 마르크스주의 노동가치론을 기반으로 모든 가치는 노동에서 나오기 때문에, 이윤은 노동자들에게 지불되지 않은 '잉여노동'일 뿐이라고 반박해왔다. 1세기 넘는 싸움이 이어졌지만, 둘 다 이데올로기로서 기능할 뿐 이론적 정합성과 설득력은 없다. 이 두 가치론의 문제점은 3장에서 자세히 논하기에 여기서는 그 이유만 간단히 설명하겠다.

한마디로, 산업 영역과 비즈니의 영역은 "두 가지 다른 언어를 가지고 있기" 때문이다. "산업 활동은 물질적 유형의tangible 범주들로 이루어지는 데 반해 비즈니스 영역의 거래와 성취는 오로지 화폐 단위로만 계량할 수 있다"(Nitzan and Bichler 2009, 220~221쪽). 따라서 어떤 상품이 얼마나 유용한가에 대한 평가와 어느 정도의 가치가 있어야 하느냐에 대한 평가 사이에는 아무런 과학적 필연성이 존재하지 않는다. 통신업체 가맹점에서 스마트폰을 팔 때, 원래 100만 원인 휴대폰을 2년 약정을 전제로 무료로 제공하는 것을 보면 통신업체는 어떻게 이윤을 남기는지 궁금할 수밖에 없다. 그런데 애초에 휴대폰 가격이 100만 원이라는 근거는 어디서 나올까? 주류 경제학에서는 투입된 자본과 노동의 생산적 기여가 화폐가치로 전환된 것이라고 설명하지만, 애초에 생산적 기여를 측정하기 위해 필수적으로 요구되는 자본의 투여량을 측정할 수 있는 방법을 제시하지 못

전파는 상품의 가치가 노동자, 자본가, 지주라는 상이한 사회계급 사이에서 임금, 이윤, 지대로 분배되는 것을 노동가치론으로 설명하는데, 신고전파는 사회계급의 분류 자체를 폐기한다. 둘째는 잔여적 이윤 이론residual profit theory이다. 고전파 노동가치론을 집대성한 리카도는 최저생계비와 한계지대로 임금과 지대를 설명하고, 그 잔여를 이윤으로 설명해 이윤의 물질적 근거를 제대로 설명하지 못했다. 신고전파는 이 두 문제점을 한계효용 이론으로 '극복'하지만, 이윤의 정당성을 제공하진 못한다.

한다.[38] 좌파 노동가치론에서는 투여된 사회적 필요노동시간에 의해 가격이 결정된다고 보지만, 이 역시 다양한 노동을 하나의 추상적 노동시간으로 환원하는 것을 정당화하지 못한다. 이른바 'A급 짝퉁 명품 가방'을 생각해보면, 두 가지 가치론의 맹점이 바로 드러난다. 최근 한국이나 중국의 복제품 생산 기술이 높아져, 전문가도 혼동할 만큼 '훌륭한' 복제품들이 많다. 같은 재질에 때로는 진품보다 더 뛰어난 바느질 솜씨와 마감 기술로 '물질적' 측면에서는 진품에 뒤지지 않는다. 그럼에도 가령 진품은 500만 원에 팔리고 복제품은 100만 원에 팔린다. ODM이나 OEM 방식으로 제품을 생산·공급하는 업체들이 자체 브랜드를 만들어 자신들이 대기업에 납품하는 제품과 거의 유사한 상품을 상대적으로 저렴한 가격에 시장에 내놓는 경우도 비슷한 예이다. 차이는 조금 있겠지만, '짝퉁' 상품이나 ODM/OEM 납품업체의 고유 상품을 만드는 데 들어가는 투입요소는 거의 같을 것이다. 또 똑같은 제품이 어떤 때는 원래 가격보다 50퍼센트 '할인'되어 판매되기도 한다.[39] 그런데 상품 가격표에 표시된 가격이 원래의

---

38 이에 관해서는 1960년대에 영국 케임브리지 대학과 미국 케임브리지에 있는 MIT 경제학자들 사이에 펼쳐졌던 케임브리지 자본 논쟁Cambridge Capital Controversies 참조. 이 책의 3장에서 구체적으로 설명한다.

39 할인은 우리 생활에서 일상화되어 있다. 대형 마트에 가면 항상 20~30퍼센트 할인된 값에 물건을 팔고 있다. 이를 통해 소비자들에게 원래 내야 하는 돈보다 적게 부과한다는 인상을 주지만, 실제로는 원래 가격이란 것이 없다. 본문에서 더 설명하고 있듯이, 상품의 가격은 자본가의 전략적 판단과 사회적 역학 관계에 의해 상대적으로 결정된다. 예를 들어, 2011년 민주당 김영록 의원이 발표한 냉장 우유의 가격 구조를 보면, 마트에서 2,180원에 판매되고 있는 1리터들이 우유의 가격 중 34퍼센트인 738원은 유통업체에, 25퍼센트인 549원은 우유 가공 업체에, 41퍼센트인 893원은 원유 생산 목장에 돌아간다. 이윤이 아닌 가격으로 표현된 한계는 있지만, 이런 가격 구조는 이마트 같은 대형 유통업체, 남양유업 같은 유제품 회사, 전국 목장 주인들로 구성된 낙농업협회 간의 역학 관계를 반영한다. 그리고 여기에 판매 실현에 대한 전략적 판단도 결합된다. 가령, 2,180원에 팔려고 했던 우유의 매장 진열 기한이 내일까지라면, 판매자는 2,180원을 고집하다가 못 팔고 우유를 폐기처분해야 하는 상황과 30퍼센트 할인된 가격으로 팔아서 손해를 면하는 상황을 두고 고민해서 가격을 결정할 것이다. 우유를 예로 들었지만, 백화점에서 팔리는 옷도 똑같은 메커니즘을 가지고 있다.

가치일까? 비단 이러한 사례들뿐만 아니라, 어떤 상품의 가격도 물질적인 산업 활동에서 근거를 찾을 수 없다. 이를 증명한 경제학자는 좌파와 우파를 통틀어 한 명도 없다.

그렇다면 공산품에서 토지, 주택, 사람, 국가의 가치에 이르기까지, 현대사회에 존재하는 거의 모든 사회적 실체들에 매겨진 가격은 무엇을 의미하는가? 현실에서 가격이 형성되는 과정을 있는 그대로 보면, 자본가들은 자기들이 지불해야 하는 비용에 마진을 붙여서 판매할 뿐이다. 가령 스타벅스 같은 체인점에서 아메리카노 한 잔에 들어가는 원두의 가격은 150원 안팎인데[40] 여기에 인건비, 운영비, 임대료 등을 붙이고 마진을 더해 4,000원 이상의 값에 판다. 그런데 이 마진의 폭을 결정하는 것은 물질적인 생산성이 아니라, 생산과 재생산의 사회적 과정인 산업을 지배하는 힘이며, 이 힘의 본질은 산업을 멈춤으로써 사회 전체에 가할 수 있는 파괴력, 즉 **사보타주이다**(Veblen 1921). 베블런에 따르면, 자본가들의 사보타주의 힘은, 첫째 산업 생산이 기계에 의존하게 되면서, 사회 전체가 하나의 거대한 기계적 과정mechanical process처럼 유기적으로 통합됨으로써 어느 한 부분에서의 생산 중지가 사회 전체에 파급효과를 낳을 수 있는 물질적 기초에 근거하며, 둘째, 산업 시설과 자연 자원에 대한 사적 소유권의 보장을 통해 소유자들에게 합법적으로 부여된 공동체의 생산 활동을 중지할 수 있는 권리에 근거한다(Veblen 1923, 65~66쪽).

따라서 자본가들의 힘은 전체 산업 과정의 어떤 부분에 대한 소유권을

---

40 커피 원가 분석은 보통 커피 한 잔에 원두가 대략 10그램 들어간다는 점을 전제한다. 2011년 기준 커피 생두의 현지 가격이 사상 최고치를 기록했는데, 당시 생두의 가격은 1파운드당 300센트 정도였다. 10그램당 가격으로 환산하면, 사상 최고가를 기준으로 해도 커피 한 잔에 들어가는 생두의 '원가'는 약 70원에 불과하다.

행사할 수 있는가에 따라 달라진다. 예를 들어, 모든 산업의 생산과정에 필수적인 에너지와 전력 등을 누군가 사적으로 독점하고 있다면, 그들이 사회에 가할 수 있는 사보타주의 힘은 엄청날 것이다. 실제로 1970년대에 전 세계를 강타한 스태그플레이션은 1차 석유파동 당시 세계시장의 85퍼센트를 점유하고 있던 일명 7공주[41]라 불리는 글로벌 독과점 정유회사들의 사보타주에 기인한 바가 컸다.[42] 덧붙여, 이런 시각에서 보면 1980년대에 영국에서 진행된 철도와 전기, 수도 등 공공 인프라의 대대적인 민영화는 돈 문제를 넘어 국가가 자본에 사회적 권력을 의식적으로 양도한 행위로 규정할 수 있다.

베블런은 사보타주의 전형적인 형태로 자본가들의 공장폐쇄lockout와 노동조합의 파업strike 같은 법적으로 규정된 행동들을 들 수 있지만, 자본가들은 이것 외에도 가시적이진 않지만 이윤을 확보하기 위해 일상적으로 "전략적 사보타주strategic sabotage"를 행하고 있다고 주장하며, 그것을 "효율성의 신중한 철회conscientious withdrawal of efficiency"라고 냉소적으로 표현한다(Veblen 1921, 8쪽). 기계화된 대공장 시스템이 일반화되면서, 생산성이 급격히 높아져 자본가들은 이제 "과잉생산"을 걱정하는 단계에 이르렀다. 제품이 사회적 필요 이상으로 생산되면 자본가들의 통제력은 반대로 줄어들 위험이 있고, 가격 하락 압력 때문에 이윤 역시 부정적인 영향을 받게 된다. 주도적인 자본가들은 이런 사태를 막기 위해서 공동체

---

41 7공주Seven Sisters는 Anglo-Persian Oil Company, Gulf Oil, Standard Oil of California, Texaco, Royal Dutch Shell, Standard Oil of New Jersey, Standard Oil Company of New York으로 구성되었다.
42 닛잔과 비클러는《이스라엘의 글로벌 정치경제학The Global Political Economy of Israel》(2002)에서 이러한 관점으로 1970년대 스태그플레이션을 군수-석유 독과점 연합WeaponDollar-PetroDollar Coalition이 주도한 축적 체제로 분석한다. 자세한 내용은 해당 저서 4장과 5장을 참조하라(137~273쪽).

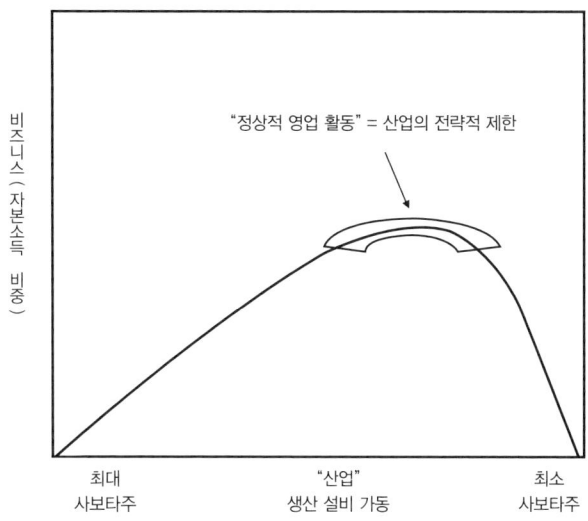

그림 2.7 전략적 사보타주와 자본의 소득 비중

출처: Nitzan and Bichler 2009, 237쪽, 그림 12.1.

의 생산 능력을 일부러 낮잠 재운다.

그림 2.7은 닛잔와 비클러의 연구(Nitzan and Bichler 2009, 237쪽)에서 인용한 것으로, 이윤은 생산이 아니라 전략적 사보타주에 기초하고 있다는 베블런의 주장을 설명하기 위한 도해이다. 그림의 수평축은 산업 가동률[43]을, 수직축은 전체 소득에서 자본가들이 차지하는 몫을 가리킨다. 수

---

[43] 보통 우리가 사용하는 가동률 개념은 기업이 이윤을 뽑을 수 있어야 한다는 현재의 사회적 통념을 반영하여 계산된 것으로, 70~90퍼센트를 유지한다. 그러나 베블런에 따르면, 우리가 물질적·기술적 조건만을 생각하여 가동률을 계산한다면 사회 전체의 생산 능력의 25퍼센트도 안 될 것이다(Veblen 1919, 81쪽). 이러한 수치는 훗날 블레어(Blair 1972, 474쪽)와 포스터(Foster 1986, 5장)가 추정한 값과 크게 다르지 않다. 흥미롭게도 가장 파괴적인 상품을 생산하는 미국의 군수업자들의 가동률은 특정 기간에 10퍼센트 미만을 기록하는 경우도 많다. 물론 수익률은 어느 기업들보다도 높지만(Nitzan and

평축의 오른쪽 끝은 기술적으로 가용한 생산 능력을 완전히 가동했을 경우를 나타내는데, 이때 이윤은 제로가 된다. 생산 활동이 소유자(즉 자본가)의 통제를 완전히 벗어나, 자본가들은 사회적 생산과정의 길목을 막고 받는 '통행세'를 거두어들일 수 없기 때문이다. 예를 들어 특허권이나 지적재산권을 국내외에서 강제할 수 없다면, 이른바 지식경제로 불리는 산업은 이윤을 거의 내지 못할 것이다. 사지 않고 다 복제해서 쓸 테니까. 물론 사회적 생산이 전혀 이루어지지 않는 경우에도 자본가들은 전혀 이윤을 얻지 못할 것이다.

자본의 소득이 전략적 사보타주에 의존한다는 베블런의 주장은 현실에서도 확인된다. 그림 2.8은 닛잔과 비클러(2009, 237~238쪽)가 '효율성의 신중한 철회'를 나타내는 대리지표로 실업률을 사용하고, 자본소득의 대리지표로 기업 이윤과 이자소득을 사용하여 1933~2007년 동안 미국 사회에서 산업과 영리 활동이 어떤 관계를 맺고 진행되었는지를 나타낸 것이다. 전반적인 윤곽에서 그림 2.7과 유사한 그래프가 나타남을 알 수 있다. 특히, 어느 수준까지는 실업률과 자본의 수익이 비례 관계에 있다는 사실이 주목을 끈다.[44] 대공황으로 투자가 크게 위축되면서 '과도한 사보타주' 국면으로 들어갔다가 이후 서서히 산업이 회복되고, 동시에 자본의 소득 몫도 함께 상승한다. 그러다가 너무 '불충분한 사보타주' 국면에 진입해 수익률이 떨어졌으나, 이후 스태그플레이션을 거치면서 '적절한' 실업률을 유지하면서 '최적의' 영리 활동 지점을 찾아가고 있다.

자본의 소득과 전략적 사보타주의 이런 관계로 인해, 개별 자본가들은

Bichler 2009, 235~236쪽에서 인용).
44 그림에서 x축의 실업률이 고→저로 표시되어 있음을 유의해야 한다.

그림 2.8 미국에서의 영리 활동과 산업

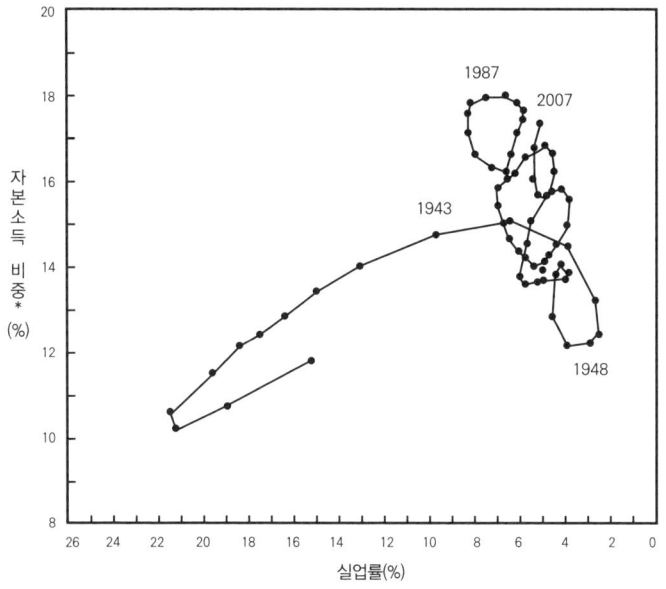

* 이윤과 이자소득의 합을 국민소득으로 나눈 값.
출처: Nitzan and Bichler 2009, 238쪽, 그림 12.2.

사회적 생산과정에서 상대적으로 유리한 '고지'를 점령하려 노력하고, 될 수 있으면 더 많은 산업 영역을 지배하면서, 다른 자본가들을 여기서 내쫓으려고 경쟁한다. 그래서 "비즈니스는 항상 서로에게 피해와 어려움을 가하는 활동으로 전철되고, 영업 성과는 서로에게 가한 피해와 손해의 균형점에서 결정된다. 이러한 싸움의 인적 물적 피해는 결국 민중들에게 전가되고", 이윤과 사회적 권위라는 전리품은 기득권 세력에게 돌아간다 (Veblen 1923, 23쪽). 이러한 의미에서 산업은 "사회 전체의 통합, 협동, 계획을 요구하는 데 반해, 영리 활동은 소유자들 내부에서, 그리고 소유자들과 민중들 사이에서의 쟁투와 적대감에 의존하여 행해진다"고 볼 수 있다(Nitzan and Bichler 2009, 220쪽).

금융자본 vs. 산업자본?

자본의 이윤과 축적이 베블런의 주장처럼 사회적 생산과 재생산 과정에 대한 전략적 사보타주에 기초하고 있다면, 우리가 상식처럼 받아들이던 **산업자본**과 **금융자본**의 '대립적' 관계 설정은 무의미해진다. 금융자본가나 산업자본가나 모두 생산과정과는 무관한 투자자이며, 소유권을 바탕으로 이윤청구권을 행사하는 부재지주[45]일 뿐이다. 따라서 금융자본이든 산업자본이든 이윤은 모두 지대와 똑같은 성격을 갖는다. 즉 사회적 생산물에 대한 법적 권리 행사이자 정치·권력적 행위의 결과이다. 제조업·건설업·서비스업·금융업 등으로 산업을 업종에 따라 나누는 것은 기능적 구분으로서 의미가 있지만, 여기서 우리의 관심사는 산업의 기능적 영역이 아니라 자본의 본질을 기준으로 산업자본과 금융자본을 구분할 수 있는가라는 문제이다. 진보 진영에서도 많은 학자들이 금융자본은 기생적이지만 산업자본은 '생산적'이라는 신화를 공유해왔다. 만약 투자자들이 삼성전자나 현대자동차 같은 기업의 소유권을 가짐으로써 생산에 기여하는 거라면, 은행 대출도 똑같이 생산적인 기여를 한 것이기 때문에, 금융가들도 '생산적 자본가'가 된다.

생산자본과 금융자본의 범주에 따른 구분은 19세기 중반까지는 어느 정도 의미가 있었을 것이다. 자본주의에서의 사업 성공은, 프로그래머 빌

---

[45] 베블런이 사용한 absentee owner는 부재소유자로 번역해야겠지만, 일하지 않고 소유권을 바탕으로 생산물에 대한 권리를 갖는 자를 보통 부재지주라고 하기 때문에, 두 용어를 동일한 의미로 사용하겠다.

게이츠가 사업가 빌 게이츠로 전환해야 했듯이,[46] 자본의 언어인 금융의 논리에 산업이 종속되는 과정이다. 산업혁명 이후 새로 생겨난 엔지니어들의 창의적 물결도 곧 전통적인 금융가들의 세계관에 융합되어버렸다. 19세기 말부터 트러스트, 신디케이트, 카르텔 등 여러 가지 사업체 연합이 등장하고, 이후 소유와 경영이 분리된 주식회사가 기업의 주된 형태로 확립되면서 둘 사이의 경계선이 모호해졌다. 말하자면, 자본의 이념에 적합한 **제도적 기관**이 만들어진 것이다. 이윤은 사회적 차원에서 산업을 제약해야만 얻을 수 있게 되었고, 자본가는 부재지주로 정착하면서, 산업자본가와 금융자본가의 구별은 소유한 주요 증권 형태가 주식이냐 채권이냐의 차이에 불과하게 되었다. "현대의 투자자들에게 자기자본이나 부채는 대차대조표에 [차변에] 기재된 자산의 자기증식에 대한 청구권을 대변에 표시한 것을 의미한다. 즉 두 형태의 청구권은 모두 수익을 위한 위험의 감수를 근거로 자격을 획득한 보편적 자본이다"(Nitzan and Bichler 2009, 253쪽).

현대자동차가 자동차를 만들고, 삼성전자가 스마트폰을 만든다는 표현을 생각해보자. 여기에 이의를 제기할 사람은 별로 없을 것이다. 그런데 조금만 깊이 생각하면, 이 표현이 자연스럽지 않다는 사실이 드러난다. 현대자동차와 삼성전자는 법인이다. 법인이라는 사회적 주체는 생산을 하지 못한다. 생산은 두 기업에 고용된 전문가와 노동자들, 생산 시스템으로

---

46 빌 게이츠는 1981년 피시의 기본 운영체제인 DOS를 IBM에 납품하게 되면서, 세계 최고의 갑부로 등극하는 발판을 만들었다. 어린 나이에 MS Basic을 개발하며 뛰어난 IT 전문가로서의 능력을 보이긴 했지만, DOS 출시부터는 프로그램 개발자보다는 비즈니스맨으로서의 기질을 발휘한 것이었다. DOS 초기 버전은 시애틀 컴퓨터 프로덕트라는 회사에서 만들었는데, 빌 게이츠는 IBM과의 납품 계약 사실을 그 회사에 알리지 않은 채 DOS 초기 버전 86-DOS에 관한 모든 권리를 5만 달러에 양도받는다. 이후에 100만 달러를 더 주는 조건으로 법적 분쟁없이 시애틀 컴퓨터 프로덕트와의 관계를 마무리했다.

물화된 인류 공동체의 지적 유산들, 국가적·세계적 차원에서 유기적으로 통합된 수많은 분업 체계, 국가가 제공한 초등학교부터 대학교까지 16년 이상의 교육, 심지어 영어 학원의 토플 강좌에 이르기까지 수많은 사회적 과정의 결정체이다. 법인기업들은 자신들과 무관하게 양성된 이러한 생산과 재생산의 사회적 과정을 통제·조직·사유화하는 법적·제도적 장치일 뿐이다. 기업이 임금이나 세금을 통해 '정당한' 대가를 지불했다고 말할 수 있겠지만, 그렇다고 쳐도 이윤이 자본의 생산적 기여에 근거를 둔 몫은 아니다.

기업이 생산을 통해 이윤을 낸다고 하지만 이 역시 가만히 들여다보면, 생산 자체보다는 생산을 제한할 수 있는 사회적 힘에 의한 것임을 알 수 있다. 예를 들어, 비아그라를 생산하는 화이자Pfizer나 신종플루 백신 타미플루를 개발한 길리어드 사이언스Gilead Science와 제조사 로슈Roche가 엄청난 수익을 낼 수 있었던 이유는 생산 자체보다는 다른 제약회사들이 같은 제품을 생산하지 못하게 만드는 특허권의 행사에 있다. 한 제약회사가 만든 제품을 다른 제약회사가 복제하는 것은 그리 어려운 일이 아니라고 한다. 여러 제약회사들이 관련된 과학 지식을 공유하고 비슷한 실험을 병행하고 있기 때문이다. 그래서 제약회사의 이윤은 누가 먼저 잠재적 '신약'을 특허등록 하느냐에 의존하며, 특허권을 세계 전체에 강제할 수 있는 정치력에 좌우된다. 이런 의미에서 WTO의 활동은 화이자의 이윤과 자본축적의 일부라고 볼 수 있다. 삼성과 애플의 특허소송 전쟁에서 볼 수 있듯이, 우리 시대의 주류 산업인 IT 업종의 이윤도 마찬가지다. 그리고 1990년대 IT 버블이 폭삭 무너진 것도 같은 맥락에서 설명할 수 있다. 버블이 붕괴한 주요한 원인은 IT 부문, 특히 사이버공간과 관련된 산업이 애초 기대와는 달리 수익 창출 능력이 제한돼 있다는 것이 밝혀졌기 때문이다. 수익을 내기 위해서는 첫째, 다른 개발자가 비슷한 프로그램을 만들지 못하게 해야 하는데 이를 정치적으로 제약할 수 없었고, 둘째, 사용자들에게 사용료를 받아야 하는데 무수히 많은 무료 대체물로 인해 유료 사용자를 확보하는 것이 쉽지 않았으며, 셋째, IT의 본질상 '불법' 복제와 유통을 통제하기가 어려웠기 때문이다. 그래서 대부분의 업체는 망하고, 지속적 M&A를 통해 독점 대기업으로 성장한 업체들만 남을 수밖에 없었다.

그렇다면, 이병철, 정주영 같은 자본가가 한국의 산업 발전에 아무런 기여를 하지 않았다는 말인가? 중요한 역할을 했겠지만, 생산적·기술적 기여를 한 것은 결코 아니다. 직접 경영자로 뛴 이들 자본가들은 베블런이 말한 부재지주와는 다르다고 말할 수도 있을 것이다. 하지만 투자자와 경영자가 결합되어도 변하는 것은 없다. 기업 경영 자체가 자본의 논리를 실행하는 조직이기 때문이다. 이들 직접-경영 자본가들이 한 일은 자본의 '금융 언어'를 능수능란하게 구사하며, 사회적으로 조직된 산업 활동을 사적인 영리 활동에 복속시킨 것이다. 산업화는 기계화라는 급속한 물질적 변화뿐만 아니라 사회제도 전반의 개혁, 사회적 교육 체계와 사회관계, 삶의 획기적 전환을 동반한다. 발전국가론의 주장대로 이러한 '거대한 전환'을 단기간에 이루기 위해서는, 강한 국가의 개입이 가장 '효율적'인 방법일 것이다. 이병철, 정주영 같은 자본가들의 역할은 이러한 국가 주도 산업화를 자본주의적인 방식으로 사유화하는 능력을 발휘한 것이다. 이런 능력의 핵심은 금융 수완이다. 국가와 결탁해 산업의 핵심 위치를 점유하고, 국가가 투자 위험부담을 대신 지게 함으로써 아주 적은 자기자본으로 다섯 배 이상의 빚을 끌어다 사업을 할 수 있었다. 또 경영상의 어려움이 있으면, 8.3 조치처럼 국가가 초헌법적 정책 수단을 동원해 해결해주게 만드는 놀라운 능력을 발휘하기도 했다.

자본이 이윤에 대한 청구권을 정당화하는 논리 중 가장 강력한 것이 바로 위험부담이다. 부채에 붙는 이자의 경우에도 돈을 떼일 수 있다는 위험부담을 안고는 있다. 하지만 부채는 사회적으로 '정상수익률'이라고 평가되는 이자율에 위험 평가가 더해져서 미리 수익률이 정해져 있는 반면 자기자본에 대한 이윤의 배당은 기대치일 뿐이다. 굳이 둘의 차이를 따지자면, 주식 보유를 통한 이윤 배당의 기대가 더 불확실성이 높다고 할 수 있다. 주식 보유자들은 이런 이유로 채권 소유자들과는 달리 경영 통제권을 갖는다. 그런데 국가가 이런 위험부담을 대신 짊어져준다면, 이야기는 달라진다. 돈을 빌릴 때 국가가 보증해줄 뿐만 아니라, 시중 이자율보다 싸게 융자해주고, 외화도 시중가보다 싸게 바꿔주고, 수출 상품에 보조금도 지급하고, 게다가 경영이 어려우면 정상화 자금까지 공급한다면 이른바 산업자본가들은 어떤 위험부담을 진단 말인가? 위험은 국가를 통해 사회화하고, 자신들은 부담 없이 사회적 과정에 대한 통제력을 지속적으로 확대해왔을 뿐이다.

베블런이 말했듯이, "모든 자본은 금융이며, 오로지 금융이다"(Nitzan and Bichler 2009, 262쪽에서 재인용). 금융자본과 산업자본은 본질적으로 차이가 없다. 다만 투자자들이 어떤 영역이 자신들에게 유리할까를 판단해 전략적으로 선택할 뿐이다. 더구나 증권시장의 발전으로 더 이상 자본가들이 한 기업에만 목을 매고 있을 이유가 사라졌다. 한국의 재벌들처럼 경영권을 고수하는 경우를 제외한다면, 은행이나 증권회사에 대한 투자와 삼성전자에 대한 투자는 아무런 차이가 없다. 단지 미래 수익률에 대한 기대를 기준으로 선택하는 문제일 뿐이다. 경영권을 고수하는 경우에도 그 이유는 생산성과 무관하다. 한국의 재벌이 자기 사업 영역에 계속 머무는 이유는 권력 때문이다. 자산을 유동화해서 다른 투자처를 찾는 것보다 삼성그룹이나 현대그룹을 스스로 통제하는 것이 사회적 권력과 부를 유지·확장하는 데 더 유리하다는 판단에 기초한 행위일 뿐이다. 워런 버핏이나 조지 소로스처럼 돈을 여기저기 굴리든, 이건희처럼 삼성그룹을 장악하고 있든 그 목적은 금융 수익이며, 수익은 사회적 생산과 재생산 과정에 대한 통제력에 기초하고 있다.[47]

자본화 : 자본주의적 권력의 거대기계

다시 한 번 정리하면, 기업의 이윤과 자본의 축적은 첫째, 자본가 집단이 사회 전체의 산업적 생산성을 적절한 수준으로 제한할 수 있는 능력, 둘째, 다른 자본가들이 자기가 차지한 영역에 들어오지 못하게 하는 자본가의 진입장벽 설치 능력을 화폐적으로 수량화한 것이라고 볼 수 있다. 닛잔과 비클러(2009, 246~247쪽)는 첫 번째를 **보편적 사보타주**universal sabotage, 두 번째를 **차등적 사보타주**differential sabotage라고 칭한다. 이러한 자본가의 **물질적 역량**은 사회 전체가 '돈이 돈을 낳는' 현상을 자연스러운 과정으로 받아들이게 만드는 이데올로기로 뒷받침되고, **법적·제도적 장치**를 통해 이러한 관행을 영구화할 수 있을 때 비로소 온전한 권력 양식으로 확립된다.

---

[47] 금융자본과 산업자본의 구분을 용인한다고 해도, 다각화된 대기업의 지배가 일반화된 현대 자본주의에서 이 두 범주에 따라 기업을 구분하는 것은 현실적으로 매우 어렵다. 일례로, 투자의 귀재 워런 버핏이 지주회사로 운영하는 버크셔 해서웨이Birkshire Hathaway는 1839년에 설립된 섬유 회사였으며 1985년까지 직물을 생산했다. 반면, 스웨덴의 모범 재벌 발렌베리 그룹은 세계적인 제조 기업을 두루 거느리고 있으나, 그룹 자체가 직접 세운 제조 기업은 하나도 없다. 발렌베리는 금융업으로 시작해 지주회사로서 제조 기업을 하나씩 인수한 것이다. 미국의 글로벌 제조업체 GM이나 GE도 (GMAC과 GE Capital을 통해) 금융 부문이 혼재되어 있다. 한국 재벌 그룹의 자회사들이 독립 기업으로 따로 존재하지만, 그룹을 하나의 기업으로 치면 금융과 산업 부문이 혼합된 기업인 것이다. 코카콜라와 맥도널드 주식을 몇십 년 동안 소유하고 있는 버핏은 금융자본가인가 산업자본가인가? 그리고 건설 인프라에 투자하고 20년 이상 운영 책임을 맡은 한국의 매쿼리 인프라펀드는 어디에 속할까?

이러한 시각에서 접근하면, 국가와 시장을 대립항으로 설정하는 기존 연구들의 범주 설정은 받아들일 수 없게 된다. 국가와 시장은 자본주의 체제에서 지배 블록이 사회를 지배하고 운영하기 위해 채택하는 권력의 제도적 장치로서 다른 요인이 없다면 충돌할 이유가 없다. 자본주의의 발전은 신고전파 경제학이 주장하듯 자본이 국가로부터 '독립'함으로써 이루어진 것이 아니었다. 이는 국가와의 긴밀한 결합을 통해서만 가능한 일이었다. 조반니 아리기(Arrighi 1994)는 근대국가의 형성·발전과 자본의 팽창은 불가분의 관계를 맺고 있으며, 국가의 영토적 권력 논리와 자본의 화폐적 권력 논리가 상호작용을 통해 융합되어왔음을 보여주었다. 그리고 국가와 자본의 긴밀한 연계는 발전국가론이 주장하듯 생산성의 향상을 위해서가 아니라, 맨커 올슨(Olson 1965, 1982)의 말대로 "분배 연합distributional coalition"을 형성해 사회적 노력의 결실을 사유화하기 위해 확립되었다. 특정한 자본 그룹의 이윤과 축적은 자신들의 사회적 통제력 확대에 유리한 방향으로 국가의 법적·제도적 장치를 변화시킬 수 있는 능력에 따라 결정되기 때문이다. 그래서 종종 '국가의 후퇴'로 묘사되는 신자유주의 체제를 자세히 들여다보면, 국가가 뒤로 물러난 것이 아니라 특정한 목적을 추구하며 제도 개편에 적극 나섰다는 사실이 드러난다. 신자유주의의 전반적 지향을 요약한 워싱턴 컨센서스의 구성요소인 자유화, 탈규제, 민영화, 노동 유연성, 균형재정 등은 모두 국가와 국가의 연합, 그리고 국제기구들의 적극적 행동 없이는 달성할 수 없는 목표들이다. 한국에서도 경제기획원을 폐지하고 산업정책에 대한 직접 개입도 중단하면서 신자유주의 제도 개혁을 주도한 것은 국가 관료들이었다.

자본주의에서 시장은 국가를 배척하는 사회적 메커니즘이 아니라, 국가를 자본의 권력적 논리에 종속시키는 메커니즘이다. 국가와 시장의 대립은 '시장의 합리성'과 '국가의 합리성'이라는 신고전파와 발전국가론의 추상적 전제로 인해 생긴 착각이다. 그들의 시장과 국가 개념은 그 자체로 완결된 논리를 가지고 있기 때문에 서로를 배척할 수밖에 없다. 그렇지 않으면 완결된 논리가 깨지기 때문이다. 그러나 현실에서는 정반대가 참이다. 국가가 발행하는 화폐, 국가 조달, 조세와 재정정책, 거대한 국가 발주 사업, 다른 나라와 맺는 통상조약, 소유권 보호, 특허권 강제, 각종 라이선스를 통한 진입장벽 설치 등등 국가의 거의 모든 행위는 자본의 이윤과 축적에 차등적으로 직간접 영향을 미친다. 국가의 힘이 약해지면, 자본은 축적을 할 수 없다. 다른 한편으로, 현실 자본주의 세계에서 사회적 생산과 재생산 과정의 대부분을 자신들의 영향력 아래 두고 있는 자본 없이 국가가 사회를 운영하는 것은 상상할 수 없다.[48]

따라서 우리가 주목해야 하는 것은 시장과 국가의 추상적인 본성이 아니라, 지배 블록이 추구하는 **사회적 질서** 속에서 두 제도적 장치가 수행하는 권력적 역할이다. 닛잔과 비클러는 시장의 권력적 의미에 대해 다음과 같이 말한다.

> 시장이 없다면, 상품화가 있을 수 없고, 상품화가 없다면, [사회적 지배력을 가격으로 전환하는] 자본화도 있을 수 없으며, 축적도 있을 수 없기에 자본주의도 없다. 그리고 시장이 이러한 연쇄적인 기능을 수행할 수 있는 것은 시장에 자기조정 기능이 없기 때문이다. (또한, 자기조정시장이 될 수 없기 때문에 애초

---

48 물론, 국가 조직과 시장 메커니즘이 충돌하는 경우가 있다. 예를 들어, 구소련이 추구했던 중앙계획 정치경제 체제는 시장과 양립할 수 없다. 그러나 양립할 수 없는 이유는 소비에트가 자본주의 방식이 아닌 다른 양식의 권력 체제를 추구했기 때문이다. 이때조차도 브로델이 구분해 설명하는 교환 시장은 존재한다. 국가 조직이 충돌하는 영역은 사회적 과정을 통제하며 권력의 분배 기능을 하는 시장이다.

부터 가격을 '왜곡'하거나 '조작'할 수도 없다.) 가격은 공리주의적〔효용〕생산성을 나타내는 수량이 아니라 권력의 수량이다. 시장이 바로 권력을 수량화하는 제도적 장치이다. 이렇게 시장이 권력을 중개하지 않는다면, 다시 말하지만, 이윤, 자본화, 축적이 불가능할 뿐만 아니라 자본주의도 존재할 수 없다. (Nitzan and Bichler 2009, 306~307쪽)

이러한 시장 개념은, 루이스 멈퍼드(Mumford 1970)가 현대의 물질주의적 사회 발전 과정을 고대 왕국에서 존재했던 거대기계megamachine의 부활이라고 정의한 것과 같은 맥락에 있다. 거대기계란 기계적 우주론에 맞춰 사회를 하나의 기계로 재조직하고, 인간을 기계의 부품이나 에너지로 환원시키는 것을 의미한다. 멈퍼드(1967, 188~211쪽)는 우리가 이집트 피라미드 같은 엄청난 크기의 무덤 문화로 잘 알려진 고대 왕국의 건축물들을 불가사의하게 느끼는 이유가 그것들을 만든 거대기계를 보지 못하기 때문이라고 말한다. 고대 왕국의 거대기계란 다름 아니라 사회 성원들을 하나의 기계처럼 조립해냄으로써 개별 인력의 합보다 훨씬 강력한 동력을 얻어낸 것이다. 이러한 기계의 조립은 강력한 왕권의 출현으로 가능했다. 멈퍼드(1967, 191쪽)는 거대기계라는 말을 은유가 아니라 실체로 사용한다. 고대사회는 노동자들로 조립된 노동기계labor machine, 군인들로 조립된 군사기계military machine, 그리고 컨트롤 타워에 해당하는 관료기계bureaucratic machine로 구성된 진짜 거대기계라는 것이다.

멈퍼드(1970, 164~196쪽)는 근대에 부활한 거대기계는 과학기술 혁명과 자본주의적 금융 원리가 첨가되면서 좀 더 정교하고 복잡한 권력복합체Power Complex로 발전했다고 보았다. 현대 거대기계의 권력은 다섯 가지 요소로 이루어져 있는데, 이들의 영어 단어가 공교롭게도 모두 p

로 시작하는 까닭에 멈퍼드는 이 권력 복합체를 권력의 펜타곤Pentagon of Power이라고 이름 붙인다. 이 다섯 가지는 기계의 본체에 내장된 동력 power,[49] 이 힘이 낳는 생산력productivity과 자산property, 이 두 가지 요소를 바탕으로 시장을 확대함으로써 얻는 이윤profit, 그리고 이 권력 복합체를 통제하는 군사·행정·산업·과학 엘리트들을 일개 인간 이상의 어떤 존재로 우상화해주는 선전 활동publicity이다. 권력 복합체로 현대 자본주의 체제를 파악하려는 멈퍼드의 분석틀은 물질적 역량-이념-제도적 장치로 구성된 콕스의 역사적 구조 분석틀과 거의 일치하며, 국가와 시장은 권력 복합체의 주요 부문으로 통합되어 있다.

닛잔과 비클러(2009, 269~272쪽)는 멈퍼드의 이론에서 한발 더 나아가, 근대에 부활한 권력 복합체가 20세기를 거치며 더 기계적으로 진화했고, 그 결정체가 바로 세상만물을 가격으로 전환하는 자본화capitalization 공식과 자산이 일정한 속도로 계속 불어나야 한다는 정상수익률normal rate of return 신화에 근거한 자본이라는 권력 양식이라고 주장한다. 닛잔과 비클러는 다음 여섯 가지 특징으로 인해 자본의 거대기계가 역사에 등장한 어떤 거대기계보다 더 강력하고 정교하다고 설명한다.[50]

(1) **보편성**universality : 이전에 등장했던 기대기계의 권력적 상징들은 대부분 공공사업, 군대, 제물, 깃발, 휘장 등에 의존했기에 특정한 문화적 고유성을 띨 수밖에 없었다. 자본은 이와는 달리 모든 것을 자본화라는 하

---

[49] 거대기계의 본체에 내장된 힘에는 위에서 말한 노동기계의 인력·마력·화력·원자력, 군사기계의 폭력, 관료기계의 지적 헤게모니가 포괄된다.
[50] 여섯 가지 특징은 닛잔과 비클러의 저작에 나온 내용(Nitzan and Bichler 2009, 270~271쪽)을 그대로 번역하지 않고, 축약해서 정리했다.

나의 상징으로 환원한다. 21세기 초에 이르러서는, 자본의 상징은 모니터의 깜빡거리는 전자부호로 추상화되어버린다. 다시 말해, 컴퓨터의 비트와 바이트로 표현되는 자본의 보이지 않는 명령에 따라 세상의 모든 사람들이 우르르 움직이고 있는 것이다.

(2) 통일성cohesion : 정상수익률이 모든 사회적 행위를 평가하는 궁극의 잣대라고 생각하는 통일된 신념은 세상의 모든 것을 포괄해낸다. 이러한 믿음은 기업뿐만 아니라 정부 조직, 대중매체, 갖가지 문화 매체 등 모든 부문에 파고들어, 점진적으로 각 부문들의 발전 양태를 규정한다. 또한 사회 각 부문에 공통의 언어를 제공함으로써, 해당 분야의 엘리트들을 하나의 통일된 부재소유자로 묶어냈고, 이들에 대한 저항은 갈수록 어렵게 되었다.

(3) 확장성expandibility : 옛날 왕이나 정부의 권력과는 달리, 자본의 권력은 사고팔 수 있다. 사고팔 수 있다는 것은 계속해서 권력의 크기가 확대될 수 있다는 뜻이다. 과거의 권력 양식은 물질적 한계에 맞닥뜨렸지만, 화폐 형태로 추상화되는 자본의 권력은 한계가 없다.

(4) 집약성intensity : 모든 것이 이윤의 문제로 집약되면서, 자본가들은 그들의 권력을 '넓이'의 방향뿐만 아니라 '깊이'의 방향으로도 확장할 수 있게 되었다. 고대의 거대기계는 구체적인 조직체를 벗어날 수 없었다. 권력을 확장하려면 노동기계나 군사기계의 조직체를 더 키워야 했다. 자본의 권력은 기업 조직 내에 머물 필요가 없어졌다. 생산이 사회 전체 차원에서 유기적으로 통합되면서, 이윤은 특정 기업이 직접 관할하는 영역을 넘어 전체 자본주의적 생산과 재생산 과정을 반영하게 되었다. 그래서 기업은 생산을 새롭게 확장하지 않고(넓이), 오히려 축소함으로써 단위 조직당 이윤을 늘릴(깊이) 수도 있다.

(5) **흡수성**absorptiveness : 이윤의 수준이나 형태에 영향을 미칠 것이라 예상되는 모든 사회 권력적 과정은 즉각 현재 가치로 할인되어 가격으로 표현된다. 즉 자본화된다. 환경정책의 강화로 오염물질 배출에 대한 처벌이 증가할지, 지정학적 충돌로 원자재 가격이 상승할지, 종교 단체의 활동으로 지역 원주민들의 반감이 좀 누그러질지, 복지정책으로 소득재분배가 강화될지, 정부가 바뀌면서 조세정책이 강화될지 등등 사회정치적 변화로 인한 이윤의 변동 가능성은 자산시장에서 즉각 그 가치가 평가되어, 자본의 일부로 자리매김된다.

(6) **탄력성**flexibility : 지금까지 언급한 다섯 가지 특성으로, 자본은 역사상 가장 탄력적인 권력구조를 갖게 되었다. 이전의 거대기계는 처벌·억압·폭력·공포 등에 의존했으나 자본은 보상에 더 많이 호소한다. 당근과 채찍을 함께 씀으로써 자본은 고대 왕국이나 민족국가보다 더 유연하고 탄력 있게 권력을 확장할 수 있게 되었다. 이러한 탄력성은 자본이 기계나 생산라인으로부터 '탈물질화'함으로써 얻은 것이며, 이를 통해 자본의 축적이 가능해졌다. 자본이 물질의 고정된 성격에 묶여 있었다면, 애초에 끊임없는 축적은 불가능했을 것이다. 또한 자본은 거대한 기업 조직이 위기에 빠졌을 때, 탄력성을 바탕으로 인수합병·구조조정·부채유동화 등을 통해 신속히 재조직화한다.

자본이라는 거대기계는 흔히 경제학에서 상품으로 거론하는 재화와 용역뿐만 아니라 사람, 자연, 국가, 심지어 화폐까지도 상품으로 전환하면서 사회를 재조직하고, 이러한 과정에 대한 지배력을 이윤과 자본화라는 화폐적 수량화를 통해 측정함으로써 자신들의 진로를 재조정하는 잣대로 삼는다. 과연 지난 100년 동안의 세계사는 자본이 주도했을까? 어렴풋이 그렇다고 느껴지지만, 이를 어떻게 확인할 수 있을까? 자본의 관점에서 판단할 수밖에 없을 것이다. 즉 자본이 자신을 판단하는 거울로 삼는 이윤과 자산 가치의 현재화, 즉 자본화의 변화를 살펴보는 것이다.

그림 2.9의 그래프는 미국 국민소득에서 자본소득이 차지하는 비중과 다우존스지수 변화를 각각 나타낸 것이다. 자본소득에는 세전 법인기업 이윤과 순이자소득을 포함했다. 자본소득의 상대적 비중은 1929년 대공황 이후 6퍼센트까지 떨어졌다가 지속적으로 상승 추세를 유지하면서, 서브-프라임 모기지 사태가 발생하기 직전인 2006년에는 16퍼센트에 이르렀다. 시시때때로 큰 폭의 변동을 보이지만, 추세선을 기준으로 보면 지

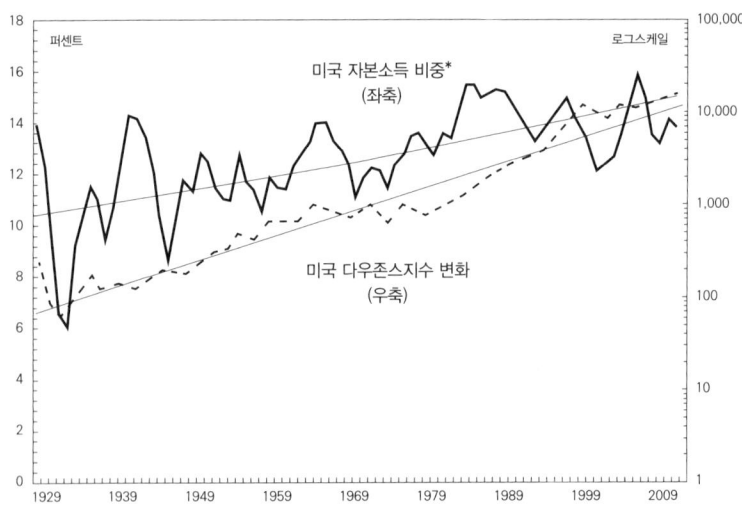

그림 2.9 자본의 시대

* 국민소득에서 조세 전 법인 이윤과 순이자가 차지하는 몫.
자본소모충당금capital consumption allowance과 재고 재평가inventory valuation adjustment 포함.
출처 : U.S. Department of Commerc ; 한국은행.

난 1세기 가까운 기간 동안 자본소득의 비중은 지속적으로 상승했다. 자본화의 대리지표로 사용한 다우존스지수도 1932년 59포인트까지 떨어졌다가 꾸준히 상승하여 2007년 14,164포인트를 돌파했고, 2013년 4월 9일에는 14,673포인트를 넘어섰다. 추세선을 기준으로 말하자면, 매년 6.1퍼센트의 상승률을 기록한 것이다.

국가는 더 이상 독립적인 권력기구가 아니다. 국가도 정상수익률과 자본화의 꾸준한 상승이라는 신화를 공유하는 제도적 기관의 하나이다. 이 말은 국가가 소멸한다든가 약해진다는 뜻이 아니다. 위에서 언급했듯이, 국가가 약해지면 자본축적도 위태로워진다. 현대 국가는 자본의 권력 양식과 대립하는 권력의 비전을 가지고 있지 않다는 뜻이다. 만약 구소련이나 파시즘처럼 다른 권력 양식을 추구하는 사회세력이 국가를 차지한다면, 자본의 권력 양식과 충돌할 것이다. 하지만 현재는 그런 지향을 가진 국가가 존재하지 않는다. 다만 폴라니(2009, 248쪽)가 말한 본능적인 "사회 보호의 반작용"으로 사회적 역학 관계의 균형점이 조금 바뀌면서, 자본의 활동 범위가 조금 위축되었다 확장되기를 반복할 뿐이다.

이제 다음 장으로 넘어가서 권력으로서의 자본의 작동 방식과 그 권력의 측정 지표인 자본축적을 어떻게 분석해야 할지 구체적으로 살펴보자.

자본권력의 측정 :
축적 체제의 분석틀

3장

이번 장에서는 닛잔과 비클러의 권력자본론을 좀 더 구체적으로 설명하고, 권력자본론이 제시하는 자본축적 체제의 분석틀을 검토해보고자 한다. 앞 장에서 논했듯이, 자본주의의 가장 기본적인 본성은 사회적인 권력관계를 화폐가치로 전환해내는 것이다. 즉 자본의 축적이다. 고전파 경제학의 시대부터 자본가에게 돌아가는 이윤의 과학적 근거를 제시하는 것은 주류 경제학자들의 가장 중요한 과제였다. 반면 그 근거가 미약하다는 사실을 드러내는 것은 비판경제학 혹은 좌파 경제학의 핵심 임무였다. 한국 자본주의에 관한 논의에서도 신고전파와 발전국가론이 담론을 주도하면서, 부와 권력의 분배 문제는 사장된 채, 급속한 경제성장의 공을 국가에 돌릴까 시장에 돌릴까라는 문제로 논의가 협소해지고 이데올로기적으로 지배 체제를 강화하는 데 힘이 실려왔다. 일부 비판적 경제학자들만이 마르크스주의 정치경제학의 영향권 안에서 민중들에 대한 착취와 더불어 국가권력과 지정학이 한국 자본주의 발전의 핵심 요소였다는 사실을 강조하며, 생산의 영역을 정치화하려고 노력해왔다. 하지만 마르크스 정치경제학의 기본 전제에 깔린 근원적 한계로 인해 이런 노력 역시 벽에 부딪혔다고 필자는 생각한다. 3장의 목표는 마르크스 정치경제학의 이론적 접근 방식을 비판적으로 검토하여 한계를 극복하고, 대안적 접근 방식으로 닛잔과 비클러의 권력자본론을 제시하는 것이다.

　여기서는 닛잔과 비클러의 자본, 국가, 세계화, 그리고 자본축적에 대한 설명을 검토하면서, 두 사람이 주장하는 자본주의 권력의 본질이 기존 이론들과 어떻게 다른지를 논하겠다. 이 작업을 효과적으로 수행하기 위해,

마르크스의 자본 이론과 닛잔·비클러의 자본 이론을 비교 분석한다. 비교의 초점은 자본 이론의 초석이라고 할 수 있는 가치론에 맞췄다. 필자는 좌파 경제학의 설명력을 제약하는 근원이 마르크스의 노동가치론에 있다고 보기 때문에 먼저 이 문제점을 설명하고, 그런 다음 닛잔과 비클러의 권력가치론을 검토하고, 두 사람이 제시하는 자본주의적 발전 과정에 관한 분석틀을 설명하겠다.

마르크스의 자본 이론에 대한 필자의 핵심 입장을 요약하면 다음과 같다. 마르크스는 자본주의를 기본적으로 권력의 한 양식으로 파악하려고 했지만, 이를 입증하기 위해 채택한 노동가치론은 목적에 잘 부합하지 않았다. 부연하면, 2장의 그림 2.1에서 보았듯이, 마르크스는 사회에 대한 총체적 이해에 기반하여 자본주의 권력을 설명하려고 했지만, 자본축적을 수량적으로 분석하는 문제에서는 생산 영역에 갇혀버렸다. 즉 자본축적을 노동착취로 환원하는 '오류'를 범했다. 그 결과, 마르크스가 제시한 자본의 수량적 분석 방식은 권력의 광범위한 사회적 과정, 특히 국가의 역할을 포괄하지 못한다. 오로지 노동력 착취와 관련된 정책만이 관심사가 된다. 마르크스 자본 이론의 '정성적' 분석과 '정량적' 분석 사이에 존재하는 이러한 괴리는 결국 경제·정치·이데올로기 권력을 포괄하는 통합적 권력 이론을 제시하려 했던 좌파 정치경제학의 설명력을 제약하게 된다.

그래서 이러한 문제점을 극복하려는 시도의 일환으로, 닛잔과 비클러의 권력가치론을 검토하려는 것이다. 이 이론이 갖는 기존 이론들과의 근본적 차이점은 자본을 권력으로 정의하는 데서 비롯된다. 닛잔과 비클러(2009, 3쪽)는 "자본과 권력이 아니라, 권력으로서의 자본"이라고 말하며,[51] 두 표현의 차이가 사소하지 않다고 강조한다. 자본은 보통 상품을 생산하는—기계나 기계를 사기 위한 돈 같은—물질적 실체로 정의된다. 자본을 사회관계로 정의해야 한다고 강조하는 좌파 정치경제학자들조차도 자본을 우선 경제 영역에 두고서 자본이 국가·정치·이데올로기와 맺는 외적인 관계를 이론화하려는 경향을 보인다. 닛잔과 비클러는 이러한 좌파들의 경향을 "자본과 권력"이란 표현으로 특징짓고, 자본 자체를 권력의 한 양식으로 정의한다는 의미에서 "권력으로서의 자본"이란 대안적 접근법을 제시한다. 두 사람의 관점에서 자본은 흔히 '죽은 노동'이라고 표현되는 물질적 실체——기계나 생산설비——라기보다는 지배계급이 사회적 과정 전체를 규정하고 통제해가기 위해 만들어낸 **제도적 복합체**이다. 닛잔과 비클러는 바로 이러한 지배계급의 사회 통제 역량이 **자본화**라는 자본가계급의 간-주관성 메커니즘을 통해 화폐가치로 수량화된 것이 자본축적이며, 이것이야말로 자본주의를 다른 역사적 권력 양식과 구별시켜주는 본질이라고 주장한다.

이제, 마르크스의 자본주의에 대한 기본 설명을 간략하게 살펴본 후에, 닛잔과 비클러의 자본 이론을 구체적으로 검토해보겠다.

자본의 권력적 본성을 파악하려던 마르크스의 시도

좌파 정치경제학은 주류 경제학과는 달리 생산을 권력과 계급 문제와 연관 지어 설명한다. 그리고 정치와 경제를 '변증법적'으로 얽혀 있는 통합된 사회적 과정의 두 측면으로 간주하면서, 경제의 정치적 본성을 숨기는 주류 발전 이론을 비판해왔다. 더 나아가, 자본에 의한 '생산적' 노동의

---

51 원문은 "Notice the metaphoric equality in the title, 'Capital as Power'. We use not and, but as".

착취를 국가 차원뿐만 아니라 전 지구 차원의 정치를 추동하는 힘으로 간주한다. 좌파 정치경제학이 단일 그룹으로 돼 있는 것은 아니지만, 거의 모든 좌파 정치경제학이 마르크스의 자본 이론에 기초하고 있다고 말해도 문제는 없을 것 같다. 그래서 발전주의에 대한 비판적 대안을 모색하는 우리의 시도는 마르크스주의 자본 이론의 기본틀을 간단히 검토하는 데서 출발하는 것이 좋을 듯싶다.

2장에서 언급한 것처럼, 마르크스는 〈정치경제학 비판 서문 서설〉에서 자본주의사회를 연구하기 위한 이론틀을 소개했다. 마르크스의 주된 관심사는 권력의 역사적 진화 일반을 파헤치면서 자본주의적 권력을 이해하는 것이었다. "법적, 정치적 상부구조"가 "주어진 물질적 생산력의 발전 단계"에 조응하는 "생산관계"의 토대 위에 세워진다고 주장하면서, 마르크스는 소유관계와 사회적 생산물이 지배계급에 의해 전유되는 방식에 집중한다. 이는 자본주의사회에서 권력관계를 분석하는 데 특히 더 중요한 의미가 있다. 위계적 신분제도가 점차 철폐되었기 때문이다. 그래서 마르크스는 사유재산 제도와 상품화가 점점 더 일상화·보편화되는 "시민사회의 해부"를 통해, 신흥 부르주아가 다른 계급을 통제해나가는 방식을 설명함으로써 자본주의사회의 자유와 평등이 허구적임을 밝히고, 사회혁명의 과학적 근거를 제시하려고 했다.

마르크스의 자본주의사회 해부가 그의 자본론으로 이어졌다는[52] 사실은 굳이 언급할 필요가 없을 것이다. 무엇보다 마르크스에게 자본은 단지

---

52 마르크스는 이러한 분석틀을 실제로 적용해서 책을 쓰려고 했으나 다 마치지 못했다. 그래서 마르크스의 자본주의 분석을 온전히 평가하는 것 자체가 불가능하다. 위에서 언급한 서문에서는 자본, 임노동, 토지 재산, 국가, 해외무역, 세계시장이라는 여섯 가지 항목을 거론했지만, 그의 생전에 《자본론》 제1권만이 출판되었다. 그럼에도 불구하고, 《자본론》과 여러 집필 원고를 통해 그의 패러다임을 파악할 수 있다.

물질적 실체가 아니고 **사회관계의 물화**이다. 그러므로 자본주의사회에서 사회관계의 물화가 무엇을 의미하는지 이해하지 못하면 그의 자본 이론을 제대로 파악할 수가 없다. 자본 이론을 속속들이 파헤치는 일은 너무 방대하기 때문에 마르크스 이론의 핵심 개념인 **가치**, **상품 물신주의**commodity fetishism, **본원적 축적**에 초점을 맞춰 자본 이론을 간략히 검토해보겠다. 이 세 가지를 통해 마르크스는 사회관계의 물화로서의 자본이라는 개념을 해체한다.

첫째, 마르크스의 가치론이란 ΔM이란 '암호'를 해독하는 작업이다. 마르크스는 자본축적의 정체가 다름 아닌 잉여가치임을 밝힘으로써, 화폐 형태로 표현되는 '자유로운' 구매자와 판매자 사이의 '평등한' 상품 관계라는 허울 속에 감춰진 자본가의 착취를 드러내고자 했다.[53] 기본적으로, 자본은 M → C → P → C′ → M′(또는 M+ΔM)로 간략히 표현되는, 자동적으로 팽창하는 금전 가치의 형태를 띠고, 내용적으로는 사회적 생산과 재생산 과정에 대한 자본가들의 통제력을 의미한다. 다른 한편으로, 이 과정은 자연과 노동자들이 부단하게 순환하는 화폐 논리에 종속됨을 의미한다. M → C → P → C′ → M′(또는 M+ΔM)의 끊임없는 순환은 자본가들조차 자유로울 수 없는 자본주의의 정언명령이다. 자본주의사회의 정치·이데올로기 체제, 즉 상부구조는 이 과정 위에 세워지고, 동시에 이 과정을 강화한다.

둘째, 마르크스는 지배 이데올로기의 핵심 요소인 자본주의적 가치체계의 본질을 밝히기 위해 상품의 물신화를 개념화한다. 자본을 사회관계

---

53 마르크스 스스로가 ΔM을 (추상) 노동의 가치와 노동력 가치 사이의 차이라고 정의한다. 자본가계급은 노동의 결과물, 즉 노동의 가치를 모두 전유하고, 노동자에게는 "노동자들의 생계유지에 필요한 기본적 수준의 돈"이라는 의미의 노동력 가치만을 지불한다(Marx 1887, 108쪽).

로 정의하는 마르크스의 주장은 상품의 물신화 개념으로 가장 잘 설명된다. 마르크스는 《자본론》 1권 1장에서 이 개념이 없다면 자신의 가치 이론과 고전파 경제학자들의 이론이 잘 구분되지 않을 것이라고 말했다.

상품의 물신성은 상품의 금전 가치를 —— 마치 무게나 색깔이 사물의 자연적인 특성인 것처럼 —— 생산품의 고유한 특질로 생각하는 사회적 믿음을 말한다. 다시 말해, 시장 메커니즘을 통해 각 상품들이 지닌 고유의 가치에 따라 등가에 교환된다는 이데올로기가 확산되면서, 임노동자들을 포함한 시장 참여자들 사이의 관계가 평등한 것처럼 보이는 왜곡된 의식이 창출된다는 것이다. 마르크스는 이러한 사회현상은 특정한 생산관계가 물화된 것이라고 말하며, 그런 생산관계에서는 "생산자 일반이 서로의 생산물을 상품과 가치라는 관점에서 다루는 사회관계에 편입되고, 그럼으로써 각자의 개별 노동을 균질한 인간 노동의 표준으로 환원"한다고 주장했다. 또한, "부르주아 경제학의 제 범주들은 역사적으로 제한된 특정한 생산양식, 즉 상품 생산관계와 관련 조건들이 유지될 때만 사회적으로 유효한 형태들"이라고 말한다(Marx 1887, 32쪽). 이 말을 통해, 마르크스는 가치체계의 물질적 기반을 파악함으로써, 역사적 한계를 설정함과 동시에 자본주의적 생산관계에서 노동가치론의 유효성을 확인하고 있음을 알 수 있다.

마지막으로, 본원적 축적은 자본주의적 생산관계의 법적인 표현인 사유재산의 신화를 폭로한다. 마르크스는 주류의 상식에 대한 자신의 비판적 견해를 다음과 같이 밝힌다.

옛날 옛적에 두 종류의 사람들이 있었다. 하나는 부지런하고 똑똑하며 검소한 엘리트 그룹이고, 다른 하나는 게으른 불한당들로서 방종한 삶에 자기가 가진 것을 다 써버리는 인간들이다. 성경에 새겨져 있는 원죄에 관한 설화는 왜 인간이 땀 흘리며 먹고살게 되었는가를 설명이라도 해주지만, 경제학자들이 말하는 이와 같은 원죄의 역사는 어떤 부류의 사람들에게는 노동이 별로 중요하지 않다는 사실을 은연중에 내비치고 있다. 중요한 것은 아니니까 그냥 지나가자! 그들은 전자는 부를 축적했고, 후자는 자신의 피부가죽 말고는 아무것도 팔 게 없었다는 이야기를 하고 싶은 것이다. 그리고 대다수 사람들의 가난이 이런 원죄에 기인한다는 것이다. 이런 이야기를 통해, 대다수 사람들은 그렇게 열심히 일했는데 여전히 자신의 노동 말고는 아무것도 팔 게 없고, 소수의 사람들은 일을 안 한 지 그토록 오래되었는데도 재산은 계속 불어나고 있는 현실을 설명하려고 한다. 이렇게 와 닿지 않는 유치한 설교를 사유재산을 방어하려고 매일 우리에게 늘어놓고 있는 것이다. (Marx 1887, 447쪽)

마르크스는 이런 자본가들의 이데올로기에 대해 두 가지 비판을 펼친다. 첫째, 화폐, 상품, 생산수단 등 여러 형태로 축적되는 부 자체를 자본이라고 하지 않는다. 오로지 "두 가지 다른 형태의 상품 소유자들이 만났을 때", 즉 생산수단의 소유자와 노동의 판매자가 만나는 특정한 환경에서만 부가 자본으로 전환하게 된다. 그러므로 본원적 축적은 "다름 아닌 생산자가 생산수단으로부터 분리되는 역사적 과정인 것이다". 둘째, 실제 역사에서 봉건사회로부터 자본주의 생산관계로의 전환은 평화로운 과정이 결코 아니었고, 정복, 약탈, 몰수, 학살 등이 커다란 역할을 했다. 그러므로 마르크스는 "국가, 즉 집중되고 조직된 사회적 권력"이 없었다면 이런 거대한 변화는 가능하지 않았을 것이라고 힘주어 말한다. 그는 "권력은 새로운 사회를 잉태한 모든 낡은 사회의 산파이다. 권력 자체가 경제적 힘"이라고 강조한다(Marx 1887, 477쪽).

지금까지 설명한 가치, 상품의 물신화, 본원적 축적 개념은 단지 마르크스의 방대한 이론 체계의 일부일 뿐이지만, 이 세 개념들이 19세기 말부터 최근까지 전 세계적으로 급진적인 사회·정치 운동의 지배적 담론을 형성해온 마르크스의 혁명적 사상의 근저에 있다는 것은 틀림없는 사실이다. 이는 착취, 축적, 위기, 국가와 자본의 관계, 제국주의 등과 관련된 좌파의 논쟁에서 핵심을 차지했다. 다시 말해, 다른 사회체제의 권력 형태와는 구별되는 자본주의적 권력 형태의 특질이 무엇인가라는 문제에 대한 열띤 논쟁에서 위의 세 개념은 빼놓을 수 없는 필수 요소였다.

지금까지 좌파들의 이론적 논쟁에서 핵심을 차지해온 착취, 축적-위기, 국가와 자본의 관계, 제국주의 등의 문제들을 가만히 살펴보면, 모든 것이 먹이사슬처럼 수직적으로 연결되어 있다는 사실을 알 수 있을 것이다. 착취가 맨 아래 있고, 제국주의가 맨 위에 놓인다. 얼마 전에 유명한 좌파 학술 저널인 《역사적 유물론Historical Materialism》의 편집부가 '신제국주의New Imperialism'란 제목으로 개최한 두 번의 심포지엄에서의 논쟁은 이를 확인해주었다(2006, 14권 ; 2007, 15권). 새로운 제국주의에 대한 설득력 있는 이론을 얻기 위해서는 우선 국가와 자본의 관계를 적절히 정의해야 한다. 그런데 이 관계를 정의하는 것은 다시 축적을 어떻게 개념화하느냐에 달려 있다. 마지막으로, 자본축적은──자본축적의 이면인 경제위기를 포함해서──노동착취와 동일시된다. 결국 노동착취 문제가 마르크스 정치경제학의 근본 초석인 셈이다.

마르크스 자본 이론의 한계

만약 마르크스주의 노동가치론, 즉 착취와 축적의 이론이 유효성을 입증하지 못한다면, 좌파 이론의 연쇄 고리 전체가 문제에 봉착하게 된다. 하지만 불행히도 지금까지 좌파 정치경제학자들은 노동가치론의 유효성을 명료하게 보여주는 데 성공하지 못했다. 노동의 가치를 기준으로 자본 축적을 수량적으로 어떻게 분석할 수 있는지 설명하지 못한다는 의미에서 그렇다. 좀 더 구체적으로 말하면, 마르크스의 분석틀에서는 자본의 수량과 축적률이 "사회적 필요노동시간socially necessary labor-time"이라고 정의되는 "추상적 노동abstract labor"의 단위로 측정된다. 좌파 정치경제학자들의 입장에서는 추상적 노동을 명확히 규명하는 것이 매우 중요한 문제다. 그것을 규명해야만 자본의 축적은 곧 노동의 착취라는 사실을 밝힘으로써 사회혁명의 '과학적 근거'를 제공할 수 있기 때문이다. 하지만 마르크스 자신을 포함해 지금까지 1세기가 넘는 기간 동안 수많은 사람들이 노동가치론의 유효성을 증명하려고 노력했지만, 모두 헛수고로 끝났다. 이러한 노력은 이른바 전형 문제transformation problem를 풀려는 시도로 집중되었는데, 온갖 수학적 기교를 도입해도 풀리지가 않았다. 이런 점에서 마르크스에 이어 좌파 정치경제학자들도 자본을 권력으로 이론화하려 했으나 성공하지 못했다고 볼 수 있다.

전형 문제를 풀 수 없었던 가장 큰 요인은 마르크스 자본 이론의 양대 축인 정성 분석과 정량 분석 사이의 괴리였는데, 이러한 괴리는 마르크스가 당대의 부르주아 우주관과 완전하게 결별하지 못한 데서 기인했다(Nitzan and Bichler 2009). 마르크스는 한편으로는 자본을 사회관계의 물화라고 정의하면서 자본이 정치·이데올로기·국가와 분리되어 존재할 수 없다고 주장하지만, 다른 한편으로는 자본을 수량적으로 분석할 때 물질적 결정 요소인 추상적 노동에 전적으로 의존한다. 다시 말해, 자본의 역사적 진화를 설명할 때는 사회적 권력 과정을 핵심에 위치시키지만, 자본의 수량과 관련해서는 생산 영역 이외의 권력 과정은 배제한다. 닛잔과 비클러는 마르크스 자본론의 "이중적 성격"이 "정적 평형이라는 기계적 세계관에서 탈출하지 못한" 분석틀에서 기인한다고 주장하며 다음과 같이 말한다. "마르크스는 사회적 투쟁에 초점을 맞춰 사회변동의 동학을 설명하려고 했다. 기계적 평형이란 세계관과는 정면으로 배치되는 접근 방식이다. 하지만, 그는 노동가치론에 함몰되면서 당대의 물리학과 화학을 흉내 내고 말았다"(Nitzan and Bichler 2009, 92쪽).

이러한 문제점들을 좀 더 구체적으로 논하면서, 마르크스의 수량적 자본 이론이 자본주의의 권력적 본성을 설명하려던 시도를 어떻게 제약하는지 알아보자.

패러다임, 특이 현상, 그리고 패러다임 전환

좌파 정치경제학의 역사도 토머스 쿤(Kuhn 1996)이 구체화한 "과학 혁명의 구조" 혹은 과학 이론 발전의 일반적 패턴에서 벗어나지 못한 것 같다. 쿤은 무엇보다도 먼저 (자연)과학의 발전이 지식의 연속성 또는 축적의 결과라기보다 지식의 불연속성, 즉 패러다임 전환의 결과라고 주장했다. 이러한 패러다임 전환은 과학자들 사이의 이론 투쟁이라는 결과로 나타난다. 두 번째, 지배적 패러다임은 매우 강력한 저항력을 가지고 있다. 그래서 "과학자들은 비정상적인 상황에 맞닥뜨릴 때면 패러다임이 잘못되었다고 생각하기보다는 특이점을 제거하기 위해 자신들의 이론을 이리저리 뜯어고치거나 미봉책을 내세우려고" 하는 경향이 있다(Kuhn 1996,

78쪽). 그 결과, 쇠약해지고 있는 지배적 패러다임 아래의 이론들은 점점 더 복잡해지는 경향이 있다. 세 번째, 이런 경향의 결과로서, 자연과학의 역사에서 수학적 단순성이 새로운 패러다임으로의 전환을 촉진하는 데 중추적인 역할을 하는 경우가 여러 번 있었다. 아마도, 요하네스 케플러 Johannes Kepler[54]가 니콜라우스 코페르니쿠스Nicolaus Copernicus 패러다임으로 전환한 사건이 이러한 과정을 보여주는 가장 좋은 예일 것이다.

마르크스는 애덤 스미스와 리카도에게 큰 영향을 받았지만, 자본에 대한 그의 접근 방식은 완전히 달랐다. 마르크스는 고전파 경제학자들이 부재지주인 귀족들의 기생적 본질을 폭로하고 부르주아계급의 이익을 옹호하기 위해 발전시킨 노동가치론을 뒤집어, 부르주아들을 비판하는 이론으로 만들었다. 이것 자체도 천재적 발상이지만, 마르크스 자본 이론의 특성은 이뿐만이 아니다. 2장에서 언급했듯이, 마르크스의 자본 이론은 역사적 유물론이라고 불리는 아주 새로운 철학적 관점에서 발전했는데, 이는 알튀세르(Althusser 1969)의 표현처럼 기존 관점들로부터의 "인식론적

---

54 케플러는 근대 과학혁명에서 가장 중요한 인물 중 하나로 간주된다. 그의 세 가지 법칙은 뉴턴의 만유인력의 기초를 닦았고, 코페르니쿠스의 태양 중심 태양계를 증명하는 데 가장 중요한 역할을 했다. 그러나 케플러의 선임자 튀코 브라헤Tycho Brahe가 없었다면 이런 엄청난 연구를 해낼 수 없었을 것이다. 케플러는 브라헤가 죽었을 때 그의 자료를 훔친 것이나 다름없었다. 브라헤는 매우 똑똑했으며, 당시 최첨단을 달리는 관측소를 지음으로써 엄청나게 많은 새 데이터를 모을 수 있었다. 그는 많은 행성의 움직임이 프톨레마이오스의 지구 중심적 천체 모델과 맞지 않는다는 사실을 발견했다. 그중 가장 논쟁적인 문제는 프톨레마이오스 천체의 에피서클epicircle 이론이었다. 이 이론은 행성들의, 특히 화성의 역행운동을 설명하기 위해 고안되었다. 하지만 그는 프톨레마이오스 패러다임을 버리기를 꺼렸다. 쿤이 설명했듯이, "과학자들이 이상 현상에 직면했을 때" 그들은 이론이 잘못되었다고 생각하기보다는 "모순점을 제거하기 위해 이론을 여러모로 세밀화하거나 임시방편적으로 수정하는" 경향이 있다. 브라헤는 프톨레마이오스 모델과 코페르니쿠스 모델을 혼합했다. 이 혼합 체계에서는 행성들이 태양을 돌고, 동시에 달과 태양은 지구를 돈다. 브라헤는 에피서클에 대한 해결책은 제공할 수 있었지만, 그의 절충적 체계는 너무 복잡해서 따르기 힘들었고 관측과 어긋나는 다른 이상 현상을 만들어냈다. 그와는 달리 케플러는 코페르니쿠스 패러다임으로 전환하여, 훨씬 간단하면서도 정확하게 행성의 운동을 설명해내면서, 위에서 말한 세 가지 법칙을 집대성했다.

단절"이었다고 평가할 만하다. 역사적 유물론의 시각에서, 상품의 가치체계는 특정한 생산양식과 결부되어 있는 사회적 의식을 의미한다.《공산당 선언》에 나오는 "부르주아들은 자신의 이미지를 따라 세계를 창조한다"라는 말에 이미 담겨 있듯이, 상품의 가치체계는 시장 메커니즘을 통해 사회관계를 맺는 부르주아의 사회 존재론적 위치에서 세계상을 물신화한 것이다. 즉 토대가 반영된 상부구조인 것이다. 따라서 마르크스는 사회관계가 바뀌면, 즉 시장 메커니즘을 통해 돈벌이를 목표로 하는 상품생산 사회가 아닌 다른 사회질서로 바뀌면 물신화된 가치체계가 사라질 것이라고 보았다(E. K. Hunt 1979, 187쪽).[55]

아주 새로운 사회적 존재론에 기반을 두었지만, 마르크스는 가치론의 수량적 분석에서는 애덤 스미스 및 리카도와 완전히 결별하지 못했다. 마르크스가 사회적 실체들의 본성을 구체적인 사회관계의 성격에서 도출해야 한다는 자신의 존재론에 철저했다면, 상품의 가치와 이윤을 규정하는 핵심 요소를 사회정치적 과정에서 찾았어야 했다. 다시 말해, 상품의 가치체계는 부르주아가 자신들의 세계상에 맞게 사회를 통제하고 재조직하는 힘이 화폐가치로 표현된 것이라 설명했어야 한다. 그런데 마르크스는 실제 상품의 가치체계를 분석하는 틀을 발전시킬 때 상품의 가치와 이윤을 추상적 노동시간에 따라 물질적 단위로 측정할 수 있다는 믿음에 기초했다. 마르크스의 노동가치론은 뉴턴의 기계적 세계관을 반영한 것으로, 그는 균형 상태를 전제한 다음 상품가치의 근저에 있다고 생각하는 "불변의 실체"를 찾으려고 했다(Nitzan and Bichler 2004a, 14쪽). 마르크스는 모든

---

[55] 상품의 가치는 물품의 유용성이 아니라 금전 가치를 의미하는데, 마르크스는 이것의 본성이 추상적인 사회적 필요노동시간이라고 주장한다. 어떤 사회체제에서든 물질적 유용성이 사라지는 일은 없을 것이다.

의미에서 급진주의자였지만, 당시의 시대정신zeitgeist을 넘어서지는 못했다.

그의 사회적 존재론과 노동가치론의 불일치는 이론적 '예외 혹은 이상현상abnormality'을 만들어냈고, 많은 좌파 정치경제학자들은 그런 문제들과 씨름해야 했다. 전형 문제가 대표적인 사례이다. 전형 문제는 화폐가치로 표현되는 가격체계를 추상적 노동의 투여량으로 측정되는 가치체계로부터 도출해야 하는 과제이다. 이것은 마르크스가 《자본론》을 출판한 직후부터 커다란 논란이 되어왔다. 이 문제를 해결하기 위해 무수히 많은 연구자들이 노력했지만, 아무도 해답을 찾지 못했다. 결과적으로 마르크스주의 노동가치론은 자본축적을 수량적으로 분석하는 데 별다른 역할을 할 수 없었다.

좀 더 구체적으로 살펴보자. 전형 문제가 안고 있는 근본 한계는 케임브리지 논쟁[56]에서 드러난, 신고전파 소득 분배 모델의 자본 수량 측정 문제의 한계와 유사하다. 자본의 수량 측면과 관련해서는 마르크스의 자본 개념도 신고전파와 마찬가지로 [정치 영역과는 독립된] '경제 [영역]'에 닻을 내리고 있기 때문에, 둘 다 같은 물질주의적 함정에 빠질 수밖에 없다(Nitzan and Bichler 2009, 12쪽). 두 이론 진영이 대립적인 위치에 있긴 하지만, 상품의 가치가 생산요소의 투입에 의해 결정되고 축적이 물질 단위로 측정될 수 있다는 전제를 공유한다는 뜻이다. 주류 경제학자들은 노동, 자본, 토지 등 몇 개의 생산 투입요소를 골라내어, 각 요소의 수량적 생산성(즉 효용)을 뽑아내고, 생산성의 금전 가치를 계산하려고 시도한다.[57]

---

56 케임브리지 논쟁은 1960년대에 영국의 케임브리지 대학과 미국 케임브리지에 있는 MIT 대학의 경제학자들 사이에서 자본재의 본성에 관한 문제를 놓고 펼쳐진 이론 논쟁을 가리킨다.
57 여기서는 고전파 경제학의 노동가치론을 신고전파의 가치 효용 이론과 따로 떼어놓지 않고 다루었다.

반면, 좌파 정치경제학자들은 노동이 가치를 낳는 유일한 요소라고 주장한다. 다시 말해, 오로지 인간의 노동만이 생산과정에서 유일한 생산요소라는 것이다. 그들은 모든 구체적인 노동이 단일한 추상적 노동으로 환원될 수 있다고 전제하고, 먼저 사회적 생산에 필요한 추상적 노동의 양으로 상품의 가치를 측정한 다음, 그것을 다시 상품의 금전 가치로 전환하려고 했다.

그러나 주류 경제학자들의 시도도, 마르크스주의자들의 시도도 성공적이지 못했다. 신고전파 자본 이론은 피에로 스라파Piero Sraffa의 비판적 연구와 뒤이은 케임브리지 논쟁에서 신고전파 소득분배 이론이 제시하는 자본 측정 문제와 이에 대한 해결책에 순환 논리가 있다는 점이 증명됨으로써 초토화되었다고 볼 수 있다. 자본의 수량 측정 문제를 간략히 살펴보자. 한계생산성 이론에서는 각 요소가 획득하는 소득이 각각의 한계생산과 일치한다. 그러므로 이윤은 자본의 한계생산과 일치한다고 본다. 따라서 신고전파는 자본가의 '정당한' 소득을 이윤율에 자본의 양을 곱함으로써 구할 수 있다고 주장한다. 그러나 자본의 양과 관련해서, 자본재가 균일하지 않다는 성격 때문에 자본의 총량을 구하는 것이 불가능하다는 문제가 있었다. 자본은 나사못, 망치, 드라이버에서부터 공작기계, 로봇, 컴퓨터, 플랜트 등 매우 정교하고 거대한 생산 시스템까지 매우 다양하고 이질적인 요소들로 구성된다. 어떤 상품을 만들 때 얼마만큼의 자본 수량이 투입되었는지 계산하려면 먼저 하나의 물질적 단위로 다양한 자본을 측정해야 하는데, 첫 단계부터 막혀버린다.

고전파 경제학자들은 세 요소 중에서 인간 노동을 핵심으로 생각한 반면, 신고전파 경제학자들은 노동 중심성을 버리고 투입요소 이론에 한계주의를 결합함으로써 각 요소의 소득이 그 요소가 생산에 기여한 양과 정확히 비례한다는 점을 증명하려고 했다. 차이가 있긴 하지만, 후자는 전자를 수학적으로 정교하게 만든 형태라고 볼 수 있다. 또한, 고전파 경제학의 단점은 마르크스주의 노동가치론과 신고전파의 효용 이론으로 각각 '발전'했기 때문에 따로 다룰 필요가 없다.

물질적 단위로 자본의 수량을 측정할 수가 없다는 사실을 인정한 신고전파는 해결책으로 다양한 종류의 자본재의 금전 가치 총량을 구하는 방법을 제시한다. 그러나 이 해결책은 오히려 효용가치론에 치명적이었다. 왜냐하면 신고전파가 전제로 삼은 이윤과 자본 수량의 관계를 뒤집어놓기 때문이었다. 한계효용 이론에 따르면, "자본의 가치는 자본의 수익성에 달려 있고, 자본의 수익성은 자본의 생산성에 의해 규정된다"(Hunt 2012, 436쪽). 이 논리에 따르면 자본의 가격은 자본소득을 자본화한 가치로 정의되며, "자본이 미래에 가져다줄 전체 기대이윤을 [정상수익률로 나누어] 현재 가치로 할인"하는 방식으로 계산할 수 있다. 하지만, 효용 이론의 애초 전제는 자본의 수익성이 사용된 자본재의 양에 의존한다는 것이다. 즉 자본의 양이 늘어나면, 한계효용 법칙이 작동해 수익성이 점점 떨어진다는 것이 근본 주장이다. 그러므로 자본의 수량 측정 문제를 가격이라는 보편적 척도로 통일해 풀어보려던 신고전파의 해결책은 효용 이론의 주요 전제를 위배하면서 순환논법에 빠져버렸다. 신고전파의 순환논법을 수식으로 표현하면 다음과 같다.

① $K = \dfrac{I}{\Pi}$

(I = 자본소득, Π = 정상수익률, K = 자본의 가치)

→ ② $I = \Pi \times K$

(자본소득은 완전균형시장에서 자본의 한계효용 가치와 자본의 비용 —— 즉 시중 이자율 —— 이 같아지는 지점에서 결정되는 정상수익률에 투입된 자본의 수량을 곱해서 얻어지는 값이므로)

→ ③ $I = \Pi \times \dfrac{I}{\Pi}$

(K 대신 ①의 우측 항을 넣어주면)

→ ④   Ⅰ = Ⅰ
(결론은, 자본소득은 자본소득과 같다. 그러니까 동어반복이다.)

　　자본의 수량 측정 문제의 해결책을 찾지 못한다면, 신고전파 이론 전체가 무의미하게 된다. 신고전파 이론의 핵심인 한계효용 이론이 체계적으로 무너지기 때문이다. 첫째, 자본 총량을 측정하지 못하면, 한계생산성을 결정하지 못한다. 둘째, 자본의 한계생산성이 (노동의 수량에 대해 상대적으로 측정했을 때) 자본 투입량의 증가에 따라 감소한다는 주장도 무의미해진다. 셋째, 반대로, 이자율이 낮아지면 [자본 비용이 줄어 노동 대신 자본을 더 많이 채용하니까] 노동 대비 자본 비율이 당연히 올라갈 것이란 주장도 의미가 없어진다(Hunt 2011, 439쪽). 케임브리지 논쟁에 신고전파 대표로 참여했던 노벨 경제학상 수상자 폴 새뮤얼슨은 "신고전파의 생산과 자본에 관한 이론은 과학적 진실이기보다는 우화"에 가깝다며 문제점을 인정하는 듯 보였으나, "이 우화는 진실을 이해하는 데 유용한 도해이며", "진실에 아주 근접하는 만족스러운 모델"이라며 패배를 인정하지 않았다(Samuelson 1962 ; Hunt 2011, 439~440쪽에서 재인용). 쿤이 강조했듯이, 패러다임은 좀처럼 폐기되지 않는 특성을 보인다.

　　마르크스주의 노동가치론은 자본재와 관련된 문제는 피할 수 있지만, 이와 유사한 문제점을 안고 있다. 기술 수준이 각기 다른 다양한 종류의 구체적 노동을 단순한 추상적 노동으로 전환해야만 한다. 이것이 가능하다 치더라도, 마르크스주의 노동가치론은 또 다른 문제에 봉착한다. 바로 여러 산업 간의 상이하고 다양한 유기적 구성(즉 자본과 노동의 비율)이다.[58] 말하자면, 자동화기기를 사용하는 공장의 노동자와 수공업 제품을 만드는 공장의 노동자가 공히 8시간 노동으로 생산한 상품의 가치가 서로 동일하다고 할 수는 없는 것이다. 이 문제를 해결하지 못하면, 투여된 (추상적) 노동시간과 상품의 가치가 비례하고, 이 가치에 따라 상품의 상대적 가격이 결정된다는 노동가치론의 명제를 입증할 길이 애초부터 막혀버린다.

마르크스의 해결책은 완전경쟁, 자본과 노동의 자유로운 이동, 그에 의한 "균형이윤율과 균형생산가격" 같은 비현실적 가정을 전제한다(Howard and King 1992, 278쪽). 주류 경제학의 기본 전제를 그대로 받아들인 것이다. 이러한 가정을 허용하더라도, 그의 해결책은 불변의 가치척도 numeraire를 찾아야만 효력이 있다. 불변의 가치척도란 유기적 구성도에 있어 사회 평균 수준인 산업에서 생산된 상품이라고 정의된다. 왜 노동가치론은 반드시 불변의 가치척도를 찾아야 하는지를 설명해보겠다. 산업마다 유기적 구성도가 다르기 때문에, 예를 들어 총노동시간의 변화가 없는 상황에서 평균임금이 올라가면, 노동집약적 산업의 상대적 생산가격은 올라가고, 반대로 자본집약적 산업의 상대적 가격은 내려갈 것이다. 총노동시간에는 변화가 없기 때문에 창출된 총가치도 변하지 않아야 한다. 따라서 유기적 구성도의 전체 평균값을 기준으로 그보다 유기적 구성도가 높은 분야에서 생산된 상품들과 그보다 낮은 분야에서 생산된 상품들의 가격 등락이 상쇄되어야 한다. 이를 보여주기 위해서는 유기적 구성도가 사회적 평균 수준인 상품을 찾아, 상대적 가격이 변하지 않는다는 사실

---

58 문제 자체의 발견은 애덤 스미스까지 거슬러 올라간다. 그는 상품 가격이 투여된 노동의 양에 의해 결정된다고까지는 생각하지 않았지만, 최소한 비례할 것이라고 생각했다. 하지만 상이한 산업 분야들의 유기적 구성도가 모두 다르다는 것을 깨닫고 이런 생각을 접었다. 사실상 노동가치론을 버린 것이다. 그 후 스미스의 가격 이론은 지대, 이윤, 임금, 즉 가격을 구성하는 세 요소를 단순히 합하는 '합산 이론'으로 귀결되었다(E. K. Hunt 2002, 52쪽). 반면, 리카도는 이 문제를 끝까지 포기하지 않았다. 리카도의 해결책은 마르크스가 제시한 것과 크게 다르지 않다.

을 입증해야 한다. 불변의 가치척도의 교환가격은 임금이나 이윤의 변화에 의한 상대적 가격 변화에 영향을 받지 않아야 하기 때문이다.

이런 불변의 가치척도가 있다면, "잉여노동으로 표현되는 잉여가치 총량이 이윤의 교환가치와 정확히 일치하게 된다"(Hunt 1979, 215쪽). 하지만 마르크스를 비롯해 그 누구도 이것을 찾아내지 못했다. 찾았다고 해봐야, 수량적 분석의 측면에서 이 불변의 가격척도가 보여줄 수 있는 것은 가격의 총합이 가치의 총합과 같고, 잉여가치의 총합은 이윤의 총합과 같다는 사실 정도이다. 또한 가치에서 생산가격으로의 전형을 입증한다고 해도, 생산가격이 시장가격으로 전형되는 것을 설명해야 하는 문제는 여전히 남는다.

기술적 어려움에 봉착한 일부 마르크스주의 정치경제학자들은 노동가치론의 비현실적 본성을 부분적으로 인정하면서, 상품의 물신성을 벗겨냄으로써 착취에 기반한 사회관계를 드러내려고 했던 이론의 목적만을 강조하는 "정성적 분석으로 후퇴"했다(Howard and King 1992, 282~283쪽). 그러나 이러한 태도는 자칫 자본에 대한 수량적 분석을 아예 포기해 버리는 우를 범할 수 있을 뿐만 아니라, 무엇보다도 금융 형태로만 표현되는 자본주의 권력구조에 대한 혜안을 제시하겠다는 이론의 취지를 약화시킬 수 있다.

정치학과 경제학의 분리

쿤의 표현을 빌리자면, 전형 문제는 자본주의적 권력을 분석하려던 마르크스주의 이론틀의 근본적 한계를 드러내는 "이상 현상"으로 판단된다. 이 전형 문제는 단지 부분적인 한계에 그치는 것이 아니라, 좌파 정치경제학 전체 체계의 설명력을 제약한다는 문제로 이어진다. 전형 문제가 그럭저럭 풀린다고 해도, 마르크스주의 분석틀 안에서는 착취와 축적의 과정을 의미하는 경제 영역과 억압적 제도를 의미하는 정치 영역을 연계하는 작업을 해내기 쉽지 않다. 마르크스주의자들은 자본축적이 국가의 물리력과 법적·제도적 장치 등 전체 사회적 과정을 기반으로 이루어진다고 주장하지만, 사실 자본축적을 수량적으로 분석하는 틀로는 이러한 광범위한 권력 과정을 포괄하지 못하기 때문이다. 이 틀은 자본 권력을 좁은 의미의 산업 생산 영역에서의 노동과 자본 간의 소득 분배 문제로 협소하게 다룬다. 다시 말해, ΔM을 "지불되지 않은 노동"으로 정의함으로써 자본축적의 수량적 분석을 산업 생산의 폐쇄 회로에 국한시킨다. 그래서 권력의 포괄적인 사회적 과정은 자본축적의 수량 분석에는 포함되지 않는다.

이런 한계로 인해 국가와 자본의 관계를 명확히 하고 자본주의국가의 본질을 파악하려는 좌파의 노력은 난항에 빠지게 된다. 대부분의 좌파들은 자본축적에 국가가 결정적 역할을 한다고 강조하지만, 사실 자본축적과 관련해서는 수량적 분석의 범위가 매우 좁게 설정돼 있어 둘의 연관을 이론화하기가 쉽지 않다. 이로 인해 지난 20세기 내내 좌파들은 국가의 본질에 관한 끝없는 논쟁에 휘말렸다. 논쟁은 국가가 계급 편향적인가 아니면 자율성을 가지고 있는가라는 문제를 둘러싸고 펼쳐졌는데, "축적"과 "정당성"을 각각 강조하는 두 입장이 주요 축을 형성했다(Clarke 1991, 6쪽). 수량적 분석의 측면에서 자본축적은 오로지 지불되지 않은 추상 노동에 의존하기 때문에, 국가는 실질적으로 자본과 외부적 관계에 놓이게 된다. 즉 국가정책이 산업 생산과정에 직접 영향을 미치지 않는 한, 그저 막연히 국가와 자본이 연관돼 있다고 짐작할 수 있을 뿐이다. 결과적으로, 국가의 노사관계 정책이나 최저임금 정책처럼 산업에 직접 관련이 있어 보이는 활동은 "축적"에 해당되고, 나머지는 지배의 "정당화"에만 해당되어, 이 둘이 이분법적으로 갈라져 있는 것처럼 취급되었다.

마지막으로, 국가와 자본의 관계가 이론적으로 정착되지 않았기 때문에 제국주의를 개념화하기도 쉽지 않게 되었다. 앞에서 언급한 신제국주의론에 관한 두 심포지엄이 이를 확인해주었다. 좌파들의 제국주의에 대한 논의가, 그것이 유익했는가 여부를 떠나서, 그들의 이론적 전제에 도사리고 있는 보다 근본적인 문제를 다루지는 못한 듯하다. 논쟁 참여자들 대부분은 '정치'와 '경제'를 분리하는 데서 논의를 시작한다. 예를 들면, 엘런 우드(Wood 2006, 16쪽)는 "자본주의에서 정치적인 것과 경제적인 것이 분리되어 있다고 말할 때는 예전에 없었던 독립된 경제 영역이 존재한다는 것을 의미할 뿐만 아니라 이와 구별되는 정치 영역이 있다는 것도 의미한다"라고 강변한다. "강탈에 의한 축적"을 강조하는 하비(Harvey 2003)의 입장도 우즈와 그리 다르지 않다. 그는 "권력의 자본 논리와 권력의 영토 논리"의 분리를 전제한다. 국가와 자본이 아무리 긴밀하게 '연계'되어 있어도, 항상 국가는 정치 영역에, 자본은 경제 영역에 속해 있게 된다.

이러한 태도는 국가와 자본의 제도적인 권력 분업과 정치와 경제의 분리를 혼동하는 실수를 범하는 것이다. 권력 분업과는 달리 정치와 경제의 분리는 존재론적으로 불가능하다. 이러한 혼동은 "일반적으로 사회적 과정의 '전체론적holistic' 성격, 특히 '산업 체계'의 '유기적' 성격을 이해하는 데" 실패한 탓으로, 결국 이로 인해 좌파 정치경제학자들은 실제로 현실에 적용할 수 있는 자본축적의 분석틀을 제시하지 못하게 되었다(Nitzan and Bichler 2004a, 14쪽). 오로지 "경제적 수단을 통한 축적"을 고수하는 측이나 거기에 "강탈에 의한 축적"을 추가하는 측이나 어떻게 축적을 측정할 수 있는지, 혹은 두 가지 축적 방식의 경계선을 분석적 차원에서 어떻게 그을 수 있는지를 이야기하지 못한다. 좌파 학자들은 방대한 이론 체계를 만들어냈지만, 이런 문제에 대해 답할 수 없다면 전체 이론 체계가 흔들릴 수밖에 없다.

요약하면, 마르크스주의 전통 안에서는 전형 문제가 마치 기술적 혹은 수학적 수수께끼인 양 다루어졌다. 이런 접근 방식은 이론적으로 문제를 더 복잡하게 만들 뿐이었다. 실질적인 해결책은 마르크스의 존재론과 가치론의 불일치를 해결해야만 나올 수 있다. 해결책은 쿤이 자연과학의 패러다임 전환 과정의 핵심 요소로 꼽는 '수학적 단순성'에 비견되는, 사고의 전환에서 찾을 수 있을 것이다. 애초에 마르크스가 가치체계를 시장 메커니즘에 기초한 특정한 사회관계의 물신화로 규정한 데서 다시 시작해야 한다. 마르크스는 부르주아를 지배계급이라고 정의했지만, 막상 노동가치론에서는 부르주아를 19세기 이전의 물물교환업자처럼 취급한다. 단순히 생산 영역이 아니라 사회 전체를 통제하고 지배하는 사회계급의 시각에서 가치론에 접근하면 꼬인 실타래의 실마리를 찾을 수 있을 것이다. 다음에서 자세히 설명하겠지만, 오로지 사회정치적 관계에서 상품과 이윤의 규정 요소를 찾으려 하는 가치론만이 자본주의를 하나의 권력 양식으로 파악하려던 마르크스의 목적을 달성할 수 있다. 또한 그러한 가치론을 정립해야만, 좌파 정치경제학이 추구하는 경제·정치·이데올로기 권력을 하나로 통합한 이론을 내놓을 수 있고, 착취, 축적-위기, 국가와 자본의 관계, 제국주의에 관한 좌파 이론을 안정된 기반 위에 재구성할 수 있을 것이다.

이러한 이유에서 닛잔과 비클러의 권력자본론에 주목할 필요가 있다고 생각한다. 두 사람의 이론은 지금까지 논한 마르크스주의 정치경제학의 문제점들을 효과적으로 해결할 뿐 아니라, 국가와 자본, 제국주의의 상호 관계를 이론화하는 데 있어서 획기적인 사고의 전환을 가져왔다.

닛잔과 비클러의 권력가치론

닛잔과 비클러는 신고전파와 마르크스주의 자본 이론을 비판적으로 검토하면서 자본주의를 하나의 권력 양식으로 정의하고 핵심 통제 기관을 자본이라고 규정한다. 즉 자본을 지배계급이 다른 사회집단의 "저항을 뚫고서" 사회를 구성하고 통제하며 끊임없이 자신들의 지향에 맞게 전환해 나가는 핵심 기제, 혹은 제도적 복합체라고 이해한다(Nitzan and Bichler 2009, 17쪽). 두 사람의 자본 이론의 초석은 권력가치론으로서, 이는 상품의 가치체계와 자본축적의 수량적 분석을 생산과 소비의 물질적 영역에서 시도하지 않고, "역사적으로 형성된 사회의 광범위한 법적·제도적 장치들"의 총체성을 의미하는 "문화적 규범nomos"에서 시도한다(Nitzan and Bichler 2009, 148~149쪽). 닛잔과 비클러는 기본적으로 자본주의에서 말하는 가치체계가 사회적 과정에 대한 자본가들의 권력을 화폐가치로 상징화한 것이며, 그렇기 때문에 효용이나 추상적 노동으로 이를 측정하려는 시도는 헛될 수밖에 없다고 본다.

닛잔과 비클러는 마르크스의 노동가치론에 대해서는 비판적인 입장을 견지하지만, 자신들의 자본 이론이 "마르크스가 추구했던 자본주의의 개념과 자본을 권력의 차원에서 이해하려는 시도"의 연장선상에 있다고 밝힌다(Nitzan and Bichler 2009, 14쪽). 하지만 가치론과 관련해서는 마르크스의 사회적 존재론과 결별한다. 마르크스는 사회적 과정을 총체적으로 설명하는 이론 체계를 확립하려고 했지만, "애초에 정치 과정과 경제 과정의 분리를 전제했고, 물질적 생산과 소비로 이루어진 '실물' 영역과 화폐와 금융으로 이루어진 '명목' 영역을 분리하고 말았다"(Nitzan and Bichler 2009, 25~33쪽). 닛잔과 비클러는 마르크스 자본 이론의 근원적 한계가 이러한 이분법에 있다고 보고, 사회적 과정 일반은 물론, 특히 생산과정의 전체론적 통합성을 강조한다. 두 사람의 관점에서는 정치 과정과 경제 과정을 존재론적으로 분리하기란 불가능하며, 실물 영역과 명목 영역 또한 분리할 수 없다. 따라서 상품 생산에 있어서 물질적 투입요소의 생산적 기여를 화폐가치로 계산해내려는 어떠한 시도도 실패로 귀결될 수밖에 없다고 본다.

좀 더 구체적으로 들어가 보자. 권력자본론의 기저에는 독특한 산업 생산 개념이 깔려 있다. 권력자본론은 주류 경제학이나 마르크스주의의 **물질주의적** 생산 개념에서 벗어나 베블런의 **문화적** 생산 개념을 채택한다. 기존의 경제학은 대부분 생산을 노동과 자본재라는 물질적 요소의 투입과 종합으로 상품을 만들어내는 것으로 정의한다. 그리고 개별 투입요소의 생산적 기여를 계산하고, 이를 바탕으로 분배를 정당화하거나 부당하다고 비판한다. 현대 산업 생산을 곰곰이 생각해보면, 이런 접근법이 말도 안 된다는 사실이 드러난다. 바로 지식과 복합적 노동 분업 때문이다. 모든 생산물은 "마치 홀로그램처럼 인류 지식의 전 역사를 담고 있기 때문에 생산과 생산성은 본성적으로 사회적이다(Nitzan and Bichler 2002, 34쪽). 주류 경제학이나 마르크스주의 경제학이 가치론을 설명할 때 전제하는 사회적 모델은 19세기 이전의 자급자족적 농업 사회이다. 이 당시에도 조상들로부터 물려받은 농업 기법이나 농기구, 공동체의 협동 등에 기대지 않으면 농사를 지을 수 없었겠지만, 산업혁명 이후의 사회에 비하면 당시에는 개별 노동의 투여와 생산물의 관계가 상대적으로 더 밀접한 것처럼 보였을 것이다. 하지만 산업혁명 이후 대규모 공장제 생산과 분업이 확대되었고, 이제는 일국 차원이 아닌 전 세계적 차원에서만 생산을 이야기할 수 있는 시대가 되었다. 자동차 하나에 들어가는 부품이 2만 5,000개에 달한다고 하는데, 수많은 작업장과 지역이 유기적으로 결합되어 만들어지는 자동차의 가치를 놓고——노동이든 자본재이든——개별 투입요소의 생산적 기여와 금전 가치를 계산하는 것은 불가능한 일이다. 하물며 거대한 생산 체계에 내재하는 엄청난 지식의 역사적 유산을 어떻게 일일이 계산할 수 있을까? 비근한 예로, 현대 생산 체계에서 가장 중요한 부분으로 부각된 컴퓨터의 작동은 이진수 체계 없이는 불가능했을 텐데, 이진수의 창시자가 생산적 기여를 했다는 사실을 인정하는 사람은 아무도 없다.

닛잔과 비클러는 투입요소로부터 가치체계를 구성하는 방식을 "상향식 접근법bottom-up approach"이라고 칭하면서, 이것 대신 권력의 제도적 장치들로부터 가치체계를 이해하는 "하향식 접근법top-down approach"을 제시한다. 하향식 접근법은 그림 3.1처럼 도식으로 나타낼 수 있다. 권력가치론에서는 상품의 가격이나 자본의 가치가——2장에서 설명한——특정한 자본가 지배 블록이 가진 물질적 역량-이념-제도화로 표현되는 사회적 힘을 화폐가치로 상징화한 것이라고 정의된다. 따라서 자본의 축적은 특정 자본가 그룹의 사회적 통제력이 여타 자본가들에 비해 증가했는지 감소했는지를 나타내는 **차등적 권력**의 측정 지표가 된다. 좀 더 구체적으로 말하면, 자본의 가치는 **자본화** 공식을 통해 추상적인 금전적 수량이라는 형식으로 표현되는데, 자본화는 미래에 소득을 올릴 능력을 현재의 가치로 할인한 가격을 의미한다. 주류 경제학이나 경영학에서는 자본화 공식을 마치 과학적으로 자본의 가치를 계산할 수 있는 도깨비방망이인 것처럼 이야기하지만, 권력가치론의 입장에서 보면 자본화는 권력적 과정을 통해 결정된다. 자본화 공식에 들어가는 기대소득이나 위험률, 정상수익률 등 모든 변수는 "자본가들이 상호 경쟁을 통하여 사회적 과정을 자신의 목적에 복무하도록 전략적으로 통제할 수 있는 능력에 의해 결

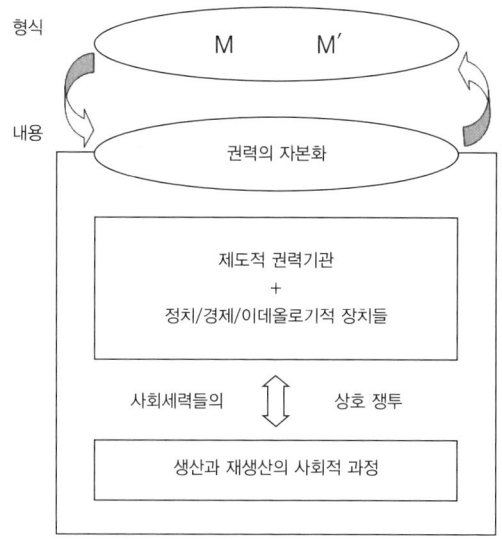

그림 3.1 닛잔과 비클러의 기본적인 자본축적 분석틀

정"되기 때문이다. 이런 관점에서 보면, "자본축적은 물질적 부나 '죽은 노동'의 생산적 결합물이 아니라 권력의 상품화를 의미"한다. 보다 구체적으로 말하자면, 자본축적은 "생산성 자체의 결과물이 아니라 생산성 통제의 결과물이며, 그 토대는 단지 경영에 관련된 장치들뿐만 아니라 권력 제도의 전체 스펙트럼이기도 하다"(Nitzan and Bichler 2002, 11~39쪽).

마르크스의 상품 물신성과 본원적 축적이란 측면에서 보자면, 닛잔과 비클러의 이론적 출발점은 마르크스의 문제의식과 맞닿아 있는 것처럼 보인다. 그들은 가치체계가 다름 아닌 "고대 그리스에서 '노모스nomos'라고 불렸던, 한 사회의 광범위한 사회적-법적-역사적 제도들이 표현된 것"이라고 강조한다(Nitzan and Bichler 2006, 8쪽). 더 나아가, 두 사람은 다음과 같이 주장한다.

자본주의에서 권력은 사적 소유의 강조에 뿌리를 두고 있다. 'Private'이란 말은 '제한된'이란 뜻의 라틴어 privatus와 '박탈하다'란 뜻의 라틴어 pri-vare에서 왔다……사유재산 제도의 가장 큰 특징은 소유한 사람이 무엇인가를 할 수 있도록 허용하는 게 아니라, 소유하지 않은 사람들이 아무 일도 할 수 없게 제한하는 것이다. 기술적으로 본다면, 우리는 다른 사람들의 차에 올라타 운전도 할 수 있고, 워런 버핏이 소유한 버크셔 해서웨이의 주식을 몽땅 매도하는 '주문'을 낼 수도 있다. 사유재산 제도의 유일한 목적은 우리가 그렇게 할 수 없도록 금지하는 것이다. 이런 의미에서, 사유재산 제도는 전적으로 그리고 오로지 배제의 법령이며 권력의 문제이다. 배제는 실행될 필요가 없다. 중요한 것은 배제할 수 있는 권리이고, 배제당하지 않을 조건을 확보하는 것이다. 이러한 '조건들'이 바로 축적의 원천이다. (Nitzan and Bichler 2004, 19쪽)

닛잔과 비클러의 이러한 주장은 마르크스가 가치체계를 사회관계의 물화라고 개념화하고, 사유재산의 기원을 이야기하면서 배제exclusion를 강조한 것과 매우 유사하다. 그렇지만 두 사람은 자본주의 사회질서의 기본 단위unit와 양식pattern을 정의하면서, 마르크스나 여러 좌파들과는 다른 가치론의 길을 선택한다. 닛잔과 비클러의 이론틀에서는 효용이나 사회적 필요노동 같은 추상적이거나 현실적이지 않은 축적 단위는 전혀 필요하지 않다. 가격 자체가 사유재산이나 산업 생산품, 그리고 상품화된 모든 것의 가치를 표현하는 지표이자, 자본주의적 사회질서를 수량적으로 나타내는 기본 단위로 간주된다(Nitzan and Bichler 2006, 1쪽). 자본주의적 사회질서의 기본 양식은 권력 과정을 화폐가치로 수량화하는 메커니즘을 의미하는데, 위에서 언급한 자본화 공식이 질서의 기본 양식으로 규정된다. 닛잔과 비클러는 양자물리학계의 거장인 데이비드 봄David Bohm

의 말을 차용해 "자본화는 '생성의 질서'"라고 정의한다. 생성의 질서는 지배적 위치에 있는 사회집단이 공유하는 세계상의 기저를 이루는 질서 패턴으로서, 지배 블록은 이를 기준으로 사회를 조직화한다. 자본주의의 생성의 질서는 자본화이며, 이를 통해 인간을 포함한 만물이 가격으로 표현되는 상품으로 전환되고, 사회관계가 끊임없이 상품관계로 재생산되며, 시장의 질서를 다른 사회집단이 받아들이도록 협상과 강제가 행해진다(Nitzan and Bichler 2004a, 17쪽). 따라서 권력가치론의 관점에서는, 공간적으로 자본축적의 범위가 산업 생산의 영역에 국한되지 않고 전체 사회 영역으로 확대되며, 자본축적이 자본의 가치를 '죽은 노동'의 축적물로 평가하는 후행적 방식이 아닌 미래의 사회적 과정을 자본화하는 선행적 방식으로 진행된다.

필자는 닛잔과 비클러의 권력가치론이 노동가치론보다 마르크스가 애초에 추구했던 상품 물신성과 본원적 축적 개념에 더 잘 부합한다고 생각한다. 권력가치론이 마르크스의 자본 이론에 존재하는 가치의 수량적 분석과 질적 분석의 긴장을 해소하기 때문이다. 그리고 권력가치론은 자본주의 권력 형태의 특성을 파악하려 했던 마르크스 자본 이론의 목적에도 더 잘 어울린다. 그래서 한국 자본주의의 최근 변화를 이해하는 데 적합한 이론틀을 만들어내려는 노력의 일환으로, 이번 장의 나머지를 닛잔과 비클러의 권력가치론에 입각해 착취, 축저-위기, 국가와 자본의 관계, 그리고 제국주의에 이르는 좌파의 이론 사슬을 재구성하는 데 할애했다.

착취와 축적

우선 새로운 이론 사슬이 기초로 삼아야 할 기본 전제들을 다시 한 번 간단히 확인해보자. 첫째, 사회적 과정 일반은 물론이고 생산과정은 특히 통합적이고 유기적인 본성으로 인해 존재론적으로 경제 과정과 정치 과정을 분리할 수 없으며, 이 때문에 상품의 가치를 물질적 투입요소의 개별 생산성에 의존해 구성하려는 시도는 모두 실패로 귀결될 수밖에 없다. 둘째, 자본주의사회에서 가치체계는 노모스nomos, 즉 사회질서의 화폐적 표현이다. 자본주의에서 사회질서의 단위는 가격이고, 사회질서의 양식은 자본화이다. 다시 말해, 가치체계는 자본가 지배계급의 '제1언어'이고, 사회적 과정을 통제하는 그들의 권력의 크기가 이를 통해 화폐 형태로 명기된다.

이러한 관점에서 보면, 노동착취를 통한 잉여가치의 이전 —— 즉 지불되지 않은 사회적 필요노동이 기존 '죽은 노동'에 더해지는 것 —— 으로 자본축적을 설명하는 마르크스주의의 이론은 부정된다. 그 대신에 좀 더 광범위하고 포괄적인 방식으로 '착취'와 '축적' 문제에 접근하게 된다. 권력자본론은 착취를 자본이 사회 전체의 창조적 활동을 사유화하는 정치적·제도적 과정으로 본다. 이러한 착취는 "창조성의 언어"와 "권력의 언어"라는 두 가지 상이한 세계관에서 기인한다(Nitzan and Bichler 2009, 220~221쪽). 이런 구분은 노동의 창조성workmanship에 근간을 둔 산업industry과 포식자 본능predatory instinct에 기반을 둔 영리 활동business을 분리하는 베블런(Veblen 1904)의 관점과 일맥상통한다. 2장에서 언급했듯이, 산업은 "사회 전체의 통합, 협동, 계획을 요구하는 데 반해, 영리 활동은 소유자들 내부에서, 그리고 소유자들과 민중들 사이에서의 쟁투와 적대감에 의존하여 행해진다". 자본주의사회는 창조적 노동이 포식자적 영리 활동에 종속되는 질서를 취하며, 가치체계는 이러한 종속 관계를 수량적으로 체계화한 것이다.

이러한 포괄적인 의미에서만 축적은 '착취'에 의존한다. 다시 말해, 제조 과정에서 자본가들이 전유한 잉여노동시간이란 협소한 의미가 아니라, 공동체 전체의 생산성에 대해 지배계급들이 행사하는 배타적인 "분배적 요구distributional claim"란 의미로 착취를 정의할 때만 축적과 착취를 결부시킬 수 있다. 자본가 지배계급의 분배 요구는 사적 소유권에 기반을 두지만, "생산과정만이 아니라 사회적 과정 전체를 규제하는 모든 종류의 법적·제도적 장치를 아우르는 사회적 권력의 전체 스펙트럼에 걸쳐 광범위하게 이루어진다"(Veblen 1904). 따라서 자본축적은, 과거 노동의 누적된 퇴적물이 아니라, 사유재산권에 기초한 사회적 통제력이 자본화로 표현된, 가치의 증식으로 정의된다.

차등적 축적

이런 방식으로 ΔM을 해석한다고 착취의 중요성이 약화되는 것은 절대 아니다. 오히려 자본가적 착취와 축적의 범위가 더 확장될 수 있다. "비생산적 노동"과 "생산적 노동", "유사 상품fictitious commodity"과 "진정한 상품real commodity", "강탈에 의한 축적"과 "확대재생산에 의한 축적" 같은 구분을 할 필요가 없다. 또한 완전경쟁을 통한 균형가격과 균형이윤 같은 주류 경제학의 비현실적 가정들을 공유할 필요도 없다. 앞에서 논한 것처럼, 마르크스주의 패러다임에서 자본가적 착취와 축적은 산업 생산 영역에 국한되어 있다. 생산과 재생산의 사회적 성격과 관련해 마르크스주의자들이 설정하고 있는 이러한 이분법적 범주는 분석에 있어서 여러 골칫

거리와 비현실적 가정들을 낳았고, 다른 부문이나 사회적 영역에서 자행되는 착취는 사실상 자본축적하고는 직접적 관련이 없다고 간주되는 결과를 가져왔다.

더구나, 위에서 예로 든 것처럼, 사회적 과정을 이분법적으로 구획하는 것은 권력의 논리에 맞지 않는다. 닛잔과 비클러가 말했듯이(2002, 21쪽), "지배한다는 것은 세상을 단일한 관점에서 바라보는 것이다. 하나의 논리에 갇혀서, 자신의 권력구조에 스스로를 종속시키는 것을 의미한다." 실제 현대사에서는 다양한 권력 양식들이 서서히 자본주의적 권력 양식, 즉 상품화된 권력으로 통합돼왔고, 그런 가운데 자본주의적 질서의 양식이 전체 사회에 퍼져나가면서, 세계적 차원에서 거의 모든 사회가 단일한 자본의 원칙에 '복종'하도록 강제되었다. 마르크스주의자들이 노동과 자본에 관해 이와 같은 이원적 범주를 만들게 된 것은 사회적 의식을 규정하는 사회관계를 가치론에 적용할 때, 부르주아 사회관계를 제대로 개념화하지 못했기 때문이다. 부르주아 사회관계는 역사적으로 지배계급의 보편적 권력 정서의 결과물인데, 마르크스는 고전파 경제학의 노동가치 이론을 이어받으면서 그 안에 포함된 초기 자본가들의 의식인 물물교환자들의 정서를 그대로 받아들이는 오류를 범했다. 그래서 사회 전체를 통제하는 지배자의 의식이 아니라, 물물교환하며 자기가 투여한 노동시간을 계산하는 유아적 단계의 자본가의 의식을 바탕으로 가치론을 발전시키고 말았다.

가치체계를 권력의 언어로 개념화하면, 자본축적에 관한 새로운 분석적 접근 방식을 얻을 수 있다. 먼저, 축적은 상대적으로 분석되어야 한다. 이러한 주장은 닛잔과 비클러가 제시하는 차등적 축적differential accumulation 개념에 명료하게 설명되어 있다. 이 개념은 절대적 기준보다는 상대적 기준으로 측정되는 권력의 본질에서 도출된 것이다. 전前 자본주의사회에서 지배계급이 토지의 크기, 노예의 수, 병사들의 수, 공물의 양 등을 상대적으로 비교함으로써 자신들의 권력을 측정했듯이, 현대 자본가들의 태도도 마찬가지다. 한 가지 중요한 차이가 있다면, 자본가들은 이전의 지배자들과는 달리 자기가 소유한 자산의 물질적 양보다는 금전 가치에 관심이 있다는 것이다. 자본가들이 자신의 권력을 상대적으로 평가한다는 것은 자본축적을 상대적으로 가치화한다는 것을 의미한다. 닛잔과 비클러(2002, 11쪽)는 권력을 상대적으로 평가하는 경향성 때문에 "자본가는 이윤의 극대화보다는 다른 자본가들보다 더 많이, 즉 평균을 깨고 올라서려는 것을 목표로 삼으며", "자기 자산이 성장하는 속도와 평균 성장 속도의 차이로 차등적 축적을 측정"한다고 주장한다.[59]

축적을 상대적으로 측정하면, 필연적으로 상품화된 권력의 소유자들에게 차등적으로 접근하게 된다. 겉으로 보기에 계급 없는 사회인 자본주의 사회에서, 축적을 차등적으로 분석하지 않는다면 누가 세상을 지배하는지 파악하기 어렵다. 사적 소유가 자본가적 권력의 중심 요소라는 것은 의심의 여지가 없지만, 사적 소유는 너무 일반적이어서 지배계급을 위한 증명서로 쓰기에는 부적합하다. 예를 들어, 사유재산 자체로는 조그만 공장의 소유자들과 빌 게이츠의 질적인 차이를 구별할 수가 없다.[60] 마찬가지

---

[59] 이윤 극대화가 기업의 제일 목표라고 귀에 못이 박이도록 들어온 우리로서는 자본가들이 이윤 극대화보다 평균을 깨는 것을 목표로 한다는 주장이 이상하게 들릴 수 있다. 그러나 가만히 생각해보면, 이윤의 높낮이는 상내적인 것일 수밖에 없다. 예를 들어, 100퍼센트 수익률이 높은 수익률인지 낮은 수익률인지는 그 자체로는 판단할 수 없다. 만약 업계의 평균 수익률이 50퍼센트라면 높은 수익률이지만, 평균 수익률이 150퍼센트라면 낮은 수익률이다. 그러므로 현실에서 이윤을 극대화한다는 것은 준거 기준을 넘어서려고 노력한다는 것을 의미한다.

[60] 더 나아가 많은 영세 자영업자를 자본가계급이라고 해야 할지 노동자계급이라고 해야 할지 분류하기조차 힘들다. 체인 편의점 사장, 화물연대노조 소속 트럭 운전자, 연쇄 하청의 끝자락에 있는 택배 회사 사장을 자본가로 분류하는 것은 어딘가 적절치 않아 보인다.

로, 자본 내부의 분화를 구분하지 않고 자본을 총합함으로써 자본축적을 분석한다면 자본가계급이 형성되는 역동적 과정을 설명할 수가 없다. 자본가들이 권력을 놓고 벌이는 각축은 "인력과 척력" 모두를 발생시켜, '분배 연합'의 쉼 없는 형성과 재형성을 촉발해낸다. 이러한 권력의 역동성은 "사회적 과정의 핵심에 가장 강력하고 이윤을 많이 가져가는 기업연합"이라고 정의되는 **지배적 자본**을 형성시킨다(Nitzan and Bichler 2002, 40쪽). 한국 사회의 재벌 그룹이 이러한 지배적 자본의 전형적인 예이다. 사회 내의 핵심 자본가 집단은 지배적 자본을 통해 권력을 행사하여 사회 환경을 자신의 이해에 맞게 전략적으로 규정해나간다. 동시에, 그들의 권력은 지배적 자본의 자산 가치로 수량화된다. 그래서 자본축적에 관한 연구는 자본주의사회에서 지배계급의 형성과 발전에 관한 연구와 뗄 수 없는 관계에 있다.

자본과 자본가에 대한 차등적 접근 방식은 현대 정치경제의 이원적 분화 현상에 잘 들어맞는다. 닛잔과 비클러(2002, 117~122쪽)는 자본의 차등적 권력화는 필히 "거대 사업체와 조직화된 노동"을 한편으로 하고, "소규모 사업 집단과 조직화되지 않은 노동"을 다른 한편으로 하는 **이중 정치경제**dual political economy 구조를 낳을 수밖에 없다고 말한다. 한국 사회에서 1997년 위기 이후 나타난 대표적인 사회현상인, 재벌 그룹과 대기업의 정규직 노조로 구성된 경제 핵심부core와 중소 하청기업-저임금 정규직-비정규직 노동자로 구성된 주변부periphery의 이원화가 바로 이중 정치경제 구조의 한 사례로 간주될 수 있다. 이런 현상은 한국에만 국한된 것이 아니고, 현대 자본주의의 가장 일반적인 특색 가운데 하나였다.[61] 차등적

---

61 닛잔과 비클러는 20세기 중반 미국 사회를 이중 경제dual economy 현상을 통해 파악하려 한 스타

축적과 지배적 자본이란 개념들은 한국의 정치경제를 분석하는 데 특히 중요하다. 이 개념들이 부와 권력이 재벌의 손에 엄청나게 집중된 현재의 상황을 잘 설명할 수 있는 분석틀을 제공할 것으로 생각한다.

권력가치론은 자본축적이 시장가치로 매매되는 과정을 통해 계속해서 재평가되는 "지금 여기서here and now의 가격"으로 측정되어야 한다고 주장한다(Nitzan and Bichler, 2006, 8쪽). 더 구체적으로 말하자면, M+ΔM, 즉 축적은 자산의 현재 가격의 증가로 정의되는데, 여기서 자산의 가격은 "자산이 낳을 것이라고 기대되는 수익을 현재적 가치로 할인한 값"을 의미한다(Nitzan and Bichler 2004, 18쪽). 이러한 입장은 네 가지 기본 요소로 구성된 등식으로 정리할 수 있다. 그 네 가지는 ① 미래 수익의 흐름future earnings, ② 미래 수익에 대한 투자자들의 기대가 과열된 정도hype, ③ 기대수익에 연관된 위험 요소risk, ④ 일반적으로 시장의 정상수익률을 이용해 기대수익을 현재적 가치로 전환할 때 쓰는 할인율discount rate이다.

$$\text{Capitalization} = \frac{\text{future earnings} \times \text{hype}}{\text{risk} \times \text{discount rate}}$$

이 시점에서 닛잔과 비클러가 제시하는 자본축적에 대한 분석적 방식은 쿤이 말한 경쟁적 패러다임의 배타성incommensurability의 전면화라 할 수 있을 정도로 기존 좌파 정치경제학의 방식과는 완전히 궤를 달리하게 된다. 차등적 축적의 경우에는, 해당 방법론만 따로 분리해서 다른 접근 방식에 접목할 수도 있다. 하지만, 축적을 정의하는 위의 공식이 전제하는

인들Steindle의 《중소기업과 대기업Small and Big Business》, 애버릿Averitt의 《이중 경제The Dual Economy》를 참조해 이중 정치경제라는 용어를 만들었다.

자본가의 사회적 존재론은 매우 독특하여, M+ΔM을 자산의 자본화라는 관점에서 정의할지, 아니면 장부상 가치[62]의 관점에서 정의할지, 양자택일해야 한다. 문제의 중심은 축적의 시간적 차원이다. 앞에서 언급했듯이, 자본화는 미래 지향적 개념이다. 반면, 장부상의 가치는 이미 결정된 이윤을 기록된 자산의 가치에 더하는 방식으로 축적을 개념화한다는 의미에서 과거 지향적이다. 미래 지향적 관점에서 볼 때, 자본은 생산이 시작되기 전에 축적된다. 자본가가 축적하는 것은 실제 수익이 아니라 수익에 대한 기대이다. 그래서 "실물" 자산에 처음 투자된 돈의 양은 축적과는 별 상관이 없게 된다. 다시 말해, M+ΔM에서 M은 기계나 설비의 물질적 형태로 고정돼 있지 않고, 애초의 투자보다 적거나 많을 수 있다. 미래 수익의 흐름에 대한 자본가의 기대에 영향을 미치는 사회 환경에 따라, 그것은 '0원'이 될 수도 있고 상상을 초월한 액수가 될 수도 있다.

지금까지 설명한 권력자본론의 자본축적 개념에 기초해 닛잔과 비클러는 축적을 수량적으로 분석할 수 있는 새로운 틀을 제시하는데, 다음과 같이 요약할 수 있다(Nitzan and Bichler 2002, 39쪽).

(1) 특정한 소유주 그룹이 가지고 있는 '자본의 차등적 권력differential power of capital(DPK)'[63]은 전체 자본의 평균적 자본화 단위에 견주어 해당 그룹의 자본화 단위를 상대적으로 측정한다. 어떤 그룹의 DPK가 사회적 평균이 되는 자본의 DPK의 1,000배라면 해당 그룹은 평균의 자본 그룹보다 1,000배만큼 사회적 과정에 힘을 발휘하는 것으로 간주된다.

---

62 때로는 기존의 자본재를 지금 대체할 때 들어갈 비용으로 측정하기도 한다.
63 DPK의 K는 Kapital을 가리키는 것으로, 닛잔과 비클러가 표기한 것을 그대로 따랐다.

그림 3.2 자본의 차등적 권력과 차등적 축적 분석의 예제

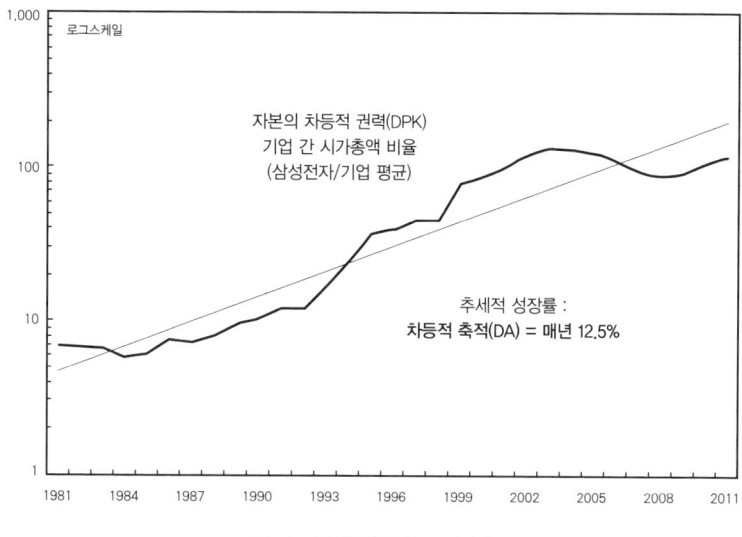

시리즈는 3년 이동평균값으로 나타냄.
출처 : 한국은행 ; KIS-VALUE.

(2) 차등적 축적differential accumulation(DA)의 속도는 대상이 되는 그룹의 자본화 성장률에서 사회적 평균 자본화의 성장 속도를 뺀 것으로 계산된다. (3) DA가 양의 값을 가질 때만 '축적'이 이루어졌다고 본다.

그림 3.2는 이러한 자본의 정의를 한국에 적용해서, 한국의 지배적 자본의 핵심인 삼성전자의 차등적 권력과 축적을 나타낸 것이다.[64] 삼성전

---

64 닛잔과 비클러의 자본의 차등적 권력과 축적 분석은 개별 기업이 아닌 특정 자본 집단(즉 지배적 자본)을 분석하기 위해 고안된 것임을 밝힌다. 그렇지만 개별 기업에 적용할 수 없다는 것은 아니다. 두 사람이 자본 집단을 강조한 것은 축적 체제와 관련이 있다. 개별 기업의 경우에는 어떤 시기에 지배적인 축적 체제와는 상이한 방식으로 축적을 할 수 있기 때문에 사회적 권력과 연계하여 분석하는 데 한계가 있을 수 있다.

자의 차등적 권력은 삼성전자의 시가총액을 전체 기업의 평균 시가총액으로 나누어서 구했다. 기업 평균값은 코스피 상장기업 전체의 시장가치를 기업 수로 나눈 것이다. 이 그림에 따르면, 1980년대 초에 삼성전자의 사회적 권력은 평균 기업에 비해 일곱 배 정도 큰 수준이었다. 구체적으로 밝히면, 삼성전자는 521억 원, 평균 기업은 77억 원이었다. 2000년대 말에 이르면, 이는 아흔 배(삼성전자는 약 98조 원, 기업 평균은 1조 1,000억 원)로 확대된다.[65] 이 같은 변화를 기초로 2000년대 말 삼성전자의 권력이 1980년대 초에 비해 열세 배 커졌다고 평가할 수 있다. 그림에서 차등적 권력 그래프의 추세적 변화를 보여주는 선이 바로 차등적 축적을 의미한다. 즉 삼성전자의 축적률에서 기업 평균 축적률을 뺀 것이다. 그림에서 '성장률'이라고 표현했듯이, 삼성전자는 매년 12.5퍼센트씩 차등적 축적을 이루며 성장했다고 말할 수 있다.

자본축적 체제

이러한 자본축적의 기본 개념을 이용하여, 닛잔과 비클러는 네 종류의 차등적 축적 레짐regime of differential accumulation을 구체화한다. 여기에는 신규 산업투자green-field investment, 인수합병merger & acquisitions(M&A), 스태그플레이션, 비용 절감cost cutting 전략이 포함된다. 축적 체제를 왜 이 네 가지로 추렸는지 이유를 살펴보자.

위에서 설명한 것처럼, 지배적 자본 그룹에 속한 전형적 기업의 차등적 축적은 그 기업의 자본화와 평균 기업의 자본화의 비율로 측정한다. 이

---

[65] 이후 2013년 초까지 삼성전자의 차등적 축적은 더 확대되어, 2013년 4월 초 기준, 삼성전자의 차등적 권력은 기업 평균의 166배에 달한다. 삼성전자의 시가총액은 약 235조 원이고, 코스피 기업 평균 시가총액은 1조 4,000억 원 정도이다.

표 1. 차등적 축적 레짐의 분류

	외부	내부
넓이	신규 투자	인수합병 M&A
깊이	스태그플레이션	비용 절감

를 DK=K_D/K라는 등식으로 표현할 수 있다. 여기서 첨자 D는 지배자본 dominant capital을 의미하고, 첨자 없이 쓰인 K는 평균 기업 자본을 가리킨다. 이 등식을 자본화 공식의 세부 항목으로 재구성할 수 있다. 자본화 공식은 K=(E×H)/(R×δ)이다. 즉 자본화는 '(기대이윤expected earning × 투자자의 기대 지수hype)/(정상이윤율normal rate of return × 위험률risk factor)'로 구성된다. 여기서 정상이윤율은 모든 기업에 똑같이 적용되고 지배자본과 평균 기업의 비율을 구하면 1이 되기에 제외할 수 있다. 그러면 차등적 자본화는 다음의 세 가지 조합으로 표현할 수 있다. ① 이윤을 차등적으로 높이는 방식(H_D/H), ② 투자자의 기대 지수를 차등적으로 높이는 방식(E_D/E), ③ 위험률을 차등적으로 낮추는 방식(δ_D/δ). 따라서 이세 가지를 첫 등식에 대입하면 다음과 같은 관계를 설정할 수 있다.

$$DK = \frac{K_D}{K} = \frac{(\frac{E_D}{E}) \times (\frac{H_D}{H})}{\frac{\delta_D}{\delta}}$$

이 중에서 "가장 중요한 항목은 차등적 이윤"이라고 볼 수 있다. 투자자의 기대 지수는 주식시장에서 단기 투자자들에게는 매우 중요한 지표이지만, 장기 축적 체제를 분석할 때는 큰 의미가 없다. 예를 들어, 주식시장에서 이른바 테마주라고 불리는 종목들은 일시적으로는 높은 시장가격을 형성할 수 있지만, 그 추세를 몇 년 동안 유지할 수는 없다. 기업의 투자 리스크는 자본화에서 중요한 의미가 있지만, 수량적 분석에서 데이터를 이용하기란 거의 불가능하다. 그래서 "장기 축적 과정에서 가장 중요한 원동력이 되는 지표로 차등적 이윤을 사용하는" 것이 가장 적합하다. 닛잔과 비클러는 차등적 이윤에 초점을 맞춰, 지배적 자본이 차등적 축적을 달성하기 위해 택할 수 있는 다음 두 가지 길을 분석적으로 제시한다. "하나는 넓이 지향으로서 평균 기업보다 고용을 많이 증가시켜 시장점유율을 상대적으로 빠르게 확대하는 것이고, 다른 하나는 깊이 지향으로서 피고용자당 이윤을 평균보다 빠르게 증가시키는 것이다"(Nitzan and Bichler 2009, 329쪽). 이를 공식으로 표현하면 다음과 같다.

$$DK = \frac{K_D}{K} = \frac{E_D}{E} = \left(\frac{employees_D}{employees}\right) \times \left(\frac{earnings\ per\ employee_D}{earnings\ per\ employee}\right)$$

넓이 지향의 축적 체제는 다시 **외부적 넓이**external breadth와 **내부적 넓이**internal breadth의 축적 체제로 세분화될 수 있다. 전자는 특정 기업이나 자본 그룹이 평균보다 빠르게 새로운 공장을 세우고 고용 인원을 늘림으로써 시장점유율을 높이는 전략을 의미한다. 그런데 기업은 항상 신규 산업투자를 통해서만 시장에 대한 지배력을 키울 필요는 없다. 또한 계속 신규 산업투자를 하면 오히려 이윤에 악영향을 미칠 수 있다. 다른 기업들도 같은 전략으로 대응할 경우 가격 하락 경쟁이 일어나면서 수익률이 떨어질 수 있으며, 더 심해지면 1997년의 'IMF 사태' 같은 위기가 닥칠 수도 있다. 기업들은 이러한 문제점을 피하면서 시장에 대한 지배력을 키우는 방법으로 M&A 전략을 택한다. 기존의 다른 회사들을 인수합병한다면 새롭게 산업투자를 늘리지 않고도 비슷한 결과를 얻을 수 있다. 이것을 가리켜 내부적 넓이의 축적이라고 한다.

깊이 지향의 축적 체제에도 차등적 자본으로 가는 두 가지 길이 있다. 특정 자본 집단은 평균보다 빠른 속도로 생산가격을 낮춤으로써―― 즉 **비용절감**을 통해―― 피고용인당 이윤을 늘릴 수 있다. 비용 절감은 생산성을 높임으로써 이룰 수도 있지만, 납품단가나 임금을 낮춤으로써 달성할 수도 있다. 그래서 깊이 지향의 축적 방식은 사회적 마찰을 증가시키는 경향이 있다. 깊이 지향의 또 다른 길인 **스태그플레이션**은 특히 대외적으로 지정학적 충돌을 불러올 수도 있다. 1970년대에 두 차례의 석유파동과 결부된 장기 스태그플레이션 체제는 미국의 대중동 전략과 관련되어 있었다. 스태그플레이션은 불황과 함께 전반적인 물가 상승이 동반되는 현상으로, 주류 경제학의 원리에 어긋나는 기이한 현상이다. 주류 경제학 원리에 따르면 경기가 과열될 때만 인플레이션이 나타나야 한다. 권력자본론의 입장에서는 그 반대가 참이다. 외부적 넓이 지향 체제를 설명하며 잠깐 언급했지만, 경기가 과열되면 지배적 자본의 시장 통제력이 약화될 수 있어서, 이윤에 악영향이 미친다. 그래서 지배적 자본은 상시적으로 어느 수준 이상으로 생산이 과열되지 않도록 제어하려고 한다. 그러한 전략을 발전시켜, 일정 국면 동안 팔리는 상품의 양이 감소하더라도 가격 인상 속도를 평균 기업보다 높임으로써 단위 판매량당 상대적 마진mark-up을 확대하는 스태그플레이션 체제를 창출한다.

이해를 돕기 위해, 닛잔과 비클러(2009, 320~321쪽)가 제공한 차등적 축적 분석 사례를 인용해보겠다. 그림 3.3은 시가총액 기준으로 미국 상위 100대 기업을 지배자본으로 설정하고, 비즈니스 세계의 평균 기업에

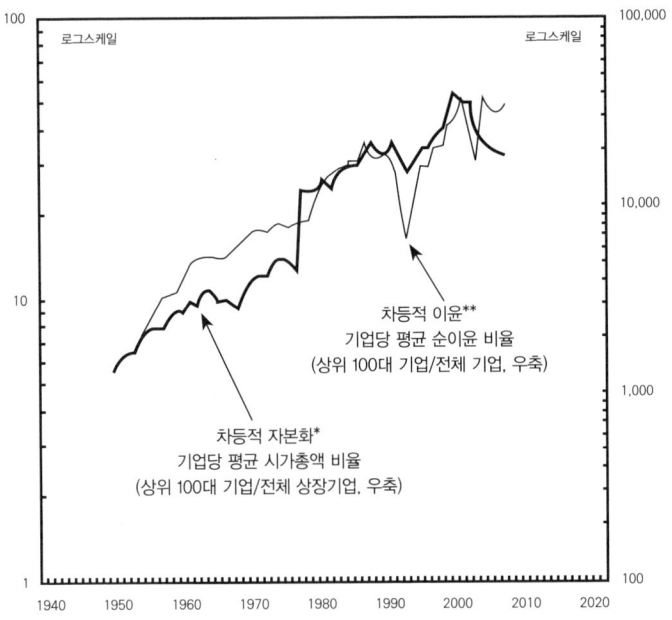

그림 3.3 자본의 차등적 자본화와 차등적 이윤

* Compustat 데이터베이스의 미국 상위 100대 기업의 평균 시가총액을
미국 전체 상장기업의 평균 시가총액으로 나눔.
** Compustat 데이터베이스의 미국 상위 100대 기업의 평균 이윤을 미국 전체 기업의 평균 이윤으로 나눔.
출처 : Nitzan and Bichler 2009, 320쪽, 그림 14.2.

대한 차등적 자본화와 차등적 이윤을 나타낸 것이다. 차등적 자본화는 굵은 실선 그래프로 표시되었는데, 미국 상위 100대 기업의 평균 시가총액을 미국 전체 상장기업의 평균 시가총액으로 나누어 구했다. 그래프에 따르면, 1950년대 초에 미국의 지배자본은 평균 기업에 비해 일곱 배가량 높은 자본화를 기록했는데, 이는 2000년대 초반에 이르면 서른다섯 배로 상승한다. 반세기 동안 미국 지배자본의 차등적 권력이 다섯 배 높아진 것이다. 그림의 가는 실선은 미국 지배자본의 차등적 이윤을 가리키는

데, 미국 상위 100대 기업의 순이윤 평균을 전체 기업의 순이윤 평균으로 나눈 것이다. 1950년대 초에 이 값은 1,667배였는데, 2000년대 초에는 3만 1,325배로 늘어난다. 미국 지배자본의 차등적 이윤이 열아홉 배 증가한 것이다. 이론적으로는 차등적 자본화와 차등적 이윤이 비슷하게 나와야 하나, 분석에서 차등적 이윤의 분모는 전체 기업 평균인 데 반해 차등적 자본화의 분모는 상장기업 평균이기 때문에 이 같은 차이가 생길 수밖에 없다.

그림 3.4는 미국의 내부적 넓이 지향 체제의 변화를 보여줄 수 있는 하나의 대리지표를 나타낸 것이다. 위에서 설명했듯이, 내부적 넓이 지향 체

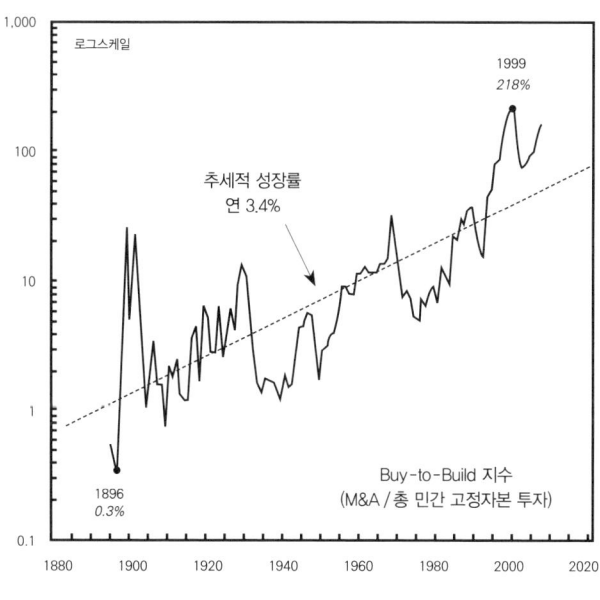

그림 3.4 내부적 넓이 지향 체제 M&A

출처 : Nitzan and Bichler 2009, 338쪽, 그림 15.2.

제는 신규 산업투자를 하지 않고도 M&A를 통해 지배자본의 통제 영역을 확대하는 것이다. 이를 보여주기 위해 닛잔과 비클러는 비즈니스계 전체의 신규 산업투자 지표로 사용할 수 있는, M&A 총액을 민간 고정자본 투자로 나눈 값을 대리지표로 사용했다. 즉 '내부적 넓이 지향/외부적 넓이 지향'인 것이다. 추세선을 기준으로 본다면, 지난 1세기 동안 이 비율이 매년 3.4퍼센트씩 증가했음을 확인할 수 있다. 권력자본론의 입장에서는 이런 추세적 증가를 쉽게 이해할 수 있다. 외부적 넓이 지향 체제는, 2장의 그림 2.7과 2.8에서 설명했듯이, 과도하면 자본의 수익률에 부정적 영향을 미친다. 그래서 지배적 자본은 산업 발전이 완숙해지면, 생산 확대보다는 인수합병을 선호한다. 2000년대 들어 한국의 재벌 그룹들이 고용을 더 이상 늘리지 않으려 하는 것도 같은 맥락에서 설명할 수 있다.

그림 3.5는 미국의 외부적 깊이 지향 체제의 변화를 나타낸 것이다. 내부적 깊이 지향 체제인 생산성 향상을 통한 비용 절감의 경우에는 데이터로 표시하기가 사실상 불가능하다. 생산성이란 지극히 물질적인 측정 지표같이 들리지만, 자본주의에서 생산성 관련 지표들은 가격지수이다. 따라서 현실에서는 생산성 향상을 통한 비용 절감이 복합적인 '가치사슬' 속에서 가격 협상력으로 귀결된다. 예를 들어, 현대자동차 연구소에서 향상시킨 엔진 제작 기술로 인한 비용 절감과 부품공급업체에 대한 납품단가 후려치기를 통한 비용 절감을 분리해서 말할 수 없다. 그래서 깊이 지향 체제는 상대적 가격의 인상으로 표현되는 외부적 깊이 지향 체제로만 주로 포착된다. 그림의 두 그래프는 미국의 도매물가지수 변화율과 차등적 이윤마진율(이윤/매출액)을 각각 가리킨다. 미국 지배자본의 차등적 이윤마진율은 포춘 500(《포춘Fortune》지 선정 500대 기업)의 마진율을 기업계 전체의 평균 마진율로 나눈 값이다. 닛잔과 비클러에 따르면(2009, 373

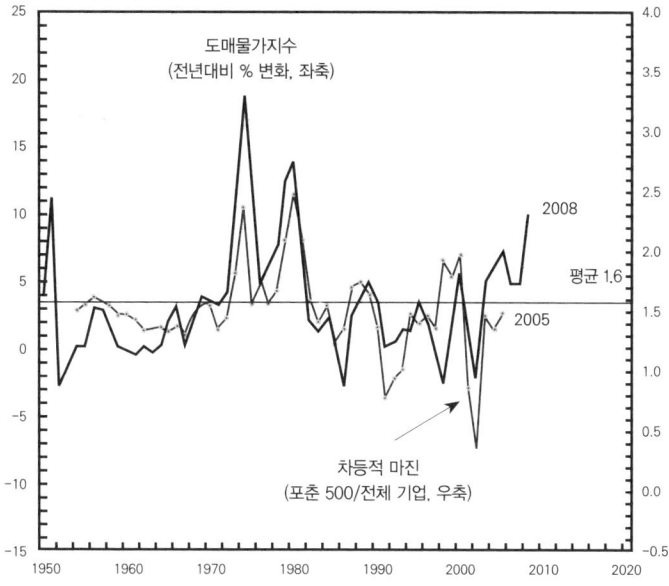

그림 3.5 외부적 깊이 지향 체제 M&A

출처: Nitzan and Bichler 2009, 373쪽, 그림 16.3.

~374쪽), 지난 반세기 동안 미국 지배자본의 차등적 마진 비율은 1.6이었다. 즉 대기업들이 평균 기업보다 마진율이 60퍼센트 높았다는 뜻이다. 특히 인플레이션의 추세적 변화와 차등적 마진율의 추세적 변화가 거의 겹친다는 사실에 주목해야 한다. 이는 인플레이션이 가격 결정력이 큰 대기업에 유리한 국면을 불러왔으며, 지배자본은 이를 차등적 축적을 확대하는 기회로 삼는다는 뜻이다.

국가와 자본의 상호 전환

닛잔과 비클러의 자본 이론과 축적 체제 분석틀은 자본과 국가의 관계를 새롭게 조명하게 해준다. 착취는 지배계급이 공동체 전체의 생산성에 대해 가하는 "분배 요구"이며, 축적은 그것을 화폐가치로 자본화한 금융적 표현이라고 이해한다면, 국가는 자본축적에 있어서 더 이상 외부 요소가 아니다. 사회에 대한 자본의 '이윤청구권'은 사회적 권력의 전체 스펙트럼을 통해서만 실현될 수 있기 때문이다. 이 과정에서 국가는 필요불가결한 기관이다. 이로써 좌파의 자본 이론과 국가 이론 사이에 존재하는 악순환의 고리를 끊을 수 있다. 대부분의 좌파는 국가와 자본이 연결되어 있다고 보았지만, 축적 분석을 경제 영역에 제한하면서 정치 영역을 외부 요소로 돌리고 말았다. 그 결과 실제 자본축적 분석에는 국가의 역할을 전혀 반영할 수 없었다. 또한, 매우 협소한 축적 개념으로 인해 국가와 자본이 상호작용을 통해 서로의 본질적 성격을 변화시켜왔다는 사실을 제대로 설명하지 못했다.

닛잔과 비클러는 단순히 두 가지 제도적 기관을 연결하는 것을 넘어서, 국가가 사회적 과정을 통제하고 지배하기 위한 정치제도와 지배 기구를 의미한다면 "자본 그 자체도 새로운 형태의 국가로 간주할 수 있다"라고 주장한다(Nitzan and Bichler 2009, 13쪽). 근대국가는 권력의 점진적 상품화·사유화 과정과 더불어 발전해왔다. 실제 역사를 면밀히 살펴보면, 한편으로는 국가기구와 여러 제도적 장치들이 점점 더 자본의 이윤에 체계적인 영향을 미치면서 자본과 융합해왔다는 사실이 확인된다. 다른 한편으로는, 사회관계가 급속히 상품화되면서 다양한 형태로 존재하던 권력기관들이 자본화라는 단일한 지배 원리를 받아들임에 따라 "차등적 권력 제도는 서서히 자본으로 응축되었고, 사회적 과정의 중심부를 차지하면서 그 자체가 '국가'로 성장해 왔다(Nitzan and Bichler 2009, 14쪽). 국가가 사라진다거나 국가기구가 자본가의 도구일 뿐이란 의미가 아니다. 2장에서 설명한 역사적 블록과 관련지어 이 말의 의미를 생각하면 이해하기 쉬울 것이다. 국가기구와 자본은 권력 분업의 제도적 기관으로서, 지배 블록이 어떤 세계상을 공유하느냐에 따라 이 핵심적인 제도적 장치의 성격은 변할 수 있다. 20세기 초까지만 해도 세계 곳곳에 위정자들이나 국가 관료들이 전체주의, 파시즘, 공산주의 등 자본가들과는 다른 사회 운영 원리를 지향하는 흐름이 강하게 남아 있었지만, 서서히 자본가들이 지향하는 자유주의적 상품 관계로 세계상이 통합돼왔다. 한국 사회가 경험한 개발독재에서 신자유주의로의 급속한 전환도 이런 세계사의 흐름 속에서 일어난 일일 뿐이다. 국가는 여전히 중요하지만, 세계적 차원에서 현재의 사회 세력 간의 역학 관계가 크게 변하지 않는 한 자본의 법칙에 어긋나는 방식으로 국가가 통치되지는 않을 것이다.

흥미롭게도, 닛잔과 비클러(2009, 295쪽)에 따르면, 권력의 상품화를 통한 국가와 자본의 상호 전환이란 생각을 처음 제시한 사람은 다름 아닌 마르크스다. 국가가 자본주의 탄생에서 "산파" 역할을 했다고 언급했던 마르크스는 동시에 다음과 같이 말한다.

> 공공 신용 체계, 즉 국채는 중세의 제누바와 베네치아에서 기원을 찾을 수 있는데, 수공업이 일반화된 시기에 전 유럽에 걸쳐 일반화되었다. 해상무역과 상업적 전쟁을 수반한 식민지 체제가 공공 신용 체계를 양성화한 온상이었다. 그래서 공공 신용 체계가 처음에 네덜란드에서 뿌리를 내렸던 것이다. 국채는 공화국이든 전제정이든 입헌군주제이든 상관없이 국가의 양도를 의미하는 것으

로서 자본주의의 증표가 된다. 소위 국부라는 것 중에 근대국가의 국민들이 자신들의 몫으로 집단 소유하게 된 것은 오직 국가 채무뿐이다. 그 필연적인 결과로서, 한 나라가 부유하게 되면 될수록 점점 더 빚더미에 앉게 된다는 근대국가의 원칙이 생기게 된 것이다. 공적 신용은 자본의 신조가 되었다. 그리고 국채 만들기가 성행하면서, 국채에 대한 믿음이 부재하는 것은 용서받을 수 없는, 신에 대한 불경죄와도 같은 것으로 간주되었다. (Marx 1887, 478쪽)

마르크스는 국채를 **국가의 양도**라고 정의하면서, 국가와 자본의 상호 전환을 새로이 등장한 사회질서의 주요한 특징으로 설명하고 있다. 최소한 본원적 축적에 관해서라면, 그는 강제 추방을 통해 양산한 "자유로운 노동"만큼이나 권력의 상품화에 중요한 의미를 부여한다.

이러한 논점이 좌파 정치경제학의 전통이 되찾아야 할 '잃어버린 고리'라고 필자는 생각한다. 지금까지 좌파는 자본주의의 본질에 관해 숱한 논의를 해왔지만 국가의 본질적 변화에는 적절한 관심을 기울이지 않고, 주로 자본주의 생산양식에 초점을 맞췄다. 페리 앤더슨이 지적했듯이 (1974), 봉건주의에서 자본주의로 전환하는 데 가장 큰 원동력이 무엇이었는가를 둘러싼 그 유명한 이행 논쟁에서도 좌파는 국가를 거의 주목하지 않았다(Hilton 1976 참조).

좌파 진영의 수많은 논쟁에서 국가와 자본의 변증법적 연관이 강조되기는 했지만, 국가와 자본의 상호 전환은 제대로 다루어지지 못했다. 좌파의 연구에서 두 제도의 본질은 항상 그대로 남아 있었다. 도구론적 관점에서 자율주의적 관점까지 접근 방식은 다양하지만, 대부분의 좌파 이론가들은 국가와 자본이 정치와 경제에서 각각 분리되어 있다는 전제에서 출발한다(Jessop 1982). 그들의 관심사는, 앞에서 "축적"인가 "정당화"인가로 표현했듯이, 정치 영역에 있는 국가가 경제 영역의 자본에 대해 얼마나 독립적인가(혹은 얼마나 의존적인가)라는 문제에 국한되어 있다. 대부분은 두 극단인 도구주의와 자율주의 사이의 중간 어디쯤에서 "두 가지가 정치적 혹은 경제적 설명 양식으로 흡수되지 않고 변증법적으로 잘 융합될 수 있도록 해야 하는" 어려움과 씨름하고 있다(Harvey 2003, 30쪽).

마르크스가 "국가의 양도"라고 부른 과정에 주목한 연구들조차도 이러한 변증법적 어려움에서 자유롭지 못하다. 예를 들어, 조반니 아리기(Arrighi 1994)와 찰스 틸리(Tilly 1990)는 국가와 자본의 체계적인 상호작용이 어떤 역사적 과정을 통해 현재의 세계적인 정치경제 체제를 만들어냈는가를 자세히 설명한다. 서로 간에 관점과 연구 목적의 차이가 있긴 하지만, 두 학자 모두 영토적 권력과 자본주의적 권력이 현재 형태로 진화하도록 이끌어온 국가와 자본의 역사적 공생을 강조한다. 권력과 영토를 통합하고 확대하려는 근대 초기 왕조들의 "국가 형성state-making" 열망은, "전쟁 양산war-making" 체제로 이어질 수밖에 없었고, 전쟁을 치르기 위해 왕조들은 자본에 손을 벌릴 수밖에 없었다. 결과적으로 국가행정, 특히 세금 징수와 재정 회계를 담당하는 기관이 발전했고, 이와 동시에 자본의 힘이 강화되었다. 이러한 역사적 연구는 국가와 자본의 외형적 확장을 구체적으로 파악했지만, 두 제도적 실체의 본질이 근저에서 변화해온 과정은 파고들지 못했다. 이러한 연구는 국가와 자본을 정치-경제 이분법의 고정된 틀 내에서 파악하면서, "두 제도적 기관들이 상호작용을 통해 지속적으로 발전해온 것을 강조하긴 하지만, 여전히 각자의 본성은 근본적으로 다르다고 정의한다"(Nitzan and Bichler 2009, 278쪽).

자본과 국가의 상호 전환에 관해 마르크스가 보여준 혜안에서 다시 시작한다면, '경제'에서의 국가의 결정적 역할과 '정치적' 과정에서의 자본의 중심성을 설명하는 데 적합한 이론틀을 얻을 수 있으리라 생각된다. 오늘날에는 국가 채무-세금 부과의 관계뿐만 아니라 국가 운영의 모든 양상이 자본의 축적과 연관되어 있다. "군비 지출, 보조금, 산업정책, 전쟁, 관세, 사유재산 보호, 특허권, 저작권, 광고, 노동법, 거시경제 정책, 치안 등등" 국가의 권력 행위들 모두가 체계적으로 "자본 수익의 차등적 수준과 시간적 양태"에 영향을 미친다(Nitzan and Bichler 2004a, 28쪽). 자본 가치의 상당 부분은 국가의 자본화라고 해도 무방하다. 거의 모든 생산양식이 자본주의적 생산양식으로 통합돼오면서, 자본과 국가라는 두 제도는 불가분의 관계가 되었다. 더 나아가, 소위 "정당성"과 "축적"을 분간하는 선을 긋는 것은 의미가 없을 뿐만 아니라 불가능하다.

어떻게 보면, 데이비드 하비가 말한 번갈아 나타나는 두 가지 축적 체제의 개념은 나름대로 국가와 자본의 상호 전환 과정을 고려한 것이라고 할 수 있다. 그의 "강탈에 의한 축적" 개념은 정상적 축적이란 의미의 "확대재생산"에 포함되지 않는 모든 것을 포괄한다. 하비에 따르면, 강탈에 의한 축적은 "주로 신용 체제와 금융 권력을 통해 이루어진다". 이러한 권력은 영토의 논리와 자본의 논리가 변증법적으로 교차하는 지점에서 작동한다(Harvey 2006, 159쪽). 그는 축적 개념의 범위를 확대함으로써 실제 분석에서 국가가 자본축적에 외부적인 요소로 남는 문제에 대한 해결책을 제시하려고 했다. 확실히 이러한 시도는 노동가치론을 고수하던 전통적 마르크스주의 입장보다는 진일보한 것이다. 하지만 그의 개념은 여전히 "확대재생산이란 맥락에서 축적을 정의하고 실증적으로 측정할 수 있으며, '강탈에 의한 축적'과 '과잉 축적'에 의한 요소를 분리해낼 수 있다"는 전제에 기초하고 있다(Nitzan and Bichler 2004a, 9쪽). 요점은 사회정치적 과정과 독립된 "정상적 축적"이 있다는 생각 자체를 재검토해봐야 한다는 것이다.

정치와 경제의 존재론적 분리는 근대 유럽에서 생겨난 국가와 자본의 '이중권력'이라는 구체적인 역사적 상황에 기인한다. 즉 왕들은 국가기구를 강화하면서 이른바 절대왕정을 확립했지만, 위에서 설명했듯이 이 과정에서 자본의 도움이 절실했다. 자본은 국가 공채의 매매를 기반으로 서서히 금융시장을 통해 사회적 영향력을 확대해갔고, 동시에 영국을 중심으로 자유주의 사상이 발전하면서, 왕들의 국가기구가 간섭하지 말아야 하는 '자율조정시장'이라는 이데올로기를 중심으로 부르주아 고유의 권력 기제가 확립되었다. 이런 이중적 권력 기제의 동시 발전이 정치와 경제의 분리라는 사회 존재론적 사고의 토대였다. 2장에서 논한 것처럼, 19세기에 오트 피낭스 주도의 자유주의 체제가 확립된 이후, 현실에서 국가와 자본은 권력적 차원에서 하나의 메커니즘 속으로 통합되어왔다.

현대사회에서 정치와 경제의 분리를 주장하는 것은 자본주의적 권력 형태를 숨기려는 부르주아 이데올로기일 뿐이다. 이른바 확대재생산이라고 불리는 산업 생산도 자본주의하에서는 정치와 분리된 채로 이루어질 수 없다. 사유재산이 사회적 권력관계의 법적 표현임은 말할 것도 없고, 자산 가치, 상품의 가격, 노동관계, 임금과 이윤 등이 정치투쟁과 이로 인한 제도적 장치들에 의해 결정된다. 예를 들어, 국가기구에 의해 혹은 자유무역과 관련된 국제기구에 의해 강제되는 지식재산권이 없다면, 마이크로소프트 같은 소프트웨어 회사, 화이자 같은 제약회사, EMI 같은 미디어 회사 등 글로벌 대기업들의 이윤과 자산 가치는 급격히 추락하고 말 것이다.

더 나아가, 베블런이 주장했듯이, 이 싸움에서 자본가의 힘은 그들이 생산성에 얼마나 긍정적으로 영향을 미치는가에 달려 있다기보다는 "사회적 재생산 과정을 전략적으로 제한하고 사보타주할 수 있는가"에 달려 있다(Nitzan and Bichler 2002, 38쪽). 축적은 "정치적 몸값", 즉 일반적으로 사회에 손상을 입힐 수 있는 힘, 특히 생산과정에서 근로대중들을 배제할 수 있는 힘을 자본화한 것이라고 이해해야 한다. 이러한 본질은 최근 세계적 차원의 정치경제적 위기에서 잘 드러났다. 자본가들은 사회적 재생산 과정을 사보타주할 수 있는 힘을 바탕으로, 정부로 하여금 자신들의 부채를 사회화하게 했다. 이런 관점에서 보자면, 확대재생산과 강탈에 의한 축적을 구분하는 것은 아무런 의미가 없다.

자본주의는 '경제적' 형태와 '비경제적' 형태의 권력 기제가 하나로 융합되는 권력 양식이다. 이 권력 양식은 강압적인 형태든, 동의를 바탕으로 한 헤게모니를 행사하는 형태든, 사회적 과정을 지배하는 여러 권력 형태를 상품화·자본화하고 매매하면서 특유의 시장적 위계질서를 보편화한다. 국가와 자본 양자는 이러한 질서를 강제하고 선전하고 방어하는 두 가지 주요 권력적 제도이다. 동시에, 이 두 제도적 기관들 자체도 이 질서의 지배를 받는다. 그래서 정부의 재정 운용 능력이나 사회적 위기 일반을 관리해내는 능력은 국가신용도와 국가위험도를 평가하는 데 반영되고, 국가는 이런 지표에 맞춰 정책을 조정한다.

같은 방식으로, 여러 제도적 지원책이나 노사관계 정책 등을 통해 투자 위험을 처리하는 능력은 차등적 자본축적으로 수량화된다. 박정희 정권 때 대기업들은 리스크를 국가가 떠안아주었기 때문에 해외에서 돈을 빌릴 수 있었다. 또한 매쿼리인프라로 대변되는 민자사업체가 2000년대 대한민국의 인프라 투자를 독점한 것도 지방자치단체가 MRG(minimum revenue guarantee : 최소운영수입보장제도)를 통해 리스크를 모두 사회화했기 때문에 가능했다. 자본가의 "능력"은 다른 게 아니라 자본화 공식에서 미래 기대수익은 높이고 리스크 요소는 사회나 다른 사회 주체에 전가하는 정치력이다. 이는 한두 기업체만의 논리가 아니다. 금융자본, 산업자본, 부동산이 모두 같은 원리 아래서 활동한다. 더 나아가, 자본화는 기업들의 세계만이 아니라 사회 전체를 지배하는 보편적 질서 패턴으로 자리 잡아왔다. "노동자의 현재 가치"도 "그들이 급여로 평생 벌 수 있는 돈과 해고의 위험도를 감안하여" 계산되고, 여기에 "그들이 가지고 있는 융자를 낀 집의 가치와 자동차, 신용평가 등"이 더해진다(Nitzan and Bichler 2004a, 19쪽). 자본은 사회질서를 사회 구석구석에 강제하면서 현대사회의 어떤 권력 제도보다 더 광범위하게 사회적 과정을 통제하는 완숙한 '국가'의 형태로 탄생했다. 국가의 정책과 각종 제도적 장치, 그리고 노동 관계가 이 과정에서 핵심 위치를 차지한다.

자본의 초국적화

국가와 자본에 대한 새로운 이해는 그동안 좌파 학자들이 제국주의라는 개념틀 안에서 이론화하려고 했던 세계적 차원의 권력 질서에 대한 새로운 접근을 가능하게 해준다.

닛잔과 비클러는 2차 세계대전 이후의 세계적 차원의 정치경제적 구조변화를 "새로운 제국주의"보다는 "새로운 자본주의"로 개념화해야 그 의미를 더 잘 포착할 수 있다고 주장한다(Nitzan and Bichler 2004a, 50~62쪽). 2차 세계대전 이전의 제국주의 세계체제에서도 자본이 국제무역과 투자를 했지만, 그때는 자본의 "국적"을 확인할 수 있는 자본주의적 제국주의였다. 하지만 세계대전 이후 미국이 주도한 세계체제는 이전과는 확연히 다른 성격을 띠었다. 전후 체제의 가장 큰 특징은 자본의 소유권이 국경을 넘나들며 뒤엉키면서, 자본주의 권력 양식의 초국적화가 진행되었다는 것이다. 즉 지구적 차원에서 사회관계가 점진적으로 단일한 자본화 공식에 종속되어왔다. 이 말이 네그리와 하트의 주장처럼 국가가 약화되었다거나 국가 간 긴장과 충돌이 사라질 것이라는 의미는 아니다(Nitzan and Bichler 2000 ; 2004a). 그보다는 자본주의적 규범이 지난 반세기 동안 소유권의 확대를 통해 보편성을 획득하면서, ① 자본가 지배계급과 그들의 권력의 작동을 국가 간 체제라는 형식 내에 위치시키기가 점점 더 어려워졌고 ② 지정학이 자본축적에 영향을 끼치는 방식이 사회질서의 일반적 패턴, 즉 자본화 방식으로 서서히 통합되어왔다는 것을 말한다.

닛잔과 비클러뿐만 아니라 많은 좌파 이론가들이 2차 세계대전을 전후해 제국주의 형태가 변했다는 사실을 인식하고, 세계적 권력관계의 새로운 특성을 포착하려고 시도해왔다. 무엇보다 2차 세계대전이 끝난 이후 공식적인 식민지 지배가 끝났다는 점은 너무나도 명백했다. 하지만 그들 대부분은 제국주의라는 패러다임이 현재의 세계 정치경제를 이해하는 데 여전히 유효하다고 생각했다. 바란과 스위지에서 시작해, 아민과 월러스타인을 거쳐 우드와 하비에 이르기까지 많은 좌파 학자들이 홉슨, 힐퍼딩, 레닌, 부하린, 룩셈부르크 등 20세기 초반에 제국주의론을 발전시킨 혁명가들의 후예로서 서구 열강이 전후에 식민지 없이 제국주의적 관행을 유지해가는 방식을 설명하려고 노력했다. 이들은 세계 차원의 프롤레타리아화와 상품과 금융의 자유로운 이동에 내재된 착취와 축적을 통하여 제국주의가 유지된다고 보았다.

구체적인 설명에서는 차이가 있지만, 2차 세계대전 이후의 제국주의 이론들은 공통적으로 다음과 같이 주장한다. ① 새로운 전 지구 차원의 착취

체제 역시 중심부와 주변부 간의 명확한 지리적 차별 또는 미국의 헤게모니가 이끄는 불평등한 국가 간 관계에 기초한다. ② 중심부에 의한 주변부 착취는 자본주의의 내재적 모순, 즉 과잉 축적을 해결하는 자본주의적 방식이다. ③ 중심부와 주변부 그리고 열강들 사이에 존재하는 여러 형태의 지정학적 긴장을 포괄하는 영토적 권력 논리가 여전히 이 같은 체제를 유지하는 데 중요한 역할을 한다. 요약하면, 신제국주의의 본질은 자본의 정언명령, 즉 끊임없이 팽창하지 않으면 붕괴할 수밖에 없는 M→C→P→C′→M′(또는 M+ΔM)의 순환을 공간적으로 확대하는 것이라 볼 수 있다. 그리고 이 순환 체제가 서구, 특히 미국의 압도적 군사력으로 지탱된다는 것이다.

자본축적을 세계적 권력 체제 연구의 중심에 놓는 것은 올바르지만, 위의 세 가지 특징이 현재의 세계 질서에 대한 타당한 설명인지는 의문이다. 더 나아가 현재의 세계적 권력 체제를 제국주의로 분류할 수 있는지도 잘 모르겠다. 제국주의의 유효성을 옹호하는 사람들 일부도 이런 문제를 인정하고 있다.

예를 들어, 엘런 우드는(2006, 17쪽) 현대의 자본주의적 제국주의를 "직접적인 정치적·영토적 지배"에 의존하지 않는 "순전히 경제적인 초국적 착취 양식"이라고 묘사하면서, 잠시 이 문제에 대해 생각한다. 하지만 그녀는 좀 이상한 이유를 대며 제국주의라는 용어를 고수하기로 결정한다. "이긴 체제를 '제국주의'라고 정의하면, 의미가 맞지 않는다고 생각될 수도 있다……그러나……자본주의가 순전히 경제적으로 지배할 수 있게 되었다고 해서 이 말을 쓰지 않는다면, 자본과 노동을 전 자본주의 계급 착취의 형태와 다르기 때문에 계급 관계라고 부르지 못한다는 논리와 마찬가지가 된다." 그녀는 제국주의를 "국제 관계"의 동의어로 사용하고 있는 것 같다.

현재의 지구적 권력 체제를 제국주의라고 불러야 하느냐는 단순히 이름 짓기의 문제가 아니라, 세계적 차원에서 지배계급의 세계관, 권력 양식, 운동 궤적을 파악하는 문제이다. 그러므로 제국주의를 세계적 권력을 설명하는 틀로서 엄격히 개념화하고, 엄밀하게 사용해야 한다. 그러나 이론적 정밀성은 정치적 열정에 압도당해왔다. 다시 말해, 제국주의는 파시즘과 마찬가지로 특정한 의미를 잃고 중심부에 의한 힘의 남용과 오용을 가리키는 말로 쓰이고 있다.

중심부가 주변부 국가를 침공한 사실이 제국주의의 필요조건일 수는 있지만 충분조건은 되지 못한다. 지정학적 불평등을 근거로 국가 간 관계를 제국-식민지로 규정할 수도 없다. 영토 정복은 아닐지라도 주변부 국가의 독립과 자치를 심각하게 제한하는 제도화된 권력 체제가 장기적으로 지속돼야만 한다. 그리고 지배하는 자와 지배받는 자가 국가적으로 뚜렷하게 구분되어야 한다. 하지만 대부분의 제국주의 이론은 자본의 논리와 구별되는 국가적 권력 논리가 있다고 전제하면서도 결국 국가적 논리를 자본의 논리에 통합하는 설명으로 귀결되고 만다. 예를 들어, 브레너(Brenner 2007, 86쪽)가 올바로 지적했듯이, 하비는 "일반적으로 이론적 반대를 표명하지만, 자신의 해석에서 실제로는 유럽의 영토 확장과 지정학적 결과들을 완전히 자본축적의 정언명령이란 측면에서 설명하고" 있기 때문에 그의 이론은 신제국주의 이론이라기보다는 자본의 공간 이론이라고 불러야 더 적합하다.

그래서 좌파 제국주의 이론은 국가와 자본의 관계에 관한, 특히 지정학과 자본축적의 관계에 관한 이론으로 귀결된다. 앞에서 이미 논했기에 여기서 자세히 되풀이할 필요는 없지만, 좌파 정치경제학은 권력의 사회적 과정과 자본축적의 분석적 연결고리를 제대로 확립하지 못했다. 마찬가지로, 외교정책과 지정학이 자본축적에 미치는 영향도 구체적인 근거가 아니라 정황에 의존해 설명한다. 자본주의적 제국주의 이론이 성립하려면 최소한 지정학적 긴장이 어떻게 주변부의 착취에 영향을 미치고 중심부의 자본축적을 가속화하는지 설명해야 한다. 또한 자본의 국적을 명확하게 파악할 수 있어야 한다.

하지만, 하비(2007, 57쪽)의 말대로 "물질적 조건이 매우 빠르게 변해서 한때 적합했던 이론들이 모두 낡은 것이 되어버렸기 때문에" 이를 수행하기가 점점 힘들어졌다. 첫째로, 신제국주의 이론가들이 노동가치론에 집착하면서 지정학적 과정이 실제로 어떻게 자본축적에 수량화되어 표현되는지 보여줄 수 없었다. 둘째로, 대부분의 신제국주의 이론가들은 민족국가 중심의 패러다임에 머물러, "자본주의적 지구화의 분석적, 이론적, 방법론적, 인식론적 함의를 끌어내고 국가의 끊임없는 변화를 살피는 데 거부감을 가지고 있다"(Robinson 2007, 71쪽). 그 결과, 주도적인 자본의 초국적화 현상을 이론에 제대로 반영하지 못한다.

매킨지 글로벌 연구소에 따르면, 2006년 기준 세계 주식의 27퍼센트가 외국인 소유이다. 1990년에는 9퍼센트였는데, 세 배 증가한 것이다(그림 3.6 참조). 또한 같은 기간에 정부채권의 외국인 소유 지분은 11퍼센트에서 31퍼센트로 증가했고, 회사채의 외국인 지분은 7퍼센트에서 21퍼센트로 증가했다. 전체적으로, 전 세계의 자산 26퍼센트가 외국인 수중에 있다(Farrell et al. 2008, 73쪽). 외국인 투자가 세계적으로 주도적인 기업에 집중되어 있는 점을 감안하면, 기업 소유권의 초국적화는 이들 숫자가 말해주는 것보다 훨씬 더 비중이 크다고 봐야 한다.

통칭 신자유주의 시대라고 불리는 지난 30년간에 일어난 금융시장의 팽창도 결국 미국의 이익을 위한 것이 아닌가? 미국 금융자본의 이해에 따라

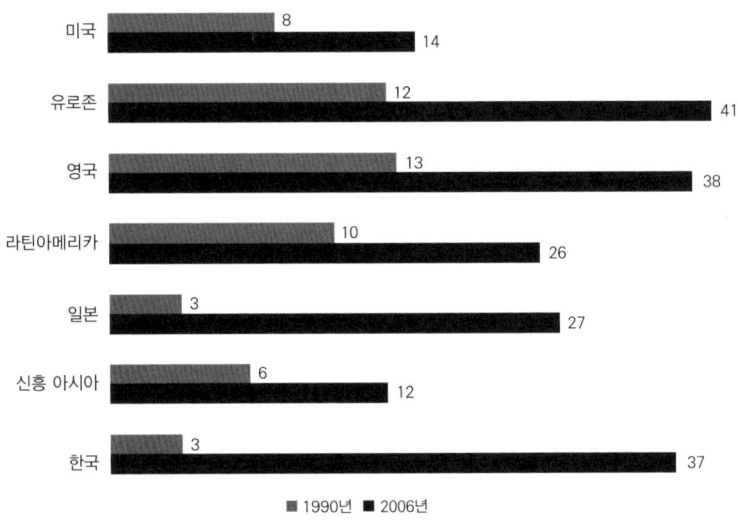

그림 3.6 주요 지역·국가의 외국인 투자자 비율 (단위 : 퍼센트)

출처 : McKinsey Global Institute ; 금융감독원.

미국 정부가 다른 나라들에 제도적 개혁을 수용하도록 압력을 넣으며 신자유주의를 주도한 것은 사실이다. 그런데 우리는 어떻게 신자유주의 체제의 수혜자를 국가별로 확인하고 분석할 수 있을까? 여기에는 두 가지 과정이 필요할 것이다. 첫째는 금융자본이든 산업자본이든 자본의 국적을 확인하고, 그것의 수익이나 자산 가치의 변화를 비교할 수 있어야 한다. 둘째는 기업의 수익은 결국 주주들에게 돌아가므로 최대 수혜자 주주들의 국적을 따질 수 있어야 한다. 두 과정 모두 만만치 않은 과제이고, 사실 이런 분석 작업을 근거로 미국의 이익을 주장하는 연구는 본 적이 없다. 실제로는 좌파들의 주장과 달리 이러한 기업 소유권의 세계화 과정에서 미국의 권력 집중이 오히려 '약화'되었다는 사실을 짚고 넘어가야 한다.

그림 3.7 영국과 미국의 초국적 소유권 비중 변화

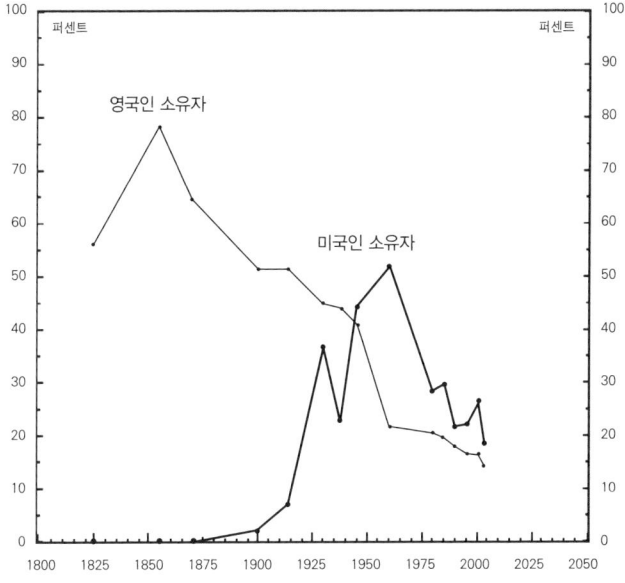

출처 : Nitzan and Bichler 2009b, 14쪽, 그림 2.

많은 좌파 학자들이 신자유주의를 미국의 금융 패권 강화로 설명하는 경향이 강한데, 닛잔과 비클러가 이와 관련해 몇 가지 대리지표로 사용할 수 있는 데이터를 분석한 결과, 우리의 '상식'에 '반전'이 있었다. 그림 3.7은 초국적 투자 중 소유주의 국적이 영국과 미국으로 확인되는 투자의 비중을 각각 나타낸 것이다. 잘 알다시피, 2차 세계대전까지 근대 제국주의 시대를 주도한 국가는 영국이었다. 근대 제국주의의 팽창은 자본의 국제적 확장과 불가분의 관계로 얽혀 있었고, 20세기 중반까지 국제투자에서 영국인 소유의 해외 자산이 차지하는 비중이 압도적으로 많았다. 이후 세계 정치경제 체제는 미국 주도로 바뀌었고, 미국인 소유의 해외 자산이 급격히 증가한 반면에 영국인 자산의 비중은 크게 줄어들었다. 이는 세계 질서의 중심이 미국으로 넘어가면서 일어난 당연한 변화로 보인다. 그런데 우리가 신자유주의의 팽창기라고 하는 1980년대 초부터 오히려 미국인의 소유권 비중은 축소되기 시작했다. 미국인들의 초국적 소유권 비중이 1980년대 초에는 약 28퍼센트였지만, 신자유주 시대 들어 2000년대 중반에는 18퍼센트까지 줄어들었다.

이윤의 측면에서도 소유권 비중의 변화와 비슷한 양상이 나타난다. 그림 3.8을 보면, 1980년대 중반까지 미국의 기업들은 전 세계 상장기업 이윤의 60퍼센트를 차지했다. 이후 이 비중은 급속히 줄어들어 최근 29퍼센

그림 3.8 전 세계 상장기업의 국가별 이윤 비중

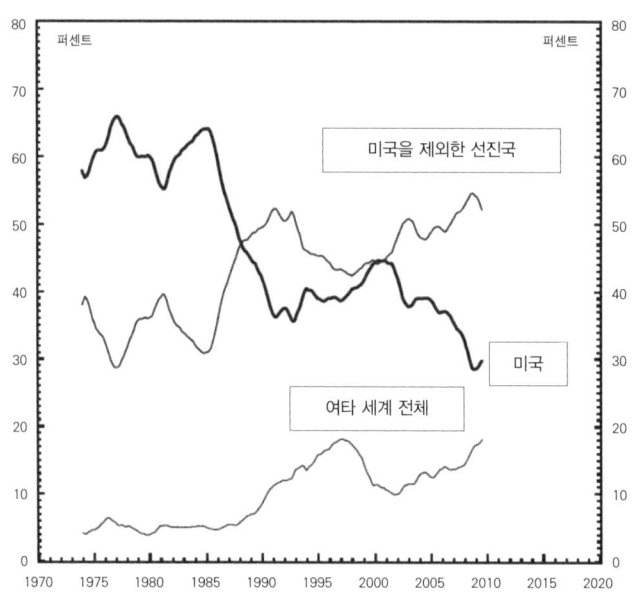

출처 : Nitzan and Bichler 2009b, 16쪽, 그림 3.

트까지 떨어졌다. 이에 반해 미국 이외의 선진국과 신흥국 기업들이 차지하는 이윤의 비중은 꾸준히 증가했다. 지금까지 살펴본 여러 지표들을 가지고 미국이 약해지고 유럽 국가들이 강해졌다거나, 중국을 위시한 동아시아 국가들이 강해졌다는 결론을 도출하려는 것은 아니다. 그보다는 자본주의를 이해하는 인식의 틀을 바꿔야 한다는 것이다. 자본주의는 국가라는 틀을 깨고 진화하고 있는데, 이런 변화를 국민국가(혹은 민족국가) 간의 이해 문제로 접근해서 파악하려 하면 설명력이 떨어질 수밖에 없다. 잘 알려진 예를 하나 더 들자면, 미국은 신자유주의 기간 동안 경상수지 적자가 큰 폭으로 늘어났다. 2000년대 들어서면서 매년 5,000억 달러 이상의 적자를 보았다. 미국은 계속해서 손해 보는 장사를 하기 위해 자유화를 추진해온 것일까?

지난 반세기 동안의 사회변화의 핵심인 소유권의 세계화는 세계적 차원에서 자본주의 질서의 보편화를 촉진했다. 그리고 지금까지 국가적으로 나뉘어 있던 자본을 지구적으로 통합된 계급으로 전환했다. 자본주의적 사회질서의 기본 단위와 양식이라고 이야기되었던 가격체계와 자본화는 이제 우리에게 너무나도 '자연스러워', 시공간을 뛰어넘어 평가되고 비교될 수 있다. 결과적으로, 이전에 다양했던 정치경제 체제들의 질적인 차이는 거의 사라져버렸다. 이러한 변화는 세계의 자본가 지배계급이 개별 국가의 정책들을 자신들의 자산 가격으로 할인할 수 있게 해주었다. 그 결과, 우리는 매일 소위 주식시장의 세계적 커플링을 목도하게 된다. 세계화의 본성은 과거의 국가 간 체계에서 한 국가가 다른 국가에 종속되던 현상이 심화되는 것이 아니라, "세계 각국에서 진행돼온 권력의 상품화·사유화 과정이 공간적으로 통합되면서, 초국적 축적이라 할 수 있는 세계적 차원의 거대기계의 일부로 통일되는" 것이라고 볼 수 있다(Nitzan and

Bichler 2002, 297쪽).

결정론과 환원론의 거부

마지막으로, 닛잔과 비클러의 자본 이론이 설정하는 한계 범위를 이야기하고 3장을 마치겠다. 두 사람은 자신들의 이론의 한계를 다음과 같이 서술한다.

우리는 자본화에 관한 연구를 통해 사회 전체를 설명하는 일반 이론을 제공하려는 의도는 없었으며, 그럴 수도 없다. 자본화는 지배적 자본의 언어이다. 그 안에는 지배적 자본가계급의 신념과 욕망, 그리고 두려움이 담겨 있다. 자본화 공식은 이 사회집단이 세계를 어떻게 바라보는지, 사회에 자신들의 의지를 어떻게 투영하는지, 다른 사람들을 자신들이 원하는 사회 메커니즘에 어떻게 통합해내는지를 말해준다. 자본화 공식은 자본주의적 권력구조의 조직 원리다. (Nitzan and Bichler 2009, 19~20쪽)

닛잔과 비클러는 지배계급의 언어와 달리 기층민중들의 언어는 명확히 파악하기 힘들고, 이론화하기는 더더욱 어렵다고 말을 잇는다. 민중들의 자율적인 의식, 사상, 정치적 의도, 지배계급이 강제하는 사회질서에 대한 반응 등은 정해진 양식이 없다. 마르크스의 말대로 이들이 계급투쟁 과정에서 '대자적 계급'으로 성장할 가능성은 늘 열려 있겠지만, 그것을 이론적으로 정식화해낼 수는 없다. 그래서 닛잔과 비클러는 자신들의 이론적 관심을 자본주의의 지배 질서를 연구하는 데 한정한다.

그렇다고 모든 사회현상을 자본화라는 단일한 논리로 환원해 이해해야 한다는 의미는 아니다. 지배계급은 사회를 주도적으로 조직하기는 하지만, 전지전능하지 않으며, 사회변화를 늘 선도하는 것도 아니다. 하지만 지배계급이 사회에 부과하고 강제하려는 질서만이 복합적인 사회 권력적 과정에서 유일하게 일정한 양식을 가지고 있고, 어느 정도 이론화와 예측이 가능하다. 지배계급은 통일된 세계상을 가지고 있고, 이를 현실화하기 위해 갖은 수단을 동원한다. 비근한 예로, 우리는 이건희나 정몽구 같은 재벌 그룹 회장들이 뭘 추구하는지 다 안다. 그들이 하는 일은 대부분 이윤을 늘리고 자산 가치를 높이는 것과 관련되어 있다. 그래서 사회적 권력 과정의 흐름을 이론화할 때는 지배계급의 정서에 초점을 맞출 수밖에 없다. 다시 말해, 지배 계급이 어떤 물질적 역량을 확보하고 있는지, 어떤 이념과 이데올로기를 채용하고 있는지, 어떤 권력의 제도적 장치들을 확립하고 있는지, 그리고 이러한 요소들이 통합적으로 어떤 패턴의 질서를 확대하고 있는지에 초점을 맞춰야 한다. 우리의 관심사인 자본주의적 질서의 분석에서는 이러한 권력 과정이 어떻게 지배자본의 차등적 축적으로 연결되는지를 파악하는 것이 관건이 된다.

닛잔과 비클러의 자본 이론을 구체적인 분석에 적용할 때 염두에 두어야 할 사항을 하나 더 이야기하자면, 일반 이론이 늘 그렇듯 개별 자본주의의 역사적 특수성을 감안해야 한다. 2장에서 강조했듯이, 역사적 구조는 구체적 운동의 결과물이다. 비슷한 패턴이 상이한 시간과 공간에서 거듭 발견될 수 있지만, 구체적 내용은 역사적 상황과 사회관계에 따라 다를 수밖에 없다. 닛잔과 비클러도 인간 역사에서 선험적인 역사법칙은 존재하지 않는다고 이야기하며, 자본가들의 정서에 초점을 맞출 것을 권고한다. 각 사회에서 자본가들은 역사적 상황에 맞게 서로 공감대를 형성하면서, 사회의 재편 과정에 각기 다른 방식으로 관여해왔다. 그래서 개별 자본주의국가의 역사적 특성으로 인해 자본화를 중심으로 한 축적 분석이 항상 유효하진 않다. 예를 들어, 한국의 지배적 자본가들은 1980년대 중반까지 주식시장에서의 가치 평가에는 크게 관심을 갖지 않았다. 주가가 오른다고 해서 자신들의 주식을 내다 팔 수도 없었거니와, 팔 생각도 별로 없었기 때문이다. 그들은 세계시장에 더 많이 진출해 자기 '왕국'을 확대하길 원했지, 주가가 오르기를 바란 것은 아니었다.

 그래서 이 책에서도 닛잔과 비클러의 자본 분석틀을 채택했지만 한국 자본주의 권력 형성의 역사적 특수성을 함께 고려하고 있다. 하지만 특수성을 이야기한다고 해서 상대주의적 태도를 강조하면서 자본주의의 일반적 성격을 무시하면 안 된다. 가령, 동아시아 자본주의 발전 과정에서 국가의 역할이라는 특수성을 강조하면서, 국가의 권력적 성격은 제거하고 성장에의 기여만 따지는 것은 특수성의 범위를 넘어서 본질을 호도하는 것이다. 나라별로 지배계급의 정서가 다양하기에 사회질서의 구체적 패턴은 여러 가지로 나타나겠지만, 어떤 경우에도 지배계급이 자의적으로 질서를 강제하진 못한다. 지배계급의 정서도 국가적, 세계적 차원에서 사회세력들이 펼치는 쟁투에 의해 규정되는 '가능성의 한계' 속에서 작동한다.

권력자본론의 관점에서 한국 자본주의의 진화 분석하기

2부

한국 자본주의
권력의 형성

4장

이번 장에서는 발전국가, 개발독재, 국가자본주의 등으로 성격을 규정하는 1997년 위기 이전 시기의 정치경제 체제에 중점을 두고 한국 자본주의의 역사적 진화 과정을 실증적으로 분석한다. 그동안 한국의 자본주의 발전 과정에 대한 연구들은 한국인들이 지난 반세기 동안 이룬 급속한 산업 발전과 높은 경제성장률에 초점을 맞춰왔다. 하지만 필자는 권력의 관점에서 이 과정을 재구성할 것이다. 2장과 3장에서 설명한, 자본 자체를 권력으로 보는 정치경제학적 관점에 입각하여, 흔히 '시장'과 '국가'의 대립 혹은 '정치'와 '경제'의 이분법을 바탕으로 실행되었던 기존 연구의 대안을 제시할 것이다. 권력자본론의 관점에서 차등적 자본축적 개념을 분석의 중심에 놓고 한국의 경제성장사를 파헤침으로써, 급속한 산업 발전의 본성이 '국가이성'이나 '시장 합리성'이 낳은 '국익의 극대화'가 아니라 자본주의적 권력 양식의 형성에 있음을 보일 것이다.

이번 장에서 펼칠 기본 주장들은 다음과 같다. 첫째, 한국 정치경제가 추구해온 급속한 신규 산업투자 breadth regime를 통한 자본주의 발전의 경로도 스태그플레이션 같은 깊이 지향 체제를 통한 자본축적과 마찬가지로 산업에 대한 전략적 통제, 즉 사보타주에 본질이 있다. 둘째, 한국 자본주의 발전 과정의 분석은 산업 성장 자체에 집중하기보다는 이 과정에서 지배 블록이 사회적 결실을 어떻게 차등적 축적으로 사유화했는가에 초점을 맞춰야 한다. 셋째, 따라서 이른바 발전국가의 시기는 경제의 '압축 성장'보다는 자본주의적 지배 블록의 '압축 성장'으로 이해해야 한다. 그 결정체가 바로 한국의 지배적 자본으로 규정할 수 있는 재벌 그룹들이다.

산업과 영리 활동

한국이 지난 반세기 동안 급속한 경제성장을 이룩했다는 것은 의심의 여지가 없다. 그러나 발전주의 이론가들은 이러한 경제성장 과정과 불가분의 관계에 있는 권력 과정을 등한시했다. 즉 특정 사회세력이 공동체 전체의 잠재력을 물화시키는 과정인 산업을 지배·통제함으로써 사회적 결실을 사유화한 과정은 간과한다. 그 결과, 국가와 자본을 권력의 제도적 기구가 아니라 마치 '생산성향상본부'처럼 다루는 우를 범한다.

베블런이 말한 영리 활동에 대한 산업의 종속을 염두에 두고 한국의 경제성장을 살펴본다면 이러한 문제점들을 극복할 수 있다. 산업은 공동체 전체의 창조성에 기반을 두지만, 영리 활동은 산업에 대한 배타적 권리 주장을(혹은 사유화를) 의미한다. 그렇기 때문에 영리 활동은 권력의 문제이다. 한국 사회가 민주화되기 이전과 이후를 막론하고, 모든 '경제적' 성장은 특정한 사회·권력 관계 속에서 이루어졌고, 열매는 차등적으로 분배되었으며, 이로 인한 결과는 다시 사회관계 재편에 영향을 미쳤다. 급속한──농촌의 대규모 '잉여노동력'을 도시의 산업역군으로 전환시킨──프롤레타리아화를 통한 산업 발전 과정은 한국인들의 '복지' 향상을 위한 것도, 한국의 근대 '르네상스'를 위한 것도 아니었다. 지배 블록이 자신들의 권력을 국내외로 확대하기 위해 채택한 사회체제 재편 전략의 일부였다. 그래서 이른바 고도성장기의 본질은 산업 발전 일반이 아니라 차등적 축적의 분석을 통해 드러난다. 이 시기의 축적 체제는 닛잔과 비클러가 외부적 넓이 지향 체제external breadth라고 부른 축적 체제로 분류될 수 있다.

한국의 고도성장

지금까지 한국 자본주의 발전에 관한 연구를 발전이론이 주도해온 데는 나름대로 강력한 '물질적' 기반이 존재했다. 그림 4.1에서 볼 수 있듯이, 위기가 없었던 것은 아니지만, 한국은 지난 반세기 동안 세계의 여타 지역보다 월등히 나은 경제활동을 펼쳤다. 그 결과 (2008년 실질 GDP 기준) 세계 15대 경제대국으로 부상했다.

그림 4.1의 세 그래프는 각각 한국, 라틴아메리카(카리브해 연안 포함), 상위 OECD 국가가 세계 GDP에서 차지하는 비중을 1965년의 값을 100으로 놓고 지수화한 것이다. 이렇게 하면 각 그룹의 상대적인 성장을 한눈에 파악할 수 있다. 2008년 세 그룹의 지수는 각각 457, 108, 92였는데, 이는 한국이 발전이론에서 주요 비교 대상으로 삼는 라틴아메리카의 국

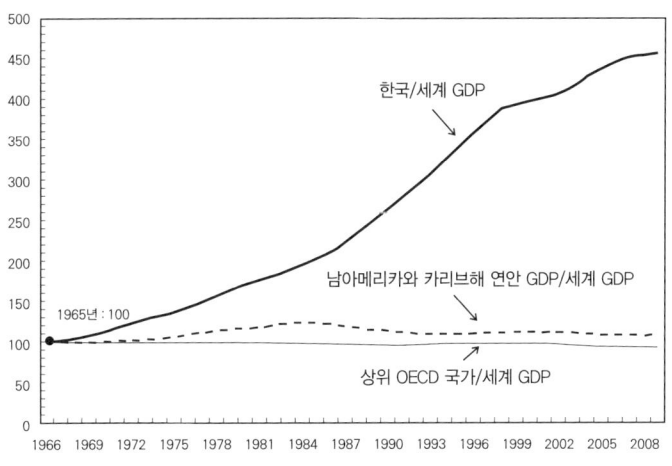

그림 4.1 세계 GDP에서 한국이 차지하는 비중

5년 이동평균값으로 나타냄. 실질 GDP(2000년 불변가격, 미국 달러) 데이터를 지수화.
출처 : World Development Indicators(World Bank).

가들보다 월등히 높은 경제성장을 이루었다는 사실을 보여준다. 좀 더 자세히 말하자면, 2008년에 세계 GDP에서 한국이 차지하는 비중은 1965년에 비해 약 4.6배 커졌다. 반면, 같은 기간에 라틴아메리카와 카리브해 지역의 GDP는 세계 전체 GDP에 대비해 거의 증가하지 않았다. 상위 OECD 국가 그룹의 경우에는 비중이 오히려 줄었다.[66]

GDP 성장률을 비교해보면 차이가 더 확연히 드러난다. 표 4.1은 한국, 라틴아메리카, 그리고 세계 전체의 경제성장률을 1961년부터 2000년까지 10년 단위로 측정한 값을 보여준다. 1960년대에 한국은 110퍼센트 성장했다. 이는 세계 평균 성장률 60퍼센트와 라틴아메리카의 성장률 63퍼센트를 크게 앞지른 수치였다. 1970년대에도 석유파동으로 위기를 겪었지만 한국은 86퍼센트의 성장을 이룩했다. 이는 세계 평균의 두 배가 넘는 수치였다. 특히 한국이 1980년대에 이룬 급속한 성장은 라틴아메리카 지역과의 발전 경쟁에서 큰 의미를 갖는다. 이 지역은 소위 '잃어버린 10년'이라는 장기침체에 빠지는 데 반해 한국은 118퍼센트의 고도성장을 달성했다. 외환위기로 국가부도 선언 직전까지 갔던 1990년대에도 세계 평균 성장률과 라틴아메리카 지역의 성장률보다 두 배 이상 큰 성장률을 달성했다.

GDP 기준으로 1950년대에 최하위 국가 중 하나였던 한국이 1990년에 세계 15위로 성장했으니, 한국의 정치경제가 제3세계 국가들로부터 개발의 모범으로 주목받는 것은 매우 '자연스러운' 일이었다. 또한 주류 경제학자들이 한국의 성공 스토리를 자신들의 이론에 맞춰 아전인수 격으로

---

66 지수화하지 않은 실제 비중을 보면, 한국은 1965년 0.4퍼센트에서 2008년 1.84퍼센트로 증가했다. 같은 기간, 라틴아메리카와 카리브해 지역은 5.64퍼센트에서 6.11퍼센트로 높아졌고, 상위 OECD 국가들은 78.7퍼센트에서 72.02퍼센트로 낮아졌다.

표 4.1 10년 단위 GDP 성장률 비교(단위 : 퍼센트)

기간	한국	세계	라틴아메리카
1961~1970	110	60	63
1971~1980	86	35	64
1981~1990	118	34	11
1991~2000	65	27	32
2001~2008	35	16	32

출처 : World Development Indicators.

해석하려 든 것도 충분히 이해할 수 있는 일이다. 한국의 '기적'이 그들의 이론을 뒷받침하는 실증적 증거가 된다면 그들의 이론적, 정치적 영향력이 획기적으로 커질 수도 있기 때문이다.

한국의 경제성장에 관한 높은 관심은 이해가 되지만, 발전론자들이 취한 거시경제 차원의 총량적 접근 방식은 한국 사회가 지난 반세기 동안 겪은 자본주의적 변화의 '피상적' 측면에만 집중한다는 문제가 있다. 다시 말해, 신고전파와 발전국가론 모두 GDP 성장이란 측면에서 사회적 과정의 외형 변화에만 주목했을 뿐 심층에서 진행된 한국 사회의 권력구조 변화는 등한시했다. 앞에서 언급한 것처럼 경제성장 과정은 공동체의 창조성이 발현되는 과정으로서의 산업과 이 과정을 통제하고 사유화하는 권력의 과정으로서의 영리 활동으로 구성된다. 닛잔과 비클러가 주장하듯이(2004, 109쪽), "산업은 영리 활동의 지배하에서 운영되기 때문에, 우리는 생산에서 분배의 방향이 아니라 분배에서 생산의 방향으로 인과율을 파악해야 한다".

그림 4.2는 닛잔과 비클러의 주장처럼 한국의 급속한 경제성장의 본성

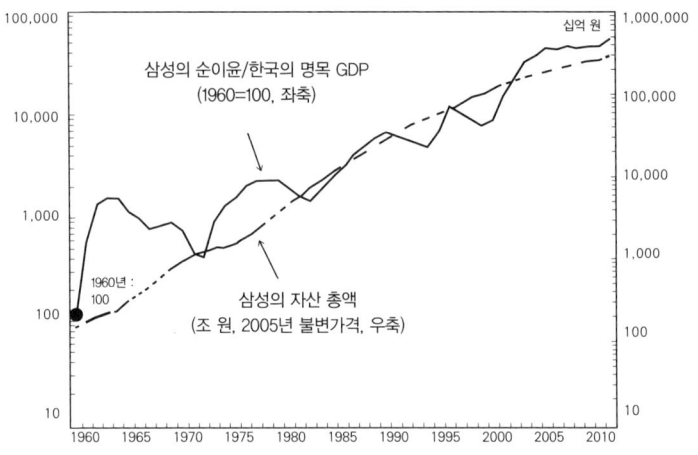

그림 4.2 GDP 대비 삼성그룹의 순이윤과 총자산 변화

5년 이동평균값으로 나타냄. 삼성그룹의 총자산은 2005년 불변가격으로 전환.
출처: 한국은행; 삼성 1998; 삼성(http://www.samsung.co.kr).

을 분배에서 찾아야 한다는 것을 단적으로 보여준다. 그림을 구성하고 있는 두 그래프 중 하나는 한국의 대표적 기업집단인 삼성그룹의 한국 명목 GDP 대비 순이윤을 나타낸 값으로, 5년 평균값을 구한 후 1960년 값을 100으로 놓고 지수로 환산했다. 또 다른 그래프는 삼성그룹의 총자산을 5년 평균값으로 나타낸 것이다. 2010년 GDP 대비 삼성그룹의 순이윤 지수는 53,452로, 지난 반세기 동안 한국에서 새롭게 생산된 부 가운데 삼성그룹이 차지하는 몫의 상대적 크기가 500배 이상 증가했다는 뜻이다. 같은 기간 삼성그룹의 실질 총자산은 1,480억 원에서 320조 원으로 1,918배 커졌다.[67]

---

67 장부상의 명목 자산 가치는 10억 원에서 320조로 32만 배 커졌다.

이러한 변화는 한국 자본주의 발전에 관한 연구의 출발점이 기존의 경제성장에서 자본가계급의 진화, 자본주의적 질서의 확립이란 지점으로 이동해야 한다는 것을 말해준다. 다시 말해, 산업에서 영리 활동으로 이동해야만 한다. 그동안 발전주의 이론가들이 등한시해온 자본의 소유구조, 자본축적 과정, 소득의 분배, 여러 형태의 폭력과 이데올로기, 자본가 지배계급의 출현과 발전 등으로 관심의 초점을 옮겨야 한다. 이런 자본주의 권력의 진화 과정을 이해하기 위해서는 이 과정의 끝, 즉 현시점에서 출발하는 것이 효과적이다. 먼저 재벌의 현재 상황을 알아보자.

자본의 집적과 집중

현재 한국 정치경제의 가장 큰 특징 두 가지를 꼽는다면, ① 고도의 집적과 집중, ② 주요 기업에 대한 소유권 중 상당 부분이 외국인의 수중에 있다는 의미에서 초국적화의 심화이다. 명확한 경계선을 설정하기는 쉽지 않지만, 일단 상위 30대 재벌 그룹군을 지배자본[68]으로 정의하겠다. 이 안에서도 크게 세 개 층위로 상대적 분화가 나타난다. 우선 꼭대기 층위에는 눈에 띄게 두드러지는 네 개의 기업집단이 있다. 삼성, 현대자동차, LG, SK가 이에 속한다. 이들은 장부상의 자산의 크기, 매출액, 순이익, 시가총액 등 여러 지표에서 다른 그룹들과는 확연히 구분된다. 두 번째 층위에는

---

68 지배자본은 고정된 기업일 필요가 없다. 오히려 자본주의의 역동성은 멤버십의 변화에서 발견된다. 다만 한국의 경우 30대 재벌의 구성에서 중간 층위 이상은 좀처럼 바뀌지 않는 경향이 있어, 필요한 경우 4대 재벌, 10대 재벌, 30대 재벌의 3층 구조로 나누어 분석함으로써 좀 더 구체적인 역학 관계를 보여주고자 한다.

포스코, 롯데, 현대중공업, GS, 금호아시아나가 포함된다. 이들은 첫 번째 층위에 속한 그룹보다는 규모가 작지만, 다른 그룹들의 도전을 허용하지 않을 정도로 강력한 집단들이다. 그리고 나머지 스무 개 그룹이 맨 아래 층위를 구성한다.

그 밖에, 이들 기업집단군을 분석할 때 함께 고려해야 할 7대 주요 은행 그룹과 몇몇 공기업 그룹이 있다. 7대 주요 시중은행들은 한국 내의 전체 은행권을 과점하고 있다. 이 중 우리은행은 예금보험공사가 약 57퍼센트의 지분을 보유하고 있고, 한국씨티은행과 SC스탠다드차타드은행은 100퍼센트 외국인 소유다. 어떤 은행도 재벌 그룹의 직접 지배를 받고 있진 않다. 재벌이 은행을 차지하지 못한 여러 이유 중 하나는 박정희 군사정부가 1962년에 모든 상업은행을 국유화한 이래로 오랫동안 은행권 전체가 정부 소유 아래 있었던 데 기인한다. 1980년대에 민영화 과정에서 이런 시도가 있었지만, 재벌 기업의 은행 지분 소유는 제한돼 있었고, 1990년대부터 시작된 자유화와 민영화의 물결이 닥쳤을 때에도 강한 국민적 반감으로 인해 재벌들의 은행권 진출은 여의치 않았다. 결과적으로, 1997년 위기 이후, 재벌 대신에 외국인 투자자들이 주요 은행들을 장악하게 되었다. 2010년을 기준으로, 7대 시중은행의 소유권 약 60퍼센트가 외국인 수중에 있다.

자본의 집중

한국 기업 세계의 이윤 배분 현황을 보면, 이들 30대 그룹과 주요 은행들이 경제를 지배하고 있다는 점이 확연하게 드러난다.

그림 4.3은 2007년도에 한국의 지배적 비즈니스 그룹들이 전체 기업 세계에서 차지한 이윤의 몫을 나타낸 것이다. 기업 전체의 이윤은 국세청

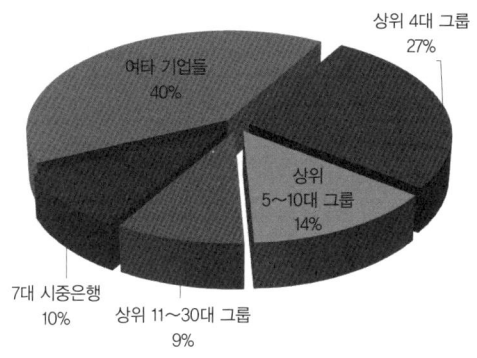

그림 4.3 한국의 정치경제에서 이윤의 분배

- 상위 4대 그룹 27%
- 상위 5~10대 그룹 14%
- 상위 11~30대 그룹 9%
- 7대 시중은행 10%
- 여타 기업들 40%

전체 기업은 2007년 말 기준, 37만 2,214개의 국세청 등록 법인을 의미한다.
7대 시중은행은 국민, 신한, 하나, 외환, 우리, 한국씨티, SC스탠다드차타드 은행을 가리킨다.
출처 : 공정거래위원회 ; 국세청 ; 금융감독원.

에 등록된 약 37만 개 기업들의 순이윤(손실) 합을 의미한다. 2007년 기업 전체의 순이윤 98조 원의 60퍼센트가 이들 30대 재벌 그룹과 7대 은행의 몫이었다. 좀 더 자세히 살펴보면, 상위 4대 재벌 그룹이 기업계 전체 이윤의 27퍼센트, 이어서 5~10대 그룹이 14퍼센트, 11~30대 기업이 9퍼센트를 차지했다. 그리고 7대 주요 은행의 이윤은 10퍼센트로, 30대 그룹의 세 번째 층위와 비슷한 수준이었다.[69]

계속해서 한국의 거대 기업집단을 재벌이라고 부르고 있지만, 1997년 위기 이후 소유지배구조의 커다란 변화로 한 가족의(법적으로 동일인과 그 관계인) 우월적 소유 지분을 의미하는 재벌은 더 이상 존재하지 않는

---

69 적자 기업을 빼고 흑자를 낸 24만 7,868개의 기업만을 대상으로 할 경우에는 비율이 조금 떨어진다. 전체 기업 이윤은 149조 원이고, 이 중 1~4대 기업이 18퍼센트, 5~10대 기업이 9퍼센트, 11~30대 기업이 6퍼센트, 7대 은행이 6퍼센트를 차지했다. 이들 지배자본의 몫이 도합 39퍼센트였다.

다. 다만 재벌 기업 창업자 가족이 경영권을 유지하고 있다는 의미에서 재벌은 존재한다. 공정거래위원회에 따르면, 삼성그룹의 경우 2012년 4월 기준, 동일인 이건희와 그의 4촌 이내 친인척이 보유한 지분은 전체의 0.95퍼센트에 불과하다. 가족의 지분은 매우 적지만, 이 가족이 계열회사 간 순환출자를 통해 기업을 실질적으로 통제하고 있다. 이건희 일가는 계열사들의 상호 순환출자를 통해 전체 지분의 약 60퍼센트를 장악함으로써 삼성그룹 전체에 대한 경영권을 유지하고 있는 것이다.

창업자를 기준으로 대기업집단을 다시 분류할 경우에는 한국 경영계의 집중 정도가 더 높아진다. 창업자의 재산이 자손들에게 상속될 때 보통 여러 개의 그룹으로 나뉘었으나, 새끼 친 재벌 기업을 창업자들의 자녀들이 경영하고 이미 확립된 유리한 사회적 위치에서 영역을 재차 확장한 결과다. 표 4.2는 창업자를 중심으로 재벌 그룹들을 묶어 상위 4대 기업집단으로 재구성한 것이다.

한국에서 가장 큰 그룹인 삼성은 CJ, 신세계, 새한, 한솔이라는 네 개의 자매 그룹을 두고 있다. 뒤의 두 그룹은 재벌 순위 30대 안에 들지 못해 표 4.2에는 포함하지 않았다. 이 재벌 가문의 창업자 이병철이 죽은 후, 식품업의 CJ는 첫째 아들이, 백화점 체인인 신세계는 셋째 딸이, 제지 쪽에 주력하는 한솔그룹은 첫째 딸이, 미디어 쪽에 주력하는 새한그룹은 둘째 아들이 각각 물려받았다(이한구 1999, 542쪽). 삼성전자가 포함된 삼성의 주력은 3남 이건희가 물려받았다. 장부상의 자산 기준으로 2009년 4월 현재 삼성은 재벌 최고의 자리를 차지하고 있고, CJ는 재계 19위, 신세계는 21위에 올라 있다. 이 셋의 자산을 합산하면 369조 원에 달한다. 삼성그룹 하나만도 63개의 기업을 거느리고 있다. 이들은 법적으로는 모두 독립된 법인들이다. 이 중 18개 사가 한국 주식시장에 상장되어 있다. 2009

표 4.2 상위 4대 재벌 가문의 영토

재벌가 창립자	대기업 집단	계열사 수	상장 기업 수	자산 (장부가치 10억 원)	기업계 비중	상장기업 시장가치 (10억 원)	주식시장 비중
이병철	삼성	63	18	343,812	12	190,711	21.4
	CJ	61	8	13,022		6,419	
	신세계	14	5	12,438		10,934	
정주영	현대자동차	41	9	122,718	7.1	63,873	10.6
	현대중공업	15	2	41,187		14,884	
	현대	11	3	20,835		6,867	
	현대건설	14	1	9,811		7,653	
	현대백화점	22	4	6,857		3,231	
	현대산업개발	16	2	6,693		3,028	
	KCC	10	2	8,701		4,086	
구인회	LG	52	13	78,918	4.5	71,407	9.1
	GS	64	6	43,081		9,331	
	LS	32	7	16,180		7,862	
최종건 최종현	SK	77	16	89,043	2.9	37,431	3.8
합계		492	100	813,296	26.5	437,717	44.9

시장가치는 2009년 12월 말 기준으로 보통주와 우량주를 모두 포함한 것이다.
전체 주식시장 가치는 약 974조 원이다.
기업계는 국세청에 법인으로 공식 등록된 기업늘 선체를 가리킨디. 어기에는
40만 6,042개 기업이 포함되어 있다. 이들 전체의 자산 총계는 3,073조 원에 달한다.
출처 : 공정거래위원회 ; 한국거래소 ; 국세청.

년 12월 현재 삼성그룹의 시가총액은 190조 원으로 한국 주식시장 전체 가치의 20퍼센트를 차지한다. 삼성전자의 시가총액은 130조 원으로 삼성그룹 전체 시가총액의 대부분을 차지한다(삼성그룹 시장가치의 약 70

퍼센트). 삼성그룹은 전기전자, 조선, 금융보험, 부동산, 각종 서비스업 등 거의 전 업종에 걸쳐 사업을 벌이고 있다.

재벌 그룹들의 사업 확장에 대해 집적과 집중을 통한 산업 효율성 때문이라고 옹호하는 이들이 있지만, 실제 그룹 내 기업들의 산업적 연계는 제한돼 있다. 그보다는 벌들처럼 '분봉'을 통해 권력의 영역을 확장하기 위해 그룹 내 기업을 늘려가는 것이라는 분석이 더 잘 들어맞는다. 분봉이란 새끼 여왕벌이 자라면 무리의 일부를 이끌고 나가 새로운 벌집을 만드는 것을 말하는데, 고대 부여족이 부여-고구려-백제-왜로 이어지는 계보를 형성한 것과 비슷하다. 재벌 2세, 3세로 이어지면서 자손들이 늘어나자, 이들에게 영역을 하나씩 넘겨주다가 결국 재벌이 동네 빵집과 떡볶이 가게의 영역까지 침범하고 있는 실정이다.

두 번째로 큰 재벌가인 정주영이 세운 범현대가도 '분봉'의 수준이 삼성 못지않다. 정주영 사후 형제와 자손들이 그룹을 분할하여 유산을 상속하면서, 현대그룹이 일곱 개의 그룹으로 나뉘었다. 바로 현대자동차, 현대중공업, 현대, 현대건설, KCC[70], 현대백화점, 현대산업개발이다. 삼성그룹과 마찬가지로 현대가의 그룹들도 거의 모든 업종에 발을 담그고 있다. 범현대 계열은 총 139개의 법인기업을 포괄하고 있는데, 이 중 23개 기업이 상장되어 있다. 이들의 시가총액은 약 104조 원으로, 주식시장 전체의 11퍼센트를 차지한다. 정주영의 첫째 아들이 경영하는 현대자동차 그룹의 시가총액이 현대가 상장기업 전체 가치의 60퍼센트를 차지한다.

삼성과 현대의 뒤를 이어 한국의 정치경제에서 세 번째 위치를 차지하

---

70 KCC는 다른 현대가 기업집단과는 달리 일찍부터 정주영의 막냇동생인 정상영이 경영을 지배하면서 독립적으로 성장해온 것으로 알려져 있으나, 범현대가에 포함했다.

는 그룹은 구인회가 만든 럭키-금성 패밀리로서 현재 LG, GS, LS로 분할되어 있다. 주로 LG는 전기전자, GS는 건설과 에너지, LS는 케이블과 자원 쪽으로 이름이 나 있지만, 이 재벌가 역시 앞의 두 경우만큼 다각화되어 있다. LG, GS, LS의 상장기업들의 시가총액은 89조 원 정도로 전체의 9.3퍼센트에 해당된다.

그다음 네 번째 자리를 차지하는 그룹은 SK이다. SK는 위에 언급한 그룹들과는 다르게 아직 그룹이 분사되지 않고 최종건, 최종현 형제가 확립한 그룹 체제를 유지하고 있다. 현재 77개 계열사로 구성돼 있고, 이 중 16개가 상장되어 있다. 이 상장기업들의 가치는 한국 주식시장 시가총액의 4퍼센트를 차지한다. 통신, 에너지, 화학 등이 주력 산업이다. 그룹의 맏형 격인 SK텔레콤은 무선통신 분야에서 2008년 기준 50퍼센트의 시장점유율을 기록하고 있고, SK에너지는 석유 도소매 시장에서 30퍼센트 이상의 시장점유율을 기록하고 있다.

한국의 비즈니스 세계에는 30대 재벌 기업집단과 7대 시중은행 이외에 또 하나의 집중화된 기업집단이 존재한다. 바로 공기업 그룹들이다.[71] 이들이 제공한 사회기반시설이 없었다면, 재벌 대기업의 급속한 성장도 없었을 것이다. 정부는 이 기업집단을 아예 민영화해서 대자본들이 직접 지배하는 영역으로 전환하려고 한다. 그중 일부는 1997년 위기 이후 이미 민영화되었고, 나머지는 수익성 좋은 순서로 '대기자 명단'에서 우선순위를 차지하고 있다. 세계 철강업계에서 철강 생산 능력으로는 3위, 시장가치로는 1위인 포스코는 2000년에 민영화되었다. 그리고 유선통신과 담

---

71 주요 공기업집단으로는 한국전력, 토지주택공사, 도로공사, 가스공사, 철도공사, 인천공항공사, 인천도시개발공사 등이 있다. 2009년 말 기준으로, 이들의 장부상 자산 가치는 전체 기업계의 12퍼센트 정도를 차지한다.

배를 각각 독점하고 있었던 KT와 KT&G는 2002년에 민영화되었다. 이후에도 정부는 전력 생산과 공급을 독점하고 있는 한국전력의 민영화에 총력을 기울였고, 철도, 공항도 민영화하려고 호시탐탐 노리고 있다. 포스코, KT, KT&G의 시가총액은 62조 원으로 전체 주식시장의 6.4퍼센트를 차지한다. 증권시장에서는 현재 시가총액 20조 원 규모인 한국전력이 완전 민영화된다면 가치가 훨씬 높아질 거라고 평가하며 정부를 계속 부추기고 있다. 이명박 정부는 '세계 최고의 공항 상'을 7년 연속 수상한 인천공항을 선진화라는 명목으로 민영화하려 했지만 민심에 밀려 강행하진 못했다.

2009년 말 기준, 상위 4대 재벌가 기업들과[72] 공공부문에 속한 533개 기업체 중 100개 기업이 한국 주식시장에 상장되어 있다. 이는 한국 주식시장에 상장된 총 1,788개 기업(코스닥 포함)의 5.61퍼센트에 해당된다. 하지만 이들의 시가총액 비중은 이보다 훨씬 큰 48퍼센트이다. 이는 위에서 언급한 주요 은행들과[73] 포스코, KT, KT&G를 포함하지 않은 수치이다.

자본의 초국적화

한국 자본 권력구조의 두 번째 주요 특징은 1997년 이후 급격히 진행된 자본의 초국적화이다. 1990년대 초반까지 한국 주식시장에서 외국인 소유 비중은 무시해도 될 만큼 작았다. 1991년 외국인이 보유한 주식의 시가총액은 약 2조 4,000억 원으로 전체 상장기업 시가총액의 3.3퍼센트에

---

72 2009년 말 기준으로 10대 재벌 그룹에 속한 상장기업들의 시가총액은 전체의 55퍼센트에 이른다.
73 7개 주요 은행 중 5개가 상장되어 있다. 이 다섯 은행의 시장가치는 2010년 1월 현재 75조 원으로, 시장 전체의 약 7.7퍼센트를 차지한다.

불과했다.

1992년 김영삼 정부가 소위 "세계화"를 경제정책 기조로 잡으면서 상황은 갑자기 달라진다. 1997년 위기 직전에는 외국인 소유 지분이 시가총액 기준으로 14.6퍼센트까지 증가했다. 이는 1991년에 비해 네 배가 넘는 수준이다. 그리고 1997년 위기 이후 외국인 지분 증가 속도는 더욱 가속화되었다. 2004년 절정에 달했을 때는 외국인 소유 지분이 상장사 전체 시가총액의 42퍼센트에 이르렀다. 세계적으로 '악명 높았던' 국가자본주의 체제가 10여 년 만에 가장 많이 세계화된 자본주의 체제 중 하나로 급부상한 것이다(그림 4.4 참조).

2004년 이후 외국인 투자자들이 일부 주식을 팔아 시세차익을 얻으면서 주식 비중을 줄였다. 최근에는 미국 서브프라임 모기지 사태 이후 매도

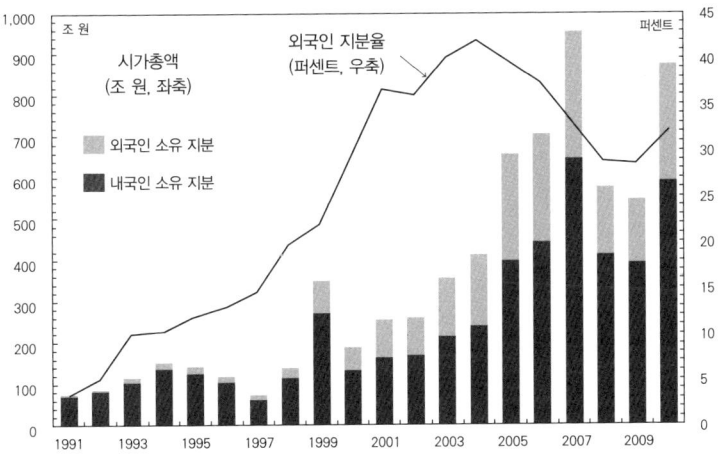

그림 4.4 한국 주식시장의 초국적화

2009년 9월 말 기준.
출처: 금융감독원; 한국거래소.

4장 한국 자본주의 권력의 형성 239

량을 늘렸다. 그 결과, 2009년 초 외국인 주식 소유 비중이 28퍼센트까지 내려갔다. 그렇지만 글로벌 금융시장이 외관상 '정상'을 되찾자, 외국인들은 다시 순매수를 대거 늘리며 소유 비중을 높였다. 2009년 9월 기준, 한국 주식시장에서 외국인의 주식 소유 비중은 32퍼센트를 차지한다.[74]

현재 거의 모든 주요 '한국' 기업들이 상당 부분 외국인들의 수중에 있다고 볼 수 있다. 한국의 간판기업인 삼성전자(2009년 말 현재 시가총액 133조 원으로 한국 주식시장 전체 시가총액의 약 15퍼센트를 차지한다. 매출액은 130조 원, 순이윤은 10조 원이다)의 지분 50퍼센트는 외국인 소유이다. 한국인들의 '자존심'인 삼성전자를 한국 기업이라고 부르기는 좀 난처한 상황인 것이다. 시가총액으로 세계 최대 철강회사인 포스코(매출액 45조 원, 순이익 4.8조 원, 시가총액 52.6조 원) 역시 외국인 지분이 50퍼센트에 이른다. 은행 부문의 경우, 4대 시중은행(정부가 통제하는 은행들을 제외하고)의 외국인 주식 소유 비중은 60퍼센트에 달한다. KT(매출액 11.2조 원, 순이익 1조 원, 시가총액 12조 원)와 SK텔레콤(매출액 9조 원, 순이익 1조 원, 시가총액 14.7조 원) 역시 주식의 반은 외국인 투자들에게 넘어간 상태이다. 그 밖에 소위 한국의 전략산업 분야인 자동차와 조선 분야의 대표 기업들도 지분의 약 30퍼센트가 외국인 수중에 있다.

1997년 위기 이후 급속히 진행된 초국적화가 처음에는 한국의 지배적 자본의 이해를 심각하게 침해하는 것처럼 보였으나, 시간이 지나면서 한국의 재계 거물들은 이를 환영하게 되었다. 그리고 이제는 자신들이 앞장서서 전 세계 차원의 자유무역협정FTA 체결을 위한 캠페인을 펼치고 있

---

[74] 2013년 3월 말 기준 코스피 기준 외국인 주식 보유 비중은 34.6퍼센트, 코스닥을 포함할 경우 32.1퍼센트이다.

다. 한국 정부는 칠레를 시작으로 미국, EU와도 자유무역협정을 체결했다. 그리고 캐나다, 중국, 일본, 인도 등 여러 나라들과 협정 체결을 위한 협상을 진행하고 있다.

또한, 자본의 초국적화가 한쪽 방향으로만 흘러간 것은 아니었다. 최근의 직접투자를 보면, 해외로 흘러나간 한국 자본이 한국으로 들어온 자본을 훨씬 앞지른다(그림 4.5 참조). 1997년 경제위기를 계기로 외국인 직접투자가 급격히 늘어나면서, 1999년에는 직접투자 유입액이 한국의 해외 직접투자 금액보다 122억 달러가량 많았다. 이후 유입액의 증가 속도가 서서히 줄어들고 한국의 해외투자가 급속히 늘어나면서 격차가 좁혀지더니 2006년에는 역전이 이루어졌다. 한국의 해외 직접투자는 2001년에 40억 달러이던 것이 2011년에 265억 달러로 증가하면서, 규모가 여섯 배

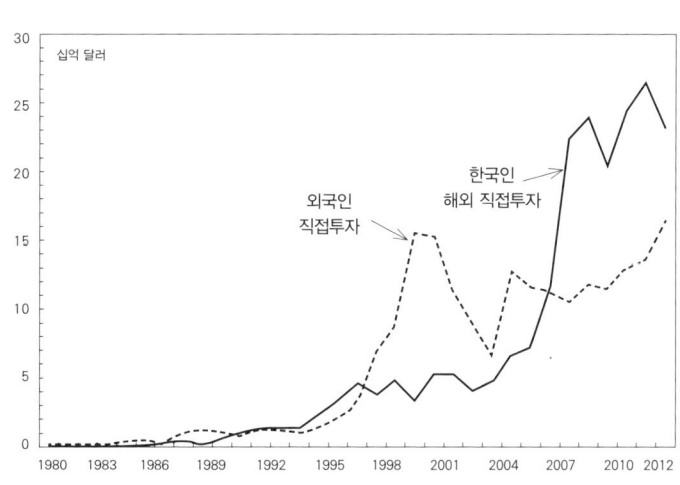

그림 4.5 외국인 직접투자와 한국의 해외 직접투자

출처 : 한국은행(http://www.bok.or.kr).

이상 커졌다. 2006년에는 1997년 위기 이후 처음으로 한국의 해외 직접투자가 외국인 직접투자를 5억 달러가량 앞섰는데, 이후 격차가 더 벌어져 2011년에는 전자가 후자보다 128억 달러나 많았다.

최근 엄청나게 증가한 해외 직접투자의 결과, 일부 '한국' 기업은 세계적으로 가장 초국적화가 많이 진행된 100대 기업 안에 들게 되었다. 2006년 기준으로 삼성전자는 자산과 고용에서 해외 부문이 차지하는 비율이 각각 31퍼센트, 34퍼센트다(표 4.3 참조). 매출액의 경우에는 78퍼센트가 해외에서 나온다. 현대자동차, LG, 기아자동차의 경우에도 매출의 반 이상이 해외에서 나온다. 특히 LG의 경우에는 해외 고용 비중이 50퍼센트를 넘는다는 사실이 눈에 띈다. 한국의 지배적 자본 그룹들이 계속해서 해외 직접투자를 늘리고 개도국과 선진국 회사들의 인수합병 계획을 발표하는 것을 보면, 해외 직접투자가 외국인 직접투자 규모를 앞지르는 현상은 앞으로도 지속될 것으로 보인다.

한국의 재벌 그룹들에 대한 외국인의 주식 지분이 늘어남과 동시에 한

표 4.3 해외 직접투자 기준 5개 주요 초국적 기업(2006년 기준. 단위 : 100만 달러, 명, 퍼센트)

초국적 기업	자산		매출액		고용	
	해외(비중)	전체	해외(비중)	전체	해외(비중)	전체
삼성전자	27,011 (31)	87,111	71,590 (78)	91,856	29,472 (34)	85,813
현대자동차	19,581 (26)	76,064	30,596 (45)	68,468	5,093 (9)	54,711
LG	15,016 (28)	53,915	43,902 (62)	70,613	36,053 (52)	70,000
기아자동차	6,767 (36)	18,655	11,525 (54)	21,316	10,377 (31)	33,005
하이닉스	4,685 (28)	16,550	8,317 (100)	8,317	4,511 (28)	15,933

출처 : UNCTAD, World Investment Report 2008(http://www.unctad.org).

국의 해외 직접투자가 증가하면서, 자본의 국적성은 점점 더 의미를 잃고 있다. 자본 소유자들의 국적에 상관없이, 정치경제적 과정에 대한 지배력은 점점 더 핵심 재벌 기업에 집중되었다. '경제적' 과정에 대한 결정력뿐만 아니라 '정치적' 과정에 대한 재벌 기업의 영향력이 지속적으로 강화되면서, 대통령마저 "이제 권력은 시장으로 넘어갔다"라는 말을 내뱉을 지경이 되었다. 한국 재벌의 대규모 축적이 지속적으로 확대되어온 산업 생산과 관련 있다는 것은 틀림없는 사실이다. 하지만 이 둘의 관계는, 이윤이 물질적 자산의 생산적 기여에 비례해 결정된다는 주류 경제학자들의 주장과는 전혀 상관이 없다. 한국뿐만 아니라 그 어디에서나, 축적은 생산 자체가 아니라 생산의 정치학에 의해 결정된다. 여기에는 국가의 폭력, 이데올로기, 전략적 사보타주, 그리고 무엇보다 재산에 대한 사적 소유권이 포함된다. 지난 반세기 동안 진행된 한국 자본주의 역사는 재벌 기업의 이윤과 자본의 축적이 사회적 배제와 이를 뒷받침하는 권력 제도의 확립을 기반으로 이루어졌음을 보여준다. 이제 과거로 돌아가 이 과정을 살펴보자.

세계대전 직후 분배 연합의 출현

일본이 패망한 1945년 이후, 미국과 한국의 우익 세력이 권력의 진공상태를 빠르게 수습하면서 한국 자본주의의 '본원적 축적'이 시작되었다. 한반도에서 자본주의 발전은 20세기로 전환되는 시점에 이미 시작되었지만, 1945년까지의 자본주의 발전은 일본의 자본주의적 제국주의 발전의 일부로 정의해야 한다. 이는 조금 다른 차원의 연구를 요하므로, 우리의 관심을 해방 이후에 집중하겠다. 일본인들이 떠나자마자 미국과 소련의 군대가 한반도를 점령했다. 점령군들은 남과 북을 나누어놓고, 1945년에서 1948년까지 각자의 관할 지역에서 모든 사회적 과정을 직접 통제했다. 1948년 8월에 남한 정부가 공식 수립되면서, 권력이 초대 대통령인 이승만이 이끄는 우익 세력에게 이양되었다. 새로운 권력구조는 안정과는 거리가 멀었다. 좌와 우의 폭력 충돌 없이 지나가는 날이 하루도 없었다. 결국 이들 간의 싸움은 한국전쟁으로 귀결되었다.

세계대전이 끝난 후 첫 10년은 매우 혼란스러웠지만, 한국인들의 미래와 관련해 매우 중요한 시기였다. 지배적 이데올로기, 사회적 분배 방식, 자본주의적 세계 질서에의 종속성, 특히 미국에 대한 의존성이 이 시기에 형성되었다. 국가는 일본인들이 남기고 떠난 자산과 미국과 유엔의 원조를 배분하면서 자본 형성 과정을 지배했다. 비즈니스 인프라의 부재 때문에 경영자들과 관료들의 친밀성(혹은 정실주의)이 사업 기회를 결정하는 요인이 되었다. 하지만 이 과정은 집중화된 국가권력이 상품화되고 사유화되는 과정이기도 했다. 이 시기의 여러 사회변화는 자본이 생산성 자체와는 거리가 멀고, 사회적 생산과 재생산 과정에 대한 차등적 권력 요구라는 사실을 잘 드러내준다.

권력의 이양

일본이 연합국에 패하면서, 난공불락처럼 여겨졌던, 일본인들이 세운 강력한 제국주의적 국가-자본 연합 권력 체제가 일순간에 와해되었다. 권력의 공백은 사회세력들의 상이한 흐름을 만들어냈고, 상이한 두 사회세력은 결국 정면충돌하고 말았다. 한편은 자립적인 사회주의국가를 만들려는 세력이었다. 초기에는 좌파 진영이 대중의 지지를 확보하면서 새로운 국가를 건설하는 과정에서 주도권을 잡았다. 하지만 좌파의 행복한 순간은 그리 오래가지 못했다. 다른 한편은 우익 블록으로서, 대중적 기반이 없어서 미국의 군사력과 우익 깡패 조직에 의존했다. 많은 우파 정치 지도자들이 한반도 안팎에서 독립운동을 한 경험이 있었지만, 계급적 배경에 따라 대부분 친일 행적이 있는 전통적 지주와 자본가들과 동맹을 맺게 된다. 이런 선택으로 인해 대중적 입지는 더 악화되었다.

그럼에도 불구하고, 결국 권력을 잡은 쪽은 우익 블록이었다. 물론 미군의 물리력과 극우 정치 깡패 조직의 백색테러가 없었다면 불가능했을 일이었다. 미국과 소련이 한반도를 분할,통치하기로 결정하지만 않았다면 자립적 사회주의국가가 탄생했을 가능성이 높다. 일본이 패망한 직후, 일본 총독부는 건국준비위원회라는 좌파 조직에 통치권을 이양할 계획을 세웠다. 그들도 건국준비위원회의 전국 조직과 대중에 대한 영향력을 인정하고 있었다. 그들은 권력을 한국인들에게 이양하는 대신, 안전한 귀국을 보장받고 싶었다. 그러나 자치 정부에 대한 한국인들의 희망은 미국과 소련이 한국에서 신탁통치를 실시하기로 결론을 내림으로써 한순간에 물거품이 되었다.

한반도의 남쪽을 점령한 미국은 좌파 블록이 정부 수립 과정을 주도하는 상황을 좌시할 수 없었다. 그래서 폭력적으로 좌파 세력을 탄압하면서 우익 블록을 전폭적으로 지지했다. 미국은 대한민국 임시정부에서 주요한 반공 인사였던 이승만을 선택했고, 결국 그가 대통령이 되었다. 이승만은 식민지 기간에 임시정부의 외교 업무를 책임졌는데, 하와이에 머물면서 미국 정치인들과 관계를 텄다. 최근 아프가니스탄의 카자이 정부가 구성된 과정을 보면 이 당시에 한국에서 일어났던 일들이 거의 유사하게 재연되었음을 알 수 있다. 이승만 일파는 미국의 군사력과 함께 백색테러에 의존했다. 위에서 말한 건국준비위원회를 이끌었던 여운형이 암살당했

고, 주요 정적이었던 김구도 이승만의 행동대원에 의해 살해되었다.[75]

마르크스가 말했듯 "권력은 구시대가 새로운 시대를 낳도록 돕는 산파다"(Marx 1887, 477쪽). 한국에서도 국가가── 보다 정확히 말하자면 국가의 폭력이── 자본을 탄생시켰다. 권위주의적 국가는 좌파와 민중들을 냉혹하게 탄압하는 반면, 기업인들에게는 많은 기회를 제공했다. 초기에 그들 중 일부가 경쟁자들보다 앞서 갈 기회를 잡을 수 있는 중대한 계기가 있었다. 첫 번째 기회는 정부가 일본인들이 남기고 간 귀속 자산을 민간에 재분배하기로 결정하면서 만들어졌다. 두 번째 기회는 한국전쟁이 가져다주었다. 전쟁이 발발해 미국이 주도하는 유엔군이 한반도에 파견되면서 엄청난 규모의 금융 원조와 물적 원조가 밀려왔다. 한국 정부가 이 원조 자금과 물자를 민간에 재분배하면서 일부 기업인들은 예상치 못했던 엄청난 노다지를 발견했다. 그러나 훗날 한국의 지배적 자본을 통제하게 된 재벌들의 번영의 길은 공장 같은 '유형'자산 자체보다는 '무형의' 권력 네트워크에 의해 열렸다. 한국 자본가계급 형성에 중요한 계기가 된 이 과정들을 좀 더 자세히 살펴보자.

적산 불하와 분배 연합의 형성

일본인들이 남기고 간 재산은 미군정이 몰수했고, 1948년 한국 정부가 넘겨받는다. 이 재산은 향후 10년에 걸쳐 한국인들에게 재분배되었다. 재산 목록에는 공장과 광산 2,690개, 동산 3,924개, 선박 225척, 창고 2,818개, 점포 9,096개, 농지 32만 4,404정보, 대지 15만 827정보, 주택 4만

---

[75] 정치 테러는 단지 개인 암살에 그치지 않았다. 여러 차례 민간인 대량 학살이 일어났다. 제주 4.3항쟁에서는 약 3만 명이 살해당했다. 학살은 한국전쟁이 끝날 때까지 지속되었다.

8,456채, 임야 7만 39정보, 잡종지 1,366개, 과수원 2,386개가 포함되어 있었다(이한구 1999, 50쪽). 이 재산의 금전 가치를 계산하기는 쉽지 않지만, 대략 어느 정도일지 가늠할 수 있는 지표는 존재한다. 미군이 작성한 문서에 따르면, 1945년 기준, 일본은 총 2,190억 달러 상당의 해외 자산을 가지고 있었다. 이 중 한국에 투자된 것은 34.5퍼센트로서, 약 750억 달러에 이른다(허수열 2005, 361쪽. 원 출처는 다음과 같다. General Headquarters, Supreme Commander of the Allied Powers(SCAP) in 1948, *Japanese External Assets as of August 1945*).

또한 일본인들이 소유한 공장이 일제 치하 전체 산업 생산의 약 80퍼센트를 담당했다고 한다(박병윤 1982, 89쪽).

적산(敵産) 불하가 무상은 아니었지만, 상대적으로 싼값에 좋은 조건이었기 때문에 서로 기회를 차지하려고 달려들었다. 특혜를 입은 적산 인수자들은 처음에 총비용의 10퍼센트만 지불하고, 나머지는 15년 안에 지불하면 되었다(김윤태 2000, 110쪽). 대부분의 적산 불하는 1947년에서 1952년 사이에 시행되었는데, 1947년에서 1957년 사이에 서울의 도매물가지수가 100에서 2만으로 200배 이상 높아졌다(경제기획원 1961). 이러한 초인플레이션으로 인해 초기 비용을 제외한 나머지 90퍼센트의 비용은 상쇄되다시피 했다.

현재 30대 재벌 기업 대부분이 적산 불하의 혜택을 보았다. 삼성, 현대, LG, SK, 두산, 한진, 한화, 쌍용(현재의 STX), 효성, 롯데라는 10대 그룹이 불하받은 적산은 훗날 성공 신화의 출발점이 되었다. 이들 중 가장 전형적인 적산 수혜자는 SK, 두산, 한화의 창업자들이다.

미군정과 한국 정부는 일본인 재산을 연고가 가장 많은 한국인들에게 우선 불하한다는 원칙을 세웠다. SK의 창업자 최종건은 일본인이 세운 선

경직물이란 회사의 공장에서 기술자로 일하고 있었는데, 일본인 소유주가 본국으로 돌아간 후 공장을 장악했다. 그는 동료들과 함께 일종의 노동자위원회를 만들어 회사를 운영했다. 1953년에 그들은 공식적인 주인이 된다. 두산의 경우 창업자가 소화기린맥주의 주식 200주를 가지고 있었다. 이는 전체의 0.3퍼센트에 불과했으나, 그는 미군정을 설득해 1946년에 소화기린맥주의 경영자로 인정받는다. 그리고 1953년에 한국 정부와 공식 계약해 회사를 소유하게 된다. 한화의 이야기는 설립자 김종희의 간교함으로 매우 유명하다. 그는 일본의 군수업체인 조선화약공판에 근무하던 유일한 한국인 종업원이었는데, 일본인들이 모두 떠나간 뒤에 남은 재고를 팔아 자금을 만들고, 이를 밑천으로 공장을 인수해 한화그룹의 주력인 한국화약을 세웠다(박병윤 1982, 90쪽).

일제하 자본주의 발전과 일본 패망 이후의 적산 불하가 한국 자본주의 진로에 중요한 역할을 했다는 것은 틀림없는 사실이다. 일부 경제사학자들과 발전주의자들은 이 기간 동안 건설된 '유형자산'의 누적 효과에 초점을 맞추곤 한다(교과서 포럼 2008 ; Eckert 1991 ; Cumings 1984 ; Woo-Cumings 1991). 그러나 이러한 물질적 자산이 가장 중요한 요소는 아니었다. 식민지 시대에 이식되고 이후에 한국 지배계급이 계승한 것은 교각, 철도, 항만, 플랜트 같은 물질적 구조물에 축적된 '죽은 노동'만이 아니다. 더 중요한 것은 자본주의적 사회관계다. 사적인 소유권을 바탕으로 한 사회적 생산과 재생산 과정에 대한 이윤청구권의 행사를 신성시하는 이념과 제도다.

표 4.4가 말해주듯이 대부분의 주요 재벌 그룹들은 일제강점기에 사업을 시작했다. 그들 대부분은 2차 세계대전 이후 몰수된 일본인 재산을 불하받았다. 그렇지만 이들이 성공가도를 달릴 수 있었던 것은 이 유형자산

때문이 아니었다. 이 미래의 재벌들이 획득한 것은 단지 공장이 아니었다. 그들은 정치인들, 관료들과의 구조적인 관계를 얻었다. 올슨의 용어를 사용하자면(Olson 1965 ; 1982), 이 시기 한국 자본주의를 '분배 연합'의 출발점이라고 부를 수 있다. 실제로 적산 불하는 원료 수입 면허, 저금리 대출, 세금 감면, 특혜 환율, 달러 배분 등과 연계되어 시행되었다(Jones and Sakong 1980, 271쪽).

일본인들이 남기고 간 유형자산의 영향은 초기에 매우 중요했지만, 시간이 지나면서 차츰 효과가 사라졌다. 대부분의 인프라와 산업 시설은 1950~1953년 한국전쟁을 거치면서 파괴되었다. 또한 이들 자산의 상당수가 북한에 있었다는 사실을 상기할 필요가 있다. 식민지 시기에 건설된

표 4.4 한국 재벌 기업의 창업 회사

재벌 기업	창업자	창업일	창업 회사 (업종)
삼성	이병철	1938	삼성상회(물산)
현대	정주영	1938	경일상회(미곡상)
SK	최종건	1953	선경합섬(일본인 설립, 1939)
LG	구인회	1931	구인상회(포목상)
롯데	신격호	1946	일본에서 히카리화학 연구소(비누와 껌) → 롯데제과 설립(1967)
금호아시아나	박인천	1946	광주택시(운송)
한진	조중훈	1942	이연공업사(엔진 수리) → 한진상회(1945, 운송)
한화	김종희	1952	조선화학(일본인 설립, 1939) → 한국화약(1952)
두산	박승직	1898	박승직상점(면 소매점)
STX	김성곤	1976	쌍용중공업(조선, 기계)

출처 : 각 그룹 홈페이지 ; 이한구 1999.

산업 시설 중 70퍼센트는 북한의 수중에 떨어졌다(박병윤 1982, 89쪽). 그리고 한국의 지배적 자본의 창립자들이 세운 '시초' 회사들의 규모는 보잘것없었다(표 4.4 참조). 그나마 이 작은 회사들도 2차 세계대전 기간에는 일제가 한국 경제를 전시경제 체제의 일부로 포함하면서 문을 닫아야 했다.

한국 재벌들은 미국이 제공한 대규모 군사·금융 원조와 독재 정권의 제도적 지원을 차등적으로 사유화할 기회를 잡고 나서야 모양새를 갖춰나갔다. 또한 전쟁과 상관없이, 1950년대에 한국은 세계에서 가장 산업화가 안 된 곳 중 하나였다. 보잘것없던 공장 자체보다는 공장 소유권을 기반으로 정치인, 관료와의 장기적 공생 관계를 확립하며 미래의 산업 과정을 선점하는 것이 더 중요했다. 초기 재분배 과정에서 주목해야 할 부분은 새로운 지배계급의 형성과 함께, 사회적 부와 권력을 분배하고 재조정하는 특정한 메커니즘의 확립이라고 생각한다. 사업가, 관료, 정치인은 '호혜적' 상호작용으로 지배계급의 집단 정체성을 형성했으며, 미국과 관계를 맺으며 큰 틀에서 향후 권력 양식의 윤곽을 그려나갔다.

혼란 속의 기회

3년 동안 지속된 한국전쟁으로 안 그래도 초라했던 정치경제 구조가 황폐해졌다. 그 후 10년간 한국의 지배계급은 전적으로 미국과 유엔의 지원에 의존할 수밖에 없었다. 그렇지만 지원된 물자와 자금은 한국 정부가 배분했다. 원조 물자와 자금은 무주공산이나 다름없었고, 사업가들과 정관계 인사들의 관계 속에서 누가 얼마나 큰 파이를 차지할 것인가가 결정되었다. 이 재분배 과정의 핵심은 뇌물이었다. 관료들과 정치인들은 뇌물의 대가로 사업가들에게 특혜를 제공했다. 뇌물은 단지 개인의 부정행위 이상의 의미를 갖는다. 뇌물은 한편으로는 우익 권위주의 정부의 영구 지배를 돕는 수단이었고, 다른 한편으로는 자본가들이 국가권력을 상품화하고 사유화하는 체계적인 방법이었다.

한국에 대한 국제 원조는 일제가 물러간 이후 미 점령군이 실시한 GARIOA(점령지구행정구호원조)[76]에서 시작되었지만 대부분은 한국전쟁이 끝난 이후에 집중되었다. 표 4.5는 한국전쟁을 전후로 한국이 받은 국제 지원을 정리한 것이다. 1945년부터 1961년까지 미국과 유엔, 민간 구호기구가 한국에 원조한 금액은 총 31억 달러였다. 이 중 80퍼센트 이상을 미국이 제공했다. 미국은 국제협조처ICA, 경제협조처ECA, 공법480조(PL480) 등 다양한 국가기구와 법률을 통해 약 25억 달러를 지원했다. 나머지 6억 달러 상당의 원조는 민간 구호기구와 유엔이 부담했다. 한국이 받은 31억 달러의 원조금은 인플레이션과 (투자로 가정해서) 매년 3퍼센트 정도의 수익률을 감안해 현재 가치로 환산하면 1,200억 달러에 해당하는 엄청난 액수이다.[77] 1952년부터 1960년까지 원조 프로그램 자금이 한국 전체 수입의 72퍼센트를 차지했다(경제기획원 1961, 263쪽).

공식적으로 한국 정부가 받은 원조금은 '공개' 경매의 형태로 재분배되었다. 당시 정부의 공정 환율과 시중의 환율이 크게 달랐기 때문에, 일단 달러를 배정받는 것만으로도 큰 이익을 얻을 수 있었다. 정부는 복잡한 공식 환율 체계를 운용했다. 공정 환율과 함께 유엔군에 대한 환율, 유엔기

---

76 GARIOA(Government and Relief in Occupied Areas)는 2차 세계대전이 끝난 뒤 1946년부터 미국이 일본, 독일, 오스트리아 등에 긴급 구호물자를 지원한 프로그램을 말한다.
77 인플레이션 효과를 감안하고 복리로 계산한 것이다. 인플레이션은 미국 노동부가 제공하는 소비자물가지수를 적용했다(http://www.bls.gov).

표 4.5 경제 지원과 원조 물품(1945~1961년. 단위 : 1,000달러)

연도	합계	미국	CRIK	UNKRA
1945~1947	229,801	229,801		
1948	179,593	179,593		
1949	116,509	23,806		
1950	58,706	142,033	9,376	
1951	106,542	31,972	74,448	122
1952	161,327	3,824	155,534	1,969
1953	194,170	5,803	158,787	29,580
1954	153,925	82,437	50,191	21,297
1955	236,707	205,815	8,711	22,181
1956	326,705	304,004	331	22,370
1957	382,892	368,789		14,103
1958	321,272	313,525		7,747
1959	222,204	219,733		2,471
1960	245,394	245,150		244
총계	3,137,302	2,557,840	457,378	122,084
비중 (%)	100.0	81.5	14.6	3.9

CRIK와 UNKRA는 Civilian Relief in Korea와
the United Nations Korean Reconstruction Agency를 의미한다.
출처 : 경제기획원 1961·1962.

구에 대한 환율 등 여러 가지 환율을 고시했다. 여기에 시중 환율까지 감안하면, 최소한 다섯 개의 상이한 외환(주로 달러) 환율이 존재했다.[78] 게

---

78 예를 들어 1955년 1월 10일의 고시 환율을 보면, 공정 환율이 180환/달러, 대 유엔군 환율이 430환/달러, 대 유엔기구 환율이 430환/달러였다.

다가 달러의 배당은 한국에 필요한 물자를 해외에서 수입할 수 있는 허가권 등 무역과 연계되어 있는 경우가 많았으며, 특혜 환율까지 기업에 지원되었다. 한국 정부가 수입장벽을 설치하면서 수입대체 산업정책을 추구했기 때문에 원조 자금의 수혜자들은 국내시장에서 독점적 지위를 누릴 수 있었다. 이런 방식으로 특혜 환율로 자금을 지원받은 사람들은 경쟁자들을 쉽게 압도할 수 있었다. 관료 및 정치인과 이권을 주고받는 관계를 트는 것이 성공의 열쇠였다.

이때 가장 큰 혜택을 본 사람들 중 하나가 삼성의 창업자 이병철이다. 전후에 가장 중요한 산업 분야는 먹거리와 건설이었는데, 이병철은 식품 분야에서 큰 성공을 거두었다. 그는 얻어낸 원조 자금으로 제일제당을 세우고, 무상으로 분배받은 원조 농산물을 가공해 팔아서 큰 이윤을 남겼다. 제일제당이 동종 업체인 삼양제당과 함께 나누어 가진 지원금은 시설 투자 부문 55만 달러, 원당 수입 부문 1,640만 달러였다(박병윤 1982, 135쪽). 빌린 돈에 대해서는 이자를 지불해야 했지만, 물가 상승률이 대출 이자율보다 훨씬 높은 초인플레이션 덕분에 대출을 받기만 하면 앉아서 큰 이득을 얻는 셈이었다. 또한 원조 자금 대출은 이자율이 낮아서, 대출을 받는 것 자체가 혜택이었다. 1950년대 중반의 사채 금리는 연평균 48퍼센트였는데, 이병철같이 정부의 전략적 산업정책의 지원을 받는 사업가들은 10퍼센트 수준의 금리로 산업은행에서 대출을 받을 수 있었다. 특히 UNKRA 자금을 대출받을 경우에는 금리가 3퍼센트에 불과했다(공제욱 1992, 25~26쪽). 그야말로 공짜로 대출을 받는 것이나 다름없었다.

제일제당은 창업자 이병철이 정치인, 관료와 친분을 맺어 확보한 초기 진입자의 혜택을 누렸다. 표 4.6은 제일제당이 한국전쟁 휴전 직후 설탕 시장에서 독점적 지위를 누렸음을 보여준다. 제일제당의 설탕 사업이 매우 수지맞는 장사라는 것이 증명되자, 이 분야에 엄청난 투자가 몰렸다. 그 결과 제일제당의 시장점유율이 1957년 41.5퍼센트까지 떨어지는 등 많이 침식당했다. 하지만 제일제당은 시장에서의 지배적 위치를 방어하는 데 성공했다. 한 연구에 따르면, 과열된 투자로 인해 같은 해에 설탕 공급이 수요를 10만 톤이나 초과했다. 1957년에 설탕 수요는 5만 톤 정도였는데, 7대 설탕 메이저들이 생산한 양은 15만 톤으로 추정된다. 가격 전쟁은 불가피했다. 제일제당은 이미 설탕 생산자로서 대중적으로 알려져 있었기 때문에, 1959년이 되면서 이 싸움의 승자로 떠오른다.

국가-자본 분배 연합이 애용한 축적 기제는 관납 사업, 특히 전후 복구 사업의 독점이었다. 전쟁으로 인한 파괴가 건설 붐으로 이어지면서, 주요 건설회사들은 횡재의 기회를 잡았다. 주한미군과 한국 정부가 발주하는 건설 사업을 수주하기 위해 1,000여 개의 건설업체들이 우후죽순처럼 생겨나 서로 경쟁했다. 입찰을 통해 수주 업체를 정했지만, 대부분 뒷거래로 결정이 났다. 아마도 뇌물을 통하지 않은 계약은 한 건도 없었을 것이다.

표 4.6 설탕 생산에서 제일제당이 차지한 몫(단위 : 톤)

연도	제일제당(A)	타 제당 회사들(B)	수입 설탕(C)	A/(A+B)(%)	A/(A+B+C)(%)
1954	9,635		19,288	100	33.3
1955	26,203	537	13,955	98	64.4
1956	32,567	29,371	5,000	52.6	48.6
1957	12,990	18,329	2,973	41.5	37.9
1958	27,838	23,214	자료 없음	54.5	54.5
1959	37,402	22,203	590	62.7	62.1

출처 : 삼성 1988, 125쪽 ; 백일 1994, 70쪽.

게다가 경쟁업체들을 협박하기 위해 깡패를 동원하는 것도 관행이었다. 그래서 건설업의 르네상스는 한국 마피아 전성시대와 궤를 같이했다. 우후죽순으로 생겨난 1,000여 개의 건설업체 중 두드러지는 실적을 올린 5대 업자들을 가리켜 (이승만과) '자유당 5인조'라고 불렀다고 한다. 이 중 하나가 정주영의 현대건설이었다(이한구 1999, 68쪽).

전후 "혼돈의 시대"를 거치면서 차등적 자본축적에 성공한 기업들이 한국 재벌의 초기 형태를 띠기 시작했다. 1950년대 말부터 재벌이란 말이 한국 사회에서 점점 더 대중적으로 사용되었다. 10여 개의 기업들이 빠르게 성장하면서, 산하에 수많은 계열사를 거느린 콘체른 형태로 발전했다. 이 중 가장 두각을 나타낸 기업은 삼성이었다. LG(그 당시 럭키)그룹과 현대그룹도 다각화를 시작했지만, 규모와 범위의 측면에서 삼성에 비할 바가 못 되었다. 삼성은 무역, 제조업, 금융을 비롯한 거의 모든 부문에서 주도적인 회사들을 보유하고 있었다.

1960년의 삼성 계열사 상황을 보자. 삼성은 모기업인 삼성물산을 중심으로 효성물산과 근영물산을 확보해 무역과 유통에서 강자로 부상했을 뿐만 아니라 제조업 쪽에서는 제일제당, 제일모직, 한국타이어, 한국기계, 호남비료, 삼척시멘트, 조선양조, 동일방직 등을 거느려, 1950년대 주요 산업 분야에서 두루 두각을 나타냈다(이한구 1999, 73쪽). 1956년에는 정부가 상업은행을 민영화했는데, 이때 삼성은 세 개의 은행을 소유하고 운영하게 된다. 흥업은행(한일은행) 주식 85퍼센트, 조흥은행 주식 50퍼센트, 상업은행 주식 24퍼센트를 확보한 것이다(박병윤 1982, 140~142쪽).

상업은행 민영화는 우익 정권과 자본의 구조적 연계를 확립하여 이승만의 집권을 영구화하기 위해 실시되었다. 이 과정에서 삼성그룹은 황금알을 낳는 거위를 확보하려 했고, 집권당은 안정된 자금 원천을 구축하려

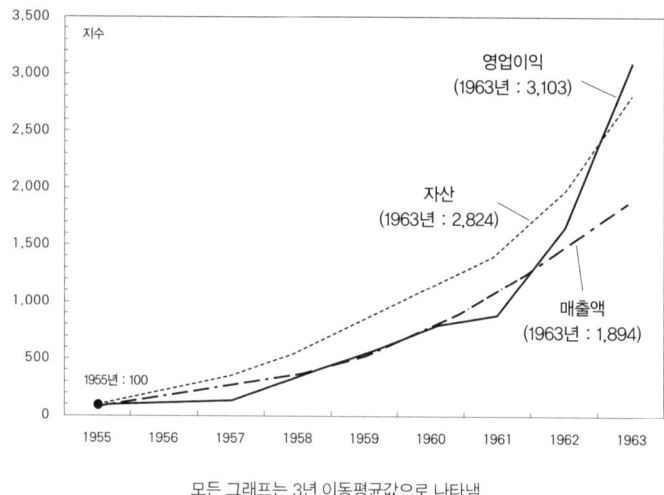

그림 4.6 삼성그룹의 급팽창

모든 그래프는 3년 이동평균값으로 나타냄.
출처: 삼성 1988.

했다. 이병철의 뛰어난 로비 능력은 1950년대 삼성의 화려한 사업 성과로 이어졌다. 1955년에서 1963년까지 삼성의 자산은 스물여덟 배, 매출액은 열아홉 배, 영업이익은 서른한 배 증가했다(그림 4.6 참조).

위기 속의 기회

1950년대의 분배 연합 구성원 모두가 지배적 자본 그룹으로 발돋움한 것은 아니었다. 모든 유기체가―생물학적 유기체와 사회적 유기체를 막론하고―그러하듯, 분배 연합의 초기 단계에는 내재적 불안정성이 도사리고 있었다. 현재의 지배적 자본 그룹의 창립자들 대부분은 적산을 불하받고 국제 원조 자금의 혜택도 받았지만, 이것만으로는 '장수'하는 자본의 필요충분조건을 모두 갖출 수 없었다. 표 4.7에서 알 수 있듯이, 1960년 기준 상위 10대 기업 중 오로지 두 개만이(삼성과 LG) 1, 2차 경제개발 5개년 계획이 끝난 1972년까지 기존 지위를 지키고 있었다. 이런 변화는 그 후 10대 그룹이 상대적으로 안정된 지위를 유지한 사실과는 매우 대조적이다.

초기 분배 연합은 상대적으로 취약했는데, 이는 단지 사업 순위의 문제만은 아니었다. 1960년대에 들어서자마자 권력 양식 자체가 붕괴 직전까지 몰린다. 이 권력 체제의 우두머리인 초대 대통령 이승만이 헌법을 개정하면서까지 집권을 연장하려고 하다가 대중의 저항에 부딪힌다. 그는 부정한 방법을 통해 3, 4대 대통령 자리를 차지하는 데 성공했다. 하지만 이

표 4.7 상위 10대 재벌 구성 변화

연도	1960	1972	1979	1988
상위 10대 재벌	삼성	삼성	삼성	삼성
	LG	LG	LG	LG
	삼호	현대	현대	현대
	삼양	한진	한진	한진
	개풍	한화	한화	한화
	대한	대우	대우	대우
	동양	쌍용	쌍용	쌍용
	극동	극동	SK	SK
	화신	대농	효성	효성
	한국유리	신진	국제	롯데

출처 : 경제기획원(김윤태 2000, 123쪽에서 재인용).

과정에서 부정선거가 폭로되어 대규모 대중 시위가 일어났다. 연이은 시위 속에서 경찰이 대통령 관저를 향해 행진하는 시위대에 무차별 발포하는 사태가 발생했다. 사건 당일 약 183명이 사망했다. 이승만 정권에 대한 반대 시위는 더 크게 번졌고, 결국 이승만은 하야를 선언하고 하와이 망명길에 올랐다. 그의 심복이자 2인자인 부통령 이기붕은 권총으로 자살했다.

사회주의를 지향하는 혁명정부가 들어서진 않았지만, 정권을 잡은 민주당은 기층의 정치 개혁 요구를 수용할 수밖에 없었다. 만연한 부정부패의 척결이 가장 주요한 요구 사항으로 떠올랐다. 결국 새 정부는 많은 경영자들을 법의 심판대에 세우는 과정을 밟아야만 했다. 그들은 이승만 정권하에서 정치인, 관료와의 부정한 관계를 통해 엄청난 부를 축적한 사람들이었다. 만약 정부가 원래 기획한 대로 개혁을 실시했더라면, 삼성의 창업자를 포함해 많은 재벌 설립자들이 재산을 몽땅 잃었을 수도 있다. 그러나 개혁은 민중들의 기대에 미치지 못했다. 어정쩡한 개혁 상태는 사회 혼란을 오히려 가중시켰다. 정부는 사회질서를 복원할 능력이 없었고, 이 틈을 타서, 대중봉기로 정권이 무너진 지 1년 만인 1961년 5월에 박정희가 군사 쿠데타를 일으킨다.

정권을 잡은 군부는 초기에 쿠데타의 정당성을 인정받기 위해 민주당 정권이 추진했던 부패 척결 계획을 이어가겠다고 천명했다. 이에 따라 이전 정부에서 작성된 부패 기업인 명단을 바탕으로 수사를 확대해 부정한 방법으로 귀속 재산을 매매해 1억 환 이상의 이득을 본 자, 정치자금을 대가로 금융기관으로부터 융자를 받은 자, 부정하게 공사를 따내 3억 환 이상의 이득을 본 자, 특혜적 외환 배정을 통해 2억 환 이상의 이득을 본 자, 2억 환 이상의 국세 포탈자, 재산을 해외로 도피시킨 자 등을 구속하겠다고 발표한다(이한구 1999, 123~124쪽). 삼성, LG, 현대를 포함해 1950년대의 성공한 기업들 거의 전부가 여기에 속했다. 군부의 '서슬 퍼런' 엄포에 삼성의 창업자 이병철 등 한국 초창기 재벌의 선두주자들은 전 재산을 국가에 헌납하겠다고 발표하면서 일단 소나기를 피하고 보자는 태도를 보였다.

그러나 부정부패 척결이라는 국가적 캠페인은 헛소동에 불과했다. 초기에 열세 명의 선도적 재벌 대표가 잠깐 구속되었지만 곧 석방되었다. 그뿐만 아니라 군사정권은 체포되었던 열세 명의 재벌과의 "대타협"을 통해 향후 경제개발 계획에 우선적인 참여 주체가 될 수 있도록 하겠다고 약속했다. 그들은 불법 축재 자산으로 추정되는 726억 환의 5.8퍼센트에 불과한 43억 환을 벌금으로 내고, 그 대가로 앞으로 펼쳐질 산업 발전의 주요 부문에 대한 사적 소유권을 보장받았다(이한구 1999).

군부와 주요 자본가들의 이러한 타협은 1950년대에 형성된 분배 연합 재구성의 필수 과정이었다. 여기서 사업가들은 군부의 강압에 의해 수동적으로 요구를 받아들인 것만은 아니었다. 경영자들은 매우 적극적이면서도 체계적으로 자신들의 요구를 내세우고 관철해나갔다. 아이러니하지만, 부정부패로 군부에 체포되었던 열세 명의 경영자들이 국가와의 대화와 협력을 주도해나갔다. 그들은 풀려나자마자 경제재건촉진회를 만들었다(김윤태 2000, 70쪽). 이후 국가와 자본 사이에 많은 뒷거래가 있었지만, 공식적으로는 이 창구를 통해 주요 자본가들이 군부와 협력 관계를 이어나갔다. 그들의 상부상조 관계는 여타 자본가들에게는 불이익을 안겼다.

군부 입장에서도 소수 자본가들을 선정해 특권을 줄 '합리적' 이유가 있었다. 군부는 쿠데타의 정당성을 입증하기 위해 만성적 빈곤, 매년 반복되는 보릿고개, 대규모 실업 문제를 해결해야 했다. 그래서 위에서 언급한 일부 경영자 집단에 특혜를 줌으로써 이런 문제들을 해결하는 데 성과를 보이고, 이를 바탕으로 임시 '혁명' 정부의 탈을 벗고 '정상적으로' 선출된 정부로 안착하고자 했다. 군부는 여기에 가장 적합한 방법이 '능력과 경험을 겸비한' 소수 기업가들을 전폭 지원하는 것이라고 판단했던 듯하다.

강철군화와 보이지 않는 손 : 자본주의 거대기계의 형성

박정희의 군사독재는, 그가 1979년 10월 오랜 친구이자 심복이었던 중앙정보부장 김재규에게 암살되기까지 18년 동안 이어진다. 박정희의 죽음으로 "서울의 봄"이 오는 듯했지만, 한국의 민주화는 프라하의 봄만큼 비극적인 결말에 이른다. 박정희의 양아들이라고 불리던 전두환이 다시 군사 쿠데타에 성공하면서 민주화가 7년 동안 미루어진다. 25년 동안 지속된 군사독재에다 12년간의 권위주의적인 이승만 정권까지 더하면 한국인들은 약 40년 동안 무소불위의 국가권력 아래서 억압받았다. 이 기간에 GDP를 기준으로 급속한 경제성장을 이룬 것은 틀림없는 사실이지만, 이는 자본주의적 권력 양식의 '압축 성장' 과정에서 지배 블록이 택한 전략의 일부였다. 성장의 결실을 분배하는 과정이나 구조적인 권력관계의 형성 및 발전 과정을 도외시한 경제성장 담론은 지배 블록의 이데올로기일 뿐이다. 군사독재 정권의 지휘 아래 국민 동원 체제를 바탕으로 이루어진 급속한 산업 발전의 본질은 자본주의적 거대기계의 압축적 진화 과정으로 이해해야 한다.

국가의 자율성?

군사독재 시기의 급성장을 근거로 주류 이론가들은 이때를 1950년대의 약탈국가[79]와 대비되는 의미에서 발전국가로 특징지으며(Evans 1995, 12쪽). 둘의 핵심 차이는 "국가의 자율성"에 있다고 강조한다(Amsden 1989 ; Haggard 1990 ; Wade 1990). 그리고 약탈국가는 시민사회의 이해에 묶여 경제 발전에 기여하지 못하고 지대를 추구하는 경향이 있는 반면, 발전국가는 이해 그룹에서 자유로워 "국가 이익"을 추구할 수 있다고 주장한다. 그들의 국가 자율성 주장은 개념적으로 매우 모호할 뿐만 아니라, 실증적으로 사실과 어긋나는 부분이 많다.

실제로 1950년대에는 기업의 이윤 획득과 자본축적이 산업 발전이 아니라 정치인들과의 밀착 관계에 기초해서 이루어졌다. 위에서 설명했듯이, 생산의 사회적 과정에 대한 통제권을 국가가 독점했기 때문에 자본주의적 권력 제도가 국가를 통해 확립될 수밖에 없었다. 정치인들이나 관료들과의 관계를 확립한 자들만이 분배 연합에 참여할 수 있었고, 이 분배 연합은 적산 불하를 시작으로, 외국 원조 자금의 특혜 대출, 수입 허가, 비리와 연루된 관납 공사 계약 등을 배타적으로 독점했다. 이런 점에서 1950년대에 한국에 있었던 국가-자본 연대를 지대 추구 자본과 약탈국가로 정의하는 것 자체는 별 문제가 없다. 그런데 문제는 1960년대 이후 등장한 발전국가가 이러한 특징들을 고스란히 가지고 있다는 것이다. 발전론자들이 높게 평가하는 박정희 정부도 수출에 대한 직접 보조금, 세금

---

[79] 약탈국가는 지대 추구론과 결부된 개념이다. 즉 발전도상국에서는 국가가 전략산업을 정하고 국가보조금 지급, 특혜 금융(관세, 이자율, 환율) 제공, 산업 진입 제한 등의 방법으로 시장에 개입함으로써 해당 기업들에게 독점 지대를 추구하게 만드는데(Krueger 1974), 기업의 독점 지대와 관련된 인허가 과정에서 관료와 정치인이 사익을 추구하는 경향이 생겨난다. 그 결과, 국가기구가 불필요한 항목의 세금 부과, 지나친 금융 통제/외환 관리 등 비능률적 제도를 운영하는 약탈국가로 이어진다(Grindle 1991, 49~50쪽). 지대 추구 개념은 생산에 기여한 대가라는 정상적인 이윤 추구 개념을 전제하는데, 권력자본론에서는 모든 이윤을 부재소유자의 청구권이란 의미에서 '지대'로 본다.

감면, 우대 금리 대출, 우대 환율 등 다양한 제도를 통해 지대 추구 환경을 만들었다(김낙연 1999, 123쪽). 1960년대 이후 이룩한 소위 '한강의 기적'은 '지대 추구' 메커니즘을 빼고는 상상할 수도 없는 일이었다.

지대 추구 행위라는 개념을 사용하길 고집한다면, 1950년대와 이후의 한국 정치경제의 공통된 특징으로 이 말을 사용해야 할 것이다. 그런데 자본축적과 관련해 권력이나 강제와 관련 없는 축적 방식을 상정하고 이 말을 사용한다면, 이는 잘못이다. 자본축적에서 권력과 강제의 작동은 자본의 본성에서 비롯된다. 자본은 자본가들이 사회적 생산과정을 통제하고 지배하는 능력을 표현한 것이기 때문에 사업 경영은 국가의 활동과 얽혀 있을 수밖에 없다. 자본주의 발전 초기에는 비즈니스 인프라가 제대로 형성되지 않아, 국가와 자본의 공생 관계가 상대적으로 더 노골적으로 노출되었다. 자본주의가 발전함에 따라 둘의 관계가 점점 더 '세련'되었지만, 공생 관계 자체는 계속해서 존재했다.

외견상 한국 군사정권의 '절대 권력'과 구조적인 간섭주의가 '국가의 자율성' 주장을 실증적으로 증명해주는 것처럼 보일 수 있다. 실제로 권위주의 정권은 여러 방식으로 자본가의 '자유'를 제약했다. 정부가 은행 국유화를 통해 돈의 흐름을 통제했고, 철저한 외환 관리를 통해 기업들이 이윤을 해외로 빼돌리는 것을 막았으며, 그들이 사치스러운 생활에 돈을 낭비하는 것을 규제했고, 기업의 사적인 투자를 관리하기도 했다(Amsden 1989).

하지만, 국가의 이러한 행동이 국가의 자율성 주장을 입증한다고 보는 시각은 문제가 있다. 최소한 두 가지 이유로 그러하다. 첫째, 기업들은 발전론자들이 말하는 것처럼 산업화 과정에서 국가에 수동적이지 않았다. 국가 주도 경제의 상징인 경제개발 5개년 계획의 주요 내용이 기업인들의 적극적인 의견 수렴을 거쳐 만들어졌다(김인영 1998). 이러한 기업과 국가의 소통 과정은 조직적이었다. 기업가들은 앞에서 언급한 전경련, 상공회의소, 경영자총협의회 등 조직을 결성하고 집단 의견을 제출하면서 적극적으로 자신들의 권익을 신장하는 방향으로 국가정책이 결정되도록 '개입'했다. 중화학공업단지 조성, 수출산업공단의 발족, 수출자유지역 설정 등 한국 산업화의 사령탑이었던 경제기획원이 내린 중요한 산업정책들 대부분은 전경련의 제안을 정부가 받아들인 것이었다(전경련 1983). 이 말을 곧이곧대로 믿지 않더라도 달라질 것은 없다. 요점은 정부와 대자본이 연합체로서 사회를 조직하며 공동의 이익을 추구했다는 사실이고, 이를 국가의 자율성으로 정의하는 것은 적합하지 않다는 말이다.

둘째, 기업에 대해 국가가 우위를 점했다고 해서 권위주의 정권이 국민의 이해(국익)나 공공성을 대변했다고 말할 수는 없다. 국가는 결코 시민사회에 대해 독립적이지 않았고 철저히 소수 자본가들 편이었다. 국가는 전 국민이 동원되어 일궈낸 산업 발전을—즉 사회 공동체 전체의 노력의 결실을—자본이, 특히 지배적 자본이 전유할 수 있게 도운 주체였다. 물론 '무료'는 아니었다. 국가의 체계적 도움의 대가로 지배적 자본은 때론 공식적으로 때론 비밀리에 여당에 정치자금을 제공했고, 관료들과 정치인들에게 뇌물을 공여했다.

권위주의 정권은 구조화된 감시 체계를 확립하고 있었지만, 전혀 투명하지 않았다. 관료 조직의 권력 오남용은 광범위하게 퍼져 있었다. 지대 추구 행위가 일상화되면서 '상식'으로 자리 잡았다. 사회 구석구석까지 뇌물 문화가 만연해서, 돈을 조금이라도 쥐여주지 않으면 되는 일이 없을 정도였다. 자본에 대한 국가의 관계는 '자율성'이란 단어와는 결코 어울리지 않았다. 오히려 군사 엘리트들이 쿠데타로 권력을 잡고 자본가들과의 공생 관계를 공식화하면서, 이승만 정권 때 형성된 분배 연합의 정실주의 문화가 더 체계화·구조화되었다고 볼 수 있다.

대안적 이해 : 거대기계의 형성

초기 자본 형성 과정에서의 국가의 주도적 역할은 소위 "후후발 자본주의"에서만 나타나는 것이 아니라, 독일 같은 "후발 자본주의"나 영국 같은 선발 자본주의에서도 발견된다(무라카미 1994 ; Weiss and Hobson 1995). 자본의 본성이 권력이란 사실에 비춰보면, 자본주의 발전에서 당연히 국가가 핵심 역할을 수행해야 한다. 자본가들이 수익을 낸다는 것은 생산과 재생산의 사회적 과정을 통제하는 정치적 능력의 표현이다. 국가와 모종의 관계를 맺지 않았다면 이러한 자본가들의 권력이 역사적으로 팽창하지 못했을 것이다. 자본은 국가와의 긴밀한 협력 속에서—때론 갈등을 빚기도 하지만—권력구조를 자본주의적인 방식으로 재편해왔다.

그런데 발전국가론은 자본과 국가의 밀접한 관계를 산업 생산의 효율성이란 측면에서만 조명해왔다. 특히 국가의 자율성을 강조하며, 마치 권위주의 정권이 사회 전체의 이익을 도모하며 급속한 산업화를 주도한 것처럼 주장했다. 이에 좌파 정치경제학자들은 발전주의자들이 동아시아 발전 모델의 반민주성과 친자본적 성격에 눈감아온 오류를 지적하면서 국가의 자율성 이론을 비판해왔다. 좌파 정치경제학자들은 군사정권 치하의 자본주의 발전론에 대해 자본축적과 지배 체제의 정당성을 위한 이데올로기란 측면에서 접근한다(장상환 2006). 이들의 접근 방식은 2장에서 언급한 서구 마르크스주의 국가 논쟁과 같은 맥락에 있다. 개별적으로 조금씩 차이를 보이지만, 좌파 이론가들은 기본적으로 독재와 냉전이 자본축적에 중요한 역할을 했다고 주장한다. 예를 들어, 정성진(1997 ; 2006)

은 1997년 이전의 축적 체제는 노동을 일방적으로 자본에 종속시킴으로써 수립될 수 있었다고 말한다. 그는 이러한 일방적 관계가 첫째로는 권위주의 정권의 억압, 둘째로는 냉전 질서 속에서의 한반도의 지정학적 위치 때문에 가능했다고 본다. 다시 말해, 수출 주도 경제체제의 성공은 미국과 일본의 정치적·군사적·경제적 도움이 있었기에 가능했다는 것이다. 조절이론을 채용한 좌파 학자 그룹은 정성진과 비슷한 주장을 펼치면서, 정치와 경제의 구조적 연관성에 좀 더 강조점을 둔다. 이들은 개발독재란 개념으로 발전국가론을 대체하려고 시도한다(이병천 외 2003). 조절이론이 제시하는 축적 체제-조절 양식 앙상블이라는 분석틀을 이용해, 박정희 시대의 자본주의 발전을, 확장 지향의 개발과 절대 잉여의 확대에 기초한 축적 체제라는 한 축과 권위주의와 민족주의를 핵심으로 하는 조절 양식이라는 다른 한 축이 결합된 개발독재로 이해함으로써 탈정치적 발전국가 개념을 대체하려고 시도했다. 하지만 좌파 정치경제학도 '정치적'이지 않은 '경제적' 영역이 존재한다는, 즉 자본의 축적이 일정 부분 여전히 산업의 생산성에 기초한다는 전제를 버리지 못함으로써 발전주의 이데올로기를 완전히 극복하지는 못하고 있다.

 닛잔과 비클러는, 3장에서 설명했듯이, 조화로운 결합에서 한 발 더 나아가 하나의 자본주의 권력 양식의 두 측면으로 국가와 자본을 이해하자고 제안한다. 두 사람은 이스라엘의 정치경제 체제가 진화하는 과정에 대한 연구에서, 자본주의 초기 국면의 국가와 자본을 누에고치와 번데기에 비유하며, 국가권력이 자본에 필요한 비즈니스 인프라를 주도적으로 확립하는 과정을 설명한다(Nitzan and Bichler 2002, 17~96쪽). 발전국가라고 불리는 한국 자본주의 초기 국면에서 나타난 상호 공생을 통한 국가-자본의 융합 과정도 누에고치-번데기 관계에 매우 적절히 비유할 수 있다. 군부는 재벌-관료와의 지배 연합을 주도하며, 첫째로는 미국이 주도하는 자유주의적 자본주의 세계 질서에 편입되는 쪽을 선택했고, 둘째로는 반공 이데올로기를 중심으로 억압적인 방식의 정치적 '국론 통일'을 추구했으며, 셋째로는 부국강병의 근대화 이념을 바탕으로 국민 동원 체제를 가동함으로써 초기의 부실했던 비즈니스 인프라를 급속히 확립한다. 권위주의 국가가 제공한 보호막 안에서 성장한 자본은 후에 이러한 권력의 인프라를 바탕으로 국가를 통제하는 데 성공했다.

멈퍼드의 거대기계 개념은 이 과정에 대한 적절한 설명틀을 제공한다. 2장에서 설명했던 멈퍼드의 권력 복합체 개념을 상기해보자. 이 말은 근대 자본주의적 거대기계를 가리키는 것으로 5P로 구성되어 있다. 거대기계에 내장된 동력power — 노동기계의 생산적 힘, 군사기계의 폭력적 힘, 관료기계의 헤게모니에 기반을 둔 힘의 통합적 에너지 — , 이 힘이 낳는 생산력productivity과 자산property, 이 두 요소를 바탕으로 시장을 확대하여 얻는 이윤profit, 그리고 이 권력 복합체를 통제하는 군사·행정·산업·과학 엘리트들을 일개 인간 이상의 존재로 우상화해주는 선전 활동publicity이다. 한국 자본주의 발전 초기 국면에서 거대기계의 컨트롤 타워를 장악한 자들은 군 엘리트들이었다. 그들은 군사기계의 폭력성을 중심으로 노동기계를 조종하는 재벌들과 관료기계를 움직이는 정치·행정 엘리트들을 종속시키며 통합해냈다. 하지만 군사정권이 아무리 강력했다고 해도 권력을 사회질서라는 맥락 밖에서 휘두를 수는 없었다. 그들이 장악한 권력의 거대기계는 제멋대로 성장·발전한 것이 아니라 특정한 경로를 따를 수밖에 없었다.

첫 번째 제약 조건은 위에서 언급한 것처럼 미국이 주도하는 자유주의적 자본주의 세계의 질서 체제였다. 물론 박정희가 이를 거부하고 다른 체제를 선택할 수 있는 가능성이 전혀 없었다고 말할 수는 없다. 하지만 냉전 구도 속에서 다른 선택의 여지는 매우 적었고, 다른 선택을 했다면 박정희의 권력은 더 빨리 붕괴했을 개연성이 크다. 과거에 대한 가정은 이쯤에서 접자. 중요한 것은 그가 장악한 권력의 거대기계는 세계 자본주의 체제의 '하부 조직'으로서 기존 질서에 영향을 받을 수밖에 없었다는 사실이다. 그 결과, 노동기계를 장악한 재벌들의 사회적 권력이 점점 더 강해졌다. 세계시장에 편입되기 위해 국민 동원 체제를 바탕으로 일군 확대된 생산력은 재벌들의 자산으로 사유화되었고, 세계 자본주의 질서의 변동에 종속되어 있는 이들의 이윤을 보장해주는 일이 거대기계 작동에서 점점 더 핵심 요소로 부각되었다. 비즈니스 인프라가 국가 주도로 형성되었지만, 사회관계와 생산 및 재생산 과정이 점점 더 상품화되면서 국가도 이런 질서에 점진적으로 종속된 것이다. 상품화를 통해 자본은 더 많은 국가의 공공성을 사적인 축적의 주요 요인으로 전환시킨 반면, 전능하다고 생각되었던 군사정부는 비즈니스 세계의 전반적인 작동 양식modus operandi에 묶이게 되었다. 지배적 자본이 사회적 생산과 재생산 과정의 핵심부를 장악하면서, 국가는 이들의 이해관계로부터 자유롭지 못하게 되었다. 1970년대 말의 권력의 위기 국면은 1, 2차 오일쇼크의 여파로 인한 전반적인 자본주의 침체 국면과 무관하지 않았으며, 결국은 거대기계의 수장 박정희의 죽음으로 이어진다.

이러한 권력지본론의 시각에서 보면, 재벌 대기업 중심의 시장자본주의는 1997년 경제위기 이후 갑자기 시작된 게 아니라 이른바 발전국가 시대부터 형성·발전되었다. 그러다가 1987년 민주화 항쟁 이후 급속도로 진화해 거대기계의 컨트롤 타워를 장악한 것이다. 한국의 지배적 자본가들은 민주화 과정에서 아무런 역할도 하지 않았고, 군사정권에 어떠한 도전도 하지 않았다. 그런데 어떻게 한국 사회를 장악했을까? 그것은 오랫동안 진화해온 자본주의의 권력 양식 때문이다. 아이러니하지만, 자본주의적 제도와 인프라를 구축하고 확립한 것이 바로 '강한 국가'였다. 지배자본은 국가가 제공한 '누에고치' 안에서 성장했고, 사회 전면에 나설 필요가 없었다. 그러다가 1997년 위기 이후 한국의 지배자본은 신자유주의라는 이름으로 전 지구 차원에서 자본주의 거대기계의 발흥과 궤를 같이하면서, 숨겨왔던 힘을 거리낌 없이 드러냈다. 이미 그들은 민중들이 목숨 바쳐 일궈낸 민주화 과정을 찬탈하기에 충분한 수준으로 성장해 있었다.

그렇다면 이제, 한국의 지배적 자본이 권위주의적 군사기계가 주도한 거대기계 속에서 얼마나 성장했었는지 살펴보자.

권위주의 정권하의 차등적 축적

개발과 사보타주

베블런이 말했듯이, 자본주의적 권력 양식은 생산과 재생산의 사회적 과정을 사보타주할 수 있는 능력에 기초한다. 베블런(1921, 38쪽)은 사보타주를 "생산 현장에서 효율성을 의도적으로 퇴보시키는 것"이라고 정의한다. 다시 말해, 사회 전체의 잠재적 산업 역량을 일정 수준 이하로 제한함으로써 특정한 이윤 수준을 유지하는 것을 의미한다. 사보타주 개념을 한국 자본주의 발전 과정에도 적용할 수 있을까? 산업의 급속한 팽창이 특징이었던 군사정권하의 축적 체제가 '생산의 제약'에 기반을 두고 있었다는 말은 이상하게 들릴 수도 있지만, 자세히 들여다보면 재벌의 성장 과정은 사보타주 개념에 아주 잘 들어맞는다.

모든 권력 양식의 기반은 제도화된 배제이다. 그리고 사보타주는 이러한 배제의 자본주의적 표현 형태이다. 배제는 사적 소유권의 본질로서, 임금노동자들이 생산에 참여하는 것을 박탈할 수 있는 권한을 자본가들에게 부여하고, 그럼으로써 노동자 삶의 재생산을 막을 힘을 부여한다. 이러한 힘은 만성적 실업 문제에서 확연히 표현되는데, 경제학자들은 '자연' 실업률이라는 용어를 사용함으로써 이러한 실업의 성격을 왜곡한다. 자본가들의 사보타주는 그들의 계급 내부에서도 수행된다. 이는 "파이를 재분배하기 위해 자행되는데, 특히 남의 파이의 크기를 제한하는 행위를 통해 파이 크기를 통제하려 한다"(Nitzan and Bichler 2002, 38쪽). 시간이 흐르면서 다양한 형태의 사보타주가 발전해왔다. 사보타주의 범위가 사업장에서 시작해 점점 "치안, 선전, 세금, 관세, 보조금, 특허권, 지적재산권 등 국가 정치 영역 전반과 함께 무역지대, 지역 투자협정, 정부 지원을 등에 업은 전 지구 차원의 기업 동맹 등 국제 차원의 제도적 장치들로" 확장되었다(Nitzan and Bichler 2002, 35쪽). 사보타주는 (다른 자본가들의 힘을 포함하여) 다른 사람들의 사회적 과정에 대한 통제력을 제한하는 자본가들의 능력이 실행되는 것이다.

앞에서 언급했듯이, 자본에 대한 국가의 시혜, 즉 직접 보조금 지급, 세금 감면, 특혜 이자율과 환율 제공, 다양한 형태의 보증 혜택, 차관의 차등적 배분, 그리고 무엇보다 억압적 노동정책 실행은 한국 자본주의 발전의 핵심이었다. 이러한 국가의 노골적이면서도 선별적인 자본 지원 정책은 2장에서 설명한 **차등적 사보타주**의 전형적 형태라고 할 수 있다. 또한, 포스트-1997 체제에서 부각된 납품단가 후려치기, 부당 계약, 특허 뺏기 등 재벌들이 하청 중소기업들을 상대로 행하는 다양한 불공정 관행들 모두 사보타주의 한 형태로 볼 수 있다.

외부적 넓이 지향의 축적 체제

이러한 사보타주의 순수 효과를 차등적 자본화의 궤적을 통해 상징적으로 표현할 수 있다. 그림 4.7은 1973년에서 1996년까지 이루어진 차등적 자본화에 관한 두 가지 지표를 나타낸다. 첫 번째 그래프는 상위 3대 그룹의 평균 자본화[80]를 보여주고, 두 번째 그래프는 이를 한국의 제조업 평균 자본화와 대비해 상대적으로 표현한 것이다. 그림 4.1에서 보았듯이, 권위주의 체제에서 한국의 GDP가 급성장했고, 성장 속도가 OECD나 남미에 비해 훨씬 빨랐다는 것은 틀림없는 사실이다. 그런데 이러한 일반적인 발전 과정에서 더욱 중요한 것은 지배적 기업들이 이룬 차등적 축적이며, 전 국민적 노력의 결실을 소수 분배 연합 집단이 사적으로 전유했다는 사실이다.

그림에 따르면, 1973년에서 1996년까지, 상위 3대 재벌 그룹[81] —— 즉 삼성, 현대, LG —— 의 평균 자산은 1조 8,610억 원에서 69조 3,120억 원으로(2000년도 불변가격) 약 서른일곱 배 증가했다. 제조업 평균 대비 이들의 평균 자산 비율을 1973년 기준 100으로 환산하면, 위기 직전인 1996년에 536을 기록해 약 다섯 배 증가했다. 이는 한국의 핵심 자본이 제조업 평균보다 매년 두 배 정도 빠른 속도로 확장됐음을 의미한다. 상위 3대 그룹은 매년 17.4퍼센트의 비율로 자본화를 높여갔는데, 반면 제조업

---

80 엄밀하게 말하면, 자본화는 모든 발행된 주식과 채권의 시장가치로 측정되어야 한다. 하지만, 시장가치 데이터를 쓸 수 없는 경우가 많고, 쓸 수 있더라도 장기간의 시계열 데이터를 얻기가 쉽지 않아, 여기서는 장부상 가치를 바탕으로 분석했다. 분석의 목적이 장기간에 걸친 경향과 추세의 변화를 살펴보는 것이기에 이러한 대안 방식이 크게 문제가 되지는 않는다고 생각한다.

81 30대 재벌 그룹 전체의 데이터가 있다면 좀 더 유의미한 분석을 할 수 있겠지만, 1980년대 이전의 재벌 그룹 전체의 경영 데이터는 구하기 어렵다. 이러한 제약에도 불구하고, 3대 그룹 자산에 대한 차등적 분석 자체가 의미 있으며, 이를 30대 재벌의 차등적 축적을 가늠할 대리지표로 활용할 수도 있다고 생각한다.

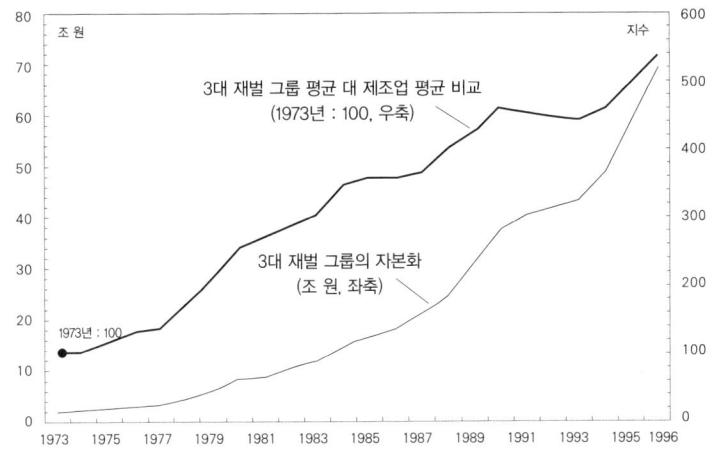

그림 4.7 한국의 평균 기업 크기의 상대적 비교

3대 재벌 그룹은 삼성, LG, 현대를 가리킨다.
데이터는 2000년을 기준으로 현재 가치로 환산되었다.
현대의 경우 데이터가 1980년부터 1996년까지만 포함되었다.
출처 : 삼성 1998 ; 엘지 1997 ; 한국일보 1986 ; 한국은행 ; 공정거래위원회 ; KIS-VALUE.

부문의 평균 자본화 성장률은 8.8퍼센트였다. 다시 말해, 제조업 평균 대비 한국의 지배적 자본의 차등적 축적률은 연평균 7.6퍼센트였다.

권력자본론의 관점에서 한국의 지배적 자본이 사회변화의 과정을 규정하는 차등적 권력이 매년 7.6퍼센트씩 성장해왔다고 말할 수 있다. 사실 이 비율은 차등적 축적의 속도를 실제보다 낮게 표현하고 있다고 봐야 한다. 왜냐하면, 위에서 이용한 한국은행의 제조업 부문 통계는 소규모 기업들을 포함하고 있지 않기 때문이다. 예를 들어, 1996년 국세청에 등록된 총 8만 6,444개의 기업 중 자산 규모가 10억 원 미만인 4만 1,858개 기업은 한국은행의 기업 경영 통계에 포함되어 있지 않다. 이들 모두를 포함한 자산 평균은 위의 수치보다 훨씬 낮기 때문에 실제 재벌 기업들의 상대적 팽창 속도는 훨씬 빨랐을 것이다.

앞 장에서도 설명했듯이, 차등적 축적은 주도적인 기업들의——한국에서는 재벌 그룹 집단——예상 수익이 기업 평균에 비해 얼마나 팽창하는지 그 비율로 표현할 수 있다. 그래서 위와 같은 차등적 축적이 이루어졌을 때, 이에 상응하는 속도로 지배적 자본의 차등적 이윤이 상승하는 추세가 나타날 것으로 예상할 수 있다. 실제로, 그림 4.8은 이러한 예상을 확인시켜준다. 이 그림은 국민소득에서 기업 이윤이 차지하는 비중과 함께 기업 평균 이윤 대비 상위 3대 그룹의 평균 이윤의 비율을 나타낸 것이다. 권력 양식으로서의 자본주의의 발전은 이 두 가지 지표의 꾸준한 상승을 의미한다. "자본축적은 두 가지 핵심 지표로 표현되는데, 이중 하나 혹은 둘 다 부재할 때는 자본주의의 위기라고 할 수 있다"(Nitzan and Bichler 2002, 46~47쪽). 첫째는 어느 수준까지 사회적 부가 지속적으로 자본에 집중되는 것이고, 둘째는 이 과정에서 지배자본이 점점 더 많은 몫을 차지하는 것이다.

권력자본론의 입장에서 이 두 지표는 차등적인 차원과 보편적인 차원에서 사보타주의 전개를 반영한다고 해석된다. 보편적 사보타주는 자본가들과 여타 사회집단들 사이의 전반적인 힘의 균형을 반영하고, 차등적 사보타주는 기업 세계 내부에서의 주도적 자본가 그룹의 상대적인 힘의 성장을 반영한다(Nitzan and Bichler 2002, 38쪽). 그림 4.8은, 한국 자본주의가 1990년대에 들어 큰 위기 국면을 거쳤지만, 기업들은 지속적으로 국민소득에서 차지하는 이윤의 비중을 늘려왔고, 재벌 대기업들은 점점 자신의 상대적 몫을 키워왔음을 보여준다. 기업 평균 이윤 대비 상위 3대 그룹의 평균 이윤 비율은 1965년 28에서 2008년에는 10,792로 증가했다. 그 기간에 한국의 지배적 자본의 상대적 힘이 평균 기업보다 390배 더 커

그림 4.8 차등적 이윤

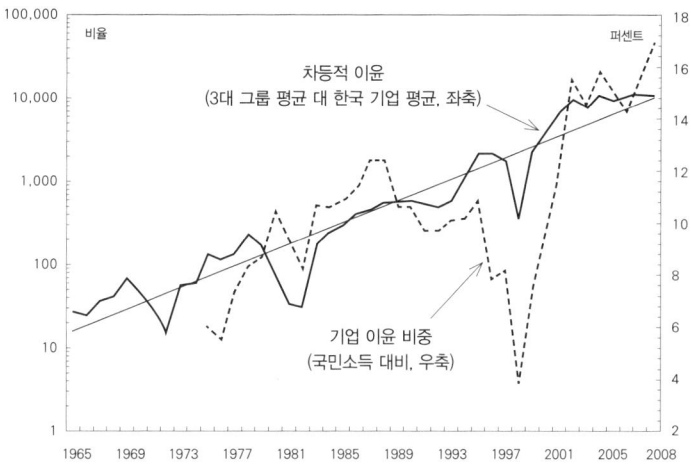

삼성그룹의 경우 1980년 이전의 이윤 데이터가 제공되지만, 현대와 LG는 그렇지 않다.
그래서 삼성그룹 데이터 대신 LG전자와 현대자동차의 기업 데이터를 사용했다.
모든 시계열 그래프는 3년 평균값으로 나타냈다.
한국 기업 평균에는 적자 기업은 빼고 흑자 기업만을 포함했다.
출처 : 한국은행 ; 국세청 ; 삼성 1998 ; 엘지전자 2008 ; 현대자동차 1992 ; KIS-VALUE.

졌다는 뜻이다. 그림에 나타난 추세선을 기준으로 말하면, 차등적 이윤이 매년 14.9퍼센트씩 늘어났다.

초기 단계에서 한국의 지배적 자본은 닛진과 비클러가 외부적 넓이 지향의 자본축적 체제로 분류한 축적 경로를 따라 권력을 확대하는 방식을 채택한 것으로 보인다. 외부적 넓이 지향 체제는 지배적 자본이 "평균보다 빠르게 생산 시설과 고용을 확대함으로써, 시장 지배력을 확대해 차등적 축적을 달성하는" 특색을 띤다(Nitzan and Bichler 2002, 49쪽). 주도적 자본가 그룹이 외부적 넓이 지향 체제를 선택한 것은, 자연 자원이 풍족하지 못해서 노동력 말고는 동원할 수 있는 동력(권력 복합체의 'power')이 별로 없는데다, 인구의 60퍼센트 이상이 소농이나 소작농이어서 농촌의 '잉여노동력'을 대규모로 신규 산업투자green-field investment 쪽으로 전환할 여지가 충분했기 때문이다. 이 전략은 김일성과 경쟁 관계에 있으면서 부국강병을 꿈꾸던 독재자 박정희의 정서에도 잘 맞았다. 군부-재벌 지배연합은 반공-민족주의-근대화 이데올로기의 복합 캠페인을 통해 전 국민을 동원하면서, 군사기계와 거의 비슷한 양식으로 노동기계를 조직해 냈다. 독재자의 개인적 야망과 한국 지배자본의 비즈니스 전략이 맞물려 경제개발 5개년 계획이 추진되었고, 이 계획은 외부적 넓이 지향 체제의 근간이었다.

경제개발 5개년 계획이 연이어 실행되면서, 농업인구가 급격히 줄어든 반면에 도시인구와 제조업 종사자들은 빠르게 늘어났다. 군사독재가 시작된 1961년에 도시인구는 전체 인구의 27퍼센트에 불과했다. 이 수치는 민주화가 시작된 1988년에 70퍼센트까지 높아졌다. 같은 기간에 농업 종사자의 비율은 60퍼센트에서 20퍼센트로 줄었고, 제조업 종사자는 8퍼센트 미만에서 28퍼센트로 증가했다(통계청 ; World Development Indicators). 이와 같은 갑작스러운 인구학적 변화와 경제성장은 뚜렷한 상관관계를 보인다. 1960년대에 경제는 GDP를 기준으로 매년 8퍼센트, 1970년대에는 매년 7.3퍼센트의 성장률을 보였는데, 같은 기간 도시인구의 성장률은 각각 6.5퍼센트와 5.2퍼센트를 기록했다. 한국 자본주의의 급성장이 농촌 '잉여노동'의 도시 이동에 의존했다는 사실은 그림 4.9의 분석에도 나타난다.

그림 4.9는, 크루그먼(1994)이 주장했듯이, 권위주의 시대의 성장이 전적으로 노동의 투입에 의존해서 이루어졌음을 보여준다. 이 그림은 세 개의 차등적 시계열 분석을 나타낸다. 한국의 GDP, 도시인구, 도시인구 1

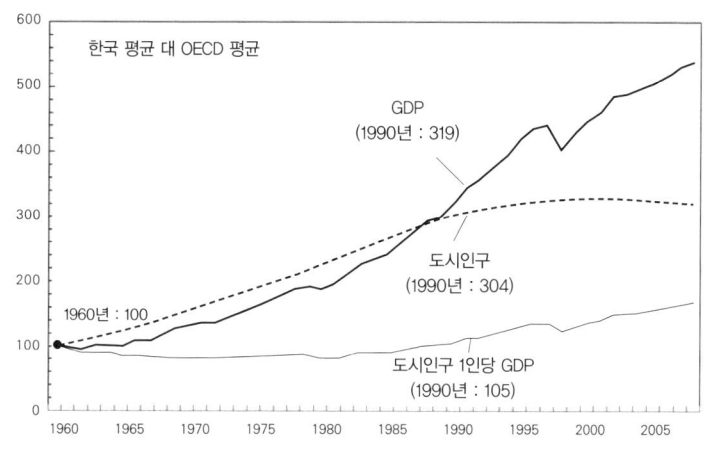

그림 4.9 국제 비교를 통한 한국 경제성장의 차등적 분석

출처 : World Development Indicators.

인당 GDP를 OECD 평균에 대비해서 나타낸 것으로, 1960년의 값을 100으로 환산해서 재구성했다. 1990년의 수치를 보면, GDP, 도시인구, 도시인구 1인당 GDP 순서로 각 항목의 비율이 319, 304, 105이다. 이는 군사독재 기간 동안 한국의 GDP와 도시인구가 OECD 평균보다 약 세 배 빠른 속도로 증가했다는 것을 의미한다. 하지만 도시인구 1인당 GDP의 비는 1990년에 105를 기록했는데 이후 30년 동안 거의 변화가 없었다.

급속한 프롤레타리아화로 특징지을 수 있는 이 시기에 지배적 자본의 차등적 축적은 평균보다 빠르게 노동력을 늘려나가는 외부적 넓이 지향 체제에 의존했다. 그림 4.10은 지배적 자본 —— 삼성과 LG —— 의 평균 피고용자 수의 변화와 제조업 평균을 비교한 것이다. 1962년에서 1979년까지(즉 박정희 군사정권 기간에) 지배적 자본의 고용 인원은 스무 배가량 증가한 반면, 제조업 고용 인원은 평균 세 배 정도 성장하는 데 그쳤다. 이후 제조

4장 한국 자본주의 권력의 형성 **275**

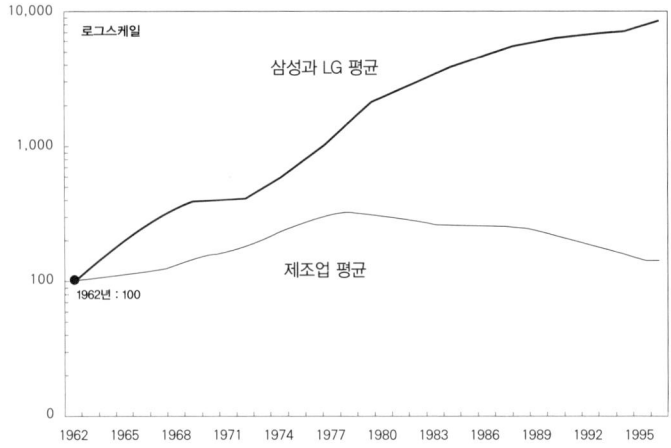

그림 4.10 평균 고용 인원 수 비교

시계열 그래프는 3년 이동평균값으로 나타냈다. LG에는 LG전자와 LG화학만 포함되어 있다.
출처 : 한국은행 ; 삼성 1998 ; 엘지 1997 ; KIS-VALUE.

업 평균 고용 인원은 줄어들어 금융위기 직전 해인 1996년에는 1962년의 1.4배 수준이었으나 이에 반해 지배자본의 고용 인원은 여든다섯 배 수준으로 늘어났다. 제조업 평균 고용 인원이 줄어든 것은 자본의 원심력 운동을 반영한 것이다. 자본주의 사회관계가 확산되면서 소규모 기업체 수가 지속적으로 늘어나고 평균 피고용자 수가 줄어드는 현상이 발생한다. 게다가 제조업 통계에 5인 미만 기업은 포함하고 있지 않다는 점을 감안해야 한다. 만약 5인 미만 사업체도 비교 분석에 포함한다면, 핵심 기업들의 평균 고용 인원과 제조업 평균 고용 인원의 차이는 더 벌어질 것이다.

   권위주의적 성장 시대는 외부적 넓이 지향 체제에 의해 추동되었으며, 한국의 지배자본은 국가의 억압적 국민 동원 체제를 바탕으로 사회적 부의 파이 전체를 키우는 동시에 자신들의 상대적 몫을 확대하는 데 성공했다. 이 기간에 확립된 차등적 축적 체제는 사회관계의 '거대한 전환'을 상징적으로 반영한다. 농업 부문의 인구학적 변화는 이른바 봉건적 계급 관계의 붕괴를 의미했고, 도시인구의 급작스러운 증가는 새로운 지배계급의 출현을 의미했다. 사회관계의 구조적 변화는 다양한 사회세력 간의 권력투쟁을 동반할 수밖에 없다. 그렇기에, 한국 지배자본의 급속한 차등적 축적은 다른 사회세력의 반발을 평정해버린 억압적인 국가기구 없이는 불가능한 일이었다. 발전국가론이 주장하는 것처럼 한국 자본주의 발전에서 국가는 핵심 역할을 했다. 하지만 국가기구는 산업 발전에 기여했다기보다는 자본주의적 권력 양식의 압축 성장에 기여했다. 단적인 예로, 국가가 노동자들의 단결권·단체교섭권·단체행동권 등 기본권을 금지하고, 더 나아가 노동조합을 국가기구의 하위 조직으로 편입시키지 않았다면, 한국 재벌 그룹들이 오늘날 같은 부와 권력을 축적하지는 못했을지도 모른다. 한국의 자본가들은 초기 국면에는 거대기계의 조종석을 차지하지 못했지만, 비즈니스 인프라가 확립되고 상품화가 사회 구석구석까지 확산되면서 거대기계 전체에 대한 통제권을 확대해나갈 수 있었다.

외국자본

도시화에 기초한 외부적 넓이 지향 체제의 가장 중요한 촉매제는 바로 외국자본의 유입이었다. 한국 자본주의 발전의 초기에, 한국은 국가 차원에서나 주도적 자본 차원에서나 모두 지속적인 신규 산업투자 계획을 재정적으로 뒷받침할 능력이 없었다. 위에서 언급한 것처럼, 한국전쟁 이후 재건 과정은 국제 원조, 특히 미국의 원조에 전적으로 의존했다. 이 경향은 군사정부가 들어선 이후까지도 지속되었다.

1960년대 전반에는 공식 경제원조가 국내 총투자의 평균 50퍼센트를 차지할 정도로 높았다(그림 4.11 참조). 이후 경제원조의 비중은 점차 줄어들고 공공차관과 국가 보증 형태의 차관이 늘어난다. 1966년부터 1975년까지, 즉 2차와 3차 경제개발 5개년 계획 기간에 차관이 국내 총투자의 평균 23퍼센트를 차지했다. 1972년을 기점으로 국내 총투자에서 차관이 차지하는 비중은 점차 줄어들었는데, 이는 박정희 정권이 총력을 기울인 저축 운동의 효과로 보인다. 1960년대 초에 5퍼센트도 안 되었던 GDP 대비 총저축 비율이 1970년대 말에는 30퍼센트에 육박했다.

한국이 외국자본에 의존하여 초기 외부적 넓이 지향 체제를 확립하는 데 성공할 수 있었던 것은 냉전이라는 세계 질서 '덕분'이었다. 한국의 지배 블록은 남미 국가들과는 달리 팔아먹을 천연자원은 풍부하지 않지만, 많은 인적자원과 중요한 지정학적 자원을 가지고 있었다. 미국에게 한반도의 지정학적 위치는 매우 중요했기 때문에 미국은 다양한 무상 지원과 자본 투자에 나섰다. 소련과 대립하던 미국에게 한반도는 특별한 의미가 있었고, 동아시아에 한-미-일 안보 트라이앵글을 굳건히 확립하는 일이 매우 중요했다. 미국은 한국전쟁에 직접 참전하여, 약 4만 명이 전사하는 희생을 치르기도 했다. 한국전쟁 이후에도 경제·군사 지원을 지속했고, 한국에서 우익 정권을 유지하기 위해 정치·외교 지원도 멈추지 않았다.

예를 들어, 미국은 2차 세계대전 이후에 단절되어 있었던 한국과 일본의 관계를 정상화하는 데도 지대한 역할을 했다(박세길 1998, 50쪽). 일본과의 국교를 정상화하면서 한국 정부는 식민지 피해 보상금 명목으로 약 10억 달러의 유·무상 지원금을 받았다. 이 중 일부는 집권당의 정치자금으로 사용하고, 일부는 포항제철 같은 전략산업체 건설에 썼다. 포항제철

그림 4.11 외국자본 유입과 국내 저축

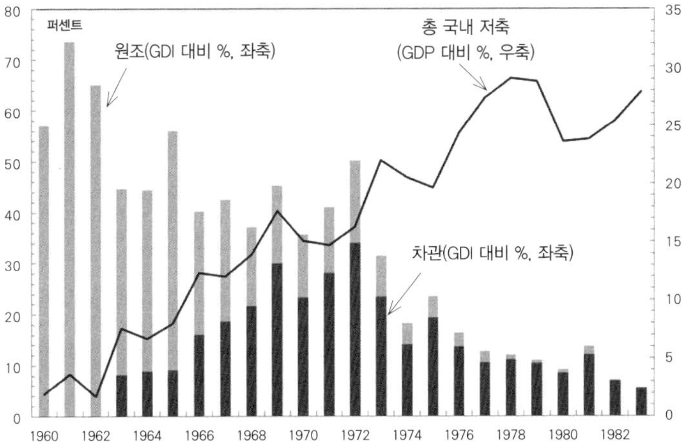

GDI는 국내 총투자 Gross Domestic Investment를 말한다.
출처: World Development Indicators; 통계청 통계연보(각 연도).

은 훗날 세계 최고의 제철기업인 포스코로 발전했다. 한일 국교 정상화를 계기로 한국은 삼각무역으로 특징지을 수 있는 수출 지향 산업화 전략을 발전시킬 수 있었다. 한국은 일본으로부터 자본재와 원자재를 제공받아 소비재를 가공 조립하고, 완성품을 미국 시장에 수출했다.

이러한 삼각무역 체계로 한국은 급성장한 수출 부문이 견인하는 전반적인 경기 상승을 누릴 수 있었다. 1960년에 GDP 대비 수출 비율은 3퍼센트에 불과했으나, 1987년에는 그 비율이 40퍼센트로 늘어났다. 1971년에서 1987년 사이에 수출 총액이 서른일곱 배나 증가했다(World Development Indicators). 엄청난 성장이기는 하지만, 지배자본의 수출 신장에 비하면 아주 미미한 수치이다. 삼성과 LG의 수출은 같은 기간 1,065배나 늘어났다. 이는 국가의 수출 지향 정책 기조가 실제로는 매우 차등적으로 적용되었다는 사실을 말해준다. 다시 말해, 특정 기업 밀어주기를 해준 것이다. 예를 들어, 이중 환율에 기초한 차등적 수출 보조금 제도는 지배적 자본이 국제시장에서 가격 경쟁력을 가질 수 있게 해주었다. 수출 기업에 대한 정부 보조금이 1963년에는 벌어들인 달러의 약 58.7퍼센트, 1965년에는 37.9퍼센트, 그리고 1975년에는 31.4퍼센트에 달했다고 한다(서익진 2003, 88쪽). 이러한 수출 보조금과 더불어 수출 기업들은 벌어들인 달러당 일정 비율로 세금 감면 혜택도 받았다.

또 다른 지정학적 대립의 혜택 사례로 베트남전쟁을 들 수 있다. 박정희는 1960년대 후반기에 베트남전 참전을 결정하면서, 미국과의 정치경제적 연계를 강화했는데, 이는 미국이 한국 지배자본에게 열어준 또 하나의 노다지였다. 박정희 정권은 연인원 32만 명을 파병하는 대가로 미국으로부터 군사원조 강화를 약속받았고, 더불어 ① 베트남 주둔 병력 유지에 필요한 비용을 '원'화로 한국 측 예산에 방출하고, ② 주한미군용 물자의 상당 부분을 한국에서 조달하고, ③ 베트남 주둔 한국군 소요 물자와 베트남 주둔 외국군과 베트남군 소요 물자 중 일정 품목도 한국에서 구매하고, ④ 베트남 건설 사업에 한국 건설업체도 응찰할 수 있도록 했다. 베트남 특수를 통해 1965년부터 1972년까지 한국이 얻은 혜택은 약 10억 달러로 알려져 있다(정성진 2005, 113쪽).

표 4.8은 베트남전쟁이 한국의 정치경제에 얼마나 중요했는가를 보여준다. 1966년부터 1972년까지 7년간 베트남에서 얻은 금전 수혜는 수출 총액의 평균 26퍼센트를 차지했다. 집권 초기부터 수출을 통해 달러를 모으려고 엄청난 노력을 쏟아부은 군사정권에는 정말 노다지나 다름없었다. 같은 기간에 미국의 군사원조는 한국의 정부 예산 대비 평균 36퍼센트를 차지했다. 이는 표에서 알 수 있듯이 한국의 국방비 총액을 훨씬 상

표 4.8 베트남전쟁의 수혜(단위 : 퍼센트)

	1966	1967	1968	1969	1970	1971	1972
월남 특수/수출 총액	24.4	47.3	37	32.2	24.5	12.5	5.1
미국 군사원조/세출	40.4	40.3	41.8	39.4	23.7	38	30.3
미국 군사원조/국방비	140	147	169	173	102	154	122

출처 : 정성진 2005, 117쪽 재구성.

회하는 규모이다.

한국전쟁 이후 미국의 경제원조를 모든 한국인이 골고루 누리지 못했듯이, 베트남전쟁의 혜택 역시 차등 분배되었다. 누가 얼마나 차지했는지는 분석할 수 없지만, 몇몇 기업들이 베트남전쟁을 계기로 재벌로 도약했다는 사실은 잘 알려져 있다. 그중 대표적인 예가 대한항공을 운영하는 재벌로 많이 알려진 한진그룹이다. 한진은 미군에 물자를 수송해주는 용역을 따내 성공적으로 사업을 펼쳐, 1966년부터 1971년까지 베트남에서 총 1억 5,000만 달러를 벌어들였다(이한구 1999, 161쪽). 이는 앞에서 이야기한 베트남 특수 10억 달러의 15퍼센트에 이르는 액수이다.

사회적 질서 양식으로서의 차등적 자본화의 확립

한국 자본주의 발전의 초기 국면은 강력한 국가기구가 지배하는 권위주의 체제가 규정했다. 특히 금융 부문은 거의 완전히 국가의 통제 아래 있었다. 김영삼 정부가 금융 체제를 자유화하기 시작한 1993년에 국외 자본 유입은 전적으로 국가의 차관이나 보증에 의존했다. 국내 저축도 실질적으로 국가에 의해 분배되었다. 1962년에 대부분의 상업은행이 국유화되었기 때문이다. 또한 개발을 위한 금융은 국가가 운영하는 한국산업은행을 통해 배분되었다. 정부는 금융자산에 무거운 세금을 부과함으로써 금융 대부업자들의 활동을 제한하고, 자본의 흐름이 금융 부문에서 산업 부문으로 향할 수 있도록 인센티브를 부여했다.

많은 문헌이 권위주의 체제하의 한국 자본주의가 보인 특징들을 금융 억압이란 범주로 묶는다. 금융 억압은 국가가 민간 금융 부문의 발전을 의도적으로 제한함으로써 산업 발전을 도모했다는 것을 의미한다. 긴급명령 15호(8.3 긴급금융조치)는 독재 치하의 금융 억압을 보여주는 대표적인 예로 인용되곤 한다. 이 조치는 공공 은행 체계 밖에서 세워진 기업과 사채업자들의 모든 계획을 무효화했다. 국가는 채권자들에게 부채 지불과 이자 조정을 강요했다. 제조업 분야의 기업들이 사채업자들에게 지불해야 할 이자 규모가 원래의 3분의 1 수준으로 줄어들었다고 알려져 있다. 그리고 1971년의 손익계산서에서 금융 비용이 차지하는 비중은 매출의 9.18퍼센트였는데, 이 비율이 1973년에는 5.69퍼센트로 줄어들었다(김광희 2008).

그런데 금융 억압이란 개념은 문제의 소지가 있다. 이른바 산업자본들이 비금융적, 즉 생산적 실물경제 활동을 통해 자본을 축적한다는 점을 전제하기 때문이다. 2장과 3장에서 논한 것처럼, 산업자본의 이윤이 생산성에 기여한 대가로 주어진다는 주장은 지금까지 아무도 입증하지 못했다. 금융자본과 마찬가지로 산업자본의 대차대조표와 손익계산서도 금융 활동으로 구성되어 있으며, 거기에 표시된 수치들은 사회적 역학 관계를 화폐적 수량으로 나타낸 것이다. 회계상으로 기업 이윤은 노동자와의 관계에서 결정되는 임금, 다른 자본가와의 관계에서 결정되는 재료비와 부품에 들어가는 비용, 금융 투자자와의 관계를 반영하는 금융 비용, 국가와의 관계를 반영하는 세금 등 직접 드러난 사회적 역학 관계뿐만 아니라, 환경오염같이 기업이 지불하지 않는 사회적 비용들까지 반영된 결과이다. 자본의 정체성 차원에서 중요한 것은 산업자본인가 금융자본인가의 범주가 아니다. 자신들이 여러 비용을 제외하고 남는, 즉 잔여적residual 이윤을 수동적으로 획득하는 위치에 있는가, 아니면 미리 설정한——비즈니스계의 정상이윤율보다 높은——이윤을 능동적으로 사회에 부과할 수 있는 위치에 있는가의 범주다.

또 하나 금융 억압이란 개념의 문제점은, 이 개념을 차등적 축적과 연관 짓지 않고, 산업 발전이나 경제 안정이란 국가의 의도만을 부각시키는 데 있다. 국가가 행한 금융 부문에 대한 간섭은 사회의 재원을 차등 배분한 것으로, 이 간섭의 핵심 성격은 차등적 사보타주이다. 이것이 바로 긴급명령 15호의 본성이다. 국가는 소위 자유시장의 원칙을 위배했지만, 자본주의 원칙은 깨지 않았다. 자본주의의 본질은 자유시장 메커니즘을 통하든 정실주의를 통하든 사회에 대한 배타적이고 독점적인 힘을 발휘하는 것이다. 권위주의적 국가의 존재는 자본주의 사회질서를 확립하는 과정과 배치되거나 모순되지 않으며, 오히려 지배적 자본의 형성 및 발전을 시간적으로 앞당기는 역할을 할 수 있다. 한국의 권위주의 정권은 자본주의 사회관계에 수반될 수 있는 민중들의 저항을 강압하고, 재벌들에게 특혜를 제공하고, 국내외 진입장벽을 세움으로써 지배자본의 성장을 앞당기는 인큐베이터 역할을 했다. 앞에서 언급한 국제 원조 및 차관의 배분만이 아니라, 개발 정책의 포괄적인 패키지 자체가 차등적 축적 양상을 띠고 실행되었다. 권위주의 체제가 실행한 정책들 중 지배자본의 차등적 축적과 연관되지 않은 정책을 찾기는 거의 불가능하다.

한국 사회는 매우 오랫동안 강철군화에 짓밟혀온 결과 권력을 국가기구의 전유물처럼 여기는 경향이 강하다. 하지만 국가가 아무리 강해도 사회관계에서 독립해 외따로 존재할 수는 없다. 박정희 군사정권은 미국이 주도하는 자본주의 세계 질서의 도움을 받았기에 존립할 수 있었으며, 동시에 이 조건은 군사정권의 '가능성의 한계'로 작동했다. 또한 한국이 세계 자본주의 질서에 빠르게 편입되면서, 국내에서는 여러 형태의 자본주의 조직들, 비즈니스 인프라, 그리고 자본주의 사회질서의 양식이 형성·발전되었고, 이를 주도한 국가도 서서히 이 질서 속에 종속되어갔다. 이런 관점에서 보자면, 1990년대부터 본격적으로 펼쳐진 신자유주의 국면은 과거와의 갑작스러운 구조적 단절이 아니다. 그보다는 한국 자본주의 권력 양식이 출현하고 진화해온 결과 나타나는 필연적 국면으로 간주된다.

자본축적은 사회적 역학 관계를 반영하는 것이기에 역학 관계의 변화는 자본의 위기를 초래할 수 있다. 실제로 한국 재벌들이 현재와 같은 권력을 얻기까지 탄탄대로를 걸어온 것만은 아니었다. 숱한 고비를 넘어야 했다. 그중 가장 심각한 고비는 아마도 1997년의 금융위기였을 것이다. 이제, 한국 지배자본이 절체절명의 위기에 맞닥뜨렸던 순간으로 넘어가자.

자본 권력의
구조조정과 1997년의
축적 체제 위기

5장

5장에서는 1997년에 발생한 경제위기의 원인을 분석하고자 한다. 동아시아 경제위기의 연쇄 반응으로 일어난 이른바 'IMF 위기'의 원인과 파장에 대해서 그동안 많은 연구가 진행되어왔다. 여기서 밝혀지지 않았던 근본 원인을 밝혀내려는 것은 아니다. 결정론적인 방식으로 원인을 분석하기보다는 새로운 측면에서 문제를 조명해보려 한다. 좀 더 자세히 말하자면, 차등적 자본축적 체제의 관점에서 1997년 위기를 조망하고 분석하려는 것이다. 문제의 근원을 일종의 민스키 모멘트나 음모론에서 찾으려 하는 주류의 분석과는 달리, 1997년 위기를 당시 국가와 세계 차원에서 동시에 펼쳐졌던 자본주의적 권력의 구조조정이라는 맥락에 두고 이해하려 할 것이다. 이러한 권력의 구조조정이 차등적 자본축적 체제의 전환이라는 금융적 방식으로 표현되었고, 1997년 위기는 이런 과정의 한 귀결이라고 생각한다.

들어가며

한국 사회는 1987년 이래 급속한 사회변혁의 물결에 휩싸이면서 그람시가 말한 유기적 위기에 빠졌다. 그람시(Gramsci 1978, 210쪽)에 따르면, 유기적 위기는 지배계급의 헤게모니가 위기를 겪으면서, 여러 사회세력들이 새로운 정치사회적 질서를 만들어내기 위해 싸움을 벌이는 역사적 상황을 의미한다. 1987년은 급진적 학생운동이 주도한 대규모 정치 운동이 40년 동안 한국 사회를 지배해온 권위주의 정권을 쓰러뜨린 해로서, 한국의 사회 형성 역사에서 큰 분수령이었다. 국가기구의 위기는 사회 곳곳에서 지배계급의 헤게모니 약화로 이어졌고, 권력 공백 사태가 나타났다. 무엇보다 한국의 지배계급은 노동운동과 시민운동의 강력한 조직적 저항에 부딪혔다. 그동안 억눌려왔던 사회 개혁과 재분배 요구가 한꺼번에 분출되면서, 예전 같은 방식으로 지배할 수 없게 된 것이다. 이와 동시에 한국의 지배계급은 한국 정치경제를 신자유주의 원칙에 맞게 구조조정하라는 국제적인 압력을 받았다. 이러한 국내외 상황 변화는 결국 지배 블록의 권력관계 재편으로 이어졌다. 오랫동안 한국 사회의 사령탑을 장악했던 군부가 퇴진하고, 그들의 조력자로 간주되던 재벌들이 자율권을 확대함과 동시에 '권좌'를 차지하려고 했다. 이후, 이러한 변화는 국가와 자본의 관계 재정립으로 이어진다.

 1997년 금융위기는 이러한 유기적 위기 상황의 또 다른 전환점이었다. 태국의 바트화 위기에서 시작된 동아시아 금융위기에 한국도 휩쓸려 들어가면서, 한국전쟁 이후 최대의 사회적 격변을 겪는다. 수많은 재벌 기업들이 도산 위기에 빠지면서, 거의 모든 금융기관이 파산 상태에 이르렀다. 경제 핵심에 자리 잡은 자본의 위기는 연쇄반응을 일으켜, 수많은 중소기업이 파산하고, 숱한 노동자들이 일자리를 잃었다. 결과적으로, 금융위기가 야기한 가장 큰 문제는 사회적 역학 관계의 균형추를 지배 블록 쪽으로 대폭 이동시킨 것이었다. 금융위기로 인해 1987년 이후 형성되었던 기층의 저항 흐름이 역류했고, 민중들은 결국 속수무책으로 지배계급의 사회 개혁을 받아들이게 되었다. 자유화, 규제 완화, 민영화, 유연노동 실시 등 소위 워싱턴 컨센서스라고 불리는 제도 개혁들이 충격요법으로 강행되었다. 이러한 제도 개혁은 한국의 정치경제를 글로벌 시장에 더 깊이 편입시켜버렸고, 외국자본의 직접 지배력을 강화하는 계기가 되었다.

이 장의 주요 목적은 권력자본론의 관점에서, 주로 1980년대 중반 이후 1990년대 말까지 한국인들이 겪은 사회변화의 본성을 파악하는 것이다. 여기서 펼칠 주장은 다음 세 가지로 요약할 수 있다. 첫째, 위에서 언급한 사회적 격변은 한국 자본주의 권력이 진화해가는 과정의 일부로 이해해야 한다. 둘째, 이러한 사회변화는 세계 질서의 전 지구적 변화라는 더 광범위한 맥락에 자리매김해야 한다. 셋째, 국내 및 전 지구 차원에서 펼쳐진 전환의 핵심은 자본축적 체제의 본질 변화에서 찾을 수 있다. 요약하면, 1987년 민주화는 정치 문제이고 1997년 금융위기는 경제문제라는 익숙한 이분법적 접근 방식을 버리고, 정치와 경제를 하나의 역사적 구조를 구성하는 두 측면으로 바라보면서 1960년대부터 빠르게 진화해온 자본주의 권력 양식의 위기와 전환이라는 맥락에서 두 사건을 분석한다.

이승만-박정희-전두환으로 이어지는 오랜 권위주의적 국가 체제로 인해, 한국 사회에서 '권력'은 국가에 귀속되는 것으로 여겨져왔다. 이러한 전통 속에서 정치 영역과 경제 영역의 분리는 매우 자연스럽게 받아들여졌다. 최근 '경제민주화'란 개념이 등장해 활발히 논의되는데, 이는 그동안 확고했던 정치와 경제의 이분법이 대중적으로 부정되기 시작한 사례라 볼 수 있다. 하지만 경제민주화가 무엇을 의미하는지 아무도 명확히 정의하지 못하고 있다. 경제민주화와 관련해 헌법 119조 2항이 많이 인용되지만, 1항 "대한민국의 경제 실서는 개인과 기업의 경제상의 자유와 창의를 존중함을 기본으로 한다"와 결부해서 2항 "국가는 균형 있는 국민경제의 성장 및 안정과 적정한 소득의 분배를 유지하고, 시장의 지배와 경제력의 남용을 방지하며, 경제주체 간의 조화를 통한 경제의 민주화를 위하여 경제에 관한 규제와 조정을 할 수 있다"를 해석하면, 2항의 경제민주화라는 표현은 하나의 권력 양식을 의미하는 민주화하고는 별 상관이 없다. 다만 자유시장 경제 체제의 부작용을 완화하기 위한, 국가의 개입 필요성을 인정하는 것뿐이다.

　역사적 구조의 관점에서 보면, 애초부터 정치민주화와 경제민주화는 분리할 수 없는 개념들이다. 권력의 민주화만 있을 수 있다. 하나의 지배 블록이 자신들의 세계관에 따라 사회를 조직하면서 창출한 역사적 블록이 있고, 여기에 통합된 정치경제 체제가 존재하며, 권력은 그 안에 확립된 법적·제도적 장치들을 통해서 행사된다. 어떻게 보면 매우 당연한 이 말을 간과함으로써 민주화 운동이 장벽에 부딪히는 경우가 다반사였다. 가령, 지배 블록을 구성하는 사회집단들 중에서——멈퍼드의 표현을 빌리자면——"군사기계"를 기반으로 성장한 군부가 "노동기계"를 장악한 재벌들이나 "관료기계"를 움직이는 정치·관료 엘리트들보다 우위에 서서 전체 거대기계의 사령탑을 조종하는 경우에, 종종 민주화의 의미가 반군사독재 운동으로 한정된다. 반독재 운동이 중요하긴 하지만, 이 경우 사회적 과정 전체를 지배하는 "권력 복합체"를 보지 못하고 권력 양식의 한 부분만을 보는 것이다. 그 결과, 여러 나라에서 민중들이 목숨을 희생해가며 독재를 무너뜨렸지만, 민간 정부로 권력이 이양되는 순간부터 민주화는 진로를 잃고 헤매곤 한다. 필리핀, 한국, 칠레, 아르헨티나를 비롯한 거의 모든 후발 자본주의국가에서 같은 현상이 반복되었다. 군사독재는 아니지만, 남아프리카공화국이나 짐바브웨처럼 '백인 독재 정부'에서 흑인 정부로 정권이 이양된 나라에서도 비슷한 경로를 밟았다.

　우리가 김대중 정부와 노무현 정부를 거치면서 겪었던 혼란도 같은 맥락에서 이해할 수 있다. 진보 진영은 대안적인 역사적 블록을 구성하는 운동을 펼치지 않으면서, 그저 '선거혁명'을 통해 보수 세력의 집권을 저지하고 민주당이 집권하면 새로운 사회로 전환할 수 있을 것이라고 믿었다. 10년 동안 펼쳐진 '민주 정부'의 실험은 사회 권력이 '이양'되긴 했지만, 독재에 영합한 국가기구로부터 유권자들에게 이동한 것은 아니라는 사실을 드러냈다. 엉뚱하게도 수혜자는 민주화 운동에 조금도 기여한 바가 없는 지배자본이었다. 어떻게 그럴 수 있었을까? 이것은 어느 날 갑자기 일어난 일일까?

1987년 민주화의 역사적 성격이 1997년의 위기를 통해 드러났다. 1987년 항쟁으로 지배 블록이 유기적 위기를 겪긴 했지만, 이는 지배 블록 내부의 구성과 위계를 바꾸는 수준으로 마무리되었다. 군부가 뒤로 물러나고, 노동기계를 움직이던 재벌이 전면에 나선 것이다. 민주당이라는 정치세력도 독립적인 사회세력으로 발전하지 못하고, 결국 재구성된 지배 블록의 한 부분으로 편입되고 말았다. 또한 그때까지 외적인 연계를 맺고 있던 외국자본도 지배자본의 초국적화를 통해 내부화되기 시작한다. 이러한 과정이 예정되어 있었던 것은 아니고, 경로가 순탄하지도 않았다. 민중의 저항과 국제적 차원의 개혁 압력에 잘못 대응하면, 자칫 모든 것을 잃을 수도 있었다. 다만 당시를 돌이켜 볼 때, 민주화와 세계화가 한국의 자본에, 특히 지배적 자본에 좋은 기회를 제공했다고 평가할 수 있다. 4장에서 언급했듯이, 민주화는 한국의 지배적 자본이 국가의 보호막을 깨고 나와 더욱더 성장하게 했고, 세계화는 국경이란 한계를 뚫고 세계로 진출할 수 있게 만들어주었다. 과거에 국경은 한국의 자본을 보호해주는 역할을 했지만, 1990년대 초에 이르면 자본의 팽창을 제한하는 경계선으로 성격이 바뀐다. 다시 말해, 한국의 지배적 자본가 그룹은 국가의 품 안에 머물러 있기에는 이미 너무 성장해버렸다. 오랜 기간의 집적과 집중을 거치면서, 한국 내의 축적 공간이 모두 소진된 것이다. 한국의 지배적 자본이 차등적 축적을 지속하는 유일한 길은 더 큰 비즈니스 세계로 나아가는 것뿐이었다.

이번 장에서는 자본축적에 초점을 맞춰 한국 사회가 1980년대 중반 이후 겪어온 변화를 살펴본다. 사회변화를 단일한 인과관계의 틀에 맞추어 설명하겠다는 뜻은 아니다. 사회변화는 항상 복합적이고 다차원적인 과정이다. 사회가 크게 변화할 때 여기에는 기술적, 산업적, 제도적, 정치적, 문화적 발전이 포함된다. 한국인들이 지난 25년간 경험했던 사회변화도 이 모든 요소를 포괄하고 있다. 물론, 이것 말고도 우리가 파악하지 못하는 수많은 유·무형의 요소들이 사회변화에 영향을 미쳤을 것이다. 그렇지만 이런 변화들을 축적이라는 맥락 속에서 이해할 때, 사회변화의 여러 요소와 양상들을 더 잘 설명할 수 있다. 사회 권력의 금융적 표현으로서의 자본축적은 사회변화의 한계를 규정한다. 특히, 지구적 차원의 차등적 축적의 초점이 변화하는 시기에는 한국같이 상대적으로 대외 의존도가 높은 국가들의 '가능성의 한계'가 새롭게 규정되곤 한다. 자본축적에 분석의 초점을 맞추지 않고 1980년대 중반 이후 한국의 사회변화에 접근하면, 그 본성을 제대로 파악하기 힘들 것이다.

그래서 이번 장에서는 축적의 수량적 측면과 정성적 측면을 —— 즉 사회적 과정을 —— 긴밀히 연결하려고 한다. 다시 말해, 한편으로 권력의 사회적 조건에 생긴 변화들을 설명하고, 다른 한편으로는 차등적 축적을 분석하여 둘의 연관성을 보여주고자 한다. 반복하건대, 이는 결정론적인 원인을 분석하는 작업이 아니다. 다만, 우리가 겪은 급격한 사회변화의 중심에 자리 잡고 있었다고 생각되는 자본의 운동을 개연성 있게 설명하려는 것일 뿐이다. 우선 1997년 위기 분석에서 논의를 시작한다. 앞에서 언급했듯이, 권력의 질적 측면을 수량적 축적과 결정론적으로 연결할 순 없다. 이 두 과정의 연계는 "차등적 축적의 수량적 변화를 관찰하고, 그 사회적 원인을 추측하는 순서로" 이해할 수밖에 없다(Nitzan and Bichler 2002, 39쪽). 그래서 우선 1997년 위기를 차등적 축적의 맥락에서 이해하고, 정치경제적 제도 개혁을 다룰 것이다. 이를 통해, 한국의 지배적 자본이 사회적 생산과 재생산 과정에 대한 지배력을 어떻게 강화해왔는지를 설명하겠다.

1997년 위기의 재조명

여러 측면에서 1997년 위기는 한국 현대사에서 가장 중요한 분기점 중 하나였다. 한국 정치경제 전체를 파탄 내면서, 전 국민을 말 그대로 공황 상태로 몰아넣었다. 한국인들은 97년 위기를 한국전쟁 이래 최악의 사회적 재앙으로 생각한다. 실제로, 위기 이후 재벌 그룹을 포함해 수십만 개의 사업체가 부도를 냈다. 거의 모든 은행이 구제금융을 받아야 했고, 100만 명의 노동자가 일자리를 잃었다. 설상가상, 한국 정부는 구제금융에 전제 조건으로 붙은 구조조정 프로그램을 수용할 수밖에 없었다. IMF의 강압적 태도는 한국인들의 머릿속에 일제강점기의 악몽을 불러일으켰고, 자존심에 심각한 상처를 남겼다. 다수의 한국인들은 IMF의 간섭을 '제국주의적 섭정'으로 간주했다. 그래서 97년 금융위기를 'IMF 위기'라고 부르곤 한다. 97년 위기가 한국 사회에 미친 파장은 실로 엄청났기에 97년 이전과 이후의 정치경제 체제는 더 이상 같을 수가 없었다.

위기의 심각성과 그 후에 나타난 심대한 사회변화는 세계 각국의 정책 결정자들과 학계 분석가들의 이목을 끌기에 충분했다. 한국의 '경제 기적'에 관한 논쟁도 그러했듯이, 그들의 위기 분석은 대개 두 개의 라이벌 스토리로 묶을 수 있다. 하나는 시장근본주의적 관점으로서, 위기가 정실자본주의의 내재적 한계와 지나친 규제에 기인했다고 주장한다. 다른 하나는 국가주의적 접근 방식으로서 위기의 원인이 과잉 규제가 아니고 과소 규제라고 본다. 다시 말해, 1990년을 전후해 널리 퍼지기 시작한 신자유주의가 위기의 주범이라는 주장이다.

이 두 접근 방식은 '장님 코끼리 만지는 이야기'를 생각나게 한다. 시장근본주의와 국가주의 모두 자기 틀에 갇혀 1997년 위기라는 파국을 낳은 복합적 사회적 과정의 일부 측면만을 건드리고 있다. 전체 그림을 파악하기 위해서는 우선 두 진영의 주장을 종합할 필요가 있다. 더 나아가, 이 두 가지 설명을 자본주의적 권력의 변환이라는 보다 광범위한 맥락에 두고 파악해야 한다. 몇 가지 경제지표에 주목하면서 위기를 구체적으로 살펴보자.

폭풍 전야의 고요

사실, 1997년의 위기를 예감한 사람은 거의 없었다. 최소한 한국 경제의 주요 지표들은 심각한 징후를 보이지 않았다. 그림 5.1에서 볼 수 있듯이, 한국의 GDP 성장은 위기 직전까지도 건실해 보였다. 이전 10년간(즉 1987~1996년) 연평균 성장률이 8.4퍼센트에 달했다. 이는 3퍼센트였던 세계 평균 성장률의 세 배에 이르는 수준이다. 그 결과 세계 GDP에서 한국이 차지하는 비중은 같은 기간 60퍼센트 높아졌다. 수출도 같은 기간 동안 매년 평균 16퍼센트의 성장 속도를 보였다(World Development Indicators). 인플레이션과 실업 지표도 별다른 불안정한 신호를 보이지 않았다(그림 5.1 참조). 한국 경제의 이런 눈부신 성과는 세계 각국의 정책 입안자들을 탄복하게 만들었다. 세계은행은 동아시아의 기적이라 명명된

그림 5.1 실질 GDP 성장 비교(2005년 불변가격, 미국 달러)

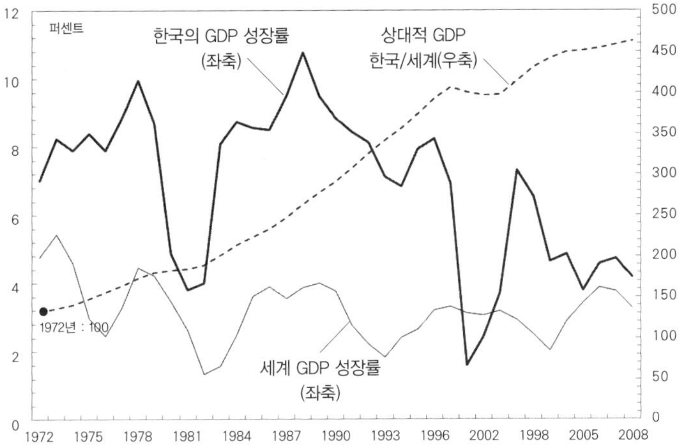

시계열 그래프는 모두 3년 이동평균값을 나타냄.
출처 : World Development Indicators.

1993년 연간보고서에서 한국에게 배우자고 외쳤다.

잘 나가던 한국 경제는 1997년 4분기에 갑자기 경제적 격변에 휘말린다. 한국전쟁 이후 최악의 침체였다. 이른바 "주식회사 한국" 전체가 파탄 지경에 이른 것이다. 이런 엄청난 금융위기를 일으킨 연쇄반응은 외환시장에서 시작되었다. 1997년 10월에 920원이었던 원/달러 환율이 12월 1,450원이 되어 원화의 가치가 절하된다(그림 5.2 참조). 1998년 1월에는 환율이 더 올라 달러당 1,700원이 되었다. 3개월 만에 환율이 80퍼센트나 오른 것이다. 원화의 이러한 가파른 평가절하는 한국 주식시장의 폭락으로 이어졌다. 1997년 5월 757이었던 코스피지수가 이듬해 6월에는 298을 기록했다. 이 기간 동안 주식시장에 상장된 주식의 가치는 137조 원에서 61조 원으로 줄었다. 주식가치가 반 이상 증발한 것이다.

한국의 외환시장과 주식시장에 갑자기 밀어닥친 혼돈은 남동아시아 대부분의 국가를 타격한 보다 광범위한 위기의 일환이었다. 이 위기는 1997년 7월에 태국의 통화인 바트화가 폭락하면서 촉발되었다. 아이러니하게도, 외국인 투자자들이 위기의 전염을 염려하여 남동아시아 국가들의 부채 상환 연장을 거부하자 위기의 전염성이 강화되었다. 초기에는 대부분의 경제 전문가들이 한국은 태국에서 시작된 위기의 영향권 밖에 있다고 생각했다. 그러나 이내 거대한 금융 해일 속에 한국도 파묻히고 말았다.

위기가 전개되면서, 실업률은 1997년 10월 2.1퍼센트에서 1998년 말 8퍼센트로 상승했고, 1999년에는 9퍼센트에 육박했다(그림 5.2 참조). 1997년 11월과 1999년 3월 사이에 130만 명 정도가 구조조정의 일환으로 정리해고되거나 회사가 파산하면서 일자리를 잃었다. 인플레이션 역

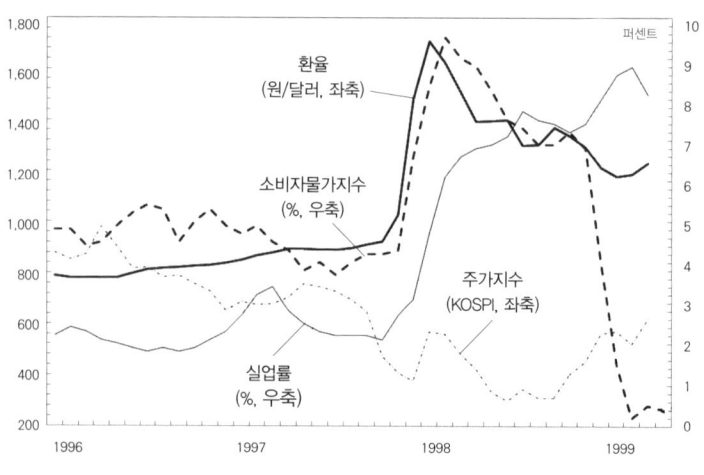

그림. 5.2 통화 불안정과 그 충격파

월간 데이터 사용. 인플레이션 지수는 전년 동기 대비 변화율.
출처 : 한국은행 ; 통계청.

시 가파르게 상승했다. 전년 동월 대비 소비자물가 상승률이 1997년 10월 4.2퍼센트에서 1998년 2월 9.5퍼센트로 높아졌다. 결과적으로, 위기 직전 10년 동안 연평균 8.4퍼센트였던 GDP 성장률이 1998년 마이너스 6퍼센트로 급강하했다.

두 라이벌 주류 학계의 분석

태국이나 인도네시아와는 다르게 위기 전 한국 경제의 펀더멘털이 건실했다는 점 때문에 한국은 아시아 경제위기의 원인을 놓고 벌어진 논쟁에서 초미의 관심사였다. 앞에서 언급했듯이, 국가주의와 시장근본주의 그룹이 이 논쟁을 주도했다. 요약하면, 국가주의자들은 한국 시장의 탈규제가 위기를 초래했다고 주장했다. 반면, 시장근본주의자들은 문제의 근원이 한국의 정실주의와 부정부패에 있다고 강조했다. 이후 IMF가 위기관리를 맡으면서 펼친 대응 정책의 적절성을 놓고 논쟁은 심화되었고, 이들 사이의 의견 차이도 더욱 벌어졌다. 시장근본주의 관점을 주장한 이들은 스탠리 피셔Stanley Fischer와 미셸 캉드쉬Michel Camdessus 같은 IMF 사람들이었다. 이들은 미 연준 의장 앨런 그린스펀Allen Greenspan의 전폭적 지지를 받았다. 한편 이 그룹을 비판하는 집단은 다양한 경제학파로 구성된 '통일전선'의 성격을 띠고 있었다. 여기에는 조지프 스티글리츠와 마틴 펠드스타인Martin Feldstein같이 주류 경제학계에서 전향한 인물들이 포함되어 있었다.

반IMF 그룹은 한국 경제위기의 가장 중요한 원인이 단기부채의 급격한 증가에 의해 야기된 "일시적 유동성 문제"라고 주장한다. 이런 상황이 초래된 것은 "금융 자유화로 인한 관리 부실, 투자 조율의 포기, 어설픈 환율 관리" 때문이었다(H. J. Chang, 1998). 반IMF 그룹은 한국의 경제 펀더

멘털이 건실했다는 점에서 한국은 파산 상황에 직면할 이유가 없었다고 주장한다. 다만, "전염 효과" 때문에 남동아시아 전체에 대한 외국인 투자자들의 확신이 무너지면서, 한국도 단기부채의 만기를 연장하는 데 실패한 것이라고 본다. 그런 와중에 IMF가 자신들의 권력을 남용했고, 상황에 대처하는 데 도움을 주기는커녕 문제를 심화했다. IMF는 "기술적 조언을 해주고" 한국이 "만기가 도래하는 부채의 상환 연장을 할 수 있도록 외국인 채권자들을 설득하는 데" 도움을 주는 정도에 머물렀어야 한다(Feldstein, 1998). IMF는 그렇게 하지 않고, 절박한 상황을 이용하여 이 지역 전체를 "현대적(영미식이란 의미) 자유시장 체제에 적합한 형태로 전환시키려" 노력했다(Wade, 1998). 그리고 이를 위해 구제금융 프로그램의 전제 조건으로 구조적 변화를 요구했다. 설상가상, IMF가 한국에 처방한 단기 대응책은 상황을 더 악화했다. 여기에는 재정적자 감축, 고이자율 정책, 신용의 축소 등이 포함되어 있었다. 반IMF 그룹은 이러한 조치들이 유동성 문제를 심화했고, 그 결과 더 많은 회사들이 파산에 직면했다고 주장한다. 말하자면, 의사의 처방전이 환자의 병을 고치기는커녕 더 악화시킨 것이다.

IMF의 요구는 세 개의 "금융 부문 구조조정" 항목과 다섯 개의 "기타 구조적 장치들"로 이루어져 있다.[82] 앞의 세 항목은 은행과 비은행 금융기관들에 대한 한국 정부의 통제력을 약화시킬 목적으로 만들어졌다. 특히 한국은행에 대한 통제력 약화를 겨냥했다. 기타 구조적 장치들에는 무역 자유화, 자본계정 자유화, 기업지배구조와 기업 체계의 정비, 노동시장 개

---

82 The IMF, "IMF Stand-By Arrangement : Summary of the Economic Program," December 5, 1997. IMF 웹사이트 http://www.imf.org/external/np/oth/korea.htm.

혁, 정보의 투명성 제고 등이 포함되어 있다. 웨이드(Wade, 1998)가 주장하듯이, 이러한 조치들은 명백히 "동아시아 경제 모델"을 해체하고 "온전한" 시장경제로 대체하려는 의도를 지니고 있었다. IMF가 구조조정 조치를 강제한 방식을 보면, "훈육적 신자유주의disciplinary neo-liberalism"란 용어가 절로 떠오른다(Gill, 1998).

반면, IMF를 방어하면서 피셔(Fischer, 1998)는 이렇게 주장한다. "금융 부문의 구조 개혁과 기타 개혁 조치들은 태국, 인도네시아, 한국의 개혁 프로그램에서 필수적인 부분이었다. 취약한 금융 제도의 문제점, 부적절한 은행 규제와 감독, 정부-은행-기업 간의 복잡하면서도 불투명한 관계 등이 이번 경제위기의 핵심 원인이었기 때문이다." 장기간에 걸쳐 시장을 왜곡해온 정책이 야기한 금융 부문과 기업 부문의 구조적 취약성이 금융·통화 위기를 촉발했다는 것이다. 당시 연준 의장이었던 그린스펀은 IMF를 전폭적으로 지지하면서 다음과 같이 말했다. "또한 IMF 대출에 연계된 정책 조건들은…… 도덕적 해이 문제를 완화하고…… 전반적인 안정화 노력이 성공하는 데 필수 요소이다"(Greenspan 1998). 따라서 구조적 변화를 요구하는 IMF의 조치는 문제의 근원을 제거하는 데 절실히 필요한 수단이라는 주장이다.

둘 다 맞지만, 둘 다 틀렸다

1997년 위기에 대한 시장근본주의자와 국가주의자 그룹의 분석은 둘 다 맞고, 동시에 둘 다 틀렸다. 1990년대 이행기에 있었던 한국의 정치경제는 '국가자본주의'와 '신자유주의적 시장자본주의' 성격이 혼합된 상태였다. 시장근본주의자들이 주장하듯, 관료들과 거대 기업 경영자들의 부적절한 관계는 외국 채권자들의 신뢰를 떨어뜨려 그들로 하여금 부채 상환 연장을 꺼리게 만들었다. 이것이 1997년 위기의 직접 원인 중 하나가 되었다. 예를 들어, 30대 재벌에 속했던 한보, 삼미, 진로, 기아 네 개 대기업 집단은 태국의 바트화가 폭락하기 이전에 이미 부도가 났거나 파산 절차에 들어갔다. 주요 원인 하나만 꼽기가 쉽지는 않지만, 한국의 지배 자본이 높은 레버리지 합병을 할 수 있게 만들어준 정실주의가 가장 큰 문제로 꼽힌다. '과도한 투자'가 ── 즉 과도한 부채 구조의 대차대조표가 ── 그들 자신뿐만 아니라 한국 경제 전체를 외부 충격에 취약한 상태로 만들었다. 한국 자본시장의 자유화와 탈규제로 외채 구조가 불안정해졌다는 발전국가론자들의 주장도 맞다. 급속히 늘어난 단기외채가 1997년 통화위기와 더불어 신용경색을 일으킨 주요 원인이었다는 것도 틀림없는 사실이다.

따지고 보면, 두 그룹 모두 외채의 급격한 증가를 위기의 주범으로 보는 것이다. 차이가 있다면, 친IMF 쪽에서는 정실주의와 부패에 기인한 기업 부문의 높은 자기자본 대비 부채 비율을 주요 원인으로 지목하는 반면, 반IMF 그룹은 단기부채의 비중이 높아진 원인이 금융 규제의 완화라고 본다. 그림 5.3은 실제로 1997년 이전의 급격한 외채 증가가 주로 단기부채 때문이라는 사실을 확인해준다. 단기부채의 비중이 1993년 25.8퍼센트에서 1996년 57.5퍼센트로 증가했다. 이와 동시에 민간 부문의 자기자본 대비 부채가 급격히 증가했다. 특히 지배자본의 부채 증가가 눈에 띈다. 상위 30대 재벌의 자기자본 대비 부채 비율은 1989년 260퍼센트에서 1997년 425퍼센트로 증가했다. 높은 자기자본 대비 부채 비율로 인해 주요 기업들은 외부 충격에 의해 현금 흐름이나 자본 공급에 교란이 발생할 수 있는 취약성을 안게 되었다. 다른 한편, 단기외채 비중의 증가로 한국 경제는 외국인 투자자들의 변덕에 더욱더 종속되었다.

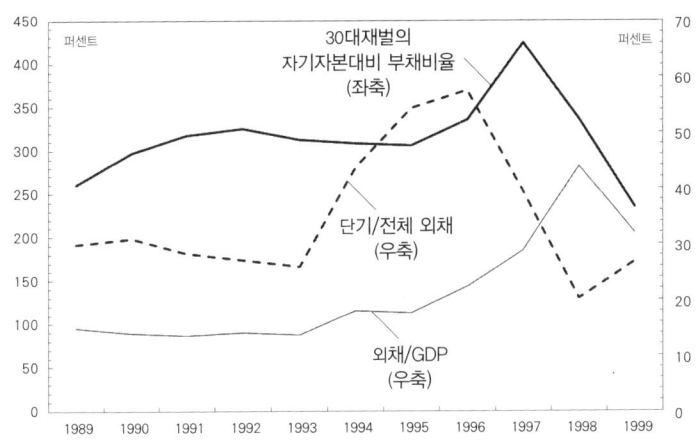

그림 5.3 금융 변동성의 증폭

출처 : 공정거래위원회 ; World Development Indicators.

두 그룹의 주장 모두 나름대로 근거가 있지만, 그들은 위기를 피상적으로 이해하는 듯하다.

첫째, 둘 다 편협한 관점에서 서로의 실증적 근거를 못 본 척 눈을 돌린다. 이는 복합적인 상황을 편협하고 편파적으로 이해하는 결과를 낳는다. 전체 그림을 완성하려 하지 않고 '장님 코끼리 만지기' 이야기에 나오는 사람들처럼 상대방의 견해는 전혀 고려하지 않는다. 결과적으로, 친IMF 그룹은 위기의 내적 요인만을 건드리면서 신자유주의의 문제점을 감추려고 한다. 반면, 반IMF 그룹은 외부 원인에만 초점을 맞추면서 정실주의 문제는 무시한다. 즉 전통적인 분배 연합 방식이 한국 금융 체계 전체를 외부 충격에 취약하게 만들었다는 사실은 인정하지 않는다.

둘째, 겉으로 드러난 원인에만 집착함으로써 1997년 위기의 근원에 깔려 있던 광범위한 사회변화를 고려하지 못하고 있다. 두 그룹이 내인과 외인을 종합하지 못하고 그중 하나에 집착하는 이유는 접근 방식의 기초가 되는 국가와 시장의 추상성 때문이다. 둘 다 완결된 논리를 가지고 있기 때문에 내부에서 '오류'가 발생할 수 없다. 시장주의는 시장의 외부에 위치한 국가에서, 국가주의는 외국에서 문제의 원인을 찾아야만 한다. 이런 접근 방식에 매달리는 사람들은 '탈규제'와 '정실주의' 모두 국내뿐만 아니라 세계적인 사회-정치적 맥락 속에서 이해해야 한다는 점을 무시하고 있다. 또한, 두 그룹은 세계 질서의 전환과 더불어 국가와 자본이 하나의 권력 복합체로 통합적으로 진화해왔다는 사실도 간과하고 있다. 그래서 친IMF 그룹은 구조적 문제점을 안고 있던 아시아의 경제 모델이 이전 30년 동안 어떻게 주목할 만한 '성공'을 거두었는지 설명하지 못한다. 위기가 발생하기 직전까지도 세계 각국의 정책 입안자들과 경제학자들은 이 모델을 높이 평가하면서 경제발전의 귀감으로 삼았다(World Bank 1993 참조). 어떻게 이런 경제 모델의 강점이 하루아침에 약점으로 변했을까? 다른 한편, 반IMF 그룹은 위기의 원인을 전적으로 외국인 투자자들에게 전가하면서 한국 경제의 자유화와 규제 완화를 주도한 주체가 국가였다는 사실을 무시한다. 국가의 본성 자체가 변했다는 사실을 알아채지 못하고, 아시아 경제 모델의 '내재적 우월성'만을 찬양하고 있다. 또한 과거 이 모델이 특정한 자본주의 세계 질서——즉 냉전체제——속에서 성공할 수 있었다는 사실을 이해하지 못한다. 이 점에서는 친IMF 그룹도 마찬가지다.

1997년 위기에 대한 대안적 접근 방식

정실주의에 기초한 재벌의 과도한 차입매수LBO와 탈규제로 가능해진 단기부채의 엄청난 증가가 1997년 위기에서 가장 중요한 두 요소라는 사실은 명백하다. 한국이 당시 민스키 모멘트에 직면했을 수는 있다. 그렇지만 금융 위험성과 관련된 어떤 지표의 '임계점'을 미리 알 수는 없다. 다시 말해, 어느 수위까지 진전되면 경제위기가 발생한다고 단정할 수 있는 지표는 존재하지 않는다. 오직 사후 평가로만 기업 부문의 높은 자기자본 대비 부채비율과 경제 전체의 급속한 단기외채 증가가 외국자본의 철수를 촉발하기 쉬운 환경을 만들었다고 말할 수 있다. 다만 세계적인 차원이나 지역적 차원에서 다른 기업군들과 비교함으로써 상대적으로 위험성의 높고 낮음을 평가할 수는 있다.

한국의 부채 관련 불안정성은 매우 중요한 현상이지만, 보다 광범위하게 진행된 사회변화의 일부일 뿐이었다. 이러한 변화는 위기 이전에 상당 기간 동안 나라 안팎에서 진행되어왔다. 그런 까닭에 위기에 대한 인과율을 이론적으로 재구성하는 작업은 이런 변화의 맥락 속에서 이루어져야 한다. 한국 사회가 1997년 위기 전후로 겪은 변화의 여러 양상과 요소들 가운데 다음 세 가지는 결코 놓치지 말아야 할 사항이다. ① 냉전에서 지구화로의 세계 질서 전환, ② 민주화, ③ 닛잔과 비클러의 표현을 빌리면, 국가라는 '누에고치 보호막cocoon'을 깨고 나온 자본이라는 '애벌레larva', 즉 자본과 국가의 상호 전환이 그것이다.

1997년에 발생한 한국의 위기는 사건이 발생하기 오래전부터 진행된 전 지구적 차원의 세계 질서 변화와 국가 차원에서 펼쳐진 권력 체제 전환의 일부로 이해해야 한다. 위기는 급속한 사회적 구조조정의 결과물이었고, 동시에 그 변화를 더 가속화하는 계기로 작동했다. 위기가 '필연'이었다고 말할 수는 없지만, 97년 위기가 한국에서 자본주의적 권력 양식이 진화해가는 역사에서 큰 분수령이었다는 것은 틀림이 없다. 위기를 전후로 여러 형태의 정치경제적 개혁이 펼쳐졌다. 한국의 지배계급은 다양한 권력 제도의 재구성을 통해 생산과 재생산의 사회적 과정에 대한 지배력을 강화하려고 시도했다. 물론, 지배계급의 뜻대로 되는 것만은 아니다. 사회변화는 역동적인 권력투쟁의 결과이다. 이러한 투쟁은 다른 사회계급·계층과의 싸움뿐만 아니라 지배계급 내부의 싸움도 포함하고 있다. 지배 블록은, 저항의 강도는 시기마다 다르겠지만, 항상 다른 사회세력의 반대를 감내하며 사회를 재구성해낸다. 여기서 다루고 있는 1997년 위기가 지배 블록이 뜻하지 않게 진짜 위기를 맞은 대표적인 경우일 것이다. 구제금융이 없었다면, 거의 모든 재벌이 파산했을 것이다. 그러나 지배 블록은 이번에도 위기에서 교묘히 빠져나갔고, 피해를 입은 쪽은 결국 민중들이었다. 한국의 지배적 자본은 부채의 사회화를 통해 책임을 민중들에게 모두 전가해버렸다. 설상가상, 위기 이후 개혁 과정에서 한국 사회는 점점 더 상품화 논리가 지배하는 세상으로 변질되어갔다.

1997년 위기의 원인을 이러한 전후 맥락 속에서 파악함과 동시에, 앞에서 언급했던 것처럼 더 폭넓은 자본주의적 권력 양식의 진화라는 접근 방식을 설정해 당시 위기를 새롭게 조명할 필요가 있다. 이를 위해, 두 가지 가설을 다음에서 검토할 것이다. ① 위기는 한국 지배자본이 민주화와 세계화에 적극 대응하여 실행한 구조조정의 맥락에서 이해해야 한다. 물론, 위기 자체가 원래 그들의 계획 속에 들어 있진 않았다. 한국의 지배자본은 '한계점'에—즉 사업 확장의 경계선에—도달했고 국내외 변화에 대응해 정치경제적 구조조정을 전개할 수밖에 없는 상황에 부딪혔다. 이러한 정치경제적 상황 변화가 지배자본의 축적에 영향을 미쳤다. 그렇기 때문에, ② 한국의 지배적 자본의 축적을 분석하는 작업은 위기의 원인을 이해하는 데 큰 도움을 줄 것이다. 다시 말해, 자본의 차등적 축적에 관한 실증적 연구는 그간 많이 회자되었던 자본가들의 도덕적 해이와 외국인 투자가들의 변덕을 넘어 더욱 근본적인 원인을 파악하는 데 기여할 것이다. 이제 이 두 가설을 좀 더 자세히 검토해보겠다.

한국에서의 차등적 축적

1980년대 중반 한국의 주류 자본가들은 매우 중요한 갈림길을 만났다. 이번이 처음 맞는 위기는 아니었지만, 이전과는 차원이 달랐다. 그들의 권력을 지탱하는 두 개의 주요 축이 모두 심하게 흔들렸다. 앞에서 설명했듯이, 한국전쟁 이후 한국 지배적 자본의 차등적 축적은 권위주의적 정권과 냉전의 지정학에 크게 의존했다. 1980년대 중반이 되면서 이러한 환경이 변하기 시작했다. 지배계급은 국내에서 점차 거세지는 민주화 요구에 대처해야 했다. 밖으로는 냉전 체제를 대체하는 새로운 자유주의적 세계 질서에 걸맞게 한국의 정치경제를 구조조정하라는 압력이 밀려들었다. 미얀마나 북한처럼 폐쇄된 사회로 남아 있길 원한다면 모를까, 권력 제도의 '급진적' 재편이 불가피한 상황이었다.

이러한 국내외 압력에 직면한 한국의 지배적 자본은 권력관계를 재편해야 할 나름의 이유가 있었다. 첫째, 국가의 보호 아래 성장해온 재벌들이 이제 '알을 깨고 나오기에' 충분할 정도로 성숙해 있었다. 핵심 자본가 그룹은 국가의 간섭이 점점 불편하게 느껴졌고, 더 큰 자율성을 원했다. 둘째, 한국의 지배적 자본은 국내에서는 사업 팽창의 한계점에 달해, 글로벌 차원에서 벤치마킹 대상을 찾기 시작했다. 한국 사회를 세계화해야 한다는 외부 압력이 없었다고 해도, 자신들의 권력을 팽창하기 위해서는 국경이라는 한계선을 넘어 더 큰 비즈니스 세계로 나아가야 했다. 또한, 이 시기에 한국의 지배적 자본은 도요타, 미츠비시, 소니 같은 세계적 (일본) 제조업체를 경쟁자로 인식하기 시작했다. 얼마 전까지만 해도 이른바 '나는 기러기 떼flying geese' 발전 모델에서 자신들을 선도해주는 대장 기러기로 간주했던 일본 기업들에 대한 인식이 바뀐 것이다.

외부적 넓이 지향 체제의 한계

한국 사회에서 재벌이라 불리는 지배자본 그룹은 한국전쟁 이후 출현하여, 1962년 군사정권이 경제개발 5개년 계획을 시작한 이래로 급속히 성장했다. 1980년대 초반이 되면서, 권위주의적 국가조차 이렇게 과대 성장한 기업들의 사회적 영향을 걱정하기 시작했다. 재벌에 대한 민중들의 반감이 점점 거세졌기 때문이다. 정부는 이제 재벌 팽창을 규제하려고 했다. 독점규제법과 공정거래법을 제정하고(1980년), 공정거래위원회를 설립하면서(1981년), "경제 권력의 집중을 억제하려고" 했다(공정거래위원회 1991). 한국에서 30대 재벌을 지배적 기업집단으로 간주하는 것은 1980년대에 공정거래위원회가 특별 감독 대상으로 뽑은 명단에서 유래한다.

앞 장에서 논했듯이, 1960년대 초반 이래로 한국의 지배적 자본은 외부적 넓이 지향을 권력 팽창의 기본 방식으로 택해왔다. 이 축적 체제는, 간단히 말해 지배적 자본이 평균 기업보다 새로운 생산 능력과 고용을 상대적으로 더 많이 더 빠르게 증가시킴으로써 달성하는 차등적 축적 체제를 가리킨다. 당시 한국의 지배적 자본은, 충분조건은 아니더라도, 외부적 넓이 지향 체제에 필요한 기본 조건을 갖추고 있었다. 한국은 세계에서 가장 산업화가 덜 된 나라 중 하나였고, 농촌은 엄청나게 풍부한 잉여노동력을 보유하고 있었다. 게다가, 한국의 지배계급은 냉전의 지정학을 이용해 신규 사업 투자에 필요한 대규모 외국자본을 끌어올 수 있었다. 실제로, 주류 자본가 그룹은 전체 파이의 크기를 키움과 동시에 자신들의 몫을 늘리는 데 성공했다. 1980년대 말에 한국은 이미 (GDP를 기준으로) 세계에서 열다섯 번째로 큰 국가로 성장했고, 전체 기업 자산의 45퍼센트 정도가 (장부상 가치를 기준으로) 30대 재벌의 손에 들어가 있었다.[83]

그러나 외부적 넓이 지향 체제가 영원히 지속될 수는 없다. 이 축적 체제에는 내재적 한계가 있다. 외부적 넓이 지향 체제는 인구의 상당 부분이 프롤레타리아가 될 수 있는 상태로 남아 있어야 지속될 수 있다. 또한, "신규 투자 성장"이 특정 수준 이상으로 진행되면, "가격과 1인당 이윤에 대해 하방 압력을 야기한다"(Nitzan and Bichler 2002, 50쪽). 그림 5.4에서 볼 수 있듯이, 1980년대 말에 이르면서, 한국의 지배적 자본이 추구해온 외부적 넓이 지향 체제가 한계에 도달한다. 그림은 도시인구 증가율, 실질 GDP 성장, 국민 가처분소득에서 기업 소득이 차지하는 비중 등 세 가지 상이한 그래프로 구성되어 있다. 각 지표는 3년 이동평균 값으로 표현되었고, 1985년 기준 100으로 값을 환산했다. 이렇게 환산하는 이유는 상이한 세 그래프를 비교하기 쉽고, 각 그래프의 경향과 함께 상관관계를 파악하기가 용이해지기 때문이다. 그림에 따르면, 프롤레타리아화가(즉 도시인구의 증가가) 주춤해지면서, 한국 경제의 전반적인 팽창(즉 GDP 성장)이 위축되고 국민 가처분소득에서 기업 소득이 차지하는 비중이 줄어들었다. 위기가 발생한 1997년에 도시인구 지수는 44로서, 이는 도시인구의 연 증가율이 1985년에 비해 반 이하로, 1973년에 비하면 3분의 1 수준 이하로

---

83 한국은행 기업 경영 통계와 공정거래위원회 기업집단 통계 사용. 한국은행이 제공하는 기업 데이터는 표본조사를 통한 추정치이다.

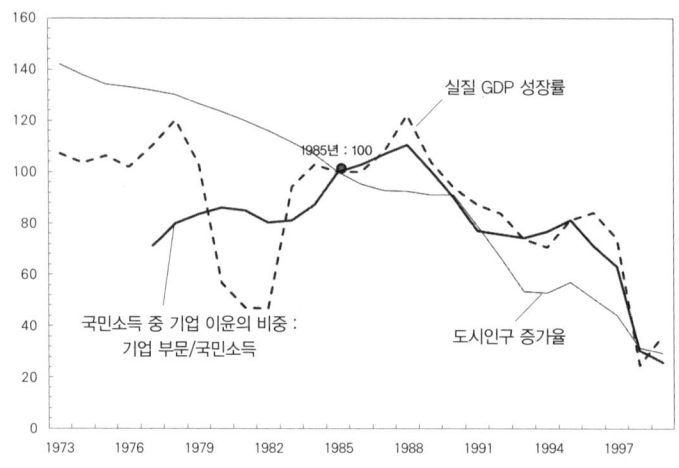

그림 5.4 외부적 넓이 지향 체제의 한계

모든 시리즈는 3년 이동평균값을 구한 후 1985년 기준값을 100으로 환산하여 나타냄.
출처 : 한국은행 ; World Development Indicators.

줄어들었다는 것을 의미한다. 인구의 도시 유입 속도가 줄어든 것은 그리 놀라운 일이 아니다. 한국의 도시화율(전체 인구에서 도시인구가 차지하는 비중)은 1990년대에 들어서면서 상위 OECD 국가들의 평균을 능가했다. 1991년에서 2000년 사이에 한국의 평균 도시화율은 77.7퍼센트로 상위 OECD국가 평균 74.5보다 높았다(World Development Indicators).

1960년대 초에는 가장 덜 개발된 국가 중 하나였던 한국 사회가 이제는 과잉 도시화와 농촌 공동화를 걱정하는 상황이 되었다. 1990년대에 접어들면서 과거 넓이 지향 체제 때 구가했던 호황의 원동력이 약해지자, GDP 성장 속도도 느려졌다. 그림 5.4에 따르면, GDP 성장 지수가 1988년에 정점에 달한 이후 점차 떨어져 1997년에는 74를 기록했다. 국민소득 중 기업이 차지하는 비중 역시 비슷한 경로를 따라 움직였고, 같은 기

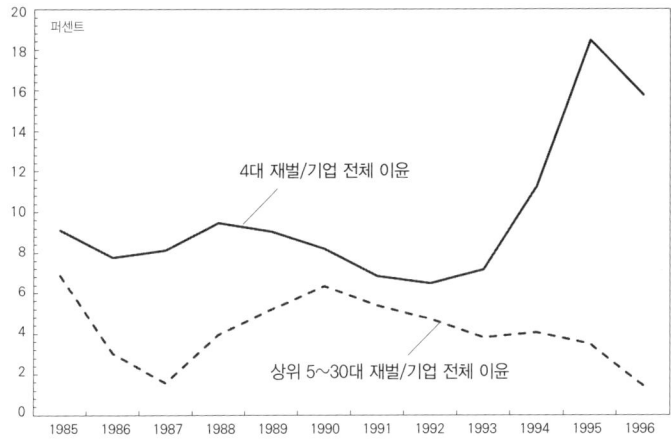

그림 5.5 위기에 빠진 한국의 지배적 자본

모든 시리즈는 3년 이동평균값을 구한 후 1985년 기준값을 100으로 환산하여 나타냈다. 한국 기업 전체의 순이윤은 국세청에 법인으로 공식 등록된 기업들의 순이윤과 순손실을 합친 금액이다.
출처: 공정거래위원회; 국세청.

간 비중이 43퍼센트 줄었다. 1988년에 110을 기록했던 지수가 1997년에는 63으로 낮아졌다.

전체 파이를 키운 초기 동력이 약해지면서, 한국의 지배자본도 자신들의 상대적 몫을 증가시키는 데 어려움을 겪는다. 그림 5.5는 1980년대 중반 이래로 한국 지배적 자본의 차등적 권력이 경향적으로 줄어들었음을 보여준다. 좀 더 구체적으로 보면, 그림은 한국 기업계의 총(순)이윤 중 상위 4대 재벌과 5~30대 재벌 그룹이 차지하는 비중을 각각 나타낸 것이다. 상위 4대 그룹의 비중은 그럭저럭 1992년을 전후로 저점을 찍고 반등했으나, 나머지 재벌의 비중은 1985년 수준을 회복하지 못하고 지속적으로 하락했음을 보여준다. 상위 4대 그룹의 지수는 1992년 6.5퍼센트로 바닥을 친 후, 1995년에는 18.5퍼센트로 높아졌다. 반면, 나머지 그룹들의 비중은 1990년 6.4퍼센트에서 1995년 3.5퍼센트로, 1996년에는 1.4퍼센트로 뚝 떨어졌다.

1997년 위기의 원인과 관련하여, 위에서 본 그림 5.4의 세 시리즈가 하향곡선을 그린 것과 더불어 그림 5.5에서 한국 지배자본의 차등적 지배력이 약화되었다는 사실은 중요한 의미가 있다. 1980년대 말 이래로 ① 한국 정치경제의 전반적인 성장 속도가 둔화되기 시작했고, ② (국민소득에서 기업이 차지하는 몫으로 측정했을 때) 전체 파이에서 기업이 차지하는 비중이 급격히 줄어들었으며, ③ 상위 4개 대기업 집단이 소위 V자 회복을 보이기는 했지만, 총(순)이윤에서 30대 재벌이 차지하는 몫의 비중이라는 의미에서 지배자본의 차등적 권력은 눈에 띄게 축소되었다. 이 모든 지표들의 하향 추세는 위기의 도화선에 즉각 불을 붙인 원인(부채 문제) 이외에도 한국 정치경제에 보다 근본적인 문제가 있었음을 보여준다.

위 지표들이 하향 추세를 보이게 된 주요 원인은 넓이 지향 체제의 내재적 한계에 있다. 그림 5.6은 한국의 지배적 자본이 추구한 지속적인 차등적 고용 확대가 노동자 1인당 차등적 이윤에 부정적인 영향을 미쳤다는 사실을 보여주고 있다. 이는 외부적 넓이 지향 체제의 내재적 한계가 "깊이 지향 체제에 미치는 부정적인 효과", 즉 노동자당 이윤의 감소로 나타난다는 닛잔과 비클러의 주장을 확인해준다(2002, 49~50쪽). 그림 5.6은 30대 재벌의 넓이 지향 체제와 깊이 지향 체제를 나타내는 두 종류의 차등적 시리즈로 구성되어 있다. 깊이 지향 체제의 분석은 상위 4대 그룹과 나머지 5~30대 재벌 그룹으로 더 세분화했다. 넓이 지향 체제의 경우 지배적 자본과 제조업 간의 평균 고용 인원의 비율을 대리지표로 이용했다. 그리고 스케일을 단순화하기 위해 1985년 값을 100으로 환산하여 나타냈다.

이 그림에 따르면, 한국의 지배적 자본은 1990년대 중반까지도 계속해서 넓이 지향 체제를 고수했다. 차등적 넓이 지향 지수가 1985년에서 1996년으로 가면서 거의 세 배 증가했다. 이 시기에 상위 4대 대기업 집단은 신규 사업 투자로 이전의 노동자당 차등적 이윤 수준을 유지하는 데 성공했지만, 나머지 26개 재벌 기업들은 상대적 이윤의 축소로 심각한 타격을 입었다. 1994년에 접어들면서, 제조업 평균 대비 5~30대 재벌 기업들의 노동자당 이윤의 비가 1 이하로 내려갔다. 이것은 이들 재벌 기업들의 단위 노동자당 이윤이 제조업 평균보다 낮아졌다는 것을 의미한다. 그때부터 상대적인 의미에서 이들 기업집단의 실적이 점점 악화되었다. 결국 위기 직전인 1996년 5~30대 재벌의 경영은 적자를 기록했다.

지금까지의 분석을 바탕으로 우리는 다음과 같은 결론을 도출할 수 있

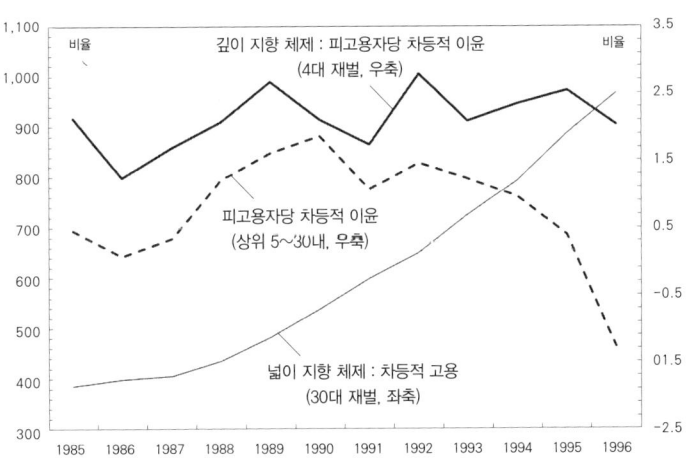

그림 5.6 노동자당 이윤의 하향 압력

지수는 지배적 자본과 기업 평균의 비율을 나타낸다. 가용한 데이터의 한계로 기업 평균은 제조업에 국한했다. 제조업 전체는 5인 이상 고용한 업체만을 포함한다. 모든 그래프는 3년 이동평균값으로 나타냈다.
출처 : 공정거래위원회 ; 한국은행 ; 최승노 2001.

다. 첫째, 1990년대 초반에 들어서면서 한국의 지배적 자본이 추구해온 넓이 지향 체제가 벽에 부딪혔다. 둘째, 1997년 경제위기는 정체에 빠진 지배자본의 차등적 축적 체제에 기인했다. 그렇다고 1997년 격변이 필연이었다는 의미는 아니다. 외국인 투자자들이 자본을 철수하고 부채 상환 연장을 거부했던 것이 금융 체제 붕괴의 직접적인 요인이었다. 그렇지만 외국인 투자자들이 한국 경제 전반에 걸친 과도한 신규 투자에 대해 부정적인 판단을 했고, 특히 지배적 자본의 이윤 흐름의 지속가능성을 부정적으로 전망했기 때문에 패닉이 더 악화되었다고 판단된다.

여기서 기업의 수익이 —— 이윤이든 손실이든 —— 좁은 의미의 기업 경영에 좌우되는 것이 아니라 광범위한 권력의 제도적 스펙트럼에 영향을 받는다는 사실을 다시 한 번 떠올려보자. 앞 장에서 설명했듯이, 1960년대 초 이래로 한국의 축적 체제는 세금 감면, 차등적 이자율과 환율 혜택, 외국자본의 차등적 분배, 억압적이고 착취적인 노동정책 시행, 언론과 출판의 자유에 대한 무자비한 탄압, 냉전의 지정학 등 다양한 제도와 정치적 과정에 의존해왔다. 같은 맥락에서, 1990년대 초의 하향곡선도 여러 권력 시스템 변화의 영향을 받았다. 필연인지 우연인지 알 수 없지만, 한국의 지배적 자본이 추구한 넓이 지향 체제의 약화 현상은 농촌의 유휴노동력 고갈, 군사독재의 붕괴, 냉전에서 지구화로의 세계 질서 전환과 동시에 일어났다. 이 모든 상황 변화는 권력 제도 전반에 영향을 미쳤으며, 사회관계를 변화시켰다. 이제 한국의 차등적 축적의 성공과 실패를 규정한 제도 차원의 사회변화로 초점을 옮겨보자.

계급투쟁

1987년에 민주화 운동이 커다란 성공을 거두면서, 독재 정권의 보호 아래 커왔던 한국의 지배적 자본은 심각한 문제에 직면했다. 1987년 12월 대통령 선거에서 1980년 쿠데타의 주역이자 전두환 전 대통령의 가장 친한 친구였던 노태우가 당선되어 집권당은 권력을 유지할 수 있었지만, 시간을 거꾸로 돌릴 수는 없었다. 지배 블록은 새로운 권력 구도 설정이 불가피하다는 사실을 알았다. 더 이상 이전과 같은 방법으로 한국 사회를 지배할 수는 없었다. 게다가 집권당이 1988년 총선에서 소수당으로 전락함에 따라 야당인 민주당[84]은 한국 사회의 진로를 놓고 공세적인 입장을 취할 수 있었다. 무엇보다 먼저, 야당은 전두환의 부정부패와 권력 남용에 관한 청문회를 열었다. 힘이 모자라 전두환을 감옥에 가두는 데는 실패했지만, 2년에 걸친 백담사 '가택연금'을 끌어낼 수는 있었다.[85] 1987년 대중봉기 이후, 한국의 지배계급은 대통령 직선제, 언론과 출판의 자유, 지방자치제 실시 등 정치 개혁에 대한 민중의 요구를 수용하지 않을 수 없었다. 형식적 민주주의에 머물긴 했지만, 민주화 과정은 자본과 노동의 힘의 균형점을 크게 이동시켰다.

이러한 변화는 1987년 6월의 역사적인 민주화 항쟁 이후 즉각 시작되었다. 독재 정권이 6월 항쟁으로 심각한 타격을 입으면서, 사회 전체에 대한 장악력도 약화되었다. 노동자들은 이 기회를 놓치지 않았다. 권위주의 체제 아래서 육체노동자들은 그동안 국가권력에 순종했으며, 반독재 운

---

84 당시에는 김대중이 이끄는 평민당과 김영삼이 이끄는 민주당으로 나뉘어 있었다.
85 노태우와 전두환은 각각 1995년과 1996년에 군사 쿠데타와 부정부패 혐의로 체포 수감되었다. 이들을 감옥에 보내기 위해 특별법이 제정되었다.

동에서도 이렇다 할 역할을 하지 않았다. 그러던 노동자들이 마침내 자본에 대항하여 대규모로 떨쳐 일어났다.

그림 5.7은 한국의 산업 관계에 극적인 변화가 발생했음을 보여준다. 노동쟁의 수, 노동조합 수, 노동조합원 수의 세 가지 그래프로 구성되어 있는데, 세 지표 모두 1987년 항쟁 이후 엄청나게 증가했다. 1987년 한 해 동안 3,600건의 쟁의가 발생했고, 이어 1988년에는 2,000건, 1989년에는 1,600건이 발생했다. 1987년 한 해 동안 발생한 노동쟁의가 1974~1986년 발생한 쟁의를 모두 합한 것보다 두 배 이상 많았다. 당시 한국의 노동자들에게 절실한 것은 단순히 임금인상 요구가 아니었다. 그들은 노동조합 결성의 자유와 노조의 독립성 보장을 요구해야 했다. 앞 장에서 설명했듯이, 권위주의 정권 치하에서는 노동자들의 단결권, 교섭권, 단체행동권이 모두 금지되었다. 존재했던 노동조합은 대부분 국가기구의 하위 체계로 조직된 것이었다. 그래서 한국의 노동운동가들은 무엇보다 먼저 '인정 투쟁'을 벌여야 했다. 국가와 자본에 대한 그들의 투쟁은 먼저 노동자계급 내부에서 결실을 맺기 시작했다. 1986~1989년에 노동조합 수는 2,534개에서 7,861개로 증가했다. 그리고 같은 기간 조합원 수는 100만 명에서 거의 200만 명으로 두 배나 많아졌다.

1990년에 들어서면서, 한국의 노동운동은 '일석이조'의 결과를 얻었다. 한편으로는 새롭게 노조를 결성하거나 '황색 노조'를 전투적 노조로 전환시킴으로써 노동자계급은 물론 사회 전체에 대한 영향력을 급속도로 키울 수 있었다. 다른 한편으로는, 노동자 조직이 질적·양적으로 확장되어 노사관계에서 집단 협상력을 강화할 수 있었다(구해근 2002 참조). 실제로, 전투적인 노동운동가들이 주도한 한국 노동자들의 비타협적 투쟁에 직면한 자본가들은 많은 양보를 할 수밖에 없었다.

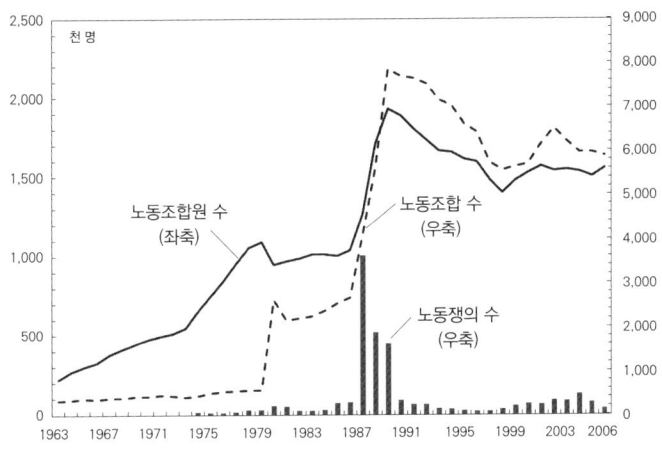

그림 5.7 전투적 노동운동의 분출

모든 그래프는 5년 이동평균값으로 나타냄.
출처: 통계청.

　첫째, 고용주들은 노동조합을 작업장 내에서 중요한 주체로 인정해야 했다. 둘째, 임금을 올려주고, 작업환경을 개선하겠다는 약속을 할 수밖에 없었다. 그림 5.8에서 볼 수 있듯이, 제조업 분야에서 1987~1991년의 실질임금 인상률이 1982~1986년보다 두 배 정도 높았다. 1987년 이후 5년간의 실질임금 인상률은 연평균 12.5퍼센트를 기록한 반면, 이전 5년의 임금 인상률은 5.4퍼센트였다. 결과적으로 한국의 제조업 분야 기업들은 더 많은 노동비용을 지불해야 했고, 이는 이윤율에 영향을 미쳤다. 그림 5.8은 제조업 분야의 이윤율(영업이익률)이 1987~1997년에 임금인상률과 반대로 움직였다는 사실을 보여준다. 정확히 수량화하기는 어렵지만, 노조운동의 물결이 최소한 1987~1991년에는 이윤율에 부정적 영향을 미쳤다는 결론을 내릴 수 있다.

　한국 정치경제의 이중 구조, 다시 말해, 재벌의 집적과 집중으로 생겨난

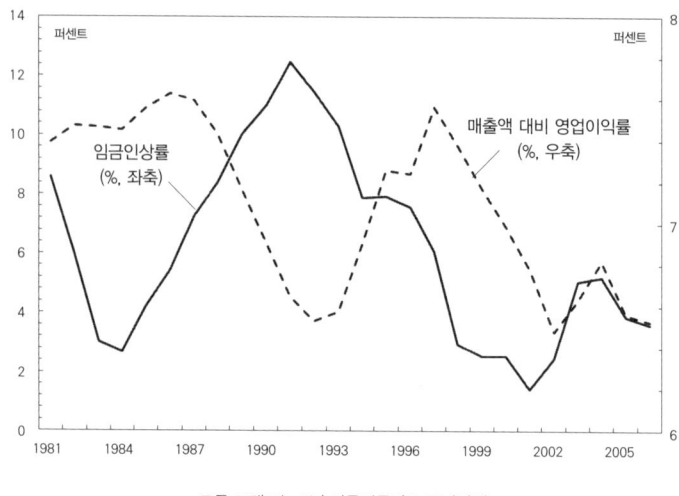

그림 5.8 제조업 분야의 임금과 영업이익 변화

모든 그래프는 5년 이동평균값으로 나타냄.
출처 : 통계청 ; 한국은행.

　거대 기업군과 중소기업군의 구조적 이원화가 역설적으로 '거대' 노조의 탄생을 '도왔다'고 말할 수 있다. 한국의 지배적 자본의 넓이 지향 체제는 1970년대 초반부터 육성된 중화학기업을 기반으로 이루어졌다. 따라서 대규모 산업단지가 만들어졌고, 이들 산업단지들은 경인, 남동, 영남 내륙 등 몇몇 산업지구에 집중되었다. 재벌이 소유한 대부분의 공장은 이 산업지구 내의 도시에 자리 잡았다. 예를 들어, 현대 그룹의 주축인 현대중공업과 현대자동차는 울산에 집중되어 있다. 1987년 이 두 회사에 고용된 노동자 수는 약 5만 명이었다. 2009년 현재, 울산의 임노동자 중 20퍼센트 이상은 고용 인원 500명 이상의 대기업에 소속되어 있다. 1987년 이전까지는 노동자들의 밀도가 자본의 힘을 의미했다면, 이제는 자본에 맞서는 노동운동의 응집된 에너지로 전환했다. 1987년의 성공적인 반독재 항거가 노동자들에게 자신감을 심어주었고, 이는 오랜 세월 갇혀 있던 그들의 에너지가 분출하는 계기가 되었다. 한국에서 이중 정치경제 구조가 나타나면서 빚어진 고도의 노동자 집중은 노동운동의 확산을 더 용이하게 만들어주었다. 파업은 한 사업장에서 인근 사업장으로 전파되었고, 한 도시에서 인근 도시로 번져갔다. 한국 노조운동의 '황금기'였던 1987~1995년에는 '우발적 파업'이 종종 전국적인 총파업으로 발전하기도 했다. 또한 노동자들의 싸움은 정치적인 학생운동 세력의 대규모 시위와 연계되면서 정국을 뜨겁게 달구곤 했다. 이 당시 울산은, 특히 현대중공업은, 전투적인 노동운동의 진원지 역할을 했다.

1980년대 후반에 분출된 계급투쟁은 임금인상과 노동조건 개선을 요구하는 '경제투쟁'에 국한되지 않았다. 노동운동은 연이어 자신들의 한계점을 돌파하며 한국 노동계급의 힘을 제도화·정치화하려는 노력을 펼쳤다. 노동운동의 조직화는 단위 사업장의 노조 결성을 시작으로 산업 단위로, 부문 단위로, 마침내 전국 규모로 발전해갔다. 이러한 노동운동의 진화는 2000년에 민주노동당의 탄생으로 절정에 이르렀다.

이 과정은 결코 저절로 이루어지지 않았다. 한국 노동운동의 제도적 발전은 노동계급의 피와 땀과 눈물을 바탕으로 달성된 것이다. 한국 정부는 사업장 단위로 결성된 블루칼라 노동조합 이외의 노조 조직은 인정하지 않으려 했다. 그래서 많은 노동조합들이 법적으로는 인정받지 못한 상태로 활동했다. 예를 들어, 전교조는 1989년에 결성되어 공식적으로 인정받으려고 시도했지만, 정부는 이를 허용하지 않았다. 약 1,500명의 교사들이 '불법'적인 노조활동을 한다는 이유로 파면당했다. 전교조는 1999년에야 법적으로 인정받았다. 현재 조합원이 60만 명인 민주노총은 1989년 결성된 전노협에 뿌리를 두고 있는데, 이 조직 역시 1997년에 공식적으로 인정받기까지 갖은 탄압을 견뎌내야 했다. 민주노총이 1989~1997년에 조직했던 활동에는 대부분 불법이라는 딱지가 붙었고, 거의 모든 활동가들이 투옥되었다. 그렇지만 한국의 노동계급은 정부의 이런 탄압에 굴하지 않았다. 온갖 고난을 뚫고 자신들의 정치정당을 만들어냈다. 2000년에 마침내, 한국민주노동당이 설립되었다. 그 후 2004년에는 국회위원 정수 299명 가운데 열 명을 당선시키는 쾌거를 이루기도 했다.

거대 노조 조직과 노동당의 탄생은 국가와 자본에 적지 않은 부담을 주었다. 1987년 이전에는 노동계급이 국가와 고용주의 권위에 직접 도전하기 어려웠다. 이전에 존재했던 대부분의 노동운동은 투쟁이 아니라 도와달라는 청원에 가까웠다. 1976년 해태제과에서 일하던 여공들이 정부에 제출한 청원서 내용은 이를 잘 보여준다. ① 하루 노동시간을 18시간에서 12시간으로 줄여주세요! ② 일주일에 하루라도 쉬게 해주세요!(Koo 2001, 221쪽). 그러다가 1987년을 계기로 노동쟁의의 본성이 완전히 바뀌었다. 한국의 노동자들은 '노동해방'을 외치기 시작했다.

이러한 권력관계의 재배열이 기업 이윤에 얼마나 부정적인 영향을 미쳤는지를 정밀하게 계산하기란 불가능하다. 그리고 1997년 위기가 발생하는 데 어떤 역할을 했는지도 판단하기가 쉽지 않다. 그럼에도 불구하고, 한국의 지배적 자본이 이전 개발독재 시기의 넓이 지향 체제에서 향유했던 노동계급의 순종을 더 이상 누릴 수 없게 되었다는 사실은 확실하다. 1987년 이래로 민주화와 더불어 탄생한 대규모 노동조직들은 이제 차등적 축적과 관련해 거대 기업의 주요한 관심사가 되었다. 한국의 지배적 자본은 이러저러한 방식으로 조직된 노동의 요구에 대응방안을 찾아야 했다.

지구화의 맥락 속으로

대규모로 조직된 노동자들의 출현과 함께 기층의 저항에 직면한 한국의 지배적 자본은 동시에 한국 정치경제의 구조조정을 요구하는 외부 압력과 씨름해야만 했다.

1980년대 초까지 한국의 주도적 자본가들은 보호주의의 이점을 누릴 수 있었다. 브레턴우즈 체제에서 점진적 자유화가 추진된 가운데, 냉전기 한반도의 지정학적 중요성 때문에 한국의 보호주의에 대한 허용의 폭이 상대적으로 넓은 편이었다. 한국의 지배적 자본은 한편으로 국가가 쌓은 무역장벽 덕분에 국내 시장에서 독과점 특권을 누릴 수 있었다. 다른 한편으로는, 국가가 수출산업을 전폭 지원했기 때문에 글로벌 시장에서 가격경쟁력을 강화할 수 있었다. 그러나 1980년대 중반부터는 이러한 상황이 근본적으로 바뀌었다. 미하일 고르바초프가 페레스트로이카와 글라스노스트를 추구하면서, 미국과 소련의 긴장 완화 노력이 급진전되었다. 더 나아가, 이러한 사회 개혁 캠페인은 결국 공산권 전체의 붕괴로 귀결되었다. 결과적으로, 한국은 냉전 체제에서 누렸던 지정학적 특권을 더 이상 유지할 수 없게 되었다. 이제 글로벌 지배자본 그룹의 차등적 축적을 위한 주요 목표물 중 하나가 되었다.

이러한 세계 질서의 '거대한 전환'은, 닛잔과 비클러가 주장하듯이, 지구적 차원에서 이루어진 깊이 지향 체제에서 넓이 지향 체제로의 축적 체제 전환을 가속화했다. 그들은 다음과 같이 주장한다.

> 1980년대 말에 새로운 넓이 지향 체제의 기본 조건이 갖춰졌다. 소비에트의 경제적 자유화, 대부분의 개도국에서 단행한 수입대체 산업정책의 포기, 선진

국에서의 국가의 후퇴 등의 현상이 자본이동의 장벽을 허물고, 흡수합병에 대한 반감을 누그러트렸다. 그리고 규제 체제가 산산조각 나면서, 거대 기업들은 마지막 남은 국가적 '경계선'을 무너트리고, 통합된 글로벌 소유 체제를 창출하려고 달려들었다. 이들이 얻을 수 있는 차등적 수확물은 상당했다. 국경을 초월한 인수합병을 해내고, 개도국에 대규모 신규 투자 전망을 북돋음으로써 승자들이 얻을 수 있는 수확은 전쟁의 떡고물과 스태그플레이션에서의 재분배로 얻는, 리스크를 감수한 이익보다 훨씬 컸다. (Nitzan and Bichler 2002, 266쪽)

한국도 이러한 전 지구적 전환에서 예외가 될 수 없었다. 여러 신흥시장처럼 한국도 거대한 신자유주의 세계화의 물결에 휩쓸려 들어갔다. 1980년대 내내 한국 정부는 경제를 자유화하라는 국제적 압력에 시달린다. 압력은 여러 방향에서 들어왔다. 때로는 미국 정부, IMF, 세계은행과의 양자 협상에서, 때로는 GATT의 다자간 협상 테이블을 통해 압력이 전달되었다. 외부 세력이 요구한 경제개혁의 구체적인 내용은 소위 워싱턴 컨센서스와 똑같았다. 워싱턴 컨센서스라는 말을 만든 사람으로 알려진 존 윌리엄슨(Williamson, 1990)은 열 가지 개혁 조항을 다음과 같이 정리했다.

(1) 재정 규율 : 재정수지 적자를 GDP의 1~2퍼센트 내로 운영하지 못하면 정책 실패로 간주해야 한다.
(2) 공공 지출의 축소 : 상대적으로 비생산적인 지출을 재설계함으로써 공공 지출을 합리화해야 한다. (즉 국방, 공공 행정, 보조금 등의) 지출을 기초 교육, 기초 보건, 공공 인프라 등의 친성장적 투자로 최대한 전환해야 한다.
(3) 조세 개혁 : 조세 기반을 넓히고, 한계 세율을 줄여 인센티브를 높인다.

(4) 이자율 : 금융시장을 탈규제화하여, 시장 메커니즘에 따라 이자율이 결정되게 해야 한다.

(5) 경쟁적인 환율 : 환율에 경쟁 체제를 도입하여, 인플레이션 없이 수출의 급격한 성장을 도모해야 한다.

(6) 무역 자유화 : 수입의 수량 규제를 철폐해야 한다. 어쩔 수 없이 무역보호 정책을 써야 한다면, 관세 부과 방식을 권장한다.

(7) 외국인 직접투자 유치 : 자본뿐만 아니라 기술과 노하우를 함께 유입시키기 때문에 장려할 필요가 있다.

(8) 민영화: 산업의 효율성을 높이기 때문에 국공유기업들을 민영화해야 한다.

(9) 탈규제 : 국가 개입을 피하고, 모든 경영을 시장 규율에 맡겨야 한다.

(10) 소유권의 법적 보호: 국가는 소유권 보장을 철저히 책임져야 한다.

이러한 정책적 권고 사안들은 IMF가 1997년 위기 때 구제금융 조건으로 제시한 항목들과 거의 일치한다. 차이가 있다면, 1997년 이전에는 이러한 구조조정이 점진적으로 추진된 반면, 1997년 위기 이후에는 엄청난 속도로 진행되었다는 것이다. 이러한 연속성은 위기 후의 구조조정뿐만 아니라 위기의 원인도 전 지구 차원에서 추진된 정치경제 체제의 전환이라는 맥락 속에서 분석해야 한다는 것을 의미한다.

초기에 자유화에 관한 외부 압력은 무역에 집중되었다. 한국은 만성적인 경상수지 적자로 고생하고 있었지만, 레이건 행정부가 펼치는 신통상정책의 공세에 보호주의를 유지할 수 없었다. 미 행정부는 점점 늘어나는 경상수지 적자 문제를 해결하기 위해서 매우 공격적인 무역정책을 도입했다. 소위 슈퍼 301조(1974년 도입된 무역법 301조)로 위협하면서, 위에서 언급했던 워싱턴 컨센서스의 내용처럼 "수입에 대한 수량적 규제"를 철폐하고 관세를 낮추라고 상대국을 압박했다. 한국은 미국의 요구를 수용할 수밖에 없는 처지였다. 미국 시장에 대한 수출의존도가 높아 미국의 무역 보복으로 인한 피해를 감당할 능력이 없었기 때문이다. 한국은행 통계에 따르면, 1980년대에 대미 수출이 한국의 전체 수출에서 평균 34퍼센트를 차지했다.

전 세계 차원에서 무역장벽을 제거하려는 미국의 노력의 결과로, 한국의 수입 자유화 비율——즉 전체 수입품목 대비 수입 제한 품목의 비율——이 1980년대에 빠르게 높아졌다. 1980년에 69퍼센트였던 것이 1988년에는 94.7퍼센트로, 1994년에는 98.6퍼센트로 높아졌다. 평균 관세율 또한 1980년대 초 이래로 급속히 떨어졌다. 1982년에 23.7퍼센트였던 비율이 1994년에는 7.9퍼센트로 낮아졌다(그림 5.9 참조).

금융 부문은 한국과 미국 사이의 또 다른 주요 '분쟁 지점' 중 하나였다. 미국은 일명 아시아 경제 모델 전체를 허물어뜨리기 위해 한국의 금융 부문에 대한 탈규제 압력을 강화했다. 미국이 일본의 자유화에 압력의 초점을 맞추긴 했지만, 1961년부터 국가의 통제 아래 있었던 한국의 금융 부문도 이를 피해 갈 수는 없었다. 미국은 일본과 함께 1983년 미일 공동 엔·달러 환율 및 금융자본시장 문제에 관한 특별위원회[86]를 설립함으로써, 일본의 금융 부문 구조조정에 관여하기 위한 제도적 장치를 만들었다(한국은행 1992). 한국의 탈규제 문제를 다루기 위한 한국과 미국의 공식 회담[87]은 1990년에야 열렸지만, 한국의 금융 개혁에 대한 미국의 요구는 훨씬 이전부터 시작되었

---

[86] 1988년에 이 회의는 US-Japan Working Group on Financial Market으로 대체되었다.
[87] 이 회의는 US-Korea Talks on Financial Policies로 불렸다.

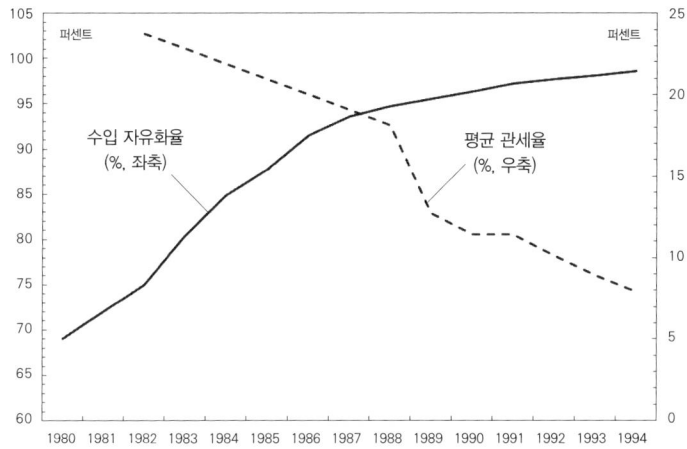

그림 5.9 급속한 수입 자유화

수입 규제 해제 품목은 수입 자유화 비율을 가리키는 것으로, 여기서는
전체 수입물품 중 자유화된 품목이 차지하는 비율을 말함.
출처 : 상공부 1987 / 1989 ; 장근호 1997 ; 박상태 1997 ; 장근호 외 1999.

다. 실제로 가장 주요한 금융 개혁 중 하나가 1980년대 초에 이미 이루어졌다. 바로 '한국의 경제 기적'에 중요한 역할을 했던 상업은행[88]이 모두 민영화된 것이다.

일명 시중은행으로 불렸던 이들 상업은행의 민영화는 한국 정치경제의 대대적인 변화가 임박했음을 알리는 신호탄이었다. 광범위한 탈규제 정책이 이어졌다. 첫째, 상업은행 부문으로의 진입장벽이 제거되었다. 그 결과, 1982년부터 1992년 사이에 여섯 개의 상업은행이 신규 설립되었다. 기존 은행의 민영화와 더불어 새 은행의 설립은, 최소한 형식적으로는,

---

88 당시 한국에는 시중은행이라고 불리는 다섯 개의 상업은행이 있었다. 서울은행, 조흥은행, 제일은행, 한일은행, 한국상업은행을 가리킨다. 상업은행은 1972년에 이미 민영화되었고, 나머지 네 은행은 1981~83년에 걸쳐 민영화된다(한국은행 1990).

"국가 주도 경제의 막이 내리는 것"을 의미했다(한국은행 1990, 166쪽). 이렇게 말할 수 있는 이유는 한국 경제의 가장 중요한 특징 중 하나가 바로 국가가 통제하는 은행 부문을 통해 관료들이 재원 분배를 결정하는 것이었기 때문이다. 과거에는 은행 부문의 이러한 결정적 역할에 힘입어, 관료와 사업가의 연계가 지배자본의 차등적 축적에서 핵심 역할을 했다.

신설 은행 중 하나인 한미은행이 외국자본과 국내자본의 합작회사로 설립되었다는 사실을 눈여겨볼 필요가 있다. 이 은행의 소유권 50.1퍼센트는 삼성, 대우, 쌍용 등 몇몇 대기업이 가지고 있었고, 나머지는 뱅크오브아메리카 소유였다. 이런 이유로 한미은행의 공식 영어 명칭은 Korea-America의 약자인 Koram이었다. 한미은행의 탄생은 두 가지 주요한 정책 변화를 상징했다. 하나는 자본 유출입의 자유화이고, 다른 하나는 금융 부문에 대한 재벌의 진입 규제 철폐이다. 그때까지 재벌의 사업은 산업 부문에 제한되어 있었고, 금융 부문에 대한 외국인 직접투자도 완전히 막혀 있었다. 마지막으로, 한국 정부는 이자율의 상한선을 없애면서 시장 주도 이자율 결정 기제를 도입했다.

그러나 1980년대에 전개된 한국의 금융 탈규제는 자유화 효과를 즉각 낳지 못했다는 사실을 살펴볼 필요가 있다. 이런저런 방법으로, 국가가 ─ 재무부 관료들이 ─ 직접투자와 이자율 상한선을 계속해서 규제했고, 지배자본에 차등적 보조금을 지급하였다. 그런 까닭에 몇몇 국가주의 학자들은 1980년대 금융 개혁을 "금지"에서 "예방" 성격의 정책 레짐으로의 전환이라고 규정한다(Amsden and Euh 1993). 이 두 체제의 차이점을 간략히 표현하면, "1980년대 이전에는 정부가 허용하는 것 말고는 모두 금지되었다면, 그 후에는 금지된 것 이외에는 모두 다 허용되었다"(Amsden and Euh 1993, 381쪽). 다시 말해, 개혁 과정은 철저히 정부의 통제 아래 진행되었고, 은행가들은 금융 자유화 이후에도 정부 지침에 따를 수밖에 없었다.

1980년대의 수입 자유화로 한국의 국제수지가 즉시 악화된 것은 아니었다는 사실도 짚고 넘어가야 한다. 반대로 고질적인 경상수지 적자가 1980년대 후반기에는 흑자로 돌아섰다. 미국과의 상품무역수지가 엄청난 흑자를 기록한 덕분에 나온 결과였다. 그림 5.10에서 확인할 수 있듯이, 미국과의 무역 흑자가 최고조에 이른 1987년에는 GDP의 6.7퍼센트까지 증가했다. 수출의 고성장은 GDP의 급속한 증가로 이어졌다. 1986~1991년 연평균 성장률이 10퍼센트에 이르렀다. 이 기간을 흔히 "3저 호황"이라고 부른다. 3저는 저유가, 저금리, 저환율을 지칭한다. 1980년대에 미국과의 무역이 전체 무역에서 차지하는 비중이 30퍼센트를 넘

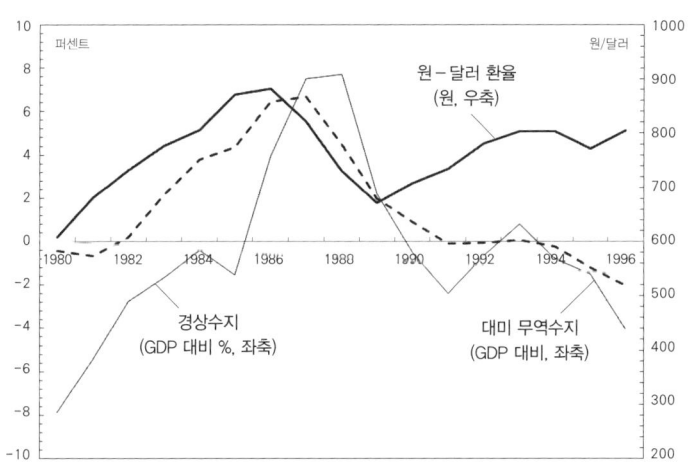

그림 5.10 한국의 경상수지와 환율의 변동

원-달러 환율은 연평균값을 사용함.
출처: 통계청; 한국은행.

었기 때문에, 대미 무역에서 얻은 대규모 흑자는 전반적인 경상수지 개선과 함께 GDP 성장에 크게 기여했다.

한국의 무역장벽을 무너트리려던 미국의 노력이 어떻게 한국 무역수지의 개선을 낳았을까? 1980년대 중반에 발생한 다음 세 가지 국제적 요인의 긍정적 효과가 자유화의 부정적 효과를 능가했다는 것이 통설이다. 첫째, 국제 원자재 가격이 전반적으로 낮아졌고, 특히 원유 가격이 안정되면서 한국의 사업가들이 생산 가격을 낮출 수 있게 되었다. 둘째, 미국 연방준비이사회가 1981년 5월 20퍼센트였던 기준금리를 1986년 8월에 5.9퍼센트로 급속히 낮추자, 세계 금융시장에서 금리가 폭락했다. 그 결과 한국의 사업가들은 외국에서 자금 조달 비용을 낮출 수 있었다. 마지막으로, 1979년에 484원이던 원/달러 환율이 1986년에 881원으로 급상승하면서——즉 원화의 급격한 가치 절하로 인해——한국의 수출 상품들이 국제시장에서 경쟁력을 강화할 수 있었다. 여기서 마지막 요인을 강조할 필요가 있다. 앞의 두 요인이 주는 혜택은 한국에만 해당되지 않기 때문이다. 또 일본의 엔화 가치가 같은 기간 82퍼센트나 절상되었다는 사실도 함께 고려해야 한다. 원화와 엔화의 가치가 반대 방향으로 움직이면서 수출시장에서 한국 제품의 판매가 더 증진되는 결과를 낳았다. 미국 시장에서 특히 두드러졌는데, 한국 제조업 상품이 일본 상품에 대한 값싼 대체제로 여겨졌기 때문이었다.

또 한 가지 고려해야 할 중요한 사안은 미국 통상 압력의 본성이다. 미국이 극심한 경상수지 적자를 줄이기 위해 개방 압력을 넣은 것은 사실이지만, 상품 무역보다는 투자 개방에 초점을 맞추었다. 한국같이 미국에 대한 상품 무역 의존도가 높은 나라에서는 당장의 수입 개방 압력이 더 크게 부각되었을 뿐이다. 그림 5.11의 두 그래프는 이러한 본성을 잘 드러낸

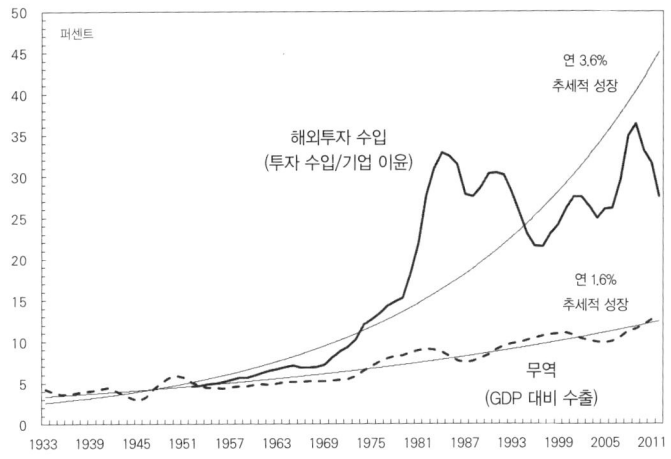

그림 5.11 미국 통상 정책의 본질

모든 그래프는 5년 이동평균값.
출처 : 미국 상무부.

다. 하나는 미국의 GDP 대비 상품 무역의 비율이고, 다른 하나는 전체 기업 이윤 대비 미국의 해외투자 수익 유입 비율이다. GDP 대비 상품 무역의 비율은 1930년대 초부터 연 1.6 퍼센트의 추세적 증가율을 기록했다. 기업 이윤 대비 미국의 해외투자 수익의 유입은 1950년대부터 연 3.6퍼센트씩 증가하는 추세를 보였다. 특히, 1980년대부터 이전과는 차원이 다른 수준의 해외투자 수익을 거두고 있다는 사실에 주목해야 한다. 이 기간 미국은 이른바 쌍둥이 적자(재정 적자와 경상수지 적자)로 심한 몸살을 앓고 있던 시기였다. 미국의 '국익'을 강하게 추구했던 것으로 알려진 레이건 정부 시절은 사실 국가 차원의 경제 운영을 포기하기 시작한 시기였다. 온갖 강력한 국가주의적 수사학의 실상은 초국적 대기업과 금융 투자자들의 이익에 부합하는 대외 경제정책을 펼치면서 국경선을 지우기 시작한 것이었다.

3저 호황은 오래 지속되진 못했다. 그림 5.10에서 알 수 있듯이, 한국의 대미 무역 흑자뿐만 아니라 경상수지 흑자도 1990년대 초에 적자로 돌아선다. 이후, 1997년 위기 직전 몇 해 동안 적자 폭이 급격히 확대되었다. 이러한 대외 경제 상황 악화와 함께, 앞에서 살펴본 것처럼 GDP 성장률 저하, 가처분소득에서 기업소득이 차지하는 몫 감소, 지배적 기업의 차등적 권력 약화라는 사태가 일어났다. 1980년대에 이루어진 정치경제 개혁은 결코 무시할 수는 없었지만 기실 빙산의 일각이었다. 이제 더 큰 구조 개혁의 물결이 밀려오고 있었다. 1990년대 국내외에서 가속화된 자유화는 기업 경영의 새로운 시대를 열었다. 한국의 자본은, 특히 지배적 자본은 새로운 축적 방식을 찾아야 했다. 실패하면, 비즈니스 자체가 몰락할 수도 있었다. 이것이 바로 1997년 말 한국을 덮친 위기의 본질이라 생각된다. 1997년 위기로 '절정'에 달했던 1990년대의 제도 개혁을 좀 더 자세히 살펴보자.

신자유주의 세계화에 대한 적극 대응

한국 정부가 1980년대와 1990년대에 정치경제적 자유화를 추진할 때, 말로만 그랬을지도 모르겠지만, 한편으로는 반독점법을 강화하고 다른 한편으로는 시장 경쟁을 촉진함으로써 대기업집단——즉 재벌——의 개혁을 함께 계획했다. 실제로, 5장 도입부에서 설명했듯이, 더 이상의 경제력 집중을 막기 위해 1980년에 독점규제법과 공정거래법이 제정되었고, 1981년에는 공정거래위원회가 설립되었다. 또한 정부는 경쟁 촉진이 시장의 효율성을 높일 것이라고 믿어 자유화와 탈규제를 추진했다. 그러나 한국의 지배적 자본은 이미 그런 규율에 순응하기에는 너무 성장해 있었다. 지배적 자본은 자신들의 운동법칙을 따랐다. 바로 축적의 원칙이다. 재벌들은 계속해서 사회적 과정에 대한 지배력을 확대하는 방안을 모색하면서 다양한 방식으로 사업 영역을 다각화하고 구조 변화를 추진했다.

정실주의와 부정부패를 없애려는 정부의 시도도 그리 성공하지 못했다. 새로운 정부가 출범할 때마다 재벌 소유주들과 관료들(혹은 정치인들)의 부정한 관계를 단절하겠다는 공약이 내걸렸다. 하지만 개혁 의지는 항상 퇴색하고 말았다. 이러한 패턴은 한국 현대사에서 거듭 나타났다. 김영삼 정부 역시 선례를 따랐다. 김영삼 정부 시절, 한때 서른다섯 명의 주요 자본가들이 뇌물과 부패 문제로 구속된 적이 있었다. 모두 전두환과 노태우와 관련된 문제였다. 하지만 네 명을 빼고는 모두 무죄 방면되었다. 유죄 판결을 받은 네 명도 실형을 살지 않고 집행유예로 풀려났고, 1년 정도 지나자 모두 사면복권되었다. 언제나 그랬듯이, 전경련과 정부 사이에 밀실 타협이 있었던 것이다.[89]

한국의 지배자본은 '국가자본주의'에서 '신자유주의 시장자본주의로' 이행하는 과도기에 두 체제의 혼합적 성격을 모두 이용해먹을 수 있었다. 재벌들은 한편으로 '전통적인' 정실주의의 특혜를 누리면서, 다른 한편으로는 사유화와 규제 완화로 인한 기회를 이용해 금융 부문으로 사업을 확장하고 국경을 넘어 새로운 사업 기회를 찾을 수 있었다. 그러나 이번에는 지배적 자본의 지속적 팽창이 차등적 이윤으로 이어지지 못했다(그림 5.5, 5.6 참조). 대신, 엄청난 규모의 부채가 축적되었다. 게다가 단기부채

---

[89] 《경향신문》 1996년 8월 27일자와 《동아일보》 1997년 9월 30일자 참조.

의 비중이 너무 컸다. 1997년 이전 몇 년 동안에 한국 대기업의 부채에 의존하는 재무구조는 점점 더 악화되었고, 불의의 충격에 매우 취약한 상황으로 발전했다. 결국, 1997년에 총체적 위기가 터지고 만다.

세계화 전략의 선언

1990년대 초에 들어서면서, 한국의 지배 블록은 신자유주의 세계화를 두고 일치된 견해에 도달했던 것으로 보인다. 말하자면, 자유화를 수동적으로 받아들이는 수준을 넘어 '위기'를 '기회'로 전환시키려는 의지를 굳건히 했다.

1994년을 전후로 한국 사회의 신자유주의 구조조정이 가속화되었다. 김영삼 정부의 '세계화 전략' 발표는 하나의 전기가 되었다. 세계화 전략은 처음에 '시드니 구상'이라고 불렸다. 김영삼 대통령이 호주 시드니에서 열린 APEC 정상회의 순방길에 계획을 발표했기 때문이다. 간단히 말해, 이 전략은 포괄적인 제도 개혁을 통해 한국의 세계적 지위를 향상시킨다는 목표를 설정했다. 개혁의 실행을 위한 구체적 로드맵을 제시하기 위해, 정부는 관료들과 민간위원들로 구성된 세계화추진위원회를 설립했다. 이 위원회에서 발간한 백서에 따르면(1994), 김영삼 정부의 세계화 전략은 열 가지 하위 목표로 구성되어 있다. 여기에는 경제자유화와 탈규제뿐만 아니라, 환경 지속성, 교육 체계 개선, 정보 인프라에 대한 투자, 법치주의, 사회복지 증진 등 다양한 이슈들이 포함되어 있었다.

위의 백서에서 세계화란 말이 주로 선진국을 따라잡자는 뜻으로 쓰이고 있다는 점을 주목해야 한다. 이런 종류의 정치 캠페인 자체는 전혀 새롭지 않다. 권위주의 정권이 추구했던 발전주의는 전형적으로 '따라잡기' 이데올로기였다. 다만 캠페인의 슬로건이 ── 근대화에서 세계화로 ──

바뀌었을 뿐이다. 하지만 이런 '작은' 변화가 이후 커다란 차이를 만들어 냈다. 위의 백서에 인용된 것처럼 "한국 경제를 세계화"하겠다는 선언은 신자유주의 개혁을 의미하는데, 이제 정치경제 체제 전반의 구조조정은 필연이었다. 이후 국가 코포라티즘 모델 대신 시장의 탈규제, 무역과 자본 이동의 자유화를 중심으로 하는 구조적 사회변화가 실행되었다.[90]

세계화 전략이 발표된 이후 가속화된 정치경제 체제의 자유화와 탈규제를 한국 정부가 임의로 추진한 것은 아니었다. OECD와 —— WTO로의 전환 과정에 있었던 —— GATT 같은 국제기구가 이 과정을 지도했다. OECD 가입을 위한 준비 과정을 살펴보면, 한국의 신자유주의 개혁에서 IMF가 차지한 역할이 실제보다 부풀려졌다는 사실이 드러난다. 실제로는 1990년을 전후로 한국 정부가 OECD 가입을 준비하면서 신자유주의 개혁 방안이 마련되었다. 1993년에 김영삼 정부가 출범하면서 OECD 가입원서를 공식 제출했고, 1996년에 OECD 회원국이 되는 데 성공했다. 그런데 OECD 가입은 '공짜'가 아니었다. 회원국이 되기 위해서 한국 정부는 가입국들에게 요구되는 조건을 충족시켜야 했다. 그 조건이 바로 워싱턴 컨센서스의 내용들이었다.

---

90 세계화 전략 발표 이후의 변화를 보통 발전국가에서 신자유주의 시장경제로의 전환 —— 일본 경제 모델에서 영미식 경제 모델로의 전환 —— 으로 규정하곤 한다. 제도 변화의 추세를 이런 방식으로 이름 붙이는 것 자체는 별 문제가 없지만, 대부분의 관련 문헌들이 변화의 외형 묘사에 머물고, 실질적인 축적 체제의 분석을 제공하는 경우는 드물다. 그러다 보니 논자에 따라 상이한 특색에 주목해 변화의 성격을 다르게 규정했다. 예를 들어, 김상조(2012)는 재벌 그룹의 구시대적 지배구조에 초점을 맞춰 (구)자유주의가 아직 실현되지 않았고 여전히 진보적 과제로 남아 있다고 주장한다. 또한 윤상우(2009)는 과거 발전국가와 신자유주의의 복합적 성격을 강조하며, 1997년 위기 이후의 한국 정치경제를 "발전주의적 신자유주의" 체제로 규정한다. 모델은 원래 추상적인 특징으로 구성하는 것이기에 복합적인 실제 사회하고는 차이가 날 수밖에 없다. 중요한 것은 외형적 변화가 아니라 그것이 사회와 권력 차원에서 어떤 의미가 있는지를 설명하는 것이다. 지배 블록의 중심에 자리 잡은 대자본의 축적을 분석하지 않고 제도 변화를 논하면, 변화의 본성을 규정하기 어려울 것이다.

표 5.1 OECD 자유화 지수(1994년 기준)

범주		한국	OECD 평균
통상 무역		100	100
경상 무역 거래	평균	77	94
	은행 금융 부문	50	78
	자본소득	75	100
자본이동	평균	56	94
	통화시장	50	98
	자본시장	50	90

출처: 박찬일 외 1996.

OECD는 회원국들에게 크게 세 가지 의무를 요구했다. 바로 일반적 의무, 권고적 의무, 자유화 의무이다. 1996년 한국이 회원국으로 가입할 때, 지켜야 할 조항, 규약, 협약이 178가지나 되었다(KDI 1997). 한국 정부 입장에서 가장 곤혹스러운 의무는 자유화 규정이었다. 앞에서 살펴본 것처럼, 상품 무역에 관한 한 1980년대에 이미 완전히 자유화되었다. 새로운 문제는 경상 무역 외 거래 자유화 규정과 자본이동 자유화 규정이었다. 표 5.1에서 알 수 있듯이, 한국이 OECD 회원국 후보였던 시기에 이 두 항목의 자유화 지수가 OECD 평균에 크게 못 미쳤다. 따라서 한국 정부는 가입을 승인받기 위해서 구체적인 경상 무역 외 거래와 자본이동 자유화 계획을 제출해야 했다.

개혁 시간표

1993년과 1994년에 한국 정부는 일련의 개혁안을 발표한다. 여기에는 "금융 부문 자유화와 개방을 위한 3단계 청사진", "외국인 직접투자 자유화를 위한 5개년 계획", "외환 시스템 개혁을 위한 5개년 계획" 등이 포함되어 있었다(Park and Choi 2002, 2쪽). 이들 개혁안은 자본이동 자유화와 금융과 통화 시장의 규제 철폐를 위한 구체적인 시간표를 제시하고 있다. 이들 개혁안은 한국과 OECD의 의견차를 해소해가는 과정에서 몇 차례 수정되긴 했지만, 개혁의 틀과 방향은 바뀌지 않았다. 개혁안은 한국 사회가 이를 적절히 소화할 수 있도록 점진적인 변화를 계획했던 것으로 보인다.

한국 정부는 2000년까지 외국인들의 주식투자 한도를 점진적으로 폐지할 계획을 세웠다. 일인당 (기관투자가들을 포함해) 종목 보유 비율 한도를 5퍼센트에서 10퍼센트로 높이려 했다.[91] 외국인 직접투자 역시 모든 장벽을 단계별로 폐지할 예정이었다. 1993년 83.3퍼센트였던 FDI자유화지수를 1997년까지 93.6퍼센트까지 높인다는 시간표를 제시했다. 채권시장의 경우에는 한국과 국제시장의 이자율 차이가 2퍼센트 내로 유지된다면, 1999년까지 완전 자유화하겠다고 밝혔다. 한국의 기업들이 시설투자를 위해 해외에서 도입하는 상업차관에 대해서도 같은 방식으로 완전 자유화가 계획되었다. 자본 유출 측면을 보면, 한국 정부는 첫째, 1999년까지 해외투자에 대한 열거주의positive system를 포괄주의negative system로 전환하기로 한다. 정부의 구체적인 규제 목록에 들어 있는 경우를 제외하고, 모든 종류의 해외투자를 허용하기로 한 것이다. 둘째, 해외 예금계좌의 한도를 1998년까지 절폐하려고 했다. 셋째, 해외투자 한도를 상당한 수준으로 높여, 직접투자뿐만 아니라 주식투자도 사실상 완전 자유화할 계획을 세웠다. 금융 부문 자유화의 경우에, 한국 정부는 1998년까

---

91 10퍼센트 이상의 지분을 소유하는 투자는 직접투자FDI로 정의된다. 1992년까지 한국 주식시장에서 외국인의 주식거래는 금지되었다. 처음 거래가 허용되었을 때 외국인 개인의 지분 한도는 기업당 3퍼센트였다.

지 비은행 금융기관에 대한 소유 제한을 완전히 철폐하려고 했다. 외국 은행들이 한국 내에 자회사를 설립하는 것도 허용할 예정이었다(KDI 1997 ; 1995).

개혁은 시간표대로 진행되지 못했다. 1997년에 갑자기 위기가 터지자, 감당할 만한 개혁으로 생각했던 점진적 구조조정이 '충격요법'으로 급작스럽게 전환되었다. 다시 말해, IMF의 감독 아래 진행되는 강제적이고 즉각적인 개혁으로 전환되었다. 위에 언급한 개혁들이 원래의 계획보다 1~2년 앞당겨진 것이다. IMF 구제금융 투입 소문이 돌면서 한국의 통화시장이 출렁거리자 첫째, 시장평균 환율 제도가 자유변동 환율 제도로 즉시 바뀌었다. 둘째, 주식시장에서 외국인 소유에 관한 규제가 1998년 5월 완전 자유화되었다. 채권시장에서의 외국인 투자에 대한 한도도 그해 말 완전히 철폐되었다. 셋째, 외국인에 의한 한국 기업의 인수 규제가 1998년 6월 사라졌다. 마지막으로, 외국인 부동산 규제도 곧이어 자유화되었다(Park and Choi 2002, 6쪽).

세계화

1990년대의 자본이동 자유화도 여전히 한정돼 있었지만——즉 단계적 자유화였지만——효과는 매우 컸다. 1980년대 자유화의 직접적 효과는 매우 미미했던 데 반해 1990년대 금융시장의 규제 완화로 외국인 투자가 급증했다. 한국은행의 통계에 따르면, 증권투자가 자유화되기 시작한 1992년 이후 5년 동안, 연평균 33억 달러의 신규 자금이 주식시장으로 유입되었다. 결과적으로, 상장기업에 대한 외국인의 소유권이 1996년 말 기준으로 시장 전체 가치의 13퍼센트까지 증가한다. 1991년에 외국인 소유 비중은 코스피 시가총액의 3.3퍼센트에 불과했다. 같은 기간, 한국의 채권시장으로 유입된 순 투자금액은 연평균 45퍼센트의 비율로 증가했다. 1991년에 27억 달러 규모였던 것이 1996년에는 156억 달러로 늘어났다. 외국인 직접투자의 경우 증권투자에 비해 많이 뒤처져 있었지만, 1993년부터는 FDI도 급속하게 팽창한다. 7억 8,000만 달러 수준에서 1996년에는 23억 달러로 증가했다.

외국인의 소유권이 상당히 확대되었지만, 기업 경영에 대한 외국인 투자자들의 영향력은 그만큼 증가하지 않았다. 1997년 위기 이전 시기에는 외국인들의 소유 지분 증가가 한국 재벌에 끼칠 위협에 대한 분석은 차치하고, 소유 지분을 다루는 문헌조차 찾아보기 힘들다. 증권시장에 대한 총괄적 정보를 제공하는 증권통계연보도 2002년 이전에는 시가총액 기준 외국인 지분에 관한 데이터를 제공하지 않았다. 외국인 소유 지분 증가에 이렇게 무관심했던 것은 한국 기업 세계에서 재벌이 차지하고 있던 난공불락의 지위 때문이었다. 정부는 금융시장 자유화가 거대 기업들의 지배구조를 바꾸리라고 기대했지만, 재벌 가문들은 상호출자――또는 순환출자――를 더 확대함으로써 계열사들에 대한 지배력을 강화했다. 표 5.2를 보면, 한국의 대규모 기업집단들이 어떤 방식으로 소유권의 세계화에

표 5.2 재벌의 경영권 강화(단위 : 퍼센트)

	가족 소유 지분		상호출자 지분	
	1981	1995	1981	1995
5대	12.2	9.7	20.4	38.7
10대	13.9	8.5	19.9	34.1
30대	19.4	10.6	15.2	32.8

상위 5대 재벌은 삼성, 현대, LG, 대우, SK를 가리킴.
출처 : 한국거래소(김윤태 2000, 143쪽, 표 5-1 재구성).

대비했는지를 알 수 있다. 1995년 기준 상위 30대 재벌 계열사들의 상호출자 수준이 1981년 15.2퍼센트에서 32.8퍼센트로 두 배 이상 높아졌다. 반면, 재벌가의 소유 지분 자체는 19.4퍼센트에서 10.6퍼센트로, 절반 수준으로 떨어졌다.

한국 재벌들은 복잡한 상호출자 그물망을 통해 자신들의 측면을 잘 방어하면서, 자본계정 자유화를 적절히 이용하려 했다. 자본계정 자유화는 거대기업들이 자산을 키우는 방법 중 하나 정도로 여겨졌던 것으로 보인다. 1990년을 기점으로, 정부는 점차 비금융 기업들의 해외 증권투자와 증권 발행을 허용하기 시작했다. 그전에는 허가받은 금융기관들만 세계 자본시장에 참여할 수 있었다. 자본시장 자유화는 재벌에게, 특히 상위 5대 재벌에게 차등적 혜택을 안겨주었다. 세계 자본시장에서 신용 접근성과 부채 비용 모두 신용등급에 의존하기 때문에 국제무역 시장에서 거래 기록이 좋고 상대적으로 잘 알려진 재벌들이 다른 기업들보다 유리한 위치에 있었다. 실제로, 상위 5대 재벌의 자산 대비 해외부채 비율은 1991년 5.1퍼센트에서 1996년 9.9퍼센트로 가파르게 상승했다. 같은 기간, 30대 재벌 그룹 전체 평균은 4.5퍼센트, 비재벌 기업은 3퍼센트 내외로 일정한 수준을 유지했다(이종화 외 1999, 99쪽).

재벌의 금융 부문 입성

정부가 내세우는 정책적 이유와는 반대로, 금융 계정 자유화와 함께 실시된 국내 금융시장의 탈규제는 한국 기업 세계에서 재벌의 집적과 집중을 심화했다. 한국 정부는 금융 개혁의 이 두 중심축이 국가 주도의 자본 배분 체제를 효율적인 자유시장 체제로 대체할 거라고 줄기차게 주장했다. 정부는 주류 경제학 교과서가 말하는 것처럼, 자유시장 체제에서는 완전경쟁을 통해 이전보다 향상된 경제 효율성을 얻을 수 있다고 믿었다. 그러나 현실에서는 스티글리츠(Stiglitz 1989)가 주장한 것처럼, "역선택, 도덕적 해이, 계약 강요" 등의 문제가 탈규제 자본시장에 만연한다. 경쟁의 증가로 높은 효율성을 낳기는커녕, 거대기업은 국내 시장의 자유화를 이용해 금융 부문으로 사업을 확장할 수 있는 기회를 잡았고, 이를 통해 자본 배분에 대한 통제력을 강화했다.

그렇다고 정부의 개혁 정책이 아무런 변화도 가져오지 않은 것은 아니다. 정부의 실제 의도가 자유경쟁시장의 활성화와는 거리가 멀었다는 뜻이다. 그림 5.12에서 알 수 있듯이, 겉으로 보아 정부는 목표를 달성했다. 그림은 GDP 대비 상장 채권의 가치, 자본시장에서 은행 부문이 차지하는 대출 비중, 기업 부문의 총 외부 자금 조달에서 직접금융이 차지하는 비중을 나타내는 세 가지 시리즈로 구성되어 있다. 세 가지 모두 상당한 변화를 보이고 있는데, 이는 한국 정치경제의 질적인 변화를 가리키는 듯하다.

보다 구체적으로 살펴보면, 우선, 1980년대 이래로 한국의 주식시장과 채권시장이 급성장했음을 알 수 있다. 예를 들어, GDP 대비 상장 채권의 총가치 비율로 본 한국 채권시장의 규모는 1980년 5퍼센트 수준에서 1990년에는 26퍼센트로, 1997년에는 38퍼센트로 커졌다. 같은 기간 한국 자본시장에서 예금 은행의 대출 비중이 급격히 줄어들었다는 사실도 눈여겨볼 필요가 있다. 1980년에 64퍼센트였던 비중이 1997년 40퍼센트로 24퍼센트 축소되었다. 이 지표는 정부의 주요한 '업적'으로 간주할 만하다. 한국 정부는 국가-지도state directed 자본 배분 체제를 자유시장 체제로 바꾸려는 노력의 일환으로 사채시장의 자금을 공식적인 비은행 금융기관NBFIs으로 전환하는 정책을 펼쳐왔다. NBFIs에는 증권회사, 신용기금, 종금사, 상호저축은행 등이 포함된다. 정부는 또한 기업들이 주식,

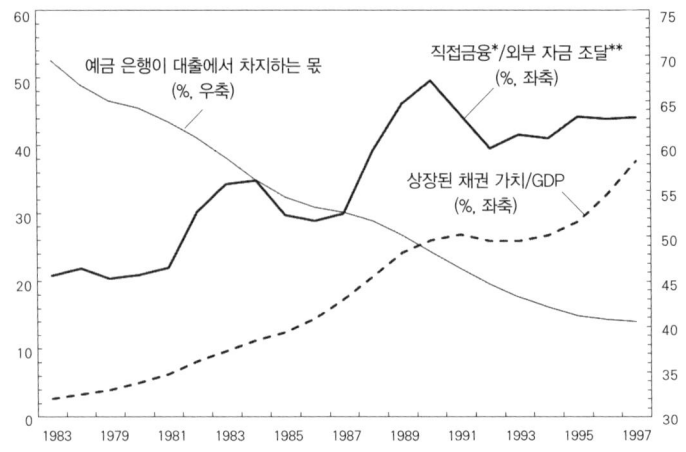

그림 5.12 국가가 통제하는 자본 분배 메커니즘의 종식

* 주식, 기업채권, 상업어음 등의 발행을 통한 기업의 직접적 자본 조달.
** 직접금융과 간접금융(즉 금융기관의 대출) 합계.
그래프는 3년 이동평균값을 나타냄. 원-달러 환율은 연평균값을 사용.
출처 : 통계청 ; 한국은행.

회사채, 기업어음 등을 발행해 직접금융의 비중을 늘리도록 권고해왔다. 그 결과 한국 기업 부문 전체의 외부 자금 조달에서 직접금융이 차지하는 비중이 1980년 23퍼센트에서 1990년대 내내 평균 40퍼센트 이상을 차지할 정도로 높아졌다.

은행 대출이 상대적으로 축소됨과 동시에 NBFIs가 팽창하고, 직접금융이 확대되었는데, 이는 과거 정치경제 체제의 핵심이었던 국가-지도형 자본 배분 체제의 종말을 의미하는 지표로 해석할 수 있다. 그렇지만 자본 배분 과정에서 권력이 사라졌음을 의미하는 것은 아니다. 새롭게 등장한 시장기구들 역시 국가-지도형 체제의 기관들 못지않게 권력에 기반을 두고 있다. 실제로, NBFIs의 급성장은 재벌들이 주도했고, 이는 다시 지배적 자본이 자본 배분 체계에 대한 장악력을 강화하는 데 복무했다. 한국 정부는 경쟁을 강화하면 효율이 높아진다는 믿음으로 금융기관에 대한 재벌의 소유권 규제를 완화했다. 하지만 금융 부문 진입장벽에 대한 이러한 정책은 재벌로 하여금 자본 배분 체제의 주도권을 확보할 수 있게 만들었을 뿐이다. 주도적인 대기업집단은 한편으로 은행 지분을 확보하고, 다른 한편으로는 NBFIs를 자회사로 설립하면서 돈의 흐름을 장악했다.

예를 들어, 1960년대 초에 군사정권이 은행 국유화를 단행하기 전에 여러 은행을 소유하거나 경영했던 삼성그룹은 은행에 대한 '향수'를 버리지 못하고 거의 모든 시중은행의 지분을 획득했다.[92] 표 5.3에서 알 수 있듯이, 삼성은 1992년 기준으로 주요 시중은행 다섯 곳 모두의 주식을 평균 5.7퍼센트 정도 소유하고 있었다. 상위 30대 재벌의 소유 지분을 합하면 평균 18퍼센트에 이른다.

그렇지만, 1980년대와 마찬가지로 1990년대에도 정부는 은행 부문에 대한 규제와 감독을 다른 금융 부문보다 엄격하게 유지했다. 시중은행의 제1주주 자리도 유지하고 있었다. 따라서 지배적 자본은 다양한 형태의 NBFIs를 소유하거나 통제하는 것을 선호했다.[93] 재벌들은 NBFIs를 정부의 규제[94]를 피해 자회사에 자본을 동원할 수 있게 해주는 특수목적회사 SPC로 간주하는 경향이 있었다.

이처럼 부채를 통한 자금 조달 방식에 생긴 변화의 결과 상업 은행의 영

---

[92] 1980년대 초에 은행이 민영화되면서 개인은 은행 지분의 8퍼센트까지 소유할 수 있게 되었다. 1994년에 지분 한도가 4퍼센트로 낮아졌다가, 1997년 위기 이후 10퍼센트로 다시 증가했다.
[93] 1990년대에 규제 완화가 시작되기 전에는 상업 은행만이 투자신탁회사를 소유할 수 있었다. 또한 상위 15대 재벌은 보험회사를 소유하거나 운영할 수 없었다(Kim and Lee 2010, 37쪽).
[94] 한국 정부는 시중은행의 재벌에 대한 대출 총액 한도를 정해두었다. 그 한도는 계속 변했는데, 1990년대 평균 대출 액수는 은행 대출 총액의 10퍼센트 수준이었다(이윤호 2005, 164쪽).

표 5.3 시중은행의 주요 주주들(1992년 기준. 단위 : 퍼센트)

	조흥	한일	제일	상업	서울
정부	7.56	7.03	7.14	7.59	7.79
삼성	5.79	4.99	5.49	8.51	3.56
여타 30대 재벌	17.14	12.34	16.14	6.67	11.57

출처 : 최진배 1996, 275쪽.

표 5.4 1997년의 주요 파산 기록(단위 : 10억 원)

날짜	기업	주요 사업	재벌 순위	은행 대출	NBFIs 대출
1.23	한보	철강	14	33,450	21,300
3.19	삼미	철강	26	3,710	4,520
4.21	진로	소매	19	8,680	23,420
5.19	대농	소매, 섬유	34	4,830	6,68
7.17	기아	자동차	8	28,050	50,110
11.1	해태	식음료, 전자	24	14,880	18,800
11.4	뉴코아	소매	25	9,050	2,930
12.8	한라	중공업	12	30,360	34,400

재벌 순위는 자산 기준.
출처 : 재정경제부(Park and Choi 2002, 9쪽에서 재인용).

업에서 재벌들이 차지하는 비중이 1990년대 내내 줄어들었다. 재벌들의 자기자본 대비 부채 비율이 1989년 280퍼센트에서 1997년 536퍼센트로 급속히 증가한(이윤호 2005, 165쪽) 데 반해 상업 은행의 대출에서 재벌들이 차지하는 비중은 1988년 23.7퍼센트에서 1995년 9.8퍼센트로 10퍼센트가량 줄었다(은행감독원 Kim and Lee 2010, 38쪽에서 재인용). 상업 은행 대출에서 재벌들이 차지하는 비중이 상대적으로 축소된 만큼 NBFIs

와 해외 투자자들로부터의 대출이 늘어났을 것으로 판단된다. 실제로, 표 5.4에서 볼 수 있듯이, 1997년에 한국 정부가 IMF에 구제금융을 공식 요청하기 전에 파산한 주요 대기업집단 대부분이 NBFIs로부터 대규모 대출을 받았다는 공통점이 있었다. 예를 들어 당시 한국에서 여덟 번째로 큰 대기업집단이었던 기아는 NBFIs로부터의 대출이 은행 대출보다 두 배 정도 많았다. 재계 서열 19위였던 진로의 경우는 기아보다 더 심각했다. NBFIs로부터의 대출이 은행 대출 규모의 세 배 가까이 되었다. 돌이켜 생각하면 아이러니하게도 자본 배분과 사업 전략에 관한 재벌들의 자율성과 통제력 증가로 인해 오히려 그들 자신이 파멸로 내몰린 것이다.

우물 안 개구리

한국 금융 시스템에 일어난 변화가 1997년 경제위기의 핵심 요소 중 하나였다는 것은 틀림없는 사실이다. 지금까지 살펴보았듯이 기업 부문의 높은 자기자본 대비 부채 비율과 단기부채의 급속한 증가로 인해 외국인 투자자들의 변덕에 따라 위험에 빠질 수도 있는 상황이 빚어졌다. 그렇지만 위기의 원인을 단순하게 부채 문제에서만 찾으면 곤란하다. 부채의 규모만을 따져 묻는 것은 아무런 의미가 없을 수도 있다. 자본주의 체제에서는 미래의 이윤 창출 능력이 부채 증가보다 빠르게 성장할 때는 부채가 많더라도 문제가 되지 않는다. 언젠가는 '버블'이 터질지도 모르지만, 2008년 세계 금융위기가 터지기 전 상황처럼 이윤의 전망이 높으면 부채 레버리지를 통해 이윤을 높이려고 각축을 벌인다. 미래의 이윤 창출 능력이 사업 수단뿐만 아니라 전체 사회 권력 제도의 광범위한 스펙트럼에 의해 좌우되듯이 부채 전략도 이런 차원에서 파악해야 한다. 그래서 이번 장에서는 1997년 위기의 원인을 단순히 부채의 증가에 따른 위험률 상승이 아닌, 자본축적의 위기의 맥락 속에서 찾으려 했다. 그리고 밑바탕에 깔린 사회관계와 제도 변화 과정을 결부해 설명했다.

위에서 분석했듯이, 1990년대에 들어서면서 한국의 급속한 경제성장에서 가장 중요한 요소 중 하나였던 도시화 속도가 현저히 둔화되었다. 그 원인은 한국의 도시화가 이미 포화 상태에 도달한 데 있었다. 전체 인구 중 도시인구가 차지하는 비율이 이미 선진 산업국의 평균을 넘어섰다. 이는 한국 내에서 신규 산업투자(넓이 지향) 중심 발전의 여지가 소진되었음을 뜻한다. 우연인지 필연인지, 이러한 잉여노동력 풀의 고갈과 함께 국내에서는 민주화가 이루어졌고, 나라 밖에서는 냉전 체제가 종식되었다. 한국 지배계급은 사회를 통제하는 기존 방식을 구조조정할 수밖에 없는 처지에 놓였다. 군사 쿠데타가 있었던 1961년 이래로 처음 민간인 출신 대통령이 선출된 1993년부터 구조조정 과정이 가속화되었다. 새로운 정부는 한국 자본이 국내외 환경 변화에 잘 적응할 수 있도록 정책을 수정해나가려 했다.

발전국가론이 주장하듯이, 자유화로의 정책 전환이 선진국들, 특히 미국의 압력에 기인한 것은 사실이다. 그러나 전적으로 그렇지는 않았다. 한국 정부가 그러한 압력을 수동적으로 받아들인 결과라고 보는 것은 옳지 않다. 간단히 말하면, 한국 내에서 신자유주의 이데올로기가 발전해나간 과정을 간과한 것이다. 자유화는 한국 정부와 자본이 전략적으로 선택한 결과였다. 물론, 그들은 처음에 자유화를 꺼리는 태도를 보였다. 1981년에 전두환 군사정권이 권력을 잡은 이후, 한국 산업화의 사령부 역할을 해왔던 경제기획원에 신자유주의 신념으로 무장한 사람들이 점점 늘어났다. 그들 중 다수가 미국에서 신고전파 경제학을 공부하고 박사학위를 받은 이들이었다(김윤태 2000, 171쪽). 그들은 서서히 경제기획원 안에서 주도권을 확보했고, 한국 정치경제의 미래 항로를 전환하기 시작했다. 그들은 금융 자유화를 진행하면서 경제개발 5개년 계획을 철폐했고, 마침내 경제기획원 자체를 해체했다. 오랫동안 한국의 분배 연합에서 중추적인 역할을 한 정책 공조 체계에 종지부를 찍은 것이다.

 이러한 자유화 과정을 종종 국가의 후퇴로 규정하는데, 이는 국가와 시장을 서로 대립하는 사회적 실체로 설정하는 오류에서 비롯된 부적절한 개념이다. 2장에서 설명했듯이, 자본주의에서 국가가 약해지면 시장의 작동이나 자본의 축적에도 문제가 생긴다. 시장은 자본의 사회적 권력을 화폐가치로 전환해주는 메커니즘이며, 이 과정에는 국가기구의 작동을 위시한 제반 법적·제도적 변화들이 함께 용해되어 들어간다. 신자유주의는 국가의 후퇴가 아니라 국가의 친시장적이고 친자본적인 성격을 강화한 것이다. 신자유주의 개혁을 적극 주도하고 실행한 주체도 바로 국가였다. 다만 기업 활동에 관한 국가의 직접 개입이 축소되었을 뿐이다. 국가의 직접 개입 축소는 자본이 권력을 행사하는 데 필요한 기본적인 제도적 인프라가 굳건히 확립되었음을 의미한다. 과거처럼 국가가 노골적으로 일부 기업과 결탁해 몰아주기를 해주지 않아도 지배자본은 사회를 조직해나갈 수 있는 위치에 와 있다. '후퇴'한 것은 국가가 아니라, 지배 블록의 최상층에 있었던 군부 엘리트들이다. 과거 국가기구가 군 엘리트들의 무지막지한 물리력에 종속되어 있었다면, 이제 권력의 중심이 지배자본으로 이동한 것이다.

 국가가 장악한 은행을 통해 자본이 배분되던 체제가 '자유로운' 금융시장 체제로 대체되는 과정은 이러한 권력의 이동을 상징적으로 보여준 현상이었다. 한국 정부가 말로는 금융 자유화를 통해 높은 경제 효율성을 달성하겠다고 했지만, 실제로는 지배자본이 이런 과정을 통제할 수 있도록 환경을 바꾼 것이다. 금융 부문에 대한 재벌들의 진입장벽이 헐리자마자 다양한 NBFIs가 재벌 통제 아래로 들어갔다. 이를 통해 재벌들은 정부의 감독을 피해 자회사에 자본을 마음껏 공급할 수 있었다.

그러나 한국의 재벌들은 새롭게 획득한 '자유'를 과도하게 누리다가 곤궁한 처지에 빠지고 만다. 신자유주의 개혁이 빠르게 진행되었지만, 한국의 지배자본은 과거의 전략, 즉 신규 산업투자를 고수했다. 그들은 전보다 더 대담하게 수출시장 점유율을 높이려는 전략을 펼쳤고, 자동차, 철강, 반도체, 조선 등의 산업 분야에서 엄청나게 투자를 늘렸다. 거기에 필요한 자금은 국내외 금융기관의 대출에 의존했는데, 특히 NBFIs를 통한 단기 자금이 많았다. 정부가 산업정책 공조를 중지하면서 재벌 기업들 사이에 과잉·중복 신규 자본 투자가 이루어졌고, 문제가 점점 더 심화되었다. 결국, 재벌의 과도한 신규 자본 투자는 이윤에 대한 하방 압력을 강화했다. 앞에서 본 그림 5.5와 그림 5.6은 대부분의 주도적 대기업집단들이 기업 부문 평균 대비 이윤의 감소에 직면했었다는 사실을 보여준다. 잉여노동력 풀의 고갈과 함께 한국 노동자들의 실질임금 증가 역시 핵심 기업들의 차등적 이윤을 침식한 것으로 보인다.

1997년 초에 이미 심각한 위기가 도래할 수 있다는 징후들이 나타나기 시작했다. 30대 재벌 중 하나인 한보그룹이 파산했다. 그 후 삼미, 기아, 한라 등 많은 재벌 그룹들이 줄지어 부도 위기를 맞았다. 모두 대규모 부채를 통한 자금 동원을 바탕으로 신규 산업투자를 지속적으로 확대해온 기업들이었다. 기업 부문의 채산성 악화는 곧 금융 부문의 불안으로 이어졌다. 연이은 대규모 기업 도산으로 악성 채권 보유 비율이 급속도로 증가했다. 악화 일로의 경제 상황이 금융 분야에 끼치는 악영향을 최소화하기 위해 대출 기준을 강화했지만 이는 오히려 문제를 심화했다. 돈줄이 더 말라붙자 기업 파산이 더 증가하는 악순환에 빠진 것이다.

1997년 위기의 원인이 탈규제냐, 정실주의냐 하는 논쟁은 대립 구도를 잘못 설정한 것이다. 둘 다 부채의 소용돌이를 일으킨 주범이었다. 정실주의는 한국 산업화 과정의 '유산'이었다. 정부 주도의 성장 모델이 지속된 30년 세월 속에서 정부와 재벌의 끈끈한 검은 유착이 확립되었다. 재벌들은 정부가 할당해주는 프로젝트를 수행하면서, 암묵적으로 사업 실패 위험에 대한 '보험'을 약속받았다. 그 결과, 이른바 '대마불사'가 상식으로 자리 잡았다. 이런 전제를 바탕으로, 한국 대기업들은 이윤을 남기는 것보다 규모를 키우는 데 초점을 맞추었다. 기업의 확장을 위해서는 자본이 필요한데, 기업들은 자기자본의 확대보다는 부채 증가를 통한 기업 확장의 길을 선택했다. 이런 전략을 펼친 결과 한국 기업 부문의 자기자본 대비 부채 비율은 매우 높아졌다. 1997년 말에는 그 비율이 400퍼센트가 넘었고, 30대 재벌만 놓고 보면 500퍼센트에 달했다. 이렇게 위태로운 상황에서 도산을 맞는 기업들이 늘어나고, 금융기관의 안정성이 흔들리면서 한국의 대외 신용도는 심각한 손상을 입는다. 그 결과 외국자본이 대거 빠져나가면서 외환보유고가 바닥을 드러내고 다시 국가 신용도가 추락하는 악순환이 이어졌다. 결국, 1997년 말 IMF 구제금융을 신청할 수밖에 없었다.

아마도 한국의 지배자본은 '우물 안 개구리'였을지 모른다. 시장의 규율은 그들이 생각한 것보다 훨씬 혹독했다. 1990년대에 들어서면서, 한국의 주도적인 자본가들은 민주화와 세계화를 자신들의 권력을 더 키울 수 있는 기회로 보기 시작했다. 실제로, 자유화는 한국의 지배적 자본 그룹들이 국가의 틀을 깨고 국내의 울타리를 벗어나는 계기가 되었다. 하지만 그들은 자신들이 받아들이기로 한 새로운 세계 질서의 본성을 제대로 이해하진 못했던 것으로 보인다. 구체제에서는 재벌들이 권위주의 정부와 안정된 관계만 유지하면, 이윤에 대한 기대에 상관없이 대규모 부채에 의존해 지속적으로 기업을 확장해나갈 수 있었다. 자유화가 시작된 이후 한국의 정치경제는 세계를 무대로 하는 지배자본의 영향력에 점점 더 깊숙이 포섭되었다. 이 영역 안에서 자본의 운동은 자본주의의 보편 신조라고 할 수 있는 자본화라는 원칙에 따라 이루어진다. 1990년대에 금융시장이 완전히 자유화된 것은 아니지만, 한국의 비즈니스 세계 역시 상당한 수준으로 전 지구적 자본 운동에 종속되어 있었다. 그 때문에, 1997년에 외국자본이 유출되고 대출 상환 연장이 거부당하자 기업 부문뿐만 아니라 사회 전체가 커다란 타격을 입게 된 것이다.

  1997년 위기 이후에, 한국의 지배자본은 자본주의의 보편적 신조에 빠르게 적응해나간다. 위기를 겪으면서, 특히 IMF가 처방한 충격요법에서 '좋은' 교훈을 얻은 듯하다. 다음 장에서는 한국 재벌 그룹들이 포스트-1997 시대에 어떻게 변화해갔는지를 분석할 것이다.

포스트-1997,
한국 자본주의의 전환

6장

1997년 위기를 계기로 정치경제적 개혁이 엄청나게 가속화되었다. 단계별로 서서히 실시하려던 자유화, 규제 완화, 사유화, 유연노동 등 '워싱턴 컨센서스'가 제시한 정책들이 위기를 계기로 급격히 도입되었다. 그 결과, 한국 자본주의는 짧은 기간에 '거대한 전환'이라고 불리기에 손색이 없을 정도로 심도 있는 변화를 겪었다. 경제체제는 세계시장에 깊숙이 통합돼버렸고, 금융시장은 급격히 팽창했으며, 과거 동아시아 경제 모델의 가장 큰 특징 중 하나였던 평생직장의 개념은 사라지고, 한국은 세계에서 비정규직 노동자 비율이 가장 높은 나라 중 하나가 되었다. 또한 국가의 개입은 '죄악'시된 반면, 자유시장의 원리는 '신성불가침'한 원칙으로 자리 잡았다.

1997년 위기 발생 직후에 위기의 원인을 놓고 펼쳐졌던 논쟁은 급격한 구조 개혁 이후 새롭게 등장한 정치경제 체제의 성격 논쟁으로 초점이 자연스럽게 이동했다. 비주류 학계의 학자들 대부분은 기본적으로 포스트-1997 체제의 특성을 "양극화 성장"이라고 규정하는 데 동의한다(류동민 외 2010, 6쪽). 양극화 성장은 한국 경제가 1997년 위기에서 벗어나 상대적으로 안정된 성장 궤도를 회복했지만,[95] 97년 이전 체제가 보였던 소위 낙수효과trickle-down effect는 사라졌다는 의미이다. 좀 더 자세히 말하면, 경제성장률, 실업률, 외환보유고, 기업수익률 등은 어느 정도 '정상화'

---

95 한국 경제는 위기 이전의 고도성장 체제로 복귀하지는 못했지만, 1999년부터 2008년까지 10년 간 평균 5.5퍼센트의 상대적으로 안정된 성장을 이루었다. 같은 기간 OECD 국가 평균 성장률은 2.3퍼센트, 세계 전체 평균 GDP 성장률은 3.1퍼센트였다(World Development Indicators).

되었지만, 기업의 설비투자 감소 경향과 함께 청년 실업 증가, 비정규직화로 인한 고용 불안 증대, 중소기업의 경쟁력 약화 등의 변화가 생기면서, 장기 성장력이 질적으로 악화되었다고 진단한다(정건화 2006). 이렇게 포스트-1997 한국 경제의 기본 특성에 대해서는 공감대가 형성되어 있지만, 원인 진단과 바람직한 개혁 방향에 관해서는 매우 대조적인 견해들이 제시되었다. 논쟁에서 나타난 여러 입장들은 양극화 성장의 근본 원인을 어디에 두느냐에 따라 대개 다음 세 부류로 나뉜다. ① 국가 주도 발전주의에서 만들어진 재벌 시스템의 존속과 '전근대적' 경영 방식이 원인이라고 보는 자유시장주의자들, ② 영미식 주주자본주의 도입으로 진행된 '비생산적' 금융자본이 주도하는 금융화 혹은 금융 주도 축적 체제가 주범이라고 보는 신제도주의자들과 포스트 케인스주의자들, ③ 노동자 착취 강화를 통해 이윤율을 회복하려는 자본의 공세가 원인이라고 보는 정통 마르크스주의자들(김창근 2006, 11쪽).

  6장의 주요 목적은 위의 세 가지 접근 방식을 비판적으로 평가하고, 권력자본론의 입장에서 포스트-1997 체제의 본성을 파악하는 것이다. 세 접근 방식의 한계에 관해서는 이미 1부에서 —— 특히 1장 서론에서 —— 논의했기 때문에 여기서는 간략히 요점만 정리하고 지나가겠다. 첫째, 자본은 생산성과는 무관한 권력기관이며, 축적의 기본이 되는 이윤은 사회적 생산과 재생산 과정에 대한 전략적 사보타주를 바탕으로 이루어진다. 따라서 '외국 금융자본'과 '국내 산업자본'이라는 대립 범주를 만들고 그 중 어느 쪽이 더 생산적이고 어느 쪽이 더 비생산적이냐를 두고 벌이는 논쟁은 문제 설정이 잘못된 것이다. 둘째, 사회양극화가 사회적 생산의 불공정한 분배에 기인한다는 의미에서 '착취'와 관련되어 있는 것은 분명하지만, 마르크스주의 노동가치론으로는 이를 분석할 수가 없다. 3장에서 말했듯이, 착취는 사회 전체의 창조적 활동을 자본이 사유화하는 총체적인 정치·제도적 과정이며, 이는 차등적 축적으로 표현된다.

권력자본론의 입장에서 보면, 첫째, 포스트-1997 구조조정의 핵심은 이른바 '국가 합리성'에서 '시장 합리성'으로의 전환을 통한 탈권력 및 경제 효율성 제고가 아니라, 이질적 연합체 성격을 띠었던 한국의 지배 블록이 자본화 공식을 권력의 기본 원칙 creorder으로 받아들이면서 하나의 통일된 계급으로 전환한 것이다. 둘째, 이러한 전환 과정에서 핵심 역할을 한 세계화의 본성은 '생산적' 국내자본이 '투기적' 외국자본에 종속된 것이 아니라, 축적과 소유권이 전 지구 차원에서 공간적으로 통합되면서 권력으로서의 자본이 초국적화된 것이다. 또한 한국의 지배계급은 이 흐름에 편승해 자신들의 지역적 한계를 넘어 초국적인 부재소유자의 구조 속으로 스스로를 편입시켰다. 셋째, 기업의 설비투자 감소, 청년 실업 증가, 비정규직화, 중소기업의 경쟁력 약화, 소득 불평등 심화 등 포스트-1997 체제의 주요 특성으로 언급되는 한국 사회의 구조적 양극화는 초국적화된 지배자본의 차등적 축적 체제가 전환되는 과정으로 이해되어야 한다. 다시 말해, 양극화는 국가주의자들의 주장과 달리 '생산적 산업자본'이 '비생산적 금융자본'에 장악되었기 때문에 생긴 현상이 아니라, 지배적 자본이 한계에 봉착한 외부적 넓이 지향 체제를 넘어서 차등적 축적을 확대하기 위해 여타 사회집단에 대해 자신의 본성인 **전략적 사보타주**를 강화한 현상으로 봐야 한다.

위기를 계기로 한국의 정치경제적 구조조정이 이른바 빅뱅 스타일 개혁으로 전환한 것은 사실이다. 그러나 개혁은 훨씬 오래전부터 이미 시작되었고, 외적인 요인만큼 내적인 요인도 강하게 작용했다. 5장에서 살펴보았듯이, 1990년대 초반부터 급물살을 타기 시작한 신자유주의 개혁은 다음 세 가지 맥락 속에서 이해해야 한다. 첫째, 냉전에서 세계화로 세계 질서가 전환하면서, 지구적 차원에서 차등적 축적의 초점이 스태그플레이션으로 대표되는 깊이 지향 체제에서 M&A로 대표되는 넓이 지향 체제로 이동했고, 이는 한국 정치경제의 자유화·개방화를 압박하며 가능성의 한계를 재규정했다. 둘째, 1987년 민주화를 계기로 사회 전반의 권력구조 개편은 필연이었으며, 이 과정에서 한국의 지배적 자본은 국가의 보호막을 뚫고 나와 국가를 자본의 논리에 복속시켰다. 셋째, 지배적 자본은 세계화에 수동적으로 대응하지 않고, 이를 한계에 다다른 국내의 축적 공간을 넘어서 전 지구 차원에서 차등적 축적을 강화하는 계기로 삼았다. 포스트-1997 기간의 개혁은 이러한 맥락 속에서 진행되던 제도 개편 과정을 '급진적으로' 완성하려는 시도였다.

이 장에서는 현재의 신자유주의적 변화를 과거와의 '구조적 단절structural break'로 보지 않고, 오랫동안 진행되어온 자본주의적 권력 양식의 최근 국면으로 파악하려 한다. 이는 한국의 자본가계급이 밖으로는 글로벌 자본의 축적체제 변화에 적응해가면서, 또 안으로는 여러 사회세력의 저항을 뚫고 사회질서를 재구성하면서 지배계급으로 성장해온 과정의 일부로서 포스트-1997 체제를 이해하는 것이다. 한국의 지배계급이 권력을 강화하기 위해 추구한 여러 전략과 제도 변화를 살펴보면서, 이를 지배적 자본의 차등적 축적 체제에 대한 실증적 분석과 유기적으로 결합해보겠다.

권력자본론의 입장에서 본 포스트-1997 '양극화 성장'

권력자본론의 입장에서 보면, 양극화 성장은 자본주의에서 '특이한' 현상이 아니라 일반적인 현상이다. 위에서 언급한 접근 방식들은 자본의 본성을 권력으로 보지 않고 생산성에 근거를 둔 것이라고 전제하는데, 그로 인해 '성장주의'를 벗어나지 못하고 비판적 문제의식이 '재벌' 혹은 '자유시장'의 신화로 귀결되고 만다. 산업자본·금융자본, 국내자본·외국자본 가릴 것 없이 모든 자본은 비생산적이다. 그리고 자본가들은 왕이나 귀족 같은 전자본주의 시대의 지배계급과 마찬가지로 생산에 참여하지 않는다. 그들은 생산과 재생산의 사회적 과정을 지배하고, 지배력의 금전적 표현인 이윤에 대해 청구권을 행사할 뿐이다.

베블런이 제시하는 것처럼 자본을 사회의 창조적·생산적 영역인 산업이 아니라 권력의 영역인 비즈니스에 두고 파악하면, 포스트-1997 체제의 주요 특성으로 한국의 진보학계가 공통적으로 지적하는 "기업의 설비투자 감소 경향, 청년 실업 증가, 비정규직화로 인한 고용 불안 증대, 중소기업의 경쟁력 약화" 등은 자본축적을 위한 '일상적인 활동'으로 간주할 수 있다. 베블런은 산업이 인류 공동의 지식과 노력의 산물이기에 협동과 통합, 조화라는 성격을 가지고 있다고 본다. 반면, 비즈니스는 사적인 활동으로서 위협, 체계적인 배제와 금지, 즉 사보타주를 통해 공동의 산물을 배타적으로 전유하려는 활동이다. 그래서 주류 경제학자들의 주장과는 반대로 자본가들은 생산 활동이 아니라 전략적인 사보타주를 통해서만 이윤을 획득할 수 있다.

그림 6.1은 2장의 그림 2.7을 재인용해, 한국 자본주의가 이윤을 위한 전략적 사보타주의 궤도를 따라 변화해왔다는 주장을 간명하게 표현한 것이다. 다시 한 번 설명하면, 그림의 수평축은 산업의 가동률을, 수직축은 전체 소득에서 자본가들이 차지하는 몫을 가리킨다. 수평축의 오른쪽 끝은 사회적·기술적으로 가용한 생산능력을 완전히 가동했을 경우를 나

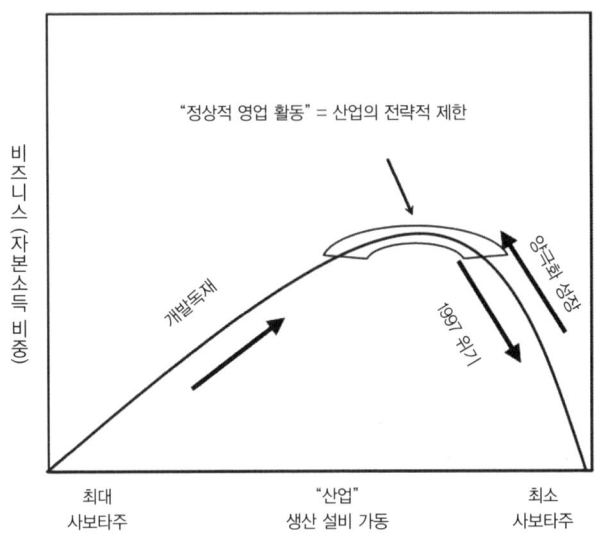

그림 6.1 전략적 사보타주

타내며, 이때 이윤은 제로가 된다. 2장에서 들었던 우물의 예를 다시 생각해보자. 집집마다 물이 나온다면 물을 가지고 돈을 벌 수 없다. 다른 집으로 흘러가는 수맥을 모두 차단해야 물세를 걷을 수 있듯이, 생산 활동이 무한정 확산되면 자본가들은 이윤을 얻을 수 없다. 반도체 시장에서 삼성전자, 하이닉스 등의 한국 업체들과 NEC, 히타치제작소, 미쓰비시 등 일본 전자회사들이 통합해 만든 엘피다 사이에 펼쳐졌던 이른바 '치킨게임'도 같은 맥락에서 이해할 수 있다. '지나친' 생산이 이윤 기반을 침식하기 때문에 두 진영은 한쪽이 죽을 때까지 적자를 보면서도 가격 경쟁을 폈고, 결국 엘피다가 2012년 2월 파산보호 신청을 하고 말았다. 이 싸움의 결과로만 설명할 수는 없지만, 이후 D램 가격이 상승해 하이닉스의 경우 2012년 1분기 영업이익률이 마이너스 11퍼센트에서 2013년 1분기 11퍼센트로 흑자 전환했다. 1997년 위기도 5장에서 살펴보았듯이 사보타주의 약화로 인해 한국 지배자본의 이윤 전망이 악화된 것이 근본 원인이었다.

자본가들에게 이상적인 조건인 이른바 골디락스Goldilocks[96]는 사회의 생산 잠재력에 '적절한' 수준의 제한을 가해 최대의 통행세를 얻어내는 것이다. 따라서 이윤은 자본가들이 사회 전체의 생산 잠재력에 가하는 전략적 제한, 그리고 경쟁자를 제약해내는 차등적 배제 능력에 기초한다. 현대 자본주의에서는 이윤을 위해 "약탈적 가격 책정, 공식적·비공식적 공모, 광고, 배타적 계약 체결 등의 직접 제한과 함께, 특허권·저작권법, 정부의 편파적인 산업정책, 차별적인 조세 감면, 합법적 독점체, (반노동적) 노동입법, 교역 및 투자 협정 혹은 장벽 등의 포괄적인 정치적 수단(물론 폭력·군사력을 포함해) 등의 개인 차원에서 전 지구 차원에 이르기까지 다종다기한 방식들을 총동원해" 사보타주를 행사하고 있다(Nitzan and Bichler 2009, 247쪽).

이런 시각에서 접근하면, 설비투자의 조절, 실업, 유연노동(비정규직화), 대기업에 의한 중소기업의 수탈 등 한국 진보 진영에서 말하는 양극화 성장의 지표들이 가리키는 생산 활동에 대한 방해는 자본이 차등적 이윤을 얻기 위해 펼치는 일상 활동으로 볼 수 있다. 그래서 산업 활동에 대한 제한이라는 자본의 본성 측면에서 '영미식 주주자본주의'와 '동아시아 국가 주도 자본주의'의 차이는 전혀 없다. 사보타주는 다른 자본을 사회적 생산과정에서 배제하는 능력으로서, 한국의 지배적 자본인 재벌 그룹들은 사보타주의 대표적 산물이다. 권위주의적 정권하에서 정치인 - 관료와

---

[96] 영국의 전래동화 〈골디락스와 곰 세 마리〉에 등장하는 소녀의 이름에서 따온 말로, 세 마리 곰이 준비한 세 가지 죽 가운데서 뜨겁지도 차갑지도 않은 적당한 것을 먹고 기뻐했다는 내용에서 유래했다. 경기가 과열되어 인플레이션을 일으키지 않으면서도 최대 성장을 이루어내는 최적의 상황을 가리킨다.

분배 연합을 형성하면서, 특정 생산 활동에 대한 배타적 투자 권리를 획득하고, 보호주의를 통해 외국자본의 시장 진입을 차단하며 성장했다. 또한 특혜 대출, 특혜 환율과 이자율 등 타 자본들과 차별되는 권리를 향유했다. 이를 장하준 같은 신제도주의자들은 국가 차원의 합리적 기획을 통한 국익의 극대화라고 미화하지만, 그 본성은 전면적 생산 활동에 대한 제한을 통해 지배적 자본이 차등적으로 축적할 수 있도록 국가권력이 지원한 것이다. 이렇게 본다면 신자유주의 개혁, 혹은 국가 주도 자본주의에서 시장 주도 자본주의로의 전환은 한국 자본주의의 구조적 단절이라기보다는 기저에 깔린 자본주의 권력 양식의 진화로 봐야 한다.

그렇다고 1997년 위기를 겪었음에도 한국 사회가 전혀 변하지 않았다는 말은 아니다. 위기 이후 지배적 자본의 사회적 사보타주가 노골화되고, 그리하여 사회양극화가 심화된 것은 사실이다. 그렇지만 이러한 현상이 '생산적 실물자본'에서 '투기적 금융자본'으로 주도권이 넘어가서 생겨난 것은 아니다. 지배적 자본의 사회적 배제 행위가 위기 이후에 더 강하게 체감되는 이유는 차등적 축적 체제의 변화하는 본성 때문이다.

자본의 축적은 "권력적인 질서의 창출 행위, 즉 여러 저항을 뚫고 사회를 [자본가 지배계급이 원하는 방향으로] 재구성하기 위한 지속적 싸움"을 의미한다(Nitzan and Bichler 2009, 325쪽). 이 과정은 본성적으로 미리 결정되어 있지 않다. 다시 말해, 고정된 '운동 법칙'이 존재하지 않는다. 그렇지만 자본가 지배계급이 나침반 없이 항해한다는 말은 아니다. 자본가들이 자신들의 진로를 안내하는 나침반으로 사용하는 것이 바로 자본의 축적이다. 즉 자신들의 사회적 지배력을 화폐단위로 수량화하고, 그 금전 가치를 평균보다 빠르게 성장시키는 것이다. 이러한 차등적 축적은 단지 생산 영역뿐만 아니라 전체 사회관계 속에서 실현되기 때문에 "제한된 범위와 한계를 가지며, 특정한 경로를 형성한다"(Nitzan and Bichler 2009, 326쪽).

이 경로를 결정하는 가장 큰 요소는 이윤의 흐름이다. 자본의 축적을 가능하는 자본화는 기대이윤을 현재 가치로 표현하는 것으로서 지배적 자본의 차등적 축적은 업계 평균보다 더 빠르게 이윤을 확대하기 위한 여러 제도적 장치에 영향을 받는다. 여기에는 수없이 많은 수단이 동원되겠지만, 3장에서 설명했듯이, 크게 넓이 지향 체제와 깊이 지향 체제로 나눌 수 있다. 넓이 지향 체제는 아직 자본주의에 편입되지 않은 '처녀지'를 상품화하면서 자본의 영역으로 끌어들이는 신규 산업투자와 자본 간 소유권을 통합함으로써 영역 확장을 꾀하는 M&A로 구성된다. 둘 다 지배적 자본이 평균보다 피고용자를 많이 거느림으로써 이윤을 확대하는 특징을 지닌다. 넓이 지향 체제는 "구조적으로 역동적이고, 보통 사회적 갈등을 상대적으로 덜 불러일으키는 경향이 있다"(Nitzan and Bichler 2009). 한국에서 이른바 개발독재 시대에 구가한 급속한 경제성장 국면이 여기에 해당한다. 이 시대의 신규 산업투자는 어느 정도 '낙수효과'를 보이면서, 발전담론을 유포해 국민 전체를 '동원해'냈다. 한편, 깊이 지향 체제는 보통 상대적인 비용 절감이나 전반적인 스태그플레이션 상황 속에서 상대적 가격 상승을 통해 구현된다. 깊이 지향 체제는 전반적인 부의 파이 증대가 아니라 주어진 크기 내에서 이윤의 재분배를 추구하기 때문에 사회적 갈등의 심화가 동반되는 경향이 있다. 포스트-1997 한국의 정치경제가 보이고 있는 '양극화 성장'도 여기에 해당한다.

닛잔과 비클러는 두 체제 모두 내재적 한계가 있어 장기적으로 볼 때 번갈아 나타나면서 순환 운동을 펼치는 경향이 있다고 주장한다. 외부적 넓이 지향 체제는 자본의 영역으로 편입될 수 있는 '처녀지'의 존재와 프롤레타리아화 수준에 의해 한계가 지워진다. 그리고 지속적인 넓이 지향 체제의 팽창은 노동자 1인당 이윤에 하락 압력을 가해, 전반적인 차등적 이윤에 악영향을 줄 수 있다. 이런 한계로 인해 지배적 자본의 차등적 축적은 신규 사업 투자보다 이미 있는 사업체를 사버리는 쪽을 선호한다. 즉 M&A는 이윤 하락 압력을 초래하지 않으면서 자본의 권력을 확장하는 방식으로 이해할 수 있다. 그렇지만 이 또한 한계가 있다. M&A 붐은 이내 업계의 괜찮은 기업들을 모두 소진시킬 테니 계속 하고 싶어도 할 수가 없다. 이런 한계 때문에 지배적 자본은 비용 절감이나 스태그플레이션을 통한 깊이 지향 체제를 추가하게 된다. 하지만 깊이 지향 체제는 위에서 말했듯이 사회적 갈등을 심화하는 경향이 있으며, 특히 스태그플레이션 국면은 역사적으로 중동전쟁 같은 지정학적 충돌을 동반하기도 했다. 이런 상황이 오래 지속되면 지배적 자본도 부담스럽기 때문에 보통 오래 끌지 않는다.

한국에서 1997년 이후 지배적 자본의 사회적 사보타주가 노골화되어 사회적 양극화가 심화된 현상, 즉 양극화 성장이라는 특색도 자본의 이러한 운동 경로로 설명할 수 있다. 4장과 5장에서 살펴본 것처럼 1997년 위기까지 한국의 지배적 자본은 오랫동안 신규 설비투자 중심의 축적 체제를 운영해왔다. 한국 지배자본의 외부적 넓이 지향 체제는 낙수효과를 동반하며 오랫동안 국민들에게 '발전'에 대한 환상을 심어주고, 보수 세력의 지배 체제에서 초석 역할을 해왔다. 하지만, 90년대 들어 국내외 정치경제 환경의 변화와 축적 체제의 내재적 한계에 부딪혀, 1인당 이윤에 대한 하락 압력이 심하게 나타나고, 이는 97년 위기의 주요 원인으로 작용한다. 포스트-1997 구조조정 국면의 목표는 단기적으로는 급작스런 위기의 늪에서 탈출하는 것이었지만, 중장기적으로는 한국의 지배적 자본이 오랫동안 추구해온 신규 설비투자 중심의 축적 체제를 탈피해, 대안 체제를 찾는 것이었다.

한국의 지배계급이 어떤 경로를 모색하고 추구했는지, 그리고 얼마나 성공을 거두었는지 살펴보자.

지배적 자본의 부활

위기는 좋은 기회를 제공하기도 한다. 돌이켜 보면 1997년 위기의 최대 수혜자는, 위기의 원인을 제공했을 뿐 아니라 총체적 붕괴 직전까지 몰렸던 한국의 지배적 자본이다. 지배적 자본은 1997년 위기 이후 펼쳐진 정치경제적 구조조정 과정에서 상대적으로 더 많은 부와 권력을 상향 재분배하는 데 성공했다. 주요 재벌들은 정책 결정 과정에 공공연히 개입해, 제도 변화를 좌지우지했다. 지배적 자본의 사회적 영향력 증대는 대중적으로 인식되어 '대한민국은 삼성공화국'이라는 말이 널리 통용될 정도였다. 심지어, 노무현 전 대통령은 "권력이 시장(자본)으로 넘어갔다"고 말하며,[97] 정부가 대기업의 이해를 거스르며 정책을 펼 수 없다고 고백하기도 했다.

지배 블록이 위기 이후 구조조정 과정에서 채택한 다음 몇 가지 전략들은 지배적 자본이 이전보다 더 강력하게 부활하는 데 중요한 역할을 했다. 이 전략들에는 ① 부채의 사회화를 통해 사적인 부채를 공적인 부채로 전환, ② 대량 해고로 노동운동을 위축시키고 노동 유연성 강화, ③ 급진적

---

[97] 2005년 7월 5일 대·중소기업 상생 협력 시책 점검회의에서 한 발언이다.

인 규제 철폐와 자유화, ④ 투자 유치와 촉진을 구실로 재벌 기업과 외국인 투자자들에게 엄청난 특혜 부여, ⑤ 수지타산이 높은 국공유기업들의 사유화 등이 포함된다.

정책 입안자들은 이러한 친기업-친시장적 제도 변화가 경제위기에서 탈출하기 위한 불가피한 조치라고 주장했다. 또 경제성장력을 제고함으로써 국부를 증진시키고, 혜택을 국민 전체에 골고루 나누어주는 소위 낙수효과를 가져온다고 주장했다. 한국 경제가 불황에서 빠르게 탈출한 것은 사실이지만, 그 혜택이 모두에게 골고루 돌아가지는 않았다. 경기회복은 전적으로 차등적 분배의 과정을 거쳐 나타났다. 포스트-1997 구조조정의 핵심은 ① 지배적 자본의 사회 전반에 대한 사보타주 강화로 차등적 축적이 확대되었으며, ② 자본가 일반과 다른 사회집단 사이의 힘의 균형이 자본 쪽으로 기울어진 것이다.

여기에서는 먼저 닛잔과 비클러가 제시하는 자본축적 분석틀을 이용해 1997년 이후 부와 권력의 차등적 집중 심화를 수량적으로 분석한 다음 이것의 사회적 의미를 설명한다.

'저성장' 속의 차등적 축적

그림 6.2는 1997년 위기 이후 한국 정부의 친자본적 정책이 매우 '성공적'이었음을 보여준다. 차트를 구성하는 두 그래프는 한국의 실질 경제성장률과 국민 가처분소득 대비 기업의 순이윤이 차지하는 비중을 각각 나타낸다.

1998년에 마이너스 5.7퍼센트를 기록했던 경제성장률이 1999년에는 10.7퍼센트를 기록한 데서 보듯, 한국은 위기의 늪에서 신속하게 빠져나왔다. 그렇지만 1997년 위기 이전의 고성장 시대로 복귀한 것은 아니었다. 지난 10년간 (2001년부터 2010년까지) 실질 GDP의 평균 성장률은 4.2퍼센트로, 위기 이전에 비해 절반 수준으로 떨어졌다. 1987년부터 1996년 말까지의 평균 GDP 성장률은 8.7퍼센트였고, 그 전 10년간, 즉 1977년부터 1986년 말까지의 평균값은 8.6퍼센트였다. 이와는 대조적으로 국민의 가처분소득에서 기업 이윤이 차지하는 비중은 97년 위기 이후 급격히 증가해 2000년 4.2퍼센트에서 2010년 13.8퍼센트로 세 배 이상 커졌다. 이는 위기 이후에 새롭게 생산된 부의 크기에서 상대적으로 더 많은 몫이 자본에게 돌아갔다는 것을 의미한다.

이렇게 포스트-1997 구조조정 과정에서 한국의 자본가들이 다른 사회집단에 비해 상대적으로 더 많은 부를 차지하게 되었는데, 이는 전적으로 지배적 자본에 의해 주도되었다. 이러한 사실은 다음의 두 가지 분석에 의

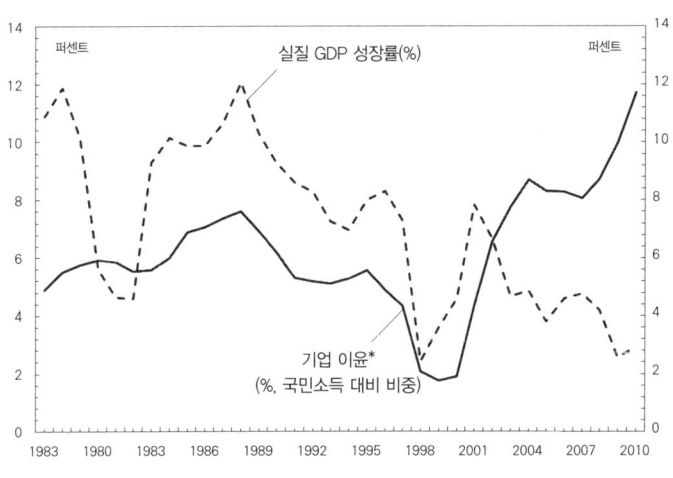

그림 6.2 친자본적 구조조정

* 국민소득 계정상의 생산세와 수입세를 제하고 보조금을 더한 기업소득.
모든 그래프는 3년 이동평균값을 나타냄.
출처 : 한국은행.

해 확인된다. 첫 번째는 지배적 자본의 일반 집중aggregate concentration으로서 지배적 자본이 전체 비즈니스계의 이윤에서 얼마나 큰 부분을 차지하고 있는가를 파악하는 것이다. 두 번째는 차등적 축적의 분석 방식으로서 한국의 지배자본인 재벌 기업들의 평균 이윤과 비즈니스계 평균 이윤의 비율을 측정하는 방법이다. 이 둘을 차례대로 살펴보자.

먼저 일반 집중이다. 그림 6.3은 3개 그래프로 구성되어 있는데, 기업 전체의 수익에 대비해 삼성그룹, 상위 4대 재벌, 그리고 상위 30대 재벌 그룹의 순이윤의 비율을 표현한 것이다. 다시 말해, 그림 6.2에서 나타냈던 국민 가처분소득 중 기업에 돌아간 몫 중에서 지배적 자본 그룹들이

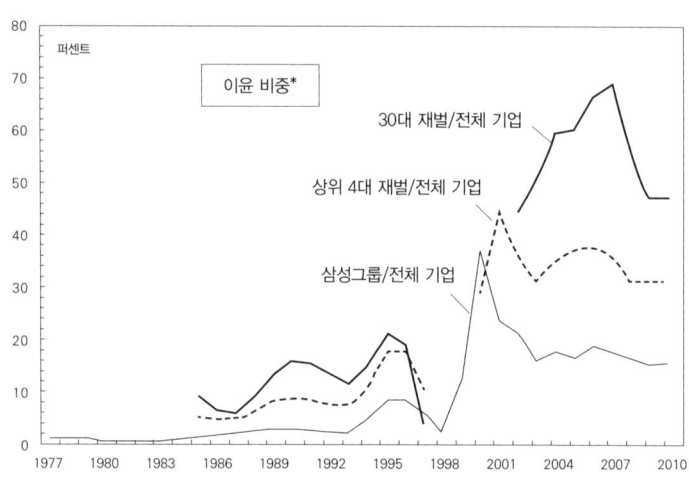

그림 6.3 이윤의 일반 집중

* 지배자본 집단의 순이윤과 기업계 전체의 순이윤의 비율. 기업계 전체의 순이윤은 국민소득 계정에서 생산세와 수입세를 제하고 보조금을 더한 기업소득을 의미한다. 모든 그래프는 3년 이동평균값을 나타낸다. 데이터 처리상 문제로 손실이 있는 기간, 즉 마이너스 값을 가진 기간은 생략했다.
출처 : 한국은행 ; 공정거래위원회 ; 삼성 1998 ; 삼성(Online).

차지하는 비중을 표현한 것이다. 1997년 위기 이후 구조조정이 실행되면서, 이들 그룹의 이윤 비중이 급격히 높아졌음을 알 수 있다. 1987년부터 1996년까지 위기 이전 10년간 기업 전체 이윤 대비 지배적 자본 그룹들의 평균 이윤 비율을 보면, 30대 그룹이 14.7퍼센트, 4대 그룹이 10.7퍼센트, 그리고 삼성그룹이 4.4퍼센트였다. 위기의 수렁에서 빠져나온 이후 2001년부터 2010년까지 10년간 이 평균 비율은 각각 55퍼센트, 34.2퍼센트, 17.1퍼센트로 높아졌다. 97년 위기 전후로 지배적 자본의 이윤 비중이 세 배에서 네 배 정도 더 높아진 것이다.

이윤의 차등적 분배로 본 지배적 자본으로의 권력 집중은 더욱더 심각하다. 그림 6.4는 지배적 자본 그룹을 상위 4대 그룹과 30대 그룹으로 나누고, 이들의 평균 순이윤을 한국의 기업 세계 전체의 평균 순이윤으로 나눈 값을 나타낸다. 4대 그룹의 그룹당 이윤은 1987년부터 1996년까지 위기 이전 10년 동안 평균 3,808억 원으로, 기업 전체 평균 1억 6,500만 원의 약 2,300배 규모였다. 30대 그룹의 경우에는 655억 원으로 기업 평균의 396배 규모였다. 1997년 위기로부터 한국 경제가 '정상화'된 이후 10년 동안 (2001년부터 2010년 말까지) 평균값을 기준으로, 4대 그룹의 그룹당 이윤은 6조 2,810억 원으로, 30대 그룹의 그룹당 이윤은 1조 3,587억 원으로 커졌다. 반면, 기업 전체 평균은 1억 7,015억원으로 소폭 상승하는 데 그쳐, 4대 그룹의 평균 이윤은 기업 평균의 3만 6,915배, 30대 그룹의 평균 이윤은 7,985배로 높아졌다. 따라서 이 두 기간에 차등적 이윤의 비율은──즉 지배자본 평균 이윤/기업 평균 이윤──4대 그룹의 경우 열여섯 배(2,300 → 36,915), 30대 그룹의 경우는 스무 배(396 → 7,985) 높아졌다.

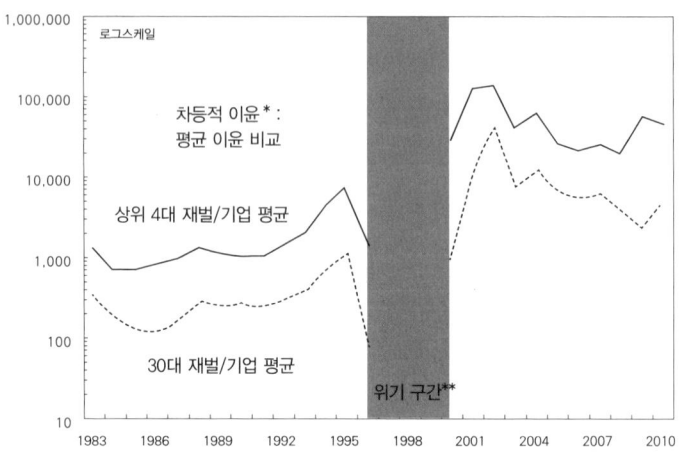

그림 6.4 차등적 순이윤 분석

* 지배자본 집단의 평균 순이윤과 기업계 전체의 평균 순이윤의 비율.
** 데이터 처리상 문제로 손실이 있는 기간, 즉 마이너스값을 가진 기간은 생략했다.
출처: 국세청; 공정거래위원회.

차등적 축적 체제의 전환

지금까지 살펴본 세 개의 그림은 한국의 지배자본이 포스트-1997 구조 개혁을 통해 위기에서 탈출하는 데 성공했을 뿐만 아니라, 이전보다 훨씬 강력해졌다는 사실을 보여주고 있다. 앞에서 말했듯이, 포스트-1997 개혁은 다음 세 가지 맥락 속에서 '필연적으로' 진행되었고, 이 과정의 핵심에는 차등적 축적 체제의 전환이 자리 잡고 있었다. 첫째, 냉전에서 세계화로 세계 질서가 전환되면서 함께 펼쳐진 스태그플레이션 중심 깊이 지향 체제에서 M&A 중심 넓이 지향 체제로의 글로벌 축적 체제의 전환. 둘째, 1987년 민주화 항쟁으로 추동된 민주화 과정. 셋째, 1960년대 초부터 지속적으로 추구된 외부적 넓이 지향(신규 산업투자) 체제의 한계 봉착. 5장에서 검토했듯이, 1990년대에 들어서면서 한국의 지배자본은 무리한 신규 산업투자로 경영에 어려움을 겪었다. 1960년대 초 이래 새로운 산업투자와 고용 확대로 부의 파이를 키우고, 이를 통해 자본의 상대적 몫을 늘리는 전략을 채택해왔다. 그러나 산업화가 급속도로 진전되면서, 외부적 넓이 지향 체제의 주요 요소인 아직 개발되지 않은 산업 영역과 농촌의 '잉여노동'은 서서히 고갈되었고, 1990년대 들어 지배적 자본의 차등적 이윤이 급격히 줄어들면서 1997년 총체적 위기에 빠진다. 이후 지배자본은 고용을 상대적으로 빨리 확장하는 넓이 지향 방식을 탈피하면서, 새로운 지구적 축적 체제인 국경을 넘어선 넓이 지향 체제(초국적 투자)와도 양립할 수 있는 축적 전략을 모색해야만 했다.

새로운 축적 체제는 외국인 투자자들과 소유권을 공유하면서, 동시에 안으로는 깊이 지향 체제를 강화하는 특성을 보인다. 깊이 지향 체제는, 앞에서도 언급했듯이, 전반적인 파이 증대보다 주어진 크기 내 이윤 재분배를 추구하기 때문에 사회적 갈등을 심화하는 경향이 있다. 깊이 지향 체제에는 스태그플레이션이나 생산성 증대를 통한 비용 절감 방식이 있으나, 3장에서 설명한 것처럼 비용 절감도 생산성을 화폐적으로 수량화한 게 아니라 가격 결정력으로 표현하는 것이어서 스태그플레이션 체제의 특징인 상대적으로 마진을 누가 더 많이 부과할 수 있는가의 문제로 귀결된다. 2000년대 들어서 원청 대기업과 하청 중소기업 간의 갈등 심화, 대기업 정규직과 대규모 비정규직의 구조적 분화는 지배자본인 재벌 기업들이 선택한 깊이 지향 체제의 일환으로 설명할 수 있다.

그림 6.5는 한국의 지배적 자본이 포스트-1997 구조조정 과정에서 그동안 의존했던 넓이 지향 체제에서 탈피해 깊이 지향 체제를 통한 축적 강화에 성공했음을 보여준다. 한국의 30대 재벌과 제조업 전체의 피고용자 1인당 이윤의 평균값을 나타낸 것인데, 1997년 위기 전후로 두 시리

즈의 괴리가 심해졌음을 알 수 있다. 1988년부터 1995년까지 위기 이전 8년 동안 피고용자 1인당 순이윤의 평균은 30대 재벌의 경우 280만 원, 제조업 평균은 152만 원으로 재벌 평균 순이윤이 제조업 평균에 비해 약 1.8배 높았다. 1997년 위기의 여파에서 완전히 벗어난 이후, 2001년부터 2008년 말까지 8년 동안 30대 재벌의 피고용자 1인당 순이윤의 평균은 약 4,367만 원으로 앞의 기간보다 열다섯 배 커졌고, 제조업 평균은 1,528만 원으로 열 배 커졌다. 결과적으로, 둘의 비율은 위기 이전 1.8배에서 위기 후 2.9배로 바뀌어, 재벌의 깊이 지향적인 차등적 축적이 위기 전보다 54퍼센트 증가했다고 말할 수 있다.

반면, 한국의 지배적 자본이 오랫동안 추구해온 넓이 지향 체제는 1997년 위기를 계기로 정체되어왔다. 특히 위기의 와중에 재벌 기업들은 생존을 위해 대량 해고를 단행함으로써 노동자들에게 사회적 책임을 전가했

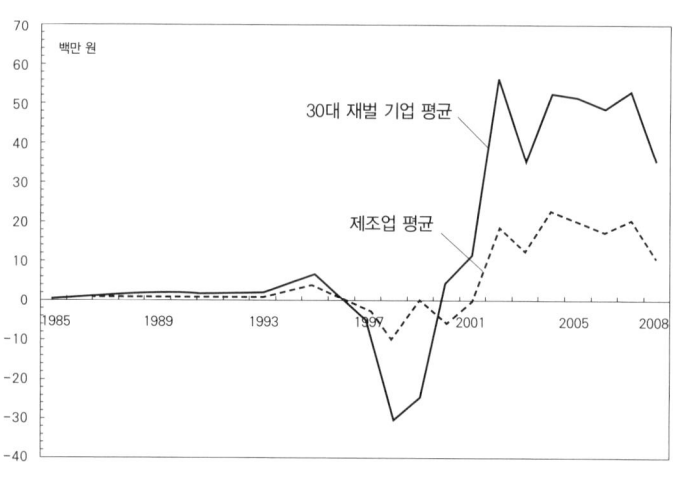

그림 6.5 피고용자 1인당 순이윤 비교

출처 : 한국은행 ; 공정거래위원회.

고, 이후 고용 확대는 눈에 띄게 둔화되었다. 그림 6.6은 삼성그룹, 상위 4대 재벌, 상위 30대 재벌의 평균 피고용자 수를 제조업(5인 이상 기업) 평균으로 나눈 비율을 표현한 것으로, 각 그룹이 넓이 지향 체제를 평균 기업보다 얼마나 빠르게 성장시켜왔는지를 보여준다. 삼성그룹을 따로 분석한 이유는 첫째, 다른 재벌 그룹들과 달리 삼성그룹의 피고용자 수 자료를 50년대부터 사용할 수 있고, 둘째, 스케일은 달라도 다른 그룹과 전반적인 변화 패턴이 같기 때문에 지배적 자본 전체의 장기적인 넓이 지향 체제를 보여주는 대리지표로 사용할 수 있다고 판단했기 때문이다.

1970년 삼성그룹은 제조업 평균보다 254배 큰 규모로 노동자를 고용하고 있었다. 70년대에 중화학공업을 집중 육성하면서 이 비율은 급격히 높아졌고, 위기가 터진 1997년에는 9,120배로 커졌다. 매년 약 14퍼센트씩 빠르게 성장한 것이다. 스케일은 좀 다르지만, 4대 재벌 그룹이나 30

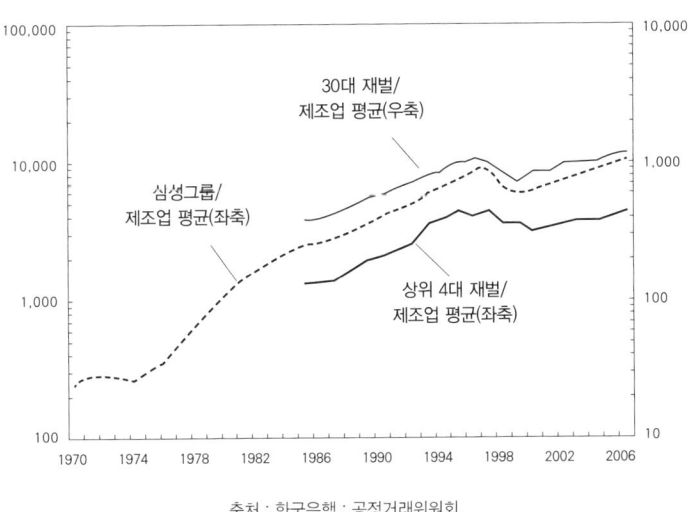

그림 6.6 재벌의 평균 고용과 제조업 전체 평균 고용의 차등적 비교

출처: 한국은행; 공정거래위원회.

대 재벌 전체의 경우에도 패턴은 비슷하게 전개되었다. 4대 재벌의 경우 1985년 고용 규모가 제조업 평균보다 1,317배 컸는데, 1996년 말에는 이 비율이 4,123배로 늘어났다. 매년 10퍼센트씩 상대적 크기가 벌어진 것이다. 30대 재벌 기업의 전체 평균은 같은 기간 제조업 평균의 387배에서 1,061배로 늘어나 둘 사이의 격차가 벌어졌다. 상대적 규모가 매년 9퍼센트씩 더 빨리 커진 것이다. 하지만 1997년 위기 이후 구조조정이 단행되면서 한국 재벌들의 넓이 지향 체제는 급속히 축소되었다. 1997년부터 1999년 말까지 3년간 30대 재벌 전체에서 피고용인이 약 36만 명 줄어들었다. 4대 재벌만 따져도 약 10만 명이 줄었다. 이후 재벌 기업들이 구조조정을 마치고 '정상화'되면서, 2008년 말에는 1997년 수준의 고용을 회복했다. 반대로 제조업의 경우 평균 인원이 1997년 29명에서 2006년 24명으로 줄어, 30대 재벌의 상대적 고용 규모는 1997년보다 약간 높은 상태다. 재벌 대기업들이 넓이 지향 체제보다 깊이 지향 체제에 중심을 두면서, 사회적으로는 고용의 책임을 등한시한다는 비난을 사고 있다.

'시장자본주의'로의 이행

차등적 축적은 "자본주의 권력 질서의 원칙으로서, 주도적인 자본가 그룹이 여타 사회집단의 저항을 뚫고 자신들이 원하는 방향으로 사회를 변화시켜가는 과정"을 의미한다(Nitzan and Bichler 2009, 325쪽). 지금까지 살펴본 것처럼, 한국의 재벌들이 차등적 이윤을 엄청나게 확대했다. 이는 다양한 제도적 장치를 자신들에게 유리하게 개편함으로써 여타 사회집단에 대한 자신들의 힘을 강화하는 데 성공했다는 것을 뜻한다. 재벌 대기업과 국가기구의 연합으로 대변되는 한국의 지배 블록은 1997년 위기 이후 자유화, 규제 완화, 사유화, 노동 유연화를 '급진적'으로 추진했다. 이러한 구조 개혁을 통해 지배 블록은 1987년 민주화 항쟁 이후 형성된 불리한 정치 지형을 뒤집을 수 있었다. 아이러니하게도, 파산 직전에 이르렀던 지배자본에게 1997년 위기는 전화위복이라는 결과를 낳았다. 결과론이지만, 1997년 위기는 부와 권력을 상향 재분배할 수 있는 좋은 계기였다.

한국 지배자본의 '부활'이 단순히 과거 체제로의 복귀를 의미하진 않는다. 국가와 자본은 근본적인 변화를 겪는다. 무엇보다 먼저 지배자본이 소유권의 국제적 통합으로 초국적화된다. 한국 자본주의는 이미 오래전부터, 즉 해방 이후 줄곧 세계 정치경제 시스템에 종속돼 있었다. 세계화를 통해 바뀐 것은 소유권이다. 1990년대 초까지는 예외를 제외하고는 국내 기업들에 대한 외국인 소유가 제한되었다. 직접투자도 세계적인 수준에서 볼 때 매우 낮았다. 1997년을 전후로 지배자본의 상당 부분이 외국인 수중에 떨어지면서, 자본축적도 지구 차원의 정치경제적 상황 변화에 더 많이 좌우되기 시작했다. 그와 동시에 한국의 지배적 자본가 그룹들도 초국적인 부재소유자들의 네트워크 속으로 통합되어 들어갔다.

지배적 자본이 초국적화되면서 '민족국가'의 자율성도 침식되어갔다. 한국의 국가기구와 제도적 장치들도 닛잔과 비클러가 지구적 차원의 자본주의 거대기계라고 칭한 자본화 과정 속으로 편입돼버렸다. 여러 형태의 자유 무역 혹은 자유 투자 협정이 진행되면서, 일국의 법과 정책이 점점 더 글로벌 지배자본의 요구를 반영한 이른바 글로벌 스탠더드에 순응하는 방향으로 바뀌고 있다. 정부 정책은 금융시장 지표들의 움직임에 따라 좌우된다. 또 각국의 금융시장은 독립성을 상실하고 이른바 커플링이 되어 전 세계 금융시장이 거의 같은 패턴으로 움직인다. 글로벌 금융시장에 개별 국가경제가 종속되면서, 국가의 독립적인 거시 경제정책의 효과는 지속적으로 약화되어왔다.

　최근에 진행된 사회 개혁의 중심축은 사회 구석구석까지 시장 메커니즘을 확립하는 작업이었다. 정책 입안자와 주류 경제학자들이 끊임없이 주문처럼 떠들어대는 바람에 '자유시장'이란 단어는 한국 사회에서 신성한 이념으로 자리 잡았다. 반면, 국가의 개입은 금기어로 전락했다. 이를 상징하는 표현이 "관치"이다. 그래서 자유시장의 전면 부각이 때로는 국가의 후퇴와 동일한 표현으로 사용된다. 하지만 폴라니(Polanyi 1957, 141쪽)가 "자유방임 경제는 국가의 목적의식적 활동이 낳은 산물"이라고 말했듯이, 신자유주의 체제는 국가의 후퇴를 의미하지 않는다. 오히려 국가의 일거수일투족이 어느 때보다 자본의 축적에 많은 영향을 미치고 있으며 이는 자산·금융 시장에서 즉각 자본화되어 자본축적으로 표현된다.

　'시장자본주의'로 향하는 이행의 본질은 국가와 시장을 대립항으로 설정하여 구현한 '자유방임'이 아니고, 자본화 원칙을 중심으로 전 지구적 차원에서 동일한 사회질서를 확립한 것이다. 이는 소유권을 초국적으로 통합하고, 자본주의적 권력을 자유롭게 사고팔면서 사회 전체를 돈의 흐름에 종속시키는 것을 의미한다. 한국의 지배 블록은 이러한 질서를 받아들이면서, 세상을 죄다 보편적인 화폐가치로 환원하는 통일된 계급으로 성장했다. 지배 블록은 더 이상 과거처럼 군부, 재벌, 관료, 정치인 등등 상이한 전망이나 세계관을 가진 사회집단의 연합이 아니고, 동일한 돈의 질서를 신봉하는 단일한 사회집단이 되었다.

　앞에서 살펴본 것처럼 1997년 위기를 계기로 지배자본의 차등적 축적이 지속적으로 확대된 것은 이러한 통일된 지배 블록의 지향이 현실화되었음을 의미한다. 다시 말해, 그들이 원하는 방향으로 사회를 재편할 수 있었다는 것이다. 지배자본이 이룬 자본축적은 임금인상 억제, 납품단가 인하, 가격 담합, 분식회계, 광고를 통한 소비자들의 욕망 규정 등 통상 기업의 경영 활동으로 분류되는 행위뿐만 아니라, 공공정책의 변화, 경찰력과 행정력 동원, 국가 간 협약이나 전쟁 등 이윤의 흐름에 영향을 미칠 수 있는 다양한 제도적 장치들의 변화를 반영하고 있다. 자유시장 원칙의 강화는 국가의 약화가 아니라, 자본화라는 사회질서 원칙에 국가가 종속되었음을 의미한다.

지배적 자본의 초국적화

공교롭게도 한국의 지배적 자본이 국가의 보호막을 뚫고 나와 국가를 자본화 공식에 종속시키는 과정은 글로벌 자본축적 체제가 깊이 지향 체제에서 넓이 지향 체제로 전환하는 과정과 궤를 같이했다. 새로운 글로벌 넓이 지향 체제는 자본의 국제적 이동에 대한 탈규제를 통한 초국적 인수합병의 확대를 중심축으로 하고 있다. 이는 소유권의 공간적 통합을 통해, 생산과 재생산 과정에 대한 통제력의 금전적 수량화를 의미하는 자본화가 글로벌 차원에서 단일한 권력의 잣대로 확립되는 것을 의미한다. 따라서 신자유주의 세계화의 본성은 ① 전 세계를 단일한 과정을 거치는 자본주의적 권력의 거대기계로 전환하면서, ② 전 세계 지배계급을 초국적으로 통일하는 운동으로 정의할 수 있다.

한국을 비롯한 개발 국가들에서는 소유권의 국제적 거래가 매우 제한되었으므로, 이러한 글로벌 축적 체제 전환은 엄청난 이데올로기적·제도적 변화를 요구하는 외적 압력으로 여겨질 수밖에 없었다. 5장에서 설명했듯이, 한국의 지배 집단도 1980년대에는 무역 보복이 두려워 수동적으로 신자유주의 개혁 요구에 대응했다. 하지만 1990년대에 들어서면서 태도를 전환해 신자유주의 세계화를 새로운 축적 전략으로 적극 활용하려 한다. 그리고 1997년 위기를 계기로 점진적으로 추구하려던 자본시장 개방을 비롯해 자유화, 탈규제, 민영화, 유연노동 등 워싱턴 컨센서스로 불리는 제도 개혁들이 급진적으로 시행된다.

정책 입안자들은 이러한 제도 개혁이 외국자본의 '생산적' 투자를 늘려 산업을 발전시키고, 국내 기업의 수출 성장을 통해 '국익'을 증진시키는 데 꼭 필요한 과정이라고 주장해왔다. 한국 정부가 역점을 두고 펼치는 세계 여러 국가들과의 FTA 협정 체결도 같은 맥락에서 정당성을 홍보하고 있다. 2000년대 들어서면서 수출이 크게 성장하긴 했지만, 외국인들의 생산적 투자가 늘어나지도 국민들이 부가 증진되지도 않았다. 그렇다고 국가주의자들이 주장하듯이, 비생산적인 외국인 투기자본에 생산적인 국내 산업자본이 종속되면서 국부가 유출되기만 한 것도 아니다. 신자유주의 세계화는 이보다 훨씬 더 근본적인 변화를 초래했다. 외국자본과 국내 자본이 융합하기 시작하면서, 자본의 국적을 규정하기가 어려운 상황이 펼쳐졌다. 한국의 주요 기업들은 사실상 국가적 정체성을 탈각했고, 이를 장악하고 있는 자본가들은 초국적 청구권자들로 전환되었다. 이와 동시에 차등적 축적의 공간 범위도 국가 차원에서 글로벌 차원으로 확대되었다. 과거에는 지배적 자본은 권위주의 정부와의 정실주의를 통해 국내에서 여러 산업을 독과점적으로 분할 지배하고, 해당 분야 수출시장의 점유율을 늘리는 것을 권력 팽창의 척도로 삼았다. 이제는 글로벌 차원에서 자신들이 넘어서고자 하는 이윤의 벤치마크가 설정된다.

외국자본의 쓰나미

1997년 위기 이후 한국 정부는 외국자본 유치를 국정 운영의 최우선 원칙 중 하나로 삼아왔다. 위기가 발생하기 이전에 2000년까지 점진적으로 개방하려 했던 금융·자본 시장의 완전 개방을 1998년에 앞당겨 실시한 이유는 IMF가 내세운 구제금융 조건을 충족하기 위한 것만은 아니었다. 5장에서도 언급했듯이 한국의 경제 관료들은 이미 시장의 자율조정 기능을 맹신하고 있었으며, 위기가 여러 사회집단의 저항을 무력화하고 자신들의 '이상'을 실현하는 데 도움이 된다고 생각했다. 그들은 외국자본에 대한 완전한 문호 개방을 자율조정시장 매커니즘의 확립과 동의어로 간주하는 경향이 있었다. 이러한 생각을 바탕으로 1998년에 외국인의 M&A와 부동산 취득 전면 허용을 포함한 외국인 투자를 완전 자유화하고, 외국인투자촉진법을 제정해 공식적으로 외국인 투자자들에게 조세 감면과 임대료 지원 등 여러 특혜를 제공한다. 뿐만 아니라 공적 자금 투입으로 사실상 국가 소유로 전환된 주요 기업들을 공적 자금 회수를 위해 '민영화'하는 과정에서 외국자본에게 헐값에 특혜 매각하기까지 했다.

그림 6.7은 한국 정부의 외국자본 유치 노력이 나름대로 '성공적'이었음을 보여준다. 그림은 두 개의 그래프로 구성되어 있다. 하나는 연간 외국자본의 유입으로, 직접투자와 포트폴리오 투자의 합을 나타내고, 다른 하나는 외국인 전체 소유 자산의 가치를 나타내는데, 여기에는 현금, 예금, 차입, 채권, 주식이 포함되어 있다. 외국자본 유입은 총고정자본 형성 대비로, 외국인 자산은 GDP 대비 비율로 표현했다. 1980년대에 총고정자본 형성 대비 평균 1.8퍼센트 수준이던 외국자본의 유입은 김영삼 정부가 세계화 선언을 발표한 이후 급격히 늘어나기 시작해, 금융위기 직전 해인 1996년에는 8.7퍼센트까지 증가했다. 그 후 완전 자유화되면서 규모는

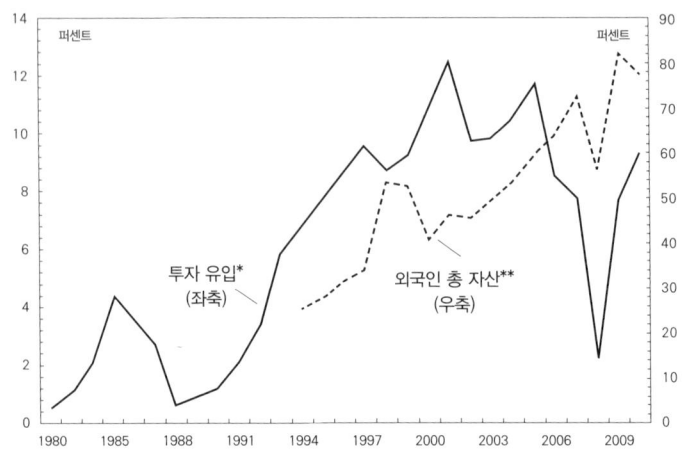

그림 6.7 외국인 투자의 급증

* 포트폴리오 투자와 직접투자 합계. 그래프는 전체 고정자본 형성 대비 외국인 투자 유입 비율로, 3년 이동평균값으로 나타냄.
** 비거주자의 현금, 예금, 대출, 채권, 주식의 합계. 그래프는 명목 GDP 대비 외국인 총자산 비율을 나타냄.
출처 : 한국은행.

더 커졌고, 2001년에는 12.5퍼센트에 이르렀다. 2008년 글로벌 금융위기가 터지기 이전까지만 보면, 2000년대에는 평균 10퍼센트를 기록해, 80년대보다 다섯 배 이상 규모가 커졌다. 지속적인 외국인 투자 유입의 결과, 외국인들이 국내에서 보유한 총자산의 가치도 지속적으로 증가했다. 1994년 GDP 대비 26퍼센트였던 외국인 소유 자산의 가치는 2009년 말에는 87퍼센트로 세 배 이상 증가했다.

외국인 투자가 대규모로 유입되면서 한국의 금융시장은 급속도로 팽창했다. 그림 6.8은 1990년대 초 외국인 투자자들에게 문호를 개방한 후 20년 동안 금융시장 규모의 변화를 나타낸 것이다. 먼저, 명목 GDP 대비 전체 상장기업의 시가총액으로 본 주식시장의 규모는 1991년 32퍼센트 수

그림 6.8 한국 금융시장의 급성장

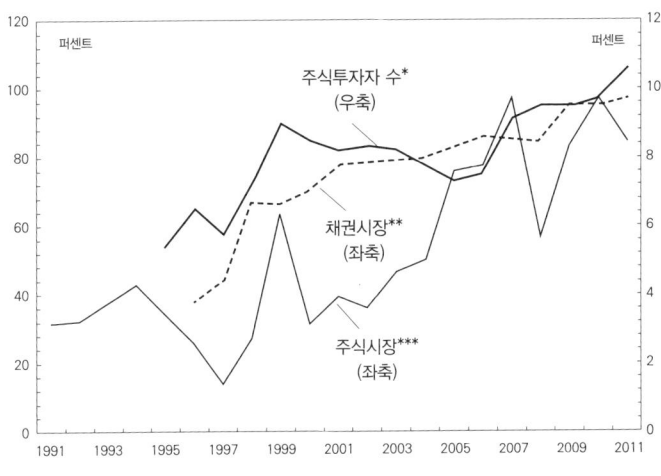

* 전체 인구 대비 주식 소유자 비율.
** 명목 GDP 대비 상장 채권의 가치 비율.
*** 명목 GDP 대비 상장 주식의 시가총액 비율.
출처: 한국은행; 한국거래소.

준에서 2011년 84퍼센트로 2.5배 이상 성장했다. 채권시장도 주식시장과 비슷한 성장 속도를 보였는데, 명목 GDP 대비 상장 채권의 총가치가 1996년 38퍼센트 수준에서 2011년 97퍼센트로 커졌다. 같은 기간 주식 거래를 하는 주체들의 수도 크게 늘어났다. 1995년에는 전체 인구 중 5.4 퍼센트가 직접 주식시장에 참여했는데, 2011년에 이 수치는 10.6퍼센트를 기록해 두 배가 되었다.

금융시장의 급격한 팽창이 한국에만 국한된 특이한 현상은 아니었다. 2000년대 들어 이러한 모습은 세계 여러 나라에서 공통적으로 나타났다. 세계적 차원에서, "외국인 수중에 있는 국가 채권의 비중이 1990년에 11퍼센트였으나 2006년에는 31퍼센트로 늘었고, 기업 채권의 경우에는 7퍼센트에서 21퍼센트로 증가했다"(Farrell et al. 2008, 73쪽). 같은 기간, 세계 GDP 대비 세계 금융자산[98]의 규모는 201퍼센트에서 350퍼센트로 높아졌다(Farrell et al. 2008, 10쪽). 이러한 세계적 추세를 보면, 한국 정치경제의 신자유주의적 구조조정은 우발적 위기의 결과가 아니라 지구적 질서 전환, 즉 세계화 과정의 일환이었음을 알 수 있다.

 권력자본론의 시각에서 세계화의 본성은 "권력의 자본화를 전 지구 차원에서 단일하게 실행하는 것"이다(Nitzan and Bichler 2009, 350쪽). 앞에서 언급한 것처럼, 자본주의 세계화의 물결은 새로운 넓이 지향 체제로의 전환을 의미한다. 이 체제는 중국을 위시한 이른바 BRICs에서는 높은 신규 산업투자라는 특성을 보임과 동시에 선진국에서는 초국적인 M&A 체제라는 특성을 보였다. 이를 통해 자본의 소유권이 국경을 넘어 통합되어왔으며, 동시에——2장의 애플 아이폰의 예에서 보았듯이——산업 생산도 한 국가 단위가 아니라 이른바 글로벌 가치사슬의 네트워크 속에서 실행되고 있다. 그렇다면 누가 어떻게 세계적 차원에서 생산과 재생산 과정을 '일사분란'하게 조직하고 있는가? 소유권에 대한 공간적 통합을 통해 하나로 융합된 초국적 부재소유자들 혹은 글로벌 지배자본이 바로 그들이다. 이들이 단일한 이념인 자본화——즉 모든 사회적 과정을 상품화하고 현재의 화폐가치로 환산할 수 있다는 생각——에 따라 세계 구석구석에서 (전자화된) 금융시장이라는 제도적 장치를 통해 지구의 자전 방향에 따라 24시간 지배하고 있다. 이것이 닛잔과 비클러(2002, 297쪽)가 말하는 초국적 축적이라는 단일한 지구적 거대기계이며, 이제 각국의 "국가기구들도 그 부품의 하나로 편입"돼버렸다.

---

[98] 여기에는 주식, 민간과 공공기관의 채권, 예금이 포함된다.

한국의 금융시장에서 외국인 투자가 급증하면서 규모가 급속히 팽창한 지난 10여 년간의 현상은 이러한 광범위한 지구적 질서 변화의 맥락 속에서 이해해야 한다. 사실 한국이 세계시장에 문호를 개방한 것은 최근의 일이 아니다. 1990년대가 아니라, 반세기 전에 이미 미국이 주도하는 세계 자본주의 체제에 편입되면서 개방은 시작되었다. 수출 주도 경제라는 특징이 이를 웅변할 뿐 아니라 산업화를 위해 필요한 자금 조달을 해외차입에 의존한 것도 이 사실을 뒷받침한다. 다만 1990년대까지 자본의 소유권을 외국인들에게 제한을 두어 허용함으로써 재벌 기업 창업주들이 '자립적인' 힘을 가질 수 있는 시간을 벌어준 셈이다. 예나 지금이나 지배자본의 차등적 축적은 세계 정치경제 환경에 의해 제약된다. 다만 과거에는 국가가 보호막을 쳐주었기에 외부적이고 간접적인 영향을 받았을 뿐이다.

1990년대 초부터 한국 기업들, 특히 핵심 비즈니스 그룹들의 국가적 정체성이 서서히 희석되기 시작했다. 2000년대 초에 이르면, 더 이상 지배자본의 국적을 한국이라고 규정하기가 힘든 상황에 이른다. 그림 6.9에서 볼 수 있듯이, 금융위기 직후인 1998년 한국 10대 재벌 그룹에 속한 기업들 중 상장기업의 경우 외국인 소유 지분이 30퍼센트나 됐다. 이전 데이터를 구할 수 없어 얼마나 급격하게 지배자본의 초국적화가 진행되었는지 파악할 수는 없지만, 한국 주식시장 전체의 외국인 소유 지분 상승 추이를 보고 유추할 수는 있다. 1991년 한국 시장 전체의 3.3퍼센트에 불과하던 외국인 지분 비율이 자본시장이 개방되면서 꾸준히 늘어나 1998년 19.6퍼센트로 증가했고, 이후 더 급격히 늘어나 최고조에 이른 2004년에는 42퍼센트를 넘어서기도 했다. 이는 외국인 지분이 매년 21.6퍼센트씩 증가했다는 사실을 보여준다. 외국인 투자가 대기업에 집중되는 것을 감안하면, 지배자본의 외국인 소유 비중은 이보다 더 빠른 속도로 증가했을

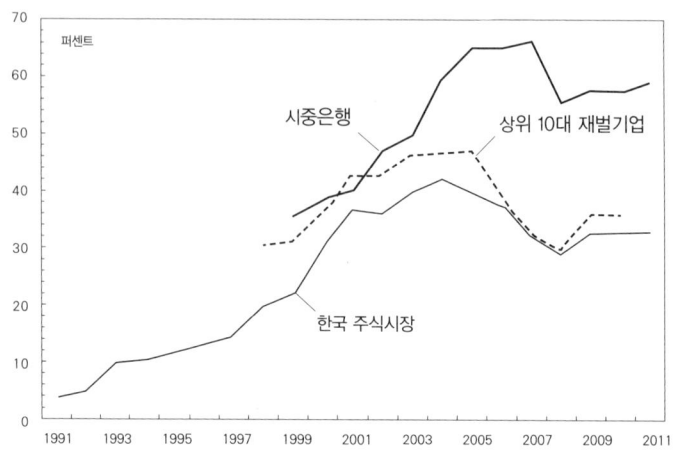

그림 6.9 외국인 지분 비중

출처: 금융감독원; 한국거래소; 김동환 2007.

것이다. 그래서 2005년에 10대 재벌 기업에 속한 상장사들의 외국인 소유 비중이 절정에 달했을 때는 47퍼센트에 육박했다. 최근(2010년)에는 그 비중이 좀 낮아져 35.8퍼센트를 차지하고 있다. 또 주목해야 할 것은 시중은행의 외국인 소유 비중이다. 그림에서 알 수 있듯이, 2011년을 기준으로 외국인 소유 비중이 60퍼센트에 달한다. 그나마 2007년 66.4퍼센트에서 다소 낮아진 수치다. 은행 부문의 높은 외국인 소유 비중은 '국가자본주의'에서 '시장자본주의'로의 이행을 상징적으로 보여준다. 1980년대 초까지만 해도 거의 모든 시중은행이 국가의 통제 아래 있었는데, 이제는 통째로 외국인 수중에 들어갔다고 해도 과언이 아니다.

한국 자본주의의 핵심인 재벌 그룹들과 시중은행의 높은 외국인 소유 비중은 무엇을 의미하는 것일까? 주식시장만을 놓고 보면, 10대 재벌과 시중은행의 시가총액이 시장 전체(코스피와 코스닥)의 60퍼센트를 넘어선다. 어떤 세력이 이 부분을 통제할 수 있다면, 한국 사회 전체를 지배하는 것과 다름없을 터이다. 정부의 주요 경제정책도 결국 이 핵심부의 요구에 맞춰 방향이 규정될 수밖에 없다. 그렇다면 한국 자본주의의 심장부를 통제하고 있는 세력은 누구인가? 이 세력을 규정할 수 있다고 가정하면, 이 세력의 정체성을 국가별로 확인할 수 있을까? 그리고 이 세력을 한국 재벌 대 외국자본이라는 대립틀로 구분할 수 있을까? 권력자본론의 시각에서 답하면, 지배적 자본가 개개인의 국적을 확인할 수는 있겠지만 사회정치적인 의미는 없다. 앞에서 언급한 것처럼, 그들은 자본화라는 글로벌 거대기계를 통제해 개별 국가가 아니라 세계 전체를 공동으로 지배하려는 것이다.

기득권 세력의 초국적 융합

한국의 핵심기업 집단에 대한 외국인 소유 비중이 높아지면서, 외국자본에 대한 강한 반발이 생겼다. 흥미롭게도, 외국자본에 대한 반대 운동을 한국 정치경제에 대한 지배적 통제권을 빼앗길지도 모르는 재벌들이 아니라 진보 진영이 주도하고 있다. 재벌 총수들은 오히려 미국 의회에 돈을 써가며, 로비를 통해 한미 FTA를 적극 실현시키려 노력했다. 1장에서 언급한 것처럼 대안연대라는 단체를 중심으로 재벌 기업을 외국자본으로부터 보호해야 한다는 캠페인이 펼쳐졌다. 이들은 외국의 투자자들이 배당 수익과 단기 투자차익 실현만을 원하며, 우리 국부를 유출하고 성장 동력은 약화시킬 것이라고 주장했다. 이들이 주장하는 것처럼 1997년 위기 이후 전반적으로 기업들의 배당 지급이 크게 늘었고, 외국인 투자자들은 엄청난 규모의 배당 수익을 본국으로 송금했다.

하지만, 이들은 동전의 한쪽 면만을 보았다. 최근에 펼쳐진 세계화는 자본과 투자가 일방향이 아닌 양방향으로 흐르거나 다면적 관계를 맺으며 실행되고 있다. 예를 들어, 한국으로 매년 유입되는 외국인 직접투자와 포트폴리오 투자가 1992년 70억 달러에서 2007년 320억 달러로 증가할 때, 한국의 해외 직접투자와 포트폴리오 투자 유출은 같은 기간 10억 달러에서 760억 달러로 늘어났다(한국은행). 또한 한국의 투자소득수지 계정이 2000년대 들어 나빠진 것이 아니라 향상되었다는 사실도 간과하고 있다. 자본계정 자유화가 한국의 '국익'을 증진시켰다는 말을 하려는 것이 아니다. 신자유주의 세계화로 물질적 조건이 변화해 이제 더 이상 '간국가체제inter-state system'라는 프레임으로 글로벌 정치경제 상황을 설명할 수 없게 되었다고 주장하는 것이다. 다시 말해, 지금도 계속되고 있는 소유권의 초국적화로 국익 자체를 정의하기가 힘들어졌다. 만약 국익의 관점이 아니라 차등적 자본의 축적이란 시각에서 세계화로 인한 혜택을 누가 입었는지를 파악한다면, 한국의 지배적 자본가들이 왜 자본이동의 자유화에 반대하지 않고 적극 찬성했는지를 쉽게 이해할 수 있을 것이다.

자본의 양방향 흐름

그림 6.10은 자본의 양방향 흐름이 최근에 펼쳐진 세계화의 기본 특성임을 보여주고 있다. 두 그래프는 BRICs를 포함한 서른네 개의 주요 신흥시장과 한국의 순자본 흐름——즉 유출에서 유입을 뺀 것——을 각각 표현한 것이다. 자본 항목에는 직접투자, 주식, 채권, 현금, 예금, 차입금, 외화준비금이 포함된다.[99] 상식적인 생각과는 다르게 신흥 경제국들은 자본을 수출하고 있었다. 신흥 경제국들은 2002년 350억 달러의 자본수출을 기록했

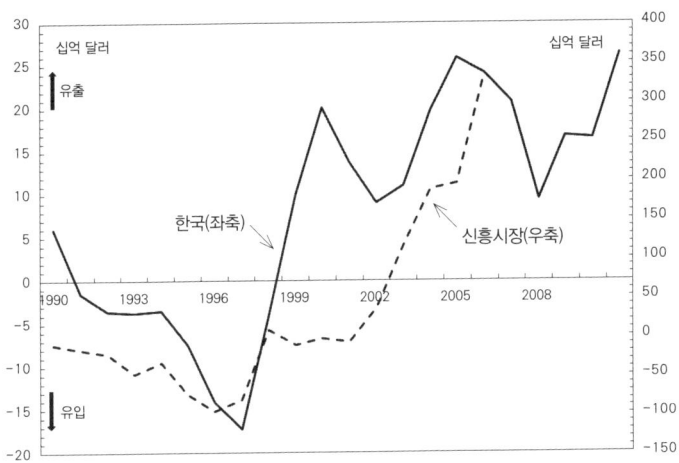

그림 6.10 순 자본 유출 : 자본 유출에서 자본 유입을 제한 값

자본에는 직접투자, 주식투자, 채권투자, 외환, 차입, 예금이 포함된다.
한국의 순 자본 유출 그래프는 3년 평균값으로 나타냈다.
출처 : 한국은행 ; Farrell et al. 2008.

는데 이후 급격히 규모를 늘려 2006년 자본수출액은 무려 3,320억 달러에 달했다. 한국의 경우에도 1997년 위기 이후 자본 수출국으로 전환하기 시작해 2000년대 들어 10년 동안 연평균 180억 달러의 자본 수출을 기록했다. 한국을 포함해 신흥 경제국들의 자본 수출에서 가장 큰 비중을 차지하는 것은 외화준비금이다. 원유 가격 상승과 수출 호조로 벌어들인 엄청난 규모의 외화를 다시 글로벌 자본시장——주로 미국의 재무성 채권——에 투입하고 있는 것이다. 예를 들어, 2006년에 주요 신흥 경제권의 자본 수출 중 외화준비금이 차지하는 비중을 보면, 중국 65퍼센트, 러시아 63퍼센트, 브라질 46퍼센트, 한국 35퍼센트였다(Farrell et al. 2006, 53쪽).

---

99 자료 출처는 McKinsey Global Institute(Farrell et al. 2008, 54쪽)로 각국의 순자본 흐름을 더한 값이다.

순 자본 유출이 늘어나면서, 한국의 투자소득수지에도 큰 변화가 생겼다. 그림 6.11의 세 그래프는 한국의 국제 투자소득수지와 이를 배당소득수지, 이자소득수지로 나누어 나타낸 것으로서 이러한 변화를 잘 보여주고 있다. 발전국가론을 옹호하는 학자들은 외국자본이 대거 유입됨으로써 한국 기업에 대한 외국인 소유 비중이 높아지고, 장기 산업투자에 관심이 없는 외국인 투자자들이 고배당을 통해 국부를 유출하고 있다고 주장한다. 외국인 투자자들의 배당소득이 크게 늘어난 것은 사실이다. 1980년대에는 연평균 1억 2,000만 달러, 1990년대에는 4억 7,000만 달러의 배당소득이 지급되었는데, 2000년대에 오면 52억 달러로 늘어난다. 90년대에 비해 열한 배, 80년대에 비해 마흔세 배 늘어난 규모이다. 그 결과, 한국의 순배당소득수지는 크게 악화되어, 2000년대에 연평균 34억 달러의 '국부 유출'이 있었다.

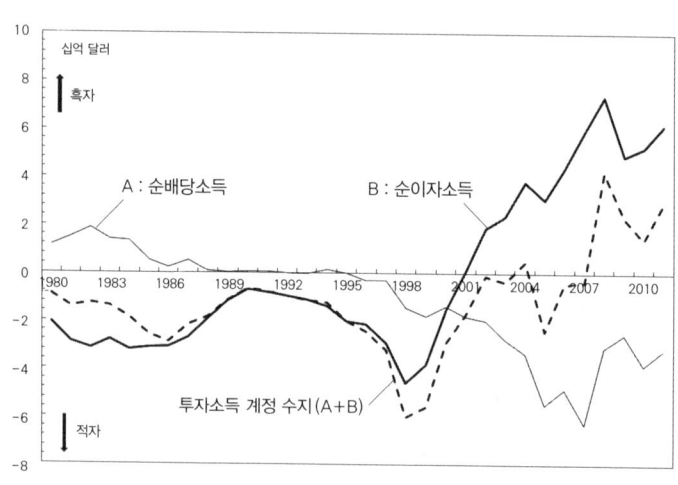

그림 6.11 한국의 국제 투자수익 수지

출처 : 한국은행.

하지만 투자소득계정수지를 종합해서 살펴보면, 이야기가 달라진다. 오히려 1997년 위기 이후 한국의 투자수지가 호전되었고, 만성 적자에서 흑자로 전환되기도 했다. 이자소득수지 계정의 커다란 흑자가 배당소득수지 계정의 적자를 상쇄하고도 남았기 때문이다. 2001년에 처음으로 5,900만 달러의 흑자를 기록한 순이자소득 계정은 이후 흑자가 급격히 늘어나 절정에 달했던 2008년에는 75억 달러에 이르렀다. 두 계정을 합하면, 1998년 순투자소득수지가 60억 달러 적자에서 꾸준히 호전되어 2008년에는 40억 달러 흑자로 바뀌었다. 그동안 외환보유고가 480억 달러에서 2,980억 달러(2011년 말 기준)로 늘어나 이러한 투자소득 계정의 변화에 가장 큰 영향을 미쳤다. 나가는 것만 보고 들어오는 것은 안 보면서 국부 유출을 말하는 것은 이치에 맞지 않는다.

이자소득에서 배당소득으로의 중심 이동

'국부 유출'이 증가했는지 확인하기 위해 다른 지표를 하나 더 살펴보자. 그림 6.12의 두 그래프 중 하나는 대표적인 국부 창출 지표로 쓰이는 GDP 대비 외국인 투자자들의 총소득을 상대적으로 나타낸 것이다. 다른 하나는 외국인 투자소득에서 배당소득이 차지하는 비중을 보여준다. 첫 번째 그래프에 따르면 이전 '국가자본주의 체제'에서 오히려 지금의 '자유시장 자본주의 체제'에서보다 국부가 더 '많이' 유출되었다는 사실이 드러난다. 1980년대 GDP 대비 외국인 투자소득의 10년 평균 비율이 3.5퍼센트로, 1990년대 1.1퍼센트, 2000년대 1.4퍼센트보다 두 배 이상 높았다. 앞에서도 언급했지만, 한국의 자본주의는 신자유주의 시대에 이르러 세계화된 것이 아니고, 이미 오래전부터 해외자본에 의존하여 성장해왔다. 다만 '국가자본주의'에서 '신자유주의'로 전환하는 과정의 가장 큰 특징인

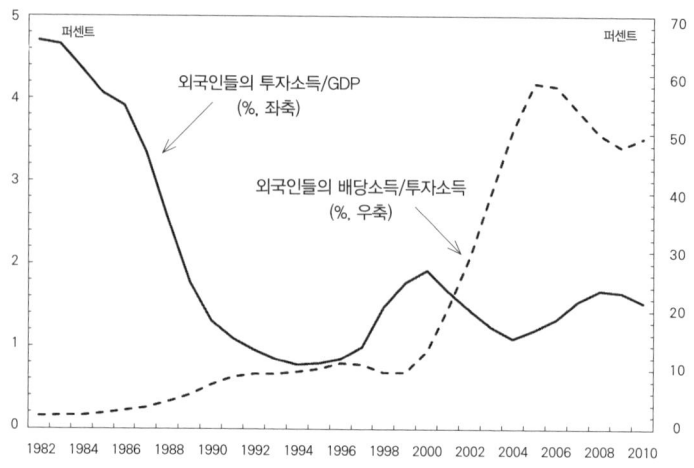

그림 6.12 외국인 투자소득 계정의 변화

모든 그래프는 3년 이동평균값으로 나타냄.
출처 : 한국은행.

소유권의 통합으로 인해 배당소득 형태의 투자소득이 상대적으로 크게 증가했을 뿐이다. 또 한 가지 요인이 있다면, 한국 기업들의 자본 구성 변화이다. 이전에는 높은 자기자본 대비 부채 비율이 특징이었는데, 지금은 미국 기업들보다 그 비율이 낮다. 당연히 이자 형태보다 배당 형태의 투자소득이 늘어날 수밖에 없다. 1980년대 평균을 보면, 외국인의 배당소득은 전체 투자소득에서 3.6퍼센트에 불과했다. 이후 서서히 증가하기 시작해 1990년대에는 9.9퍼센트로 높아졌고, 2000년대에는 45.8퍼센트로 급상승했다.

이러한 분석을 통해 신자유주의 세계화가 한국에 혜택을 가져다주었다고 주장하려는 것이 아니다. 국가 간 체제에서 도출된 '국익'이나 '민족 자본'이라는 개념을 중심에 둔 분석틀로는 더 이상 글로벌 정치경제 체제를 제대로 이해할 수 없기 때문에, 새로운 접근 방식이 필요하다는 점을 이야기하려는 것이다. 한국의 자본시장이 개방되면서 '금융 종속'이 심화되었는데 이는 특정 국가의 이익에 복무하는 일방적 의존 상태가 심화된 것이 아니다. 한국이 초국적인 차등적 자본축적 체제라는 글로벌 거대기계 체제의 일부로 편입된 것이다. 그 결과, 자본의 축적을 국가라는 기존 틀로 구획할 수 없게 되었다. "전 세계의 모든 사회와 사회집단이 다른 곳의 차등적 축적의 변화에 동조하고, 점점 더 비슷해지는 정상수익률의 변동에 함께 반응하게 되었다"(Nitzan and Bichler 2009, 326쪽). 예를 들어 미국 정부의 에너지 정책이나 대외 정책은 미국에 기반을 둔 기업과 미국인 소유자들뿐만 아니라 중동, 중국, 한국에 있는 기업들의 차등적 축적에 영향을 미치고, 투자자들의 소득에 영향을 미친다. 미국 정부나 EU 정부가 특허권이나 저작권의 보호를 강화하면, 애플 사나 마이크로소프트 사의 차등적 축적뿐만 아니라 삼성전자와 LG전자의 차등적 축적도 영향을 받는다. 그리고 한국 정부가 환율을 관리하여 삼성전자나 현대자동차 같은 수출산업 중심의 대기업의 매출을 도우면, 이윤이 한국의 '국익'으로 귀속되지 않고, 지분을 소유한 외국 투자자들과 초국적 청구권자들로 변신한 소수의 '한국인' 주주들의 이익으로 전환된다. 여기에 글로벌 분업 체계로 인해 발생하는 부가가치의 초국적 분배를 감안하면 문제는 더 복잡해진다.

핵심은 차등적 자본화

세계화의 본성은 자본화라는 차등적 축적 공식을 온 세상이 공유하고, 이 한 가지 원칙에 따라 사회가 재조직되는 것이다. 1997년 이후 한국의 지배적 자본가들은 글로벌 부재소유자의 구조에 자신들을 통합시키면서 자본화의 관점으로 사회를 재구성하려 했다.

그래서 한국 지배자본의 차등적 축적을 분석하면, 최근 우리가 겪은 사회변화의 본성을 이해하는 데 도움이 될 것이다. 그림 6.13은 자본계정의 자유화로 촉진된 한국 주식시장의 전반적인 팽창이 자본의 차등적 자본화와 동시에 진행되어왔음을 보여준다. 한국 주식시장의 팽창은 코스피 시장의 시가총액을 GDP에 대비하여 퍼센트로 표현했다. 주요 기업의 차등적 축적은 2011년 말 현재 시가총액 기준 상위 3사인 삼성전자, 현대자동차, 포스코의 평균 시가총액을 코스피 시장 평균 시가총액으로 나눈 것이다.

한국 GDP 대비 주식시장의 시가총액은 1970년대 후반 5년 평균 10퍼센트 수준에서 2000년대 말 5년 평균 78퍼센트로 여덟 배 정도 커졌다. 외국자본에 주식시장이 열리기 이전인 1980년대 중후반에도 주식시장에 호황이 찾아온 적이 있었다. 한창때인 1989년에는 시가총액이 GDP의 60퍼센트에 이르기도 했다. 이 시기 증시 호황은 5장에서 설명한 3저 호황에 기반을 둔 것으로, 정부가 기업공개와 상장 요건을 완화하면서 적극적으로 증시 활성화 정책을 펼친 덕분이었다. 1990년대에 들어서자 기업의 수익률이 떨어졌고, 시장가치가 하락하면서 1997년 위기로 대폭락을 맞는다. 이후 외국자본이 대거 유입되면서 시장이 다시 살아나 2010년 말 기준으로 한국 주식시장의 시가총액은 GDP 대비 100퍼센트에 육박했다. 1970년대 말에 비해 열 배로 커진 것이다.

이러한 주식시장의 급팽창을 이끈 것은 한국의 지배적 자본의 차등적 축적이었다. 2011년 말 현재 한국 주식시장의 시가총액 상위 3사인 삼성전자, 현대자동차, 포스코──3사가 주식시장 전체 시가총액에서 차지하는 비중은 2011년 말 현재 25퍼센트이다──의 1980년대 초 시가총액

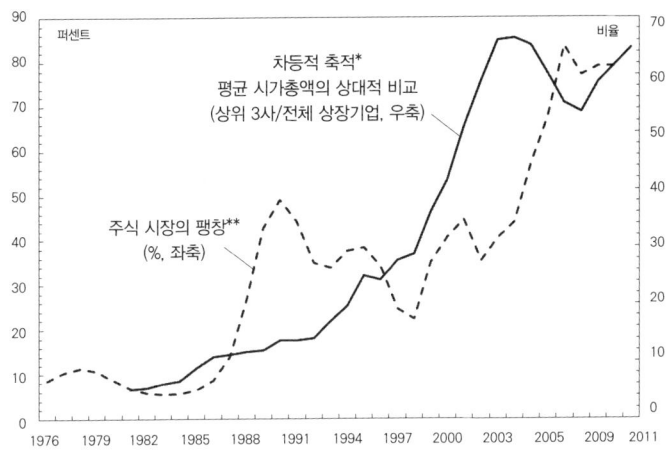

그림 6.13 한국 주식시장의 급격한 팽창과 차등적 축적

* 한국 주식시장에서 최상위 기업인 삼성전자, 현대자동차, 포스코의 시장가치와 코스피에 속한 상장사 평균 시장가치의 비율. 포스코는 1988년 상장되었다.
** GDP 대비 코스피 전체의 시장가치 변화.
모든 그래프는 3년 이동평균값.
출처 : 한국은행 ; 한국거래소 ; KIS-VALUE.

평균은 시장 전체 평균의 다섯 배 수준이었다. 1990년대 초에 외국자본에 증시가 개방되면서 이 수치가 급격히 증가하기 시작해 1995년에는 서른 배로 커졌고, 1997년 위기 이후에는 더욱더 급성장해 2009년 절정에 달했을 때는 일흔두 배에 이르렀다.[100] 이는 핵심 자본의 차등적 권력이 1980년대 초에 비해 열네 배 증가했다는 것을 의미한다.

30대 재벌 그룹들의 1997년 이전 시가총액 데이터를 찾을 수 없어 이들 전체의 차등적 자본화를 분석할 수는 없지만, 10대 재벌의 경우 어느 정도 분석할 수 있다. 그림 6.14의 두 그래프는 상위 10대 그룹의 차등적

---

100 그림에서는 3년 이동평균값으로 나타냈기 때문에 수치와 차이가 날 수 있다.

6장 포스트-1997, 한국 자본주의의 전환 **387**

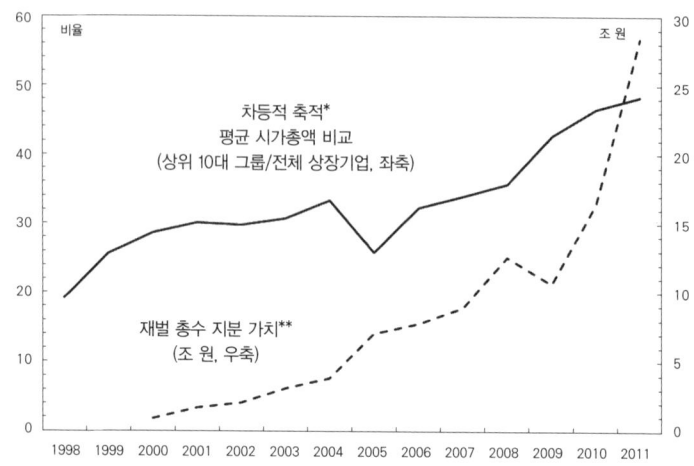

그림 6.14. 상위 10대 재벌의 차등적 축적

* 상위 10대 재벌 그룹에 속한 상장사의 평균 시장가치와 코스피 전체 평균 시장가치의 비율.
** 10대 재벌 총수가 보유한 주식의 시장가치 총액.
출처 : 한국은행 ; 한국거래소.

자본화와 10대 그룹 주요 주주가 보유한 주식가치 변화를 각각 나타낸 것으로, 금융 자유화와 자본시장 팽창의 본성이 차등적 축적에 있음을 확인하게 해준다. 이들 그룹의 차등적 자본화 —— 즉 평균 시장가치를 코스피에 속한 전체 기업 평균으로 나누는 방식으로 계산 —— 를 살펴보면, 1998년 시장 평균의 열아홉 배에서 2011년 마흔여덟 배로 높아졌다.[101] 이들 그룹의 시장가치가 시장 평균가치의 증가 속도보다 그만큼 더 빠르게 커졌음을 의미한다. 좀 더 구체적으로 이들 그룹의 시장가치 변동을 살펴보면, 금융위기 직후인 1998년 말 기준 10대 그룹 소속 상장기업의 총

---

101 10대 그룹에 속한 상장기업들의 평균 시가총액은 1998년 3조 5,000억 원, 2011년 63조 6,000억 원이었고, 전체 상장기업 평균은 1998년 184억 원, 2011년 1조 3,000억 원이었다.

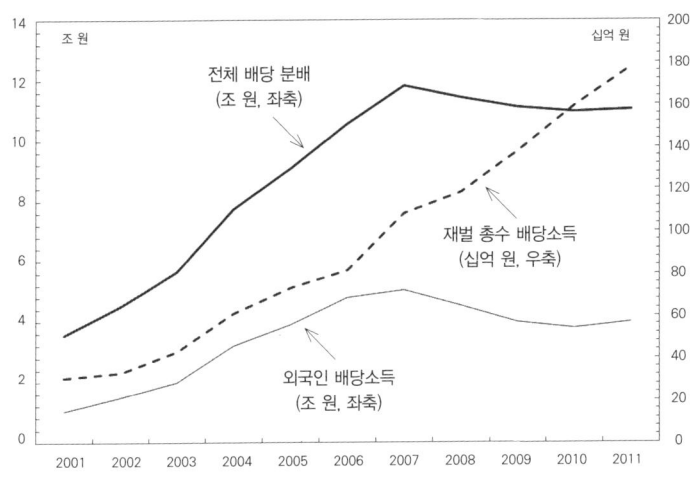

그림 6.15 기업소득의 분배

모든 그래프는 3년 이동평균값으로 나타냄.
출처: 한국거래소 ; 재벌닷컴(http://www.chaebul.com).

시장가치는 35조 원이었다. 이후 이들 그룹의 시장가치가 급속도로 높아지기 시작해 2007년에는 434조 원으로 높아졌고, 글로벌 금융위기 여파로 잠시 크게 하락하지만 다시 급상승해 2011년 4월 현재 636조 원을 넘어섰다. 그림에는 표시하지 않았지만, 이들 그룹의 시장가치가 주식시장 선제에서 차지하는 비중은 1998년 25.7퍼센트에서 2011년 4월 기준 59.3퍼센트로 높아졌다. 이렇게 지배적 자본의 차등적 축적이 확대되는 과정에서 가장 큰 혜택을 받은 사회세력의 하나는 창업자 가족들이다. 10대 그룹의 제1대 주주들이 보유한 주식의 총가치는 2000년에 9,370억 원이었는데, 2011년에는 28조 3,560억으로 서른 배가량 커졌다.

소유 지분의 가치가 상승했을 뿐만 아니라, 재벌 총수들은 포스트-1997 체제에서 엄청난 배당소득도 올렸다. 그림 6.15의 세 그래프는 2001년부터 2010년까지 10년 동안 코스피 시장에 상장된 12월 결산법인들의 총배당금, 그중 외국인에게 돌아간 몫, 그리고 한국 10대 재벌 총수들이 받은 배당금의 3년 평균값을 각각 나타낸 것이다. 배당금 총액은 2001년 약 3조 6,000억 원이었는데, 이후 꾸준히 상승해 글로벌 금융위기가 터지기 전 해인 2007년에는 이보다 세 배 이상 커진 12조 원에 육박했다. 글로벌 금융위기 여파로 다소 줄어들긴 했지만, 2011년 총 배당금은 11조 원으로 2001년의 세 배 수준을 유지했다. 외국인들의 배당금도 2001년 1조 원에서 2007년 5조 원으로 늘었고, 2011년에는 다소 줄었지만 약 4조 원을 기록해 총 배당금의 36퍼센트에 해당하는 몫을 차지했다. 재벌 그룹 총수들이 받은 배당금도 외국인들의 배당 증가와 궤를 같이했다. 2001년에 310억 원에서 2007년에는 1,080억 원으로 증가했고, 글로벌 금융위기에도 불구하고 지속적으로 상승해 2011년에는 1,780억 원을 기록해 2001년에 비해 거의 여섯 배 수준으로 배당금 수령 규모가 커졌다.

2000년대 들어 외국인 자본의 유입이 급격히 늘고 이들 외국인 주주들이 상장회사들의 배당금 증가를 주도했지만, 이것이 발전국가론이 주장하듯 국내 산업자본과 외국자본을 구분하는 본질적인 기준은 되지 못한다. 외국자본뿐만 아니라 국내의 지배적 자본가들도 주가 상승과 배당수익에 똑같이 관심이 많다. 그리고 1997년 이후에 이전과 비교해서 배당의 상대적 액수가 더 늘어난 것도 아니다. 그림 6.16은 제조업 분야 대기업들의 배당 성향과 시가배당률(혹은 배당수익률)을 나타낸 것이다. 배당 성향은 기업들이 올린 순이윤에서 배당이 차지하는 비율을 가리키고, 시가배당률은 (1주당) 주식 가치에 대한 (1주당) 배당금의 비율을 말한다. 1980년대 10년 평균 배당 성향은 32퍼센트였는데 1990년대에는 24퍼센트, 2000년대에는 19퍼센트로 크게 하락했다. 5.5퍼센트였던 1980년대

10년 평균 시가배당률도 2000년대에는 1.9퍼센트로 떨어졌다. 이러한 결과는 2000년대 들어 배당금이 크게 증가한 이유가 외국인 투자자와 국내 투자자의 본성이 달라서가 아니라 기업의 순이윤 증가와 시장가치, 즉 자본화의 증가 때문이라는 사실을 말해준다.

지금까지 살펴본 바에 따르면, 발전국가론이 말하는 '생산적인 국내 산업자본'과 '투기적인 외국 금융자본'이라는 이분법은 설득력이 없는 것으로 판단된다. 애초부터 '생산적인 자본'이라는 개념을 정의하기도 어렵고, 현실에서 자본을 그 범주에 따라 분류할 수도 없다. 베블런의 말처럼 "자본은 언제나 그리고 오로지 금융일 뿐"이다. 다시 말해, 자본의 본성은 사회적 과정에 대한 지배력을 금전적으로 수량화하여 표현하는 것으로서 신자유주의 체제에서뿐만 아니라 모든 형태의 자본주의에서 금융화가 진

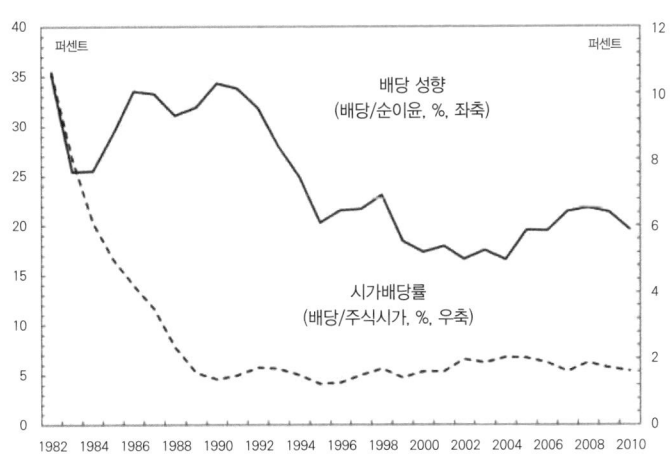

그림 6.16 제조업 분야의 배당액 변화에 대한 상대 평가

모든 그래프는 3년 이동평균값으로 나타냄.
출처 : 한국은행.

행되어왔다. 주식이라는 자본 소유 형태에 중점을 둘 것인가 아니면 채권이라는 형태에 중심을 둘 것인가, 이는 주어진 상황에서 위험률과 수익에 대한 전망의 함수에서 결정될 뿐이다.

또 한 가지 주목해야 할 것은 자본가들 간의 합종연횡이다. 자본의 이윤과 축적은 사회적 생산 전체에 대한 전략적 사보타주와 자본가들 사이의 밀침과 당김을 의미하는 차등적 사보타주의 산물이다. 자본가들은 항상 사회적 과정에서 더 중요한 위치를 점유하기 위해 서로 경쟁하고, 때로는 연합하여 다른 자본가들에게 대항한다. 이러한 합종연횡이 꼭 국적을 따라 형성된다는 법은 없다. 신자유주의 세계화는 국경을 넘어 소유권을 통합함으로써 각국의 기득권 세력을 하나의 초국적 부재소유자로 융합해 냈다. 2000년대에 (절대 액수로) 급격히 늘어난 배당소득 지급은 '금융자본'과 '산업자본'의 본성이 다른 탓이라기보다는 지배적 자본의 차등적 축적이 엄청나게 증가하고 기업 소유권이 초국적화된 결과이다. 이번 절에서 살펴본 한국 지배자본의 차등적 자본화, 재벌 총수들의 지분가치와 배당소득의 어마어마한 증가는 왜 재벌 총수들이 자신들의 경영권을 '위협할' 수도 있는 자본시장 자유화를 그렇게 열렬히 지지하는지 설명해준다. 재벌 총수들은 자신들의 사회적 권력을 화폐가치로 수량화하는 자본화 메커니즘을 수용함으로써 글로벌 거대기계의 사령탑을 장악하고 있는 지배적 부재소유자들의 구조 속으로 자신을 편입시킨 것이다.

자유시장, 국가, 그리고 사회양극화

한국의 금융시장이 급속히 팽창함에 따라, 이른바 시장의 규율이 한국 사회 구석구석에 퍼져나갔다. 이제는 거의 모든 생산과 재생산 과정이 시장 메커니즘을 통해서 이루어진다고 해도 과언이 아니다. 시장의 규율은 '적자생존'의 법칙을 전제한 것으로서, 자유시장의 원리가 확산되면서 사회집단들 사이에 부와 권력의 불균등한 배분도 함께 심화되었다. 국가는 더 이상 시장과 대립되는 권력 양식이 아니며, 시장의 규율을 확산하고 강제하는 역할을 한다. 한국 정부도 1997년 위기 이후 사회적 부와 권력의 상향 재분배에 앞장서왔으며, 한국 정치경제의 이중 구조를 고착하고, 노동 내부의 분화도 촉진시켰다. 위기 이후 정부는 160조 원가량의 채권을 발행해 구제금융을 실시함으로써 대기업과 금융권의 부채를 사회화했다. 그리고 자본시장 자유화, 탈규제, 노동 유연화 등을 급진적으로 실행하면서 신자유주의 구조 개혁을 주도했다. 신자유주의를 외부 압력의 결과로 보는 시각은 국가 관료들의 세계관이 변해온 과정을 간과한 것이다.

앞에서 살펴본 것처럼, 포스트-1997 구조 개혁은 지배자본의 차등적 축적의 확대로 이어졌다. "차등적 축적이 지속된다는 것은 상품화된 권력이 점점 더 응집된 자본의 손에 집중된다는 것을 의미한다"(Nitzan and Bichler 2009, 327쪽). 차등적 축적은 주도적인 자본가 그룹이 여타 사회집단의 저항을 뚫고 자신들이 원하는 방향으로 사회를 변화시켜가는 과정을 표현한다. 자본축적 과정에는 임금인상 억제, 납품단가 인하, 가격 담합, 분식회계, 광고를 통한 소비자들의 욕망 규정 등 통상 기업의 경영 활동으로 분류되는 행위뿐만 아니라, 공공정책의 변화, 경찰력과 행정력 동원, 그리고 국가 간 협약이나 전쟁 등 이윤의 흐름에 영향을 미칠 수 있는 다양한 제도의 운영들이 포괄된다. 즉 축적의 과정은 끊임없는 권력관계의 변화와 권력의 본질적인 변화를 초래하기도 한다. 1997년 위기 이후 초국적화된 지배자본은 시장 원칙의 강화라는 명목으로 국가로 하여금 자신들의 사회적 지배력을 강화하는 방향으로 제도를 개혁하게 했다. 이런 시도는 성공했으며, 전반적인 부와 권력이 상향 재분배되었다.

시장 메커니즘과 양극화

정책 입안자들은 시장 원칙을 강화함으로써 국가의 인위적 시장 개입을 막고 경쟁을 강화하면, 더 효율적인 배분 체계와 공정한 분배 체계가 확립될 거라고 주장했다. 이것이 신자유주의 개혁의 정당성을 설파하는 논리였다. 하지만 현실은 그들의 주장과 반대 방향으로 움직였다. 지금까지 살펴본 것처럼, 시장 개혁은 초국적화된 지배자본의 손에 부와 권력을 집중시켰다. 지배적 자본과 여타 자본 사이에 존재하는 상대적 축적의 간극은 점점 커졌고, 사회 전반적으로 소득 불평등은 지속적으로 심화되었다.

그림 6.17은 신자유주의 개혁이 추진되기 시작한 1990년대 초부터 최근까지 소득 불평등이 지속적으로 심화되었음을 보여준다. 그림은 지니계수와 소득 계층 상위 20퍼센트와 하위 20퍼센트를 비교한 5분위 배수로 구성되어 있다. 두 시리즈 모두 도시 2인 이상 비농가의 시장 소득을 대상으로 한 통계에 기초했다. 1990년대 초반 5년간의 평균 지니계수는 0.258이었는데, 2000년대 후반에는 0.312로 높아졌다. 지니계수가 20퍼센트 상승한 것이다. 같은 기간 5분위 배율은 3.8배에서 5.7배로 증가했다. 이는 상위 20퍼센트와 하위 20퍼센트의 소득 격차가 50퍼센트 더 벌어졌음을 의미한다.

권력자본론의 시각에서 보면, 신자유주의 개혁을 통한 시장의 원칙 강화가 소득 불평등이나 기업 간 격차의 심화를 초래하는 것은 '자연스러운' 귀결이다. 시장이 권력의 메커니즘이기 때문이다. 자율조정시장이란 애당초 존재하지 않는다. 2장과 3장에서 설명했듯이, 가격은 효용이나 생산

그림 6.17 사회적 불평등의 심화

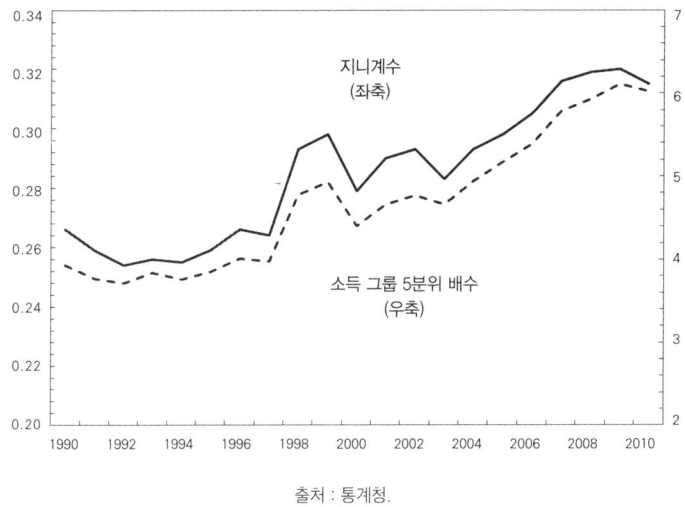

출처: 통계청.

성 등 이미 결정된 물질적 가치의 현상적 표현이 아니며, 시장은 주류 경제학 교과서에서 말하듯 무수히 많은 참여자와 형평성 있는 정보의 공유로 모든 주체들을 가격 수용자로 만드는 중립적 메커니즘도 아니다. 현실에서 시장은 진입장벽, 특허권 및 저작권 같은 기술의 사용 제한, 가격 카르텔·담합·약탈적 가격책정 등 상호 사보타주 행위가 만연해 있다. 가격은 자율적 조정 메커니즘에 의해 공정하게 결정되는 것이 아니라, 이러한 사보타주의 힘이 상대 평가됨으로써 결정된다.

좀 더 자세히 말하면, 시장은 자본이 사회적 과정 전반에 행사하는 전략적 사보타주와 자본 간 상호 배제의 싸움을 차등적인 화폐 수량으로 평가하는 메커니즘이다. 이 메커니즘은 두 가지 상이한 방향의 힘의 지배를 받는다. 하나는 자본 대 여타 사회집단 전체의 싸움을 이끌며 사회 전체를 자본주의적 원칙에 점점 더 종속시키는 원심력이다. 이 힘은 역사적으로 다양한 사회관계를 상품화하면서, 권력을 서서히 거래 가능한 형태로 전환시켜왔다. 그러나 자본의 원심력은 무한경쟁과 과도한 생산으로 이어져(그림 6.1의 X축 맨 우측의 상황), 자본축적에 악영향을 미칠 수 있다. 자본은 이러한 자기 파괴적 경향을 상쇄하기 위해 구심력 운동을 전개한다. 예를 들어, 19세기 말에서 20세기 초에 서구에서 등장한 카르텔, 신디케이트, 트러스트, 법인이라 불리는 소유주 연합 자본은 이전의 강력한 원심력에 대한 반동으로 생긴 구심력 운동의 결과로 볼 수 있다. 그 후로도 자본의 원심력과 구심력의 양방향 운동이 강력히 펼쳐지면서, 한편으로는 이전에 비자본주의적 사회체제를 유지해왔던 세계 구석구석을 모두 자본주의적 사회관계로 전환시키고, 다른 한편으로는 콘체른·복합기업·재벌 등의 형태로 자본의 집중과 집적을 더욱 강화해왔다. 더 나아가 국가와 상호작용하면서 국가의 운영 원리를 자본화 공식에 종속시켜왔고, 국가의 점점 더 많은 활동이 자본축적의 일부로 할인되어 표현되어 왔다.

  개발독재 시대에 신규 산업투자 중심의 넓이 지향 체제의 급속한 팽창과 더불어 재벌이 형성된 사실은 시장의 원심력과 구심력이 상호작용한 한 가지 사례로 볼 수 있다. 오랜 기간을 거쳐 이러한 원심력과 구심력 운동이 함께 진행되면서, 시장 메커니즘은 이중 정치경제를 사회적으로 구조화했다. 그 핵심에는 거대한 지배자본과 조직된 노동이 자리 잡고 있고, 주변에는 다수를 차지하지만 '중심부'에 종속된 중소기업군들과 조직되지 못한 노동이 있다. 후자의 영역은 '자유경쟁'의 원리가 지배하며, 이 영역의 주체들은 소위 가격 수용자의 지위를 강요받는다. 반면, 전자의 영역은 독과점의 원리가 지배하며, 이곳의 주체들은 가격 결정자의 지위를 차지한다. 물론, 중심부에 속한 조직 노동을 지배자본과 똑같이 취급하는 것은 옳지 않다는 점을 밝혀둔다. 중심부의 조직 노동도 지배적 자본이 차등적 축적을 위해 행사하는 '분할 지배divide and rule' 전략의 결과물일 뿐이다. 다만 조직 노동은 자본의 이윤 흐름에 '사보타주'를 가할 수 있는 힘을 주변부 노동에 비해 상대적으로 많이 가지고 있어, 중심부 지배자본의 양보를 더 많이 얻어낼 수 있을 뿐이다. 1997년 이전에도 이러한 분화가 나타나긴 했지만, 포스트-1997 신자유주의 개혁으로 그 간격이 더 벌어졌다. 대기업과 중소기업 간의 비대칭 관계가 심화됨과 동시에, 노동계급 내부에서의 소득과 지위, 사회적 차이가 더 심하게 분화되었다.

국가와 이중 정치경제

1997년 위기 이후, 대기업에 부품을 공급하는 하청 중소기업들의 원성이 점점 더 커져왔다. 대기업이 납품단가를 너무 낮게 매길 것을 강요하고, 고의적으로 대금 지급을 유예하며, 불공정한 거래와 요구 조건을 강요한다는 내용이다. 한 예로 공정거래위원회는 2012년 5월에 삼성전자가 부품 구매 계약을 불법적으로 취소하는 관행을 지속하고 있다며, 일부 사안에 대해 고발 조치를 취했다. 공정거래위원회에 따르면 2008년 1월부터 2010년 11월까지 삼성전자는 총 2만 8,000건의 구매 계약을 부당하게 취소했다. 대부분의 경우 이미 납품할 부품들이 만들어져 있었다고 한다. 이런 경우 투입된 비용은 중소기업의 피해로 고스란히 남게 된다. 대기업과 중소기업 간의 부당한 거래 관행이 너무 심해, 심지어 이명박 같은 친재벌 대통령까지도 불공정한 거래를 바로잡고 동반성장을 도모하겠다고 나서야 했다.

그런데 이런 상황을 만든 주체가 바로 국가가 아닌가? 문제를 만든 당사자가 해결사가 되겠다고 하니 그리 믿음이 가진 않는다. 국가의 지원이 없었다면 지배적 자본이 기하급수적 수익을 올리고 성장할 수 없었으며, 독과점적 지위를 점하기도 쉽지 않았을 것이다. 개발독재 체제하에서 아직 충분히 성숙하지 않았던 한국의 지배적 자본은 우대 환율, 우대 금리 대출, 수출 보조금, 조세 지원, 보호주의, 미국과 일본과의 외교관계, 반공 이데올로기 등 이루 다 열거할 수 없는 갖가지 도움을 국가로부터 제공받았다. 지배자본은 수혜의 대가로 정치자금을 제공하고, 급속도의 산업화를 주도하면서 독재 정권의 지배에 '정당성'을 부여했다. 소위 낙수효과를 통해 자유의 박탈로 인한 정치적 불만을 상쇄하는 효과를 제공한 것이다.

신자유주의 옹호론자들은 국가와 시장의 '분리'를 강하게 주장하지만, 신자유주의 체제에서 정부의 '개입'이 줄어든 것도 아니다. 정부가 기업의 투자 계획에 직접 간섭하는 일은 없어졌지만, 과거 발전국가 때와 마찬가지로 재벌 기업들에 여러 형태의 세금 감면과 금융 지원 혜택을 제공하고 있으며, 경찰력과 사법권을 동원해 자본의 노조 탄압을 지원하고 있다. 다른 한편, 재벌 경영자들이 배임·횡령·탈세 등으로 기소되지만 수감되지 않고 모두 풀려난다. 그들은 '사회봉사 활동'으로 죗값을 치르곤 한다. 재벌닷컴에 따르면, 1990년에서 2011년까지 20여 년 동안 10대 재벌 그룹의 총수 일곱 명이 받은 유죄 형량은 총 22년 6개월이었는데, 아무도 감옥에 갇혀 있지 않았다고 한다.

이제 지배자본에 대한 국가의 지원 형식은 과거에 비해 간접적인 형태로 바뀌었다. 다시 말해, 과거에는 우대 환율, 우대 금리 대출, 수출 보조금 등의 방식으로 국가가 개별 기업을 직접 지원했지만, 이제는 전반적인 제도 변화를 이끌면서 지배적 자본에 차등적으로 혜택을 주는 방식을 취한다. 대표적인 예가 감세 정책이다. 2000년대 들어 소득 불평등이 지속적으로 심화되었음에도 이명박 정부는 2008년에 정권을 잡자마자 대대적인 감세 정책을 단행했다. 조세 제도 '합리화'와 경기부양 효과를 명목으로 내세워 소득세와 법인세를 비롯해 각종 세금의 세율을 낮추기로 결정했다. 감세 규모는 2008년 세입을 기준으로 5년간 약 89조 원에 달할 것으로 추정되었다(이영환 외 2009). 이는 2009년 조세수입 160조 원의 절반이 넘는 금액이다.

정책 입안자들은 법인세를 내리면 그만큼 기업이 생산에 재투자할 수 있어 경제가 활성화되고, 소득세를 내리면 서민층의 실질소득이 늘어나고 소비가 진작되는 효과가 나타난다고 주장한다. 경제학 교과서에 나와 있는 대로 옳고 있는 것이다. 이 주장은 오래전부터 찬반 논쟁을 불러일으켰지만, 양측의 주장은 계속 평행선을 달리고 있다. 어느 쪽도 감세의 경제 부양 효과를 증명하거나 부정하기가 쉽지 않지만, 중요한 것은 문제의 본질이 따로 있다는 점이다. 감세 정책의 목적은 부의 상향 재분배이다. 이는 당연한 귀결이다. 같은 비율로 상이한 소득계층의 세금을 인하하면, 소득이 높은 층위가 더 많은 감세 혜택을 받을 수밖에 없다. 실제로 기업의 상위 0.2퍼센트가 감세 혜택의 65퍼센트를 차지한다는 분석 결과가 나와 있다(조승수 2011).

전반적인 조세 인하 정책이 시행되기 전에도 재벌 기업들을 위한 차등적 조세 감면 정책이 유지되어왔다. 한국 정부는 오래전부터 기업의 투자 촉진을 구실로 '임시 투자 세액공제' 제도와 '연구개발 세액공제' 제도를 시행해왔다. 1982년부터 시행된 임시 투자 세액공제 제도는 임시라는 말이 무색하게 중간 휴지기를 거쳐 현재까지 연장 시행되고 있다. 이에 따라 기업은 사업용 자산에 해당하는 시설을 새로이 취득하기 위해 투자하면, 투자 금액의 최대 10퍼센트까지 세액공제 혜택을 받을 수 있다. 연구개발 세액공제 제도는 1960년대부터 시행된 제도로서 연구개발 시설 투자에 대해서는 10퍼센트까지 세액공제를 받을 수 있도록 했다. 관세청장을 지낸 윤영선의 박사학위 논문에 따르면(2011), 2009년 기준 국내 상위 10대 기업이 이 두 제도를 통해 돌려받은 세금 감면 액수는 1조 7,665억 원으로 총 감면 액수 3조 6,350억 원의 50퍼센트에 육박한다. 그중 가장 큰 혜택을 받은 기업은 삼성전자로서 2009년 이 두 제도의 혜택으로 감면받은 세금의 규모가 8,261억 원으로 실제로 납부한 법인세 1조 924억 원의 79퍼센트에 해당하는 금액이었다. 2009년뿐만 아니라, 삼성전자는 2000년대 내내 엄청난 감세 혜택을 입어 기업 전체의 평균 실효 법인세율보다 낮은 세율을 적용받았다(그림 6.18 참조). 여기서 실효 법인세율은 기업이 실제로 낸 법인세를 세전 이익으로 나눈 것이다. 연구개발 세액공제와 임시 투자 세액공제 등의 제도적 혜택 덕분에 2001부터 2010년까지 10년 동안 삼성의 평균 법인세율은 14.1퍼센트에 불과했다. 세금 혜택이 없었

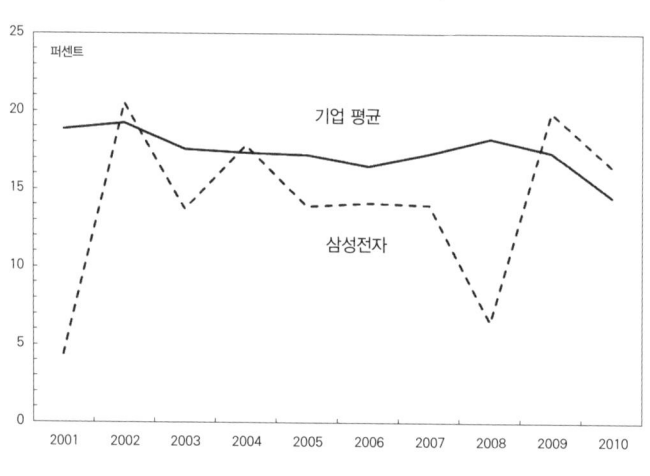

그림 6.18 실효 법인세율 비교

출처 : 국세청 ; KIS-VALUE.

다면, 삼성전자는 25퍼센트의 법인세율을 적용받아야 할 기업이다. 같은 기간 기업 전체의 평균값은 17.4퍼센트로 삼성전자에 비해 3퍼센트 이상 높았다. 특히 2001년과 2008년에는 삼성이 실제로 납부한 세금이 법인세 전 이윤의 4.4퍼센트, 6.5퍼센트로 세금을 거의 내지 않았다고 해도 과언이 아닐 정도였다.

한국 정부가 외환시장에 간접 개입해 '적정 환율'을 유지하는 정책도 잘 알려진 지배자본 지원책 중 하나이다. 1997년에 완전 변동환율 체제로 전환했지만, 재벌 기업들의 국제적인 가격 경쟁력 유지를 돕기 위해 환율이 적정한 범위 내에 머물 수 있도록 정부가 외환시장에 개입해왔다. 대표적인 메커니즘이 외국환평형기금이다. 주로 달러 표시 채권을 발행하여 자금을 마련하고, 그 돈으로 외환시장에서 매매를 통해 환율을 조정한다.

표 6.1은 외국환평형기금 운영 상황을 요약한 것이다. 2002년부터 2006년까지 연간 손실액이 평균 5조 원에 달했고, 2006년 누적 손실액은 26조 원을 넘어섰다. 정부의 외환시장 개입으로 수출 대기업이 얼마나 이익을 누리고 있는지 계산할 수는 없지만, 국민들이 지불하는 사회적 비용으로 수출 대기업이 차등적 이윤과 자본축적을 확대하고 있다는 것은 명확하다.

표 6.1 외국환평형기금 재무 상황(단위 : 십억 원)

	2002	2003	2004	2005	2006
순 손실	-1,790	-382	-12,569	-3,449	-7,182
누적 손실	-2,453	-2,835	-15,403	-18,852	-26,035

출처 : 국회 예산처 2007, 2008년 예산 분석, 97쪽, 표 2.

지난 20여 년 동안 한국 사회가 겪은 '거대한 전환'의 핵심은 국가의 간섭 배제나 국가권력의 약화가 아니라, 자본화 메커니즘을 통해 간접적으로 국가권력을 사유화하는 것이다. 구체제에서는 '국민경제의 대외 경쟁력 제고'라는 슬로건 아래 특정 산업에 대한 진입 허가와 진입장벽 설치, 파산한 기업에 대한 인수합병, 국영기업의 사유화 등의 과정을 국가기구가 직접 나서서 매개했다. 그런데 이제는 증권시장과 금융기관들이 이런 역할을 수행한다. 자산·금융 시장이 활성화되면서, 제도와 사회적 역학 관계의 변화가 자본의 차등적 축적으로 즉각 수량화될 수 있는 체계가 확립되었다. 국가권력은 조세권부터 시작해 군비, 사유재산권, 각종 보조금, 교육, 산업정책, 관세, 특허권, 저작권 등을 통해 더욱더 자본의 이윤과 위험도에 영향을 미치게 되었고, 이러한 영역의 제도적 변화들은 기업의 주식과 채권 가격으로 할인되어 자본화되어왔다. 그 결과, 국정 운영이 금융지표들의 변화에 점점 더 깊이 종속되는 결과를 낳았고, 결국 국가권력이 실질적으로 소수 지배자본의 손에 좌지우지되는 상황으로 이어졌다.

노동계급 내의 양극화

지배자본의 차등적 축적이 주도한 사회양극화는 노동계급 내부의 분화도 촉진했다. 노동의 분화는 지배자본이 직접 관리하는 생산 영역과 그 밖의 영역이 공간적으로 구조화되면서 만들어진 이중 정치경제 체제에 기인한다. 재벌 대기업과 중소기업의 차이는 1997년 위기 이전에도 존재했지만, 조직 노동자와 비조직 노동자 혹은 정규직 노동자와 비정규직 노동자 간 차이의 확대는 위기 이후 새로운 사회적 이슈로 부각되었다. 1997년 위기는 아이러니하게도 파산 문턱까지 갔던 지배자본의 힘이 오히려 강화되는 계기가 되었다. 1987년 민주화 항쟁 이후 지배자본은 조직 노동자의 저항으로 이전에 누렸던 노동자들의 순종적 태도를 더 이상 기대할 수 없었다. 1997년 위기 이후 구조조정을 빌미로 대량 해고의 권한을 얻은 지배적 자본은 경영 합리화 또는 산업 효율성 제고라는 명분으로 아웃소싱을 늘리고, 원청 비정규직뿐만 아니라 하도급 및 파견 형식의 유연노동 비율을 높여왔다. 지배적 자본의 아웃소싱 전략은 비용 절감의 생산 체인을 형성하며 다단계 하청 구조를 발전시켰다. 다단계 하청구조와 결합된 유연노동 전략은 노동의 분화를 가속화하여, 상층에 노조 조직률이 높고 상대적으로 높은 임금을 받는 대기업 정규직 노동자들이 자리 잡고, 하층에 사내 하청 파견 노동자를 포함하는 조직되지 않은 저임금 비정규직 노동자들이 자리 잡는 노동 내 양극화로 이어졌다. 이를 통해 지배적 자본은 비용 절감 효과를 누릴 뿐만 아니라 노동자들을 효율적으로 분할 지배할 수 있게 되었다.

표 6.2는 노동부가 비정규직 비율이 최고조에 이르렀던 2003년에 한국의 주력 산업군인 철강, 조선, 화학, 자동차, 전자, IT 업종을 대상으로 실시한 사업체 근로실태 조사를 참조하여 하도급-고용 형태별 노조가입률, 시간당 임금, 월 임금 총액을 정리한 것이다. 2003년 기준, 원청업체 정규직 노동자들의 노조가입률은 28.7퍼센트로 전국 평균인 11퍼센트보다 세 배 가까이 높았고, 하청업체 정규직 노동자의 노조가입률은 평균보다 약간 높은 15.7퍼센트였다. 반면, 원청과 하청을 막론하고, 비정규직과 간접고용 노동자들의 경우 노조가입률이 제로와 다름없었다. 고용 형태별 노조가입 비율의 차이는 심각한 임금격차로 이어졌다. 원청-정규직 노동자들의 시간당 평균임금은 1만 4,000원인 데 반해, 비정규직 노동자 평균임금은 8,703원, 간접고용 노동자 평균임금은 5,713원으로 같은 공간에서 일을 하지만 임금은 각각 62퍼센트, 41퍼센트 수준에 머물렀다.

표 6.2 노동계급의 양극화

하도급 구분	고용 형태	노조가입률 (퍼센트)	시간당 임금 (원/시간)	임금 총액 (천원/월)
원청	정규직	28.7	14,001	2,774
	비정규직	0.1	8,703	1,565
	간접고용	0	5,713	1,377
하청	정규직	15.7	9,512	1,908
	비정규직	2.6	6,290	1,313
	간접고용	0.2	6,147	1,061

출처 : 노동부, 〈사업체 근로실태 조사 2003〉(한국노동연구원 2004에서 재인용).

임금총액을 봐도 비정규직과 간접고용 노동자의 경우 각각 정규직의 57퍼센트와 50퍼센트 수준에 불과했다. 원청-하청 기업에 속한 노동자들 간의 임금격차도 심했다. 하청 정규직 노동자들의 시간당 평균임금은 9,512원으로 원청-정규직의 68퍼센트 수준이었다. 반면, 원청과 하청 기업에 속한 비정규직과 간접고용 노동자들 사이의 차이는 크지 않은 것으로 나타났다. 이런 통계 결과를 보면, 1997년 위기 이후 노동계급 내에 크게 세 개의 층위로 분리된 피라미드 구조가 형성되었다고 말할 수 있다. 최상위에 원청 대기업의 정규직 노동자가, 중간에 하청기업 정규직 노동자가, 그리고 최하층위에 비정규직과 파견 노동자들이 자리 잡고 있다.

1997년 위기를 계기로 지배적 자본은 노동근로자의 비율을 낮추고 비정규직 노동자의 비율을 높이면서, 노동비용을 낮추는 데 심혈을 기울여 왔다. 특히, 사내 하도급이라고도 불리는 간접고용 방식은 이전에는 존재하지 않던 새로운 방식으로서 같은 공장에서 똑같이 일을 시키면서, 노동자들에 대해 전혀 책임지지 않는 불법행위이다. 이 방식으로 인해 "현대

자동차의 오른쪽 바퀴는 정규직이 달고, 왼쪽 바퀴는 사내하청 노동자들이 다는데, 후자는 월급을 전자의 반밖에 받지 못한다"라는 말이 상식이 되었다. 표 6.3은 2010년 말에 한국 정부가 주요 산업 분야 중 핵심 기업의 스물아홉 개 사업장을 대상으로 실시한 근로 실태 조사 결과이다. 자동차, 조선, 철강, 전자, IT 분야 대기업 사업장의 하도급 대 원청 노동자 비율은 평균 0.41로 이는 같은 사업장 내 30퍼센트의 노동자들이 하청업체의 파견 노동자들로 대체되어 있음을 의미한다. 특히 조선 분야의 사내 하도급 실태는 심각했다. 하도급 대 원청 노동자 비율이 0.96으로 사업장의 노동자 절반이 파견 노동자들로 채워져 있었다.

포스트-1997 구조조정 기간에 지배적 자본이 강력히 추구한 유연노동 심화 전략은 정규직 노동자와 비정규직 노동자 간의 소득 차이를 구조화했다. 비조직 비정규직 노동자들은 고용불안에 더 많이 노출될 수밖에 없는 처지이기 때문에 고용주와의 협상력이 그만큼 떨어질 수밖에 없다. 그림 6.19에서 알 수 있듯이, 2000년대 들어 정규직과 비정규직 노동자들의

표 6.3 주요 업종의 파견 노동 현황

	원청		사내 하도급		하도급/원청 노동자 비율
	업체 수	노동자 수	업체 수	노동자 수	
자동차	7	56,682	146	10,221	0.180
조선	5	53,780	504	51,427	0.956
철강	5	11,924	57	4,677	0.392
전자	7	59,560	40	7,676	0.129
IT	5	16,023	40	5,297	0.331
합계	29	197,969	787	79,298	0.401

출처: 고용노동부, 사내하도급실태점검 결과(2003).

시간당 임금격차가 지속적으로 커졌다. 정규직 노동자들의 임금은 2001년 시간당 8,139원에서 2010년 1만 4,401원으로 77퍼센트 증가했으나, 비정규직 노동자들의 임금은 53퍼센트 오르는 데 그쳐 격차는 더 크게 벌어졌다. 비정규직 노동자의 시간당 임금은 2001년에는 정규직의 56퍼센트 수준이었지만, 2010년에는 48퍼센트 수준으로 하락했다. 이러한 노동계의 임금격차 심화는 지배자본에게 조직된 노동을 공격하는 좋은 구실을 제공했다. 조직된 정규직 노동자들이 파업에 들어가면, 보수언론을 통해 "노동귀족들이 파업으로 서민들에게 피해를 입힌다"며 대대적인 선전에 들어가곤 한다. 지배자본은 이중 정치경제 구조를 통해 투입 비용을 줄이면서 노동에 대한 사회적 통제력도 강화할 수 있어 일거양득의 효과를 얻은 것이다.

정리하면, 1997년 위기 이후 한국 지배자본이 권력을 공고히 하는 데

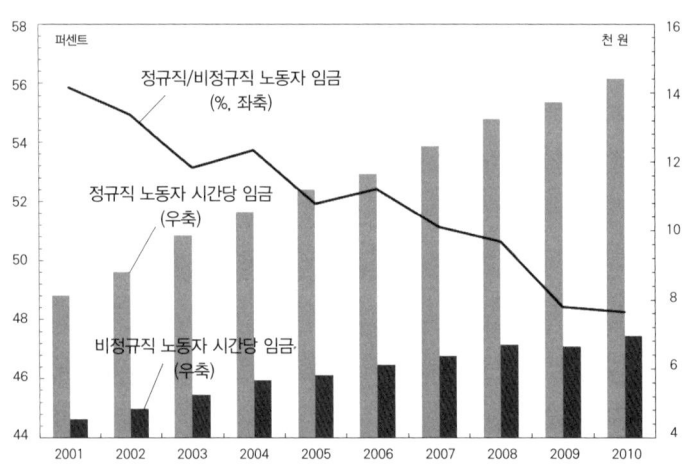

그림 6.19 노동소득의 양극화

출처: 통계청(김유선 2011, 22쪽에서 재인용).

핵심적인 역할을 한 것은 **전략적 사보타주**다. 이번 장에서 살펴본 여러 데이터를 분석한 바에 따르면, 결과론이지만, 1997년 위기는 지배자본에게 좋은 기회를 제공했다. 포스트-1997 신자유주의 개혁은 엄청난 차등적 이윤과 자본의 축적을 안겨주었고, 재벌 총수들도 이 과정에서 최고의 수혜자가 되었다. 이러한 결과가 단순히 운이 좋아서였을까? 재벌 총수들은 놀고먹지 않는다. 생산적인 일을 한다는 말이 아니다. 그들은 사회를 자신들이 생각하는 대로 움직이기 위해 백방으로 노력한다. 1997년 위기 이후 초국적화된 지배자본이 거둔 엄청난 차등적 수익과 자본화는, 닛잔과 비클러의 말대로, "여러 사회세력의 저항을 뚫고 사회질서를 재구성함으로써" 획득한 것이다. 한편으로, 한국의 지배적 자본가들은 복잡한 순환출자 구조를 강화함으로써 외국인 투자자들의 투자를 받아 자본화를 확대함과 동시에 경영권을 굳건히 유지할 수 있었다. 그 결과, 소유권의 초국적화는 그들의 힘을 약화한 것이 아니라 오히려 강화했다. 다른 한편으로는 1997년 위기 이후 빚어진 불안정한 고용 상황을 이용하여, 1987년 이후 도전받았던 노사관계의 주도권을 다시 찾아왔다. 결론적으로, 지배자본은 차등적 축적을 강화함으로써 한국 사회 전반에 걸친 불평등을 더욱 심화했다.

에필로그

프롤로그에서 밝혔듯이, 이 책은 필자의 박사학위 논문을 바탕으로 한 저서이다. 학위논문을 준비하기 시작한 시점이 2002년 말이었는데, 당시 한국 진보학계에서는 1997년 위기의 주요 원인과 포스트-1997 구조조정의 성격을 두고 열띤 논쟁이 벌어지고 있었다. 이 논쟁은 참여연대, 대안연대와 관련된 학자들이 서로 대립하는 양상으로 전개되었다. 두 그룹이 각각 내세운 화두는 '주주자본주의'와 '발전국가론'이었다.[102] 개인적으로, 두 그룹이 한국 진보 진영의 경제론을 대변한다는 데 불만이 많았다. 얼마 전까지 마르크스주의 정치경제학에 입각해 사회주의적 대안을 논하던 진보학계에서 주주자본주의나 박정희 시대의 개발독재 모델을 미래 대안으로 논하는 현실은 큰 충격으로 다가왔다. 그렇다고 마르크스의 《자본론》을 성서처럼 여기고, 그 안에 모든 해답이 들어 있다는 주장에도 동의할 수 없었다. 그래서 한국 자본주의의 급속한 진화 과정을 국가와 시장(혹은 자본)이라는 이분법, 국내 산업자본과 외국 금융자본이라는 대립 구도에서 접근하는 주류 담론에서 탈피함과 동시에, 마르크스주의 정치경제학의 환원론적 분석틀을 벗어나는 새로운 접근 방식을 모색했다.

이 책에서 채택한 새로운 관점은, 본문에서 소개했듯이, 로버트 콕스가 안토니오 그람시의 역사적 블록 개념을 분석 방법론으로 발전시킨 '역사적 구조' 접근 방식과, 필자의 스승인 조너선 닛잔과 동료 심숀 비클러가

---

102 논쟁의 전개 과정과 각 그룹의 구체적인 주장에 대해서는 최근 출판된 이병천의 《한국 경제론의 충돌》(2012)을 참조하기 바란다. 이 책은 특히 장하준으로 대변되는 제도주의적 발전국가론의 한계를 집중 설명하고 있다.

소스타인 베블런의 산업과 영리 활동이라는 대립 범주 그리고 루이스 멈퍼드의 거대기계 개념을 발전시킨 권력자본론이다. 양자의 이론적 원천은 마르크스로 거슬러 올라갈 수 있지만, 이들은 마르크스를 교조주의적으로 해석하지 않고, 마르크스 이후 변화해온 물질적 조건에 맞게 현대 자본주의의 진화를 이해하고 설명할 수 있는 새로운 분석틀을 제시한다. 역사적 구조 개념과 권력자본론은 경제발전이 그 자체로 사회적 의미를 갖지는 않으며, 자본주의 권력 양식의 일부로 자리매김되어야 한다고 주장한다. 더 나아가, 국가와 자본은 대립하는 사회적 실체가 아니라 자본주의 권력 양식이 작동하는 데 필수적인 두 가지 권력기구이고, 시장은 사회적 권력을 화폐가치라는 상징으로 전환시키는 메커니즘이라는 사실을 밝힌다.

이러한 관점에서, 이 책에서는 다음 세 가지 주장을 폈다. 첫째, 흔히 발전국가로 지칭되는 한국의 자본주의 초기 국면은 '군사기계'가 주도한 국가와 재벌의 지배 블록이 비즈니스 인프라를 확장하면서 미국 주도의 글로벌 자본주의 권력 양식 안으로 편입되는 과정이었다. 둘째, 1997년의 위기는 한국의 지배 블록이 개발독재 시기에 택했던 외부적 넓이 지향의 자본축적 체제가 한계에 도달하여 발생한 현상이었다. 셋째, 신자유주의 세계화는 소유권의 공간적 통합 그리고 자본화라는 단일한 권력 지표를 통해 전 지구 차원에서 사회를 지배하는 정치경제적 전략이었다. 한국의 재벌-주도 지배 블록은 이 체제에 능동적으로 편승하여 초국적인 부재지주 대열에 합류하면서, 국민경제라는 허구적 이데올로기를 이용해 국내에서는 사회적 비용을 여타 사회집단에 전가하는 방식으로 이윤과 축적을 키우는 깊이 지향 체제를 추구했다.

필자는 역사적 구조 개념과 권력자본론을 통해 기존 연구들이 전제하는 정치-경제 이분법의 한계를 극복하고, 냉전, 급격한 산업화, 정치적 격

변, 세계화, 갑작스러운 금융위기, '급진적' 구조조정 등 한국인들이 지난 반세기 동안 겪은 변화들을 자본주의 권력 양식의 진화라는 하나의 맥락 속에서 설명할 수 있었다. 그리고 차등적 자본축적 분석 방식을 통해 이러한 정성적인 권력 양식의 변화 과정을 자본주의 권력의 언어인 화폐가치의 수량적 변화 과정과 긴밀하게 연계하여 설명할 수 있었다. 또한 이러한 분석틀로 현재 한국 사회의 지배 블록 내에서 핵심적인 위치를 차지하고 있는 재벌 그룹들의 역사적 진화 과정이 남긴 궤적을 추적했다.

그림 7.1은 한국 지배 블록의 자본주의적 진화를 보여주는 대리지표로 간주할 수 있다. 그림의 두 그래프는 삼성그룹의 이윤을 한국의 기업 평균, 미국의 포춘 500의 평균과 비교해서 차등적으로 나타낸 것이다. 추세선은 지난 45년 동안 삼성의 이윤이 양자에 비해 상대적으로 매년 약 18퍼센트씩 빠르게 확대되어왔음을 보여준다. 1960년대 중반에 미국의 포춘 500의 평균 이윤 대비 삼성의 이윤 비율은 0.02, 즉 2퍼센트에 불과했다. 2000년대의 평균 비율은 20이었다. 다시 말해, 삼성그룹의 이윤이 포춘 500 평균 이윤의 스무 배 수준으로 커졌으며, 1965년에 비해 1,000배나 확대되었다. 자료의 한계로 30대 재벌 전체를 이렇게 장기간에 걸쳐 비교할 수는 없다. 하지만, 삼성그룹보다 속도는 느리지만 30대 그룹 역시 분명 비슷한 경로를 밟아왔다. 1980년대 후반기에 30대 재벌의 평균 이윤은 포춘 500의 평균 이윤 대비 0.2였는데, 2000년대에는 평균 1.3으로 여섯 배가량 늘어나면서 포춘 500의 평균을 앞질렀다.

70년 전, 재벌 그룹의 창립자들은 조그만 구멍가게 주인과 다를 바 없었다. 지난 반세기 동안, 한국의 급속한 산업 발전을 바탕으로 이들은 일약 글로벌 빌리어네어billionaire(10억 달러 이상의 자산가)의 대열에 합류했다. 2011년 《포브스》의 세계 빌리어네어 명단에 열 명의 재벌 총수가 포함

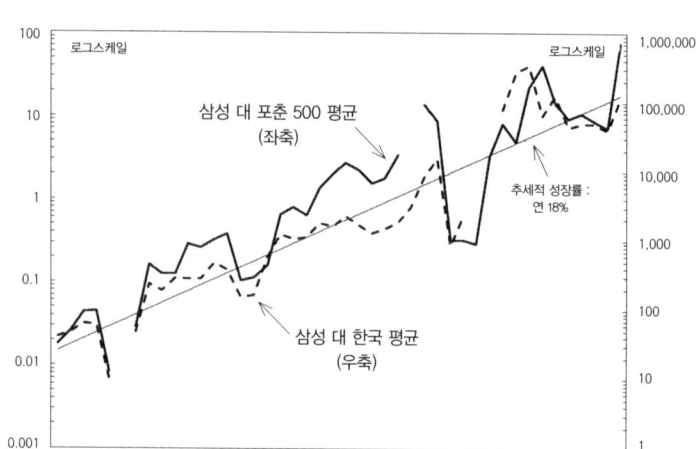

그림 7.1 한국 지배자본의 역사적 궤적 : 삼성이 거둔 차등적 이윤

상대적 비교라서 음수(-)가 나오는 부분은 생략했다. 포춘 500과의 비교에서는 연말의 환율을 사용했다.
출처 : 국세청 ; 삼성 1998 ; 삼성그룹 홈페이지 ; CNNMoney.

되었다. 어떻게 이런 일이 가능했을까? 자유기업원 같은 재벌 지원 연구소에서는 이러한 성공이 슘페터가 말하는 "혁신적 기업가 정신"에 기인한 것이라 주장한다(김인영 1998). 이 책에서 살펴보았듯이, 한국 재벌의 혁신적 기업가 정신은 정·관계 인사들과의 유착 관계에서 주로 발휘되었다. 지난 반세기 동안 한국의 재벌들이 이룩한 엄청난 규모의 자본축적은 재벌 일가가 사회적 생산과 재생산 과정에 기여한 대가가 아니고, 사회적 권력의 일반적 특징인 배제에 기인한 수확이었다. 자본가들은 임금노동자들이 생산에 참여하는 것을 박탈할 수 있는 권한과 다른 자본가들이 자신과 같은 영역에서 비즈니스 활동을 못하게 배제하는 사보타주를 통해 자본을 축적한다. 이른바 재벌과 국가 간의 정실주의는 이러한 전략적·차등적 사보타주 대표적인 방식이며, 한국의 경제성장 과정은 사회에 대한 지배 블록의 배타적 권리 행사로 점철되었다. 한국의 지배적 자본에게 '본원적 축적'의 기회를 제공한 해방 이후의 적산 불하와 한국전쟁 이후의 미국의 원조에서, 박정희 시대에 이들에게 주어졌던 수입 면허, 수출 보조금, 세금 감면, 우대 금리 대출, 우대 환율, 노조 탄압과 정치적 억압에 이르기까지 국가의 주요한 활동 중에 재벌들에게 혜택을 주지 않은 것을 골라내기 힘들 정도이다. 6장에서 살펴보았듯이, 신자유주의 체제에서도 국가는 '후퇴'하지 않고 시장을 통해 지배자본에게 차등적 축적의 기회를 지속적으로 제공해왔다. 정리하면, 그림 7.1에 나타낸 한국 재벌이 이룬 축적의 궤적은 지배 블록이 한국 사회를 자신들이 지향하는 자본주의적 권력 양식에 맞게 재구성하면서, 공동체 전체가 피땀 흘려 일궈낸 사회적 생산을 사적으로 전유한 역사적 과정을 상징적으로 보여주는 것이다.

차등적 축적을 중심으로 경제성장 과정을 이해할 때만 성장의 사회적 의미를 발견할 수 있다. 발전이론은 GDP로 표현되는 경제성장에만 초점을 맞춤으로써 기저에 깔려 있는 권력관계를 감추고, 지배 이데올로기의 중요한 축인 성장제일주의를 유포하는 데 일조해왔다. 이러한 이데올로기적 활동의 핵심에 자리 잡고 있는 것이 바로 사회·정치적 과정에서 완전히 분리된 경제 모델의 설정이다. 발전국가론과 신고전파 경제학은 마치 '적대적'으로 대립하는 것처럼 아웅다웅하지만, 둘 다 국가와 시장 중 무엇이 더 성장에 '효율적'이고 '합리적'인 기제인가를 놓고 싸울 뿐이다. 권력 기제로서의 국가와 시장은 이들의 사전에 존재하지 않는다. 경제 모델은 권력 양식을 골격으로 만들어지는 사회 모델의 일부일 뿐이다. 어떤 경제 모델의 사회적 가치는 GDP의 성장 속도가 아니라 공동체 성원들의 삶에 어떤 영향을 미치는가를 잣대로 평가해야 한다. 다시 말해, 경제 모델이 사회 모델에 종속되어야 한다. 인간다운 삶을 추구하는 사회 모델을 만드는 데 특정한 경제 모델이 얼마나 도움이 되는가에 초점이 맞춰져야 한다는 뜻이다. 그러나 지금까지 우리는 이른바 '선성장 후분배'라는 지배 원칙에 따라 그 반대로 해왔다. 재벌 그룹들이 차등적 축적을 할 수 있는 경제 모델을 만들고, 사회 전체가 그 모델이 제대로 작동할 수 있게 희생하도록 국가에 의해 동원되어왔다.

한국의 지배 블록은 박정희의 개발독재에서 시작해 최근의 이명박 정부로 이어지는 지난 반세기 동안 선성장 후분배의 지배 철학을 바탕으로 아주 독특한 사회 모델을 발전시켜왔다. 그림 7.2는 서구 OECD 국가들과 비교했을 때 한국의 사회경제 모델이 얼마나 독특한지를 상징적으로 보여준다. 세로축은 GDP 대비 총고정자본 형성 비율을 나타낸다. 총고정자본 형성에는 건설투자와 설비투자 등 자본재에 대한 투자가 포함된다. 이를 GDP에 대비해 상대적으로 표현함으로써 성장을 위한 사회적 노력을 나타내는 대리지표로 사용한 것이다. 가로축은 분배의 수준을 보여주는 지표로 사용할 수 있는 GDP 대비 복지비 지출을 나타낸다. 데이터는 일시적 변동에 의한 왜곡을 없애기 위해 2000년대 10년 동안의 평균값을 사용했다. 최근 자본 투자가 줄었다고 여기저기서 걱정의 목소리가 높지만, 한국의 자본재 투자는 GDP 대비 29.8퍼센트로 OECD 국가들 중에서 여전히 최상위권에 있다. 사회적 재분배의 수준 또한 독보적인데, 좋은 쪽은 아니다. 다른 국가들과의 복지비 지출 수준차가 너무 심하다. 그림 7.2에 표시된 23개국(한국 제외)의 GDP 대비 복지비 지출은 22퍼센트인 데 반해 한국은 6.6퍼센트에 불과했다. 최근 복지비 지출이 조금 늘어, 2012년에는 10년 평균치보다는 높은 9.3퍼센트를 기록했지만, 서구 OECD 국가와의 간극을 좁히기에는 턱없이 미흡한 실정이다.

박정희 시대의 '선성장 후분배' 발전 모델을 매우 높이 평가하는 장하준(장하준 외 2012)이 최근 스웨덴 복지국가를 한국 사회의 모델로 삼아야 한다는 비전을 제시한 것은 매우 고무적인 일이지만, 거의 '극 점프'를 해야 가능한 일이다. 그림 7.2에서 알 수 있듯이, 스웨덴은 한국과 대각선상의 반대 끝에 위치하고 있다. 개인적으로 스웨덴 복지국가 모델을—스웨덴 사회 모델의 설계자 중 한 명이었던 비그포르스의 말을 빌리자면—한국 사회의 '잠정적 유토피아'로 삼아야 한다고 생각하지만, 장하준과는 다른 이유에서 그러하다. 이병천(2012, 26쪽)이 지적했듯이, 장하준의 복지국가 주장은 "민주국가와 사회 간의 건설적 협력, 노동자·중소기업을 위시한 다양한 이해 당사자들의 민주적 참여와 수평적 협력 체제를 어떻게 창의적으로 만들어낼 수 있을까"라는 고민이 부재하고, "경제

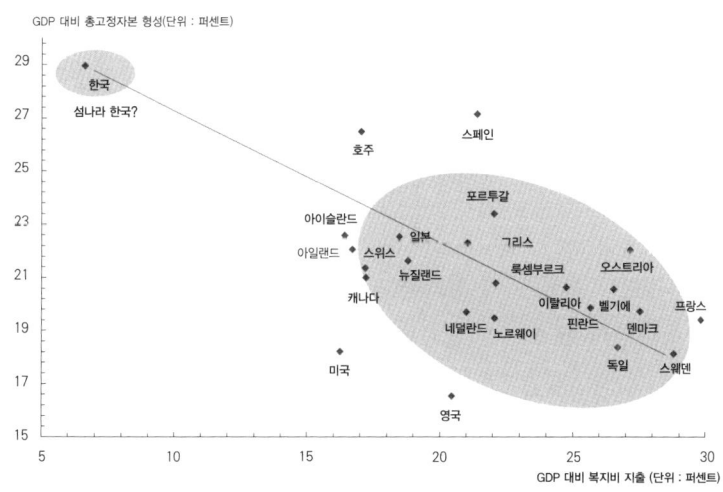

그림 7.2 스웨덴으로 가는 머나먼 길

모든 데이터는 2000년대 10년 동안의 평균값이다.
출처 : World Development Indicators ; OECD.

민주화와 복지국가를 가능케 할 힘은 그저 국가에 맡겨져 있는······국가만능주의 냄새가 짙게 배어 있다". 더 나아가, 그는 공동체 성원이 사회를 민주적으로 운영해나가는 모델을 원해서라기보다는 지속적이고 안정된 성장을 위해서 복지 제도의 확대가 필요하다고 주장하는 것 같다.

    책의 앞부분에서도 언급했지만, 장하준의 제도주의는 정치·권력 관계가 빠진 제도주의다. 그렇기에 국가가 경제에 미치는 영향을 매우 선별적으로 택한다. 국가가 일방적으로 대자본의 편에서 경제정책을 펼치고 노동기본권을 철저히 억압하면서 만들어진 안전 불감증 문화(OECD 내 산재 사망률 1위), 시험으로 속성 인재를 양성하는 교육문화(2010년 기준 OECD 5위에 해당하는 청소년 자살률), 노동을 소모품으로 여기는 시각에서 나온 노후 대책 부재(노인 자살률 OECD 1위, 주당 노동시간 OECD 1위), GDP 대비 복지비 지출 최하위 등 수많은 문제들은 국가의 경제정책과 무관한 것처럼 취급된다. 오로지 국가의 직접적인 산업정책 개입, 금융 통제를 통한 자원의 배분 등 생산을 효율적으로 관리하여 국가 경쟁력을 높였을 것으로 추측되는 정책·제도에만 관심을 둔다. 장하준은 국가의 산업정책을 말할 때는 발전국가 모델의 특수성을 강조한다. 하지만 재벌 문제나 위에 언급한 사회문제를 말할 때는 다른 나라도 다 마찬가지라며 보편성을 강조하거나 박정희 시대에 생긴 게 아니라며 신자유주의에 책임을 돌린다. 예를 들어, 장하준(2012, 164~174쪽)은 "한국의 경제발전이 정말 당연한 결과인가"라고 물으며 자신이 경제적 성공의 열쇠였다고 생각하는 산업정책과 정책 금융을 "박정희의 업적"으로 돌린다. 그리고 "빈부격차가 정말 박정희 때문인가"라는 질문을 던지면서 박정희 시대에는 사회양극화가 없었고, 이는 1990년대 초반부터 시작된 신자유주의 시장 개혁에 기인한다고 말한다. 또한 "기업을 경영하는 데 있어 재벌 총수들의 발언권이 너무 강한 게 아니냐"는 이종태의 질문에는 "그게 한국에만 고유한 현상이 아니라는 거예요. 자본주의 기업의 원리는 원래 독재입니다"라고 답하며, 보편적인 현상이니까 사회적으로 재벌 총수의 권력을 인정해줘야 한다고 주장한다(장하준 2012, 219쪽).

외국자본에 경영권을 뺏길지 모르니까 재벌 총수들을 건드리면 안 된다는 주장은 쥐가 고양이를 생각해주는 격이 아닌가? 장하준은 권력의 전선을 외국 금융자본 대 국내 산업자본으로 긋는다. 이에 대해, 이 책에서는 베블런의 산업 대 영리 활동이라는 범주로 대립 전선을 그어야 한다고 주장했다. 장하준의 주장을 자세히 들여다보면, 베블런의 산업에 해당하는 내용들이다. 그런데 그는 사회 성원 전체가 공동으로 일궈낸 산업의 발전을 자본이 사유화하는 것이 문제라고 설정하지 않고, 국내자본은 괜찮지만 외국자본은 안 된다고 말한다. 심지어 재벌 일가의 전횡을 비판하고 지배구조 개선을 요구하는 운동을 친외국 금융자본 캠페인이라고 폄하하기도 한다. 필자도 '주주민주주의'라는 이념은 반대하지만, 이 세상에 발전국가 경제 모델과 신자유주의 시장경제 모델 둘밖에 없는 것처럼 말하는 방식은 문제가 있다. 그리고 외국 금융자본 대 국내 산업자본이라는 대립 범주 자체가 허구적이다. 그 둘은 이미 한통속이 되어 있다. 한국의 재벌 대기업은 초국적 글로벌 부 재소유자의 구조 속에 편입되어, 하나의 지배 세력으로서 사회 공동체가 일군 산업을 자본화를 통해 사적인 금융자산으로 전유하고 있다. 권력관계의 전선을 긋는다면, 한편에는 초국적화된 자본을, 맞은편에는 사회 공동체를 두어야 한다. 자본가들은 늘상 경쟁하겠지만, 그들의 싸움은 공동체의 이익과는 무관하다. 우리의 과제는, 외국자본이든 국내자본이든, 이들이 국가와 결탁해 사익을 중심으로 운영하는 사회적 생산과 재생산 과정을 사회 공동체 전체가 민주적으로 운영할 수 있도록 정치경제적 제도를 발전시키고 실현하는 것이다.

사회양극화 문제를 전적으로 신자유주의 탓으로 돌리는 것도 말이 안 된다. 이 책의 4~6장에서 제시한 수많은 분석에서 보였듯이, 개발독재와 신자유주의를 구조적 단절로 보기보다는 연속선상에서 자본주의 권력의 진화 과정으로 봐야 한다. 변화하지 않았다는 것이 아니라, 변화의 성격이 단절적이지 않고 '경로의존적'이라는 의미다. 신자유주의 개혁은 이질적 체제가 외부에서 강제로 이식되는 과정이 아니었다. 이는 박정희 시대부터 형성·발전되었던 자본주의 권력 양식을 만들어낸 지배 블록이 안으로는 기층민중의 저항에 의한 사회적 역학 관계 변화에 조응하고, 밖으로는 세계 자본주의 축적 체제의 변화에 적응하면서 지배 질서를 업그레이드하는 과정이었다. '앙시앵 레짐'의 모토가 조국 근대화였다면, '네오 레짐'의 슬로건은 국가 선진화이다. 지배 체제를 세련되게 리모델링하는 개혁이라는 뜻이다. 권력관계를 골격으로 형성되는 사회 모델을 보지 못하거나 이로부터 경제 모델을 따로 떼어 접근하면, 우리 사회가 개발독재와 단절하고 신자유주의로 이행한 것처럼 보일 수 있다. 하지만 위의 그림 7.2에 단적으로 나타낸 것처럼 사회 모델 속에 경제 모델을 자리매김하면 변화의 연속성이 보인다. 더 나아가, 이 책에서 제시했던 것처럼 자본의 차등적 축적 분석을 더하면, 변화의 수혜자가 같은 주체임을 발견할 수 있다. 한국의 지배자본은 개발독재 시대에는 "군사기계"의 무자비한 폭력에 힘입어 사회에 대해 차등적 사보타주를 행사했고, 신자유주의 시대에는 "관료기계"가 제공한——폴라니가 윌리엄 블레이크의 시를 인용해 "사탄의 맷돌"이라 칭했던——피도 눈물도 없는, 오직 양육강식이라는 정글의 법칙에 의해 운용되는 시장 메커니즘을 통해 사회에 대해 전략적 사보타주를 행사하고 있다.

마지막으로, 이 책의 한계에 대해 '고백'하고 글을 맺겠다. 이 책은 애초에 논문으로 쓰였기 때문에 '과거 지향적'일 수밖에 없다. 앞으로 전개될 일을 예측하거나, 정치 운동의 관점에서 바람직한 미래 사회상을 제시하는 작업은 철저히 배제되어 있다. 목적 자체를 지금까지 한국에서 자본주의 권력 양식이 진화해온 과정을 분석하는 데 맞추었기 때문에 '그래서 어찌할 것인가'라는 질문에는 대답할 수가 없다. 콕스의 역사적 구조 개념과 닛잔·비클러의 권력자본론의 시각에서 제시할 수 있는 진보적 지향을 어떻게 구체화할 것인가, 이것은 필자의 미래 과제로 남아 있다. 그럼에도 불구하고, 권력에 중심을 두고 사회적 과정을 총체적으로 이해해야 한다는 이 두 접근 방식이 한국 진보운동에 시사하는 바가 크다고 생각한다.

역사적 구조 분석틀을 가지고, 1987년 이후부터 지금까지 진보 진영이 펼친 한 세대 동안의 운동을 복기하면, 핵심 문제점이 무엇인지 발견할 수 있다. 현재의 지배 체제가 자본가계급의 세계관에 따라 물질적 역량-이념-제도화의 역사적 운동을 거쳐 확립되었듯이, 진보적인 사회 개혁은 기존의 지배 블록이 형성한 역사적 블록을 대체하는 운동이라는 의미를 가져야 한다. 그러기 위해서는 무엇보다 대안 세계관과 이념을 구축해야 하고, 이념에 맞게 끊임없이 제도적 장치를 고안해야 하며, 이를 현실에서 실현할 수 있는 물질적 역량을 가진 사회집단이 있어야 한다. 이는 특정한 사회세력 형성의 필수 요건이자, 현재와는 다른 삶의 방식을 만들어 사회적으로 제시하는 역동적인 운동 과정을 의미한다. 당연한 이야기일 것이다. 그런데 우리의 진보운동은 당연한 것을 빼먹고 있었다. 1987년의 대통령 선거부터 지금까지 진보 진영이 해온 운동의 핵심을 반보수-민주 진영 선거연합이었다고 말하면 지나친 폄하일까? 진보 진영은 지향하는 이념이 무엇인지, 구현하려는 제도가 무엇인지, 어떤 사회적 역량으로 이를 실현할지를 명확히 하지 않은 채 일단 보수 세력의 수권을 저지하는 '범민주 진영'이라는 정체성이 모호한 세력으로서 '선거혁명'에 올인해왔다. 그것도 특정 인물에 모든 기대를 거는 저급한 형태의 선거혁명이었다.

준비되지 않은 선거혁명은 김대중, 노무현 정부의 '좌파 신자유주의'로 귀결되고 말았다. 보수 세력이 만들어놓은 역사적 블록 안에서 정치적 공간 일부를 장악했다가, 그 지배 질서 속으로 통합돼버린 것이다. 이러한 실패를 겪었지만, 2012년 대통령 선거마저도 결국 정치적 내용보다는 진영 논리로 치러졌고, 그나마 진영 논리를 벗어나려 했던 진보정당들의 운동이 내분으로 붕괴하면서, 1987년 전후에 시작되어 실험되었던 한 세대의 진보운동이 막을 내리고 말았다. 진보운동의 총체적 위기는 닛잔과 비클러가 말한 생성의 질서를 제시하지 못한 데 기인한다. 새로운 사회는 긍정의 질서 원칙을 중심으로 생성되어야 하는데, 그동안 진보운동은 생산 영역의 노동운동부터 국가-시민사회의 정치 운동에 이르기까지 기존 질서에 반대하는 부정의 운동으로 일관했다. 기존 질서의 문제점을 밝히는 것이 중요한 과제이긴 하지만, 정권을 잡은 다음 사회를 어디로 이끌지 방향을 제시하지 못함으로써 기존 지배 질서에 포획되고 만 것이다.

노동해방을 주장하는 노동운동도 마찬가지의 길을 걸었다. 현 노동운동의 한계를 한마디로 표현하면, 노조운동에 의한 노동운동의 복속이다. 노동운동은 생산 영역에서 노동자들의 물질적 역량을 바탕으로 사회 공동체 전체에 대해 대안적 삶의 방식을 제시하고 제도화해가는 운동이라고 정의할 수 있다. 즉 노동운동은 대안의 사회질서 형성 과정을 추동하는 동력(멈퍼드의 파워power)이어야 한다. 이와 달리 노조운동은, 마르크스도 구분했듯이 자본주의적 질서 내의 운동이다. 노동이라는 상품의 가격을 흥정하는 과정이고, 조직된 노동자들은 이 과정에서 사회 전체에 대해 자신들이 가할 수 있는 사보타주(파업)의 힘을 바탕으로 노동력의 가격을 높인다. 만약 노동운동이 노동자들의 집단적 힘이 집약된 노동조합을 사회 전체에 긍정적 변화를 일으키는 데 동원할 수 있었다면, 새로운 사회를 만드는 운동에서 리더십을 가질 수 있었을 것이다. 그러나 한국의 노동운동은, 의지하고는 무관했겠지만, 노조운동을 견인하지 못하고, 그 논리에 복속되고 말았다. 대기업 정규직 노조운동은 조직되지 못한 저임금 비정규직 노동자들로부터 분리되어 단순한 이익단체로 간주되고 있다. 그 결과, 노동자들의 물질적 역량의 핵심 요소인 파업은 긍정적 사회운동의 동력으로 전환되지 못하고, 부정적 의미의 사보타주인 사회적 민폐로 인식되고 있다. 노동운동도 거기에 휩쓸려 출구를 찾지 못하고 있는 실정이다.

최근 경제민주화와 복지국가 논의가 활발해지면서, 북유럽식 사회민주주의가 새로운 진보적 대안으로 떠오르고 있다. 사실, 100년의 역사를 자랑하는 북유럽 사민주의에 그동안 진보운동은 아무런 관심을 두지 않았다. 쿤이 설명했던 자연과학에서의 패러다임 전환 과정이 사회 분야에도 똑같이 적용되는 듯하다. 패러다임에 이상이 발견되어도 대부분의 과학자들은 자신들의 패러다임을 버리지 않고, 패러다임 내에서 임시방편적ad hoc 해결책을 찾는 경향을 보인다. 이제야 사민주의라는 다른 패러다임에 눈을 돌리는 것을 보면, 역으로 기존 패러다임의 생명이 정말로 끝났다는 신호가 아닌가 싶다. 민주당 중심의 자유주의 패러다임도, 좌파들의 혁명적 사회주의 패러다임도 1987년 이후 25년간 한 세대의 운동을 통해 한계점에 이르렀다. 이제 무엇을 지향하고 어떤 제도를 통해 목표를 실현할지, 또 어떤 사회집단이 이를 달성할 잠재력을 갖고 있는지를 두고 처음부터 다시 차분하게 고민할 때이다.

한국의 현실을 보면, 사회민주주의도 우리가 쉽게 도달할 수 있는 목적지는 결코 아닌 듯하다. 그림 7.2에서 보았듯이, 한국의 사회 모델과 스웨덴의 사회 모델은 지구에 비유하면 남극과 북극처럼 반대편에 위치해 있다. 적어도 지금 우리에게 스웨덴은 도달하기 힘든 유토피아다. 복지 제도는 어떻게 베껴 올 수 있을지 몰라도, 그것을 만들어낸 스웨덴 사회세력이 역사적 운동을 통해 형성한 지적·도덕적 헤게모니를 이식해 올 수는 없다. 스웨덴 사민주의로 가기 위해서는 그것을 실현한 사회세력의 세계관, 이념, 사회적 가치를 배워야 하고, 장시간에 걸친 역사적 운동을 통해 제도화해야 한다. 선거 국면에서 인기를 끌기 위한 몇 가지 공약을 내걸기 위해 복지를 이용해서는 결코 스웨덴 모델에 도달할 수 없을 것이다.

얼마 전, 필자가 몸담고 있는 글로벌정치경제연구소에서 《올로프 팔메》의 저자 하수정을 초청해 강연을 들었다. 하수정은 스웨덴의 복지 제도 자체보다는 그들의 삶에 깊게 배어 있는 자유·평등·연대라는 사회민주주의 정신에서 스웨덴의 위대함을 느꼈다고 했다. 이 말에 크게 공감이 간다. 우리 사회에는 박정희의 개발독재에서 신자유주의 체제로 이어지는 반세기 동안의 자본주의적 역사적 블록의 발전 과정에서 형성된 성장주의-배금주의-개인주의가 팽배해 있지 않은가? 사회민주주의로 가는 길은 제도를 복사해 오는 과정이 아니라, 새로운 사회적 인간형을 만드는 과정일 것이다.

이 책에서 채택한 권력자본론이라는 이론틀은 새로운 사회적 인간형을 제시해주지는 않지만, 사회적 생산과 재생산 과정을 민주적으로 운영해야 한다는 주장을 뒷받침해준다. 왜냐하면, 생산과 재생산은 애초부터 인류 공동체의 역사적 유산을 바탕으로 사회 성원 전체의 집단 활동 속에서만 이루어지기 때문이다. 자본가들의 이윤은 어떤 물질적인 근거도 가지고 있지 않다. 즉 생산적 기여와 무관하다. 그들은 고속도로 위의 톨게이트처럼 생산과 재생산 과정에 소유권이라는 요금소를 차려놓고 통행세를 부과하고 있는 것이다. 자본주의의 힘은 이러한 권력의 질서를 사회 구석구석까지 심어놓는 데서 나온다. 이것이 바로 사회관계의 상품화이며, 상품 관계가 확산될수록 지배자본은, 태풍이 주변의 열기를 빨아들여 강해지듯, 점점 더 광범위한 사회적 과정을 자신들의 통제 영역으로 흡수하며, 시장 메커니즘을 통한 차등적 자본화를 강화한다.

그래서 복지 운동은 "공동구매 운동"이 되어서는 안 된다. 공동구매로 더 싼 값에 사회 서비스를 구매하는 것이 복지라는 주장은 대중적으로 쉽게 다가갈 수는 있겠지만, 시장 논리의 연장선에 위치하고 있다. 에스핑 안데르센이 《복지자본주의의 세 가지 세계》라는 책에서 탈상품화를 복지 국가 유형을 나누는 중요한 분류 기준으로 삼았듯이, 복지는 시장 관계에서 벗어나는 삶의 확산을 기본 정신으로 삼아야 한다. 다른 한편으로, 복지 정책의 확대를 위한 누진적 증세는 부자들에 대한 징벌적 과세가 아니고, 애초에 사회에 귀속되었어야 할 소득과 재산을 어느 정도 제자리로 환원하는 사회적 메커니즘의 강화이다.

한국 같은 복지 후진국에서는 복지 제도의 확장 자체도 엄청난 의미가 있지만, 복지를 확대하기 위해 어떤 경로를 선택할 것인가가 더 중요하다. 복지는 사회민주주의의 전유물이 아니다. 역사적으로 근대 복지국가는 비스마르크 시대의── 물론 그 전에도 복지 정책은 있었지만── 사회보험 제도를 기원으로 간주할 수 있으며, 안데르센이 분류했듯이 사유주의 복지국가와 조합주의 복지국가도 있다. 복지의 확대만을 생각한다면, 그림 7.2에서 한국과 스웨덴의 한가운데 위치한 일본 모델이 가장 현실적인 대안일 것이다. 일본은 우리와 경제 모델도 비슷하기 때문에 스웨덴으로 가는 중간 목표지로 설정할 수도 있을 것이다. 그러나 제도가 세계관,

인간관, 이념이 역사적 운동을 통해 물화된 결과라고 보면 이야기는 달라진다. 그림 7.2는 2차원 평면에 사회 모델을 나타낸 것이기 때문에—현실은 4차원 시공간이라는 사실을 감안하면—일본이 스웨덴으로 가는 경로의 중간 지점이 아닐 수 있다. 아예 다른 지향점을 가지고 있을 수도 있다는 의미다.

  권력자본론의 시각에서, 복지국가는 생산과 재생산 과정에 대한 민주적 운영과 결부되어야 한다. 그래서 우리가 지향해야 할 복지국가는 사회민주주의 복지국가라고 생각한다. 복지는 단지 국가와 자본에 돈 더 달라고 조르는 과정이 아니어야 한다. 애초에 사회적으로 수행될 수밖에 없는 생산과 재생산 과정을 시장이라는 메커니즘을 통해 사적으로 지배하고 있는 자본주의 권력 양식을 탈상품화된 대안적 운영 메커니즘으로 대체하는 과정이어야 한다. 이 과정에서 자본과 사회의 관계 재설정, 특히 지배자본의 사회에 대한 통제력을 사회적으로 환수하는 정치는 필요불가결한 작업일 것이다. '재벌공화국'에서 경제민주화와 복지국가라는 과제를 완수하는 일은, 박정희의 개발독재에서 유래해 장구한 역사적 경험 속에서 우리 영혼에 깊이 박힌 성장주의-배금주의-개인주의를 털어내고, 자유·평등·연대의 사회민주주의 정신을 불어넣는 기나긴 여정을 거치며 이루어질 것이다.

참고문헌

한국어 문헌

강문수·최범수·나동민,《OECD 가입과 금융 부문의 정책 대응 방향》(한국개발연구원, 1997).
경제기획원,《한국통계연감》, 1961·1962(http://www.nanet.go.kr).
공정거래위원회,《공정거래 10년 : 경쟁 정책의 운용 성과와 과제》(공정거래위원회, 1991).
공제욱, 〈1950년대 국가 금융 정책〉, 한국사회사연구회,《한국 자본주의와 재벌》(문학과지성사, 1992).
교과서포럼,《한국 근현대사(대안 교과서)》(기파랑, 2008).
구해근,《한국 노동계급의 형성》(창작과비평사, 2002).
금속노조, 〈현대차그룹의 전횡적 경영 구조와 불공정 거래의 실태 및 대안 모색〉(2010).
김광희,《박정희와 개발독재》(선인, 2008).
김기원, 〈재벌 체제의 발전과 모순〉,《동향과전망》통권 50호(한국사회과학연구소, 2001년 가을), 200~223쪽.
김낙연, 〈1960년대 한국의 경제성장과 정부의 역할〉,《경제사학》vol. 27(경제사학회, 1999), 115~150쪽.
김대환·김균,《한국 재벌 개혁론 : 재벌을 바로잡아야 경제가 산다》(나남출판, 1999).
김동환,《금융산업의 변화와 향후 과제》(한국금융연구원, 2007).
김상조,《종횡무진 한국경제 : 재벌과 모피아의 함정에서 탈출하라》(오마이북, 2012).
_____, 〈재벌 개혁 다시 시작해야〉,《경제프리즘》(참여연대, 2005년 7월 27일).
_____, 〈재벌 개혁 : 이해관계 충돌 및 조정의 현실적 고려사항Chaebol Reform : The real considerations on collision and control of interest-relations〉,《시민과 세계》제5호(참여연대 참여사회연구소, 2004년 상반기), 234~249쪽.

_____,《재벌과 금융, 그 진정한 개혁을 위하여》(대한발전전략연구원, 2000).
김상조·유종일·홍종학,《한국경제 새판 짜기 : 박정희 우상과 신자유주의 미신을 넘어서》(미들하우스, 2007).
김시윤, 〈국가와 경제 발전 : 약탈적 국가론에 대한 비판적 고찰〉,《한국행정학보》제38권 제2호(2004), 203~223쪽.
김유선,《비정규직 실태와 대책》(한국노동사회연구소, 2011). http://www.klsi.org/
김윤태,《한국의 재벌과 발전국가》(한울아카데미, 2012).
_____,《재벌과 권력》(새로운사람들, 2000).
김인영,《한국의 경제성장 : 국가 주도론과 기업 주도론》(자유기업센터, 1998).
김진업 엮음,《한국 자본주의 발전 모델의 형성과 해체》(나눔의집, 2001).
김창근, 〈1997년 경제위기 이후의 한국 자본주의의 축적 구조의 변화〉,《진보평론》제27호(현장에서미래를, 2006년 봄), 10~37쪽.
류동민·안현효, 〈한국에서 신자유주의의 전개와 이론적 대안에 관한 검토〉,《사회경제평론》제35호(2010년 하반기), 237~282쪽.
무라카미 야스스케,《반고전의 정치경제학》, 노재헌 옮김(삼성, 1994).
박병윤,《재벌과 정치》(한국양서, 1982).
박상태, 〈관세정책의 변천과 평가〉(한국조세연구원, 1997).
박세길,《다시 쓰는 한국 현대사》(돌베개, 1988).
박찬일 외,《OECD 가입과 한국 경제의 자유화》(한국경제연구원, 1996).
박현채·조희연 엮음,《한국사회구성체 논쟁 I》(죽산, 1989).
백일,《한국 재벌구조 교체안 연구》(백산서당, 1994).
비클러 외,《권력 자본론》, 홍기빈 옮김(삼인, 2004).
사공일 외,《80년대 경제개혁과 김재익 수석》(삼성경제연구소, 2003).
삼성,《삼성60년사》(삼성비서실, 1998).
_____,《삼성50년사》(삼성비서실, 1988).
상공부,《상공백서》(상공부, 1989).
서익진, 〈한국 산업화의 발전 양식, 개발독재와 박정희 시대 : 우리 시대의 정치경제적 기원〉(창작과비평사, 2003).
세계화추진위원회,《세계화 백서》(세계화추진위원회, 1998).
엘지,《LG 50년사》(LG, 1997).
엘지전자,《LG 전자 50년사》(LG 전자, 2008).

엘지화학,《LG화학 50년사》(LG화학, 1997).
유철규,〈금융 억압의 정치적·제도적 조건〉, 이병천 엮음,《개발독재와 박정희 시대 : 우리 시대의 정치경제적 기원》(창작과비평사, 2003).
윤상우,〈외환위기 이후 한국의 발전주의적 신자유주의화〉,《경제와사회》제83호(2009년 가을), 40~68쪽.
윤영선,〈임시 투자 세액공제 제도가 설비투자에 미치는 영향에 관한 연구〉(경원대학교 박사학위 논문, 2011).
이만기,《한국경제론》(일신사, 1973).
이병천,〈개발국가론 딛고 넘어서기 : 역사와 평가〉, 강정구 엮음,《한국사회발전연구》(나남출판, 2003).
이병천 엮음,《개발독재와 박정희 시대 : 우리 시대의 정치경제적 기원》(창작과비평사, 2003).
이영환·신영임,《2008년 이후 세제 개편의 세수 효과》(국회예산정책처, 2009).
이영훈 엮음,《한국의 은행 100년사》(우리은행, 2004).
이윤호,《재벌의 재무구조와 자금 조달》(나남출판, 2005).
이장규,《경제는 당신이 대통령이야 : 전두환 시대의 경제 비사》(중앙일보 중앙경제신문, 1991).
이종재,《재벌 이력서》(한국일보종합출판, 1993).
이종화·이영주,〈한국 기업의 부채구조 : 재벌 기업과 비재벌 기업의 비교〉,《국제경제연구》제5권 제1호(1999년 4월).
이찬근,〈한국 경제 시스템의 위기와 대안 정책〉,《시민과세계》제6호(2004).
이한구,《한국 재벌 형성사》(비봉출판사, 1999).
장근호,《열린 시대의 관세율 정책》(한국조세연구원, 1997).
장근호·이명헌,《우리나라 관세율 체계의 현황과 개편 방향》(한국조세연구원, 1999).
장상환,《1990년대 자본축적과 국가의 역할, 한국 자본주의의 축적체제 변화 : 1987~2003》(한울, 2006), 58~114쪽.
장하성,〈외국인 투자자는 마녀?〉,《경제프리즘》(참여연대, 2004년 12월 22일).
_____,〈재벌 개혁 어떻게 할 것인가〉,《당대비평》(1998년 3월), 202~223쪽.
장하준,《한국경제 길을 말하다 : 위기의 대한민국, 상생의 대안 '사회적 대타협'》(시대의창, 2007).
_____,〈경제 '개혁'의 방향을 다시 생각한다〉,《시민과세계》제5호(참여연대, 2004

년 상반기), 250~266쪽.

장하준·신장섭,《주식회사 한국의 구조조정 무엇이 문제인가》(창작과비평, 2004).

장하준·정승일,《쾌도난마 한국경제 : 장하준 정승일의 격정 대화》(부키, 2005).

장하준·정승일·이종태,《무엇을 선택할 것인가》(부키, 2012).

전국경제인연합회,《전경련 20년사》(전국경제인연합회, 1983).

정건화, 〈2000년대 한국 경제의 쟁점 : 외국자본 지배론에 대한 비판적 검토〉,《동향과 전망》제66호(한국사회과학연구소, 2006), 83~116쪽.

정성기, 〈80년대 한국사회구성체 논쟁, 또 하나의 성찰적 재론〉,《역사비평》(2005년 여름), 34~66쪽.

정성진, 〈신자유주의에 대한 개혁주의적 대안의 문제들〉,《마르크스21》(책갈피, 2010).

─── , 〈한국 자본주의 축적의 장기 추세와 위기 : 1970~2003〉,《한국 자본주의의 축적체제 변화 : 1987~2003》(한울, 2006).

─── ,《마르크스와 한국경제》(책갈피, 2005).

정해구,《한국 정치의 지배 이데올로기와 대항 이데올로기》(역사비평사, 1994).

조복현, 〈한국의 금융 시스템 변화와 금융화 발전〉,《사회경제평론》제29-1호(한국사회경제학회, 2007년 하반기), 253~296쪽.

조승수, 〈부자 감세도 문제지만 재벌 감세가 더 큰 문제이다〉(2011). http://www.black-jo.net

최승노,《한국의 대규모 기업집단》(자유기업원, 2001).

최진배,《해방 이후 한국의 금융정책 : 정부, 은행 그리고 기업의 관계를 중심으로》(경성대학교출판부, 1996).

폴라니,《거대한 전환─우리시대의 정치·경제적 기원》, 홍기빈 옮김(길, 2009).

한국개발연구원,《한국 경제 반세기》(한국개발연구원, 1995).

─── ,《한국 경제의 주요 현안과 정책 대응》(한국개발연구원, 1995).

한국노동연구원,《원하 도급업체 간 임금격차 실패 분석 및 개선 방안》(노동부, 2004).

한국은행,《금융 자유화와 경제구조 조정에 대한 미국의 요구와 일본의 대응》(한국은행 은행감독원, 1992).

─── ,《한국은행 40년사》(한국은행조사1부, 1990).

한국일보,《한국의 50대 재벌》(경영능률연구소출판부, 1986).

허수열, 〈일제하 조선 경제의 발전과 조선인 경제〉, 한일역사공동연구위원회,《한일역사공동연구보고서》 제5권(2005), 311~376쪽.
현대자동차,《현대자동차사》(현대자동차주식회사, 1992).

영어 문헌

Althusser, Louis, *For Marx*(London : The Penguin Press, 1969).
Amin, Samir, *Unequal Development*(Sussex : The Harvester Press, 1976).
Amsden, Alice H., *Asia's Next Giant : South Korea and Late Industrialization*(New York : Oxford University Press, 1989).
Amsden, Alice H.·Euh, Yoon-Dae, "South Korea's 1980s Financial Reforms : Good-bye Financial Repression(Maybe), Hello New Institutional Restraints", *World Development,* vol. 21, no. 3(1993), 379~390쪽.
Anderson, Perry, *Lineages of the Absolutist State*(London : NLB, 1974).
Arrighi, Giovanni, *The Long Twentieth Century : Money, Power, and the Origins of Our Times*(New York·London : Verso, 1994).
Balassa, Bella, *The Newly Industrializing Countries in the World Economy*(New York : Pergamon Press, 1981).
Baran, Paul A., *Political Economy of Growth*(New York : Monthly Review Press, 1968).
Bello, Walden, "East Asia : on the eve of the great transformation?", *Review of International Political Economy* 5 : 3(Autumn, 1998), 424~444쪽.
Blackledge, Paul, "Symposium on Ellen Meiksins Wood's Empire of Capital : Editorial Introduction", *Historical Materialism,* vol. 15, no. 3(2007), 45~55쪽.
Bolsinger, Eckard, "The Foundation of Mercantile Realism", Paper presented at the 54th Political Studies Association Annual Conference.
Braudel, Fernand, *Civilization and Capitalism, 15th~18th Century : The Wheels of Commerce*(California : University of California Press, 1982).
Brenner, William, "What Is, and What Is Not, Imperialism?", *Historical Materialism,* vol. 14, no. 4(2006), 79~105쪽.

Chang, Ha-Joon, "Korea : The Misunderstood Crisis", *World Development,* vol. 26, no. 8(1998), 1555~1561쪽.

Clarke, Simon, *The State Debate*(London : Macmillan, 1991).

Cox, Robert W., *Approaches to World Order*(New York : Cambridge University Press, 1996).

_____, *Production, Power, and World Order : Social Forces in the Making of History*(New York : Columbia University Press, 1987).

_____, "Social Forces, States and World Orders", Robert O. Keohane (ed.), *Neorealism and Its Critics*(New York : Columbia University Press, 1986).

_____, "Social Forces, States and World Orders : Beyond International Relations Theory", *Millennium : Journal of International Studies* 10(1981) 126~155쪽.

Cumings, Bruce, "The Legacy of Japanese Colonialism in Korea", R. H. Meyers · M. R. Peattie (eds.), *Japanese Colonial Empire 1895~1945*(Princeton : Princeton University Press, 1984).

_____, *The Origins of the Korean War : Liberation and the Emergence of Separate Regimes, 1945~1947*(Princeton : Princeton University Press, 1979).

Deyo, Frederic C. (ed.), *The Political Economy of the New Asian Industrialism*(Ithaca · London : Cornell University Press, 1987).

Dos Santos, T., "The structure of dependence", *American Economic Review* 60(2) (May, 1970), 231~236쪽.

Eckert, Carter J., *Offspring of Empire : The Koch'ang Kims and the Colonial Origins of Korean Capitalism 1876~1945*, Korean Studies of the Henry M. Jackson School of International Studies(Seattle : University of Washington Press, 1991).

Eisenstadt, Shmuel. N., *Modernization : Protest and Change, Englewood Cliffs*(NJ : Prentice-Hall, 1966).

Evans, Peter B., *Embedded Autonomy*(Princeton : Princeton University Press, 1995).

Evans, Peter B. · Dietrich Rueschemeyer · Theda Skocpol (eds.), *Bringing the State Back In*(London : Cambridge University Press, 1985).

Farrell, Diana · Susan Lund · Christian Fölster · Raphael Bick · Moira Pierce · Charles Atkins, "Mapping Global Capital Markets : Fourth Annual Report"(McKin-sey Global Institute, 2008).

Feldstein, Martin S., "Refocusing the IMF", *Foreign Affairs*, vol. 77, no. 2(1998), 20~33쪽.

Fine, Ben · Laurence Harris, *Rereading Capital*(New York : Columbia University Press, 1979).

Fischer, Stanley, "In defense of the IMF : International Monetary Fund response to Refocusing the IMF", *Foreign Affairs*, vol. 77, no. 4(1998), 103~106쪽.

Frank, Andre Gunder, *Capitalism and Underdevelopment in Latin America : Historical Studies of Chile and Brazil*(New York : Monthly Review Press, 1969).

_____, *The Development of Underdevelopment*(Boston : New England Free Press, 1966).

Friedman, Milton · Rose, *Free to Choose : A Personal Statement*(New York : Harcourt Brace Jovanovich, 1980).

Gerschenkron, Alexander, *Economic Backwardness in Historical Perspective*(Cambridge, MA : Belknap Press of Harvard University Press, 1962).

Gill, Stephen, *Power and Resistance in the New World Order*(New York : Palgrave MacMillan, 2003).

_____, "New Constitutionalism, Democratisation and Global Political Economy", *Pacifica Review*, vol. 10, no. 1(February, 1998).

Gilpin, Robert, *The Political Economy of International Relations*(Princeton : Princeton University Press, 1987).

Gramsci, Antonio, *Selections from Prison Notebooks of Antonio Gramsci*, Quintin Hoare · Geoffrey Nowell Smith (eds.)(London : Lawrence & Wishart, 1978).

Greenspan, Alan, "On the Asian financial crisis", *Federal Reserve Bulletin*(January 30, 1998).

Grindle, Merille S., "The New Political Economy", Gerald M. Meier (ed.), *Politics and Policy Making in Developing Countries*(San Francisco : ICS Press, 1991), 41~67쪽.

Gunnell, J. G., "Social Science and Political Reality : The Problem of Explanation", *Social Research* 31(1)(1968), 159~201쪽.

Haggard, Stephen, *Pathways from the Periphery : The Politics of Growth in the Newly Industrializing Countries*(Ithaca : Cornell University Press, 1990).

Haque, M. Shamsul, *Restructuring Development Theories and Policies : A Critical Study* (New York : State University of New York Press, 1999).

Hardt, Michael·Antonio Negri, *Multitude : War and Democracy in the Age of Empire* (New York : Penguin, 2004).

_____, *Empire*(Cambridge, MA : Harvard University Press, 2000).

Harvey, David, "In What Ways Is 'The New Imperialism' Really New?", *Historical Materialism*, vol. 15, no. 3(2007), 57~70쪽.

_____, "Comment on Commentaries", *Historical Materialism*, vol. 14, no. 4(2006), 157~166쪽.

_____, *The New Imperialism*(Oxford : Oxford University Press, 2003).

Hilton, Rodney H., *The Transition from Feudalism to Capitalism*(London : New Left Books, 1976).

Hirschman, Albert O., *Essays in Trespassing : Economic to Politics and Beyond*(Cambridge : Cambridge University Press, 1981).

Historical Materialism, vol. 14, no. 4(2006), 3~166쪽.

Historical Materialism, vol. 15, no. 3,(2007), 45~170쪽.

Howard, Michael Charles·J. E. King, *A History of Marxian Economics,* vol. 2, 1929~1990(Princeton, NJ : Princeton University Press, 1992).

Hunt, Diana, *Economic Theories of Development : An Analysis of Competing Paradigms* (New York : Harvester Wheatsheaf, 1989).

Hunt, E. K., *History of Economic Thought : A Critical Perspective*(Armonk, NY : M. E. Sharpe, 2011).

_____, *History of Economic Thought : A Critical Perspective*(Armonk, NY : M. E. Sharpe, 2002).

_____, *History of Economic Thought : A Critical Perspective*(Belmont : Wadsworth Publishing Company, 1979).

IMF, "IMF Stand-By Arrangement : Summary of the Economic Program"(December 5, 1997). Website: http://www.imf.org/external/np/oth/korea.htm

Jeong, Sung-Jin, "The Social Structure of Accumulation in South Korea : Upgrading or Crumbling?", *Review of Radical Political Economics*, vol. 29, no. 4(1997).

Jessop, Bob, *The Capitalist State : Marxist Theories and Methods*(New York : New York University Press, 1982).

Johnson, Chalmers, *MITI and the Japanese Miracle*(Stanford : Stanford University Press, 1982).

Jones, Leroy P.·Sakong, Il., *Government, Business, and Entrepreneurship in Economic Development : The Korean Case*(Cambridge, MA : Harvard University Press, 1980).

Kapp, William K., *Social Costs of Business Enterprise*(New Delhi : Asia Publishing House, 1963).

Kiely, Ray, *Industrialization and Development : A Comparative Analysis*(London : UCL Press, 1998).

Kim, Joon-Kyung·Lee, Chung H., "Finance and Economic Development in Korea", Seoul National University Institute for Research in Finance and Economics Working Paper Series 10-A05(2010).

Kohli, Atul, "Where Do High-Growth Political Economies Come From? The Japanese Lineage of Korea's 'Developmental State'", Meredith Woo-Cumings (ed.), *The Developmental State*(Ithaca : Cornell University Press, 1999).

Koo, Hae-Geun, *Korean Workers : The Culture and Politics of Class Formation*(Ithaca : Cornell University Press, 2001).

Krueger, Anne, "The Political Economy of the Rent-Seeking Society", *The American Economic Review*, vol. 64 : 3(1974), 291~303쪽.

Krugman, Paul, "The Myth of Asia's Miracle", *Foreign Affairs*(1994), 73~76·62~78쪽.

Kuhn, Thomas S., *The Structure of Scientific Revolutions*(3rd ed.)(Chicago, IL : University of Chicago Press, 1996).

Lahart, Justin, "In Time of Tumult, Obscure Economist Gains Currency", *Wall*

Street Journal(August 18, 2007).
Lal, Deepak, *The Poverty of 'development economics'* (Cambridge, MA : The MIT Press, 2000).
List, Friedrich, *Outlines of American Political Economy* (Wiesbaden : Bottiger, 1993).
Marx, Karl, *Grundrisse* (New York : Vintage Books, 1973).
_____, *Capital : A Critique of Political Economy*, vol. 3(New York : International Publishers, 1959). On-Line Version : www.marxists.org
_____, *Capital : A Critique of Political Economy*, vol. 2(Moscow : Progress Publishers, 1907). On-Line Version : www.marxists.org
_____, *Capital : A Critique of Political Economy*, vol. 1(Moscow : Progress Publishers, 1887). On-Line Version : www.marxists.org
_____, *A Contribution to the Critique of Political Economy* (Moscow : Progress Publishers, 1859). On-Line Version : www.marxists.org
_____, "The Manifesto of the Communist Party", *Marx and Engels Selected Works* vol. 1(Moscow : Progress Publisher, 1848). On-Line Version : www.marxists.org
_____, *Critique of Hegel's Philosophy of Right* (Oxford : Oxford University Press, 1843). On-Line Version : www.marxists.org
Mumford, Lewis, *The Myth of the Machine* (vol. 2) : *The Pentagon of Power* (New York : Harcourt Brace Jovanovich, 1970).
_____, *The Myth of the Machine* (vol. 1) : *Technics and Human Development* (New York : Harcourt Brace Jovanovich, 1967).
Nitzan, Jonathan, "Regimes of Differential Accumulation : Mergers, Stagflation and the Logic of Globalization", *Review of International Political Economy*, vol. 8, no. 2(2001), 226~274쪽.
_____, "Differential Accumulation : Towards a New Political Economy of Capital", *Review of International Political Economy*, vol. 5, no. 2(1998), 169~216쪽.
Nitzan, Jonathan · Shimshon Bichler, "Differential Accumulation"(2012). www.bnarchives.net
_____, "Notes on the State of Capital"(2010). www.bnarchives.net
_____, *Capital as Power : A Study of Order and Creorder* (New York : Routledge,

2009).

———, "Elementary Particles of the Capitalist Mode of Power", Transcript of a presentation at the Sixth International Conference of Rethinking Marxism(2006). www.bnarchives.net

———, "New Imperialism or New Capitalism?"(2004). www.bnarchives.net

———, *The Global Political Economy of Israel*(London·Sterling·Virginia : Pluto Press, 2002).

———, "Going global : differential accumulation and the great U-turn in South Africa and Israel", *Review of Radical Political Economics* 33(2001), 21~55쪽.

———, "Capital Accumulation", R. Palan (ed.), *Global Political Economy : Contemporary Theories*(London·New York : Routledge, 2000).

Olson, Mancur, *The Rise and Decline of Nations : Economic Growth Stagflation, and Social Rigidities*(New Haven : Yale University Press, 1982).

———, *The Logic of Collective Action : Public Goods and the Theory of Groups*(Cambridge, MA : Harvard University Press, 1965).

Park, Won-Am·Choi, Gongpil, "Assessment of Korea's Financial Liberalization"(Korea Institute of Finance, 2002).

Polanyi, Karl, *The Great Transformation : The Political and Economic Origins of Our Time* (Boston : Beacon Press, 1957).

Preston, Peter W., *New Trends in Development Theory : Essays in Development and Social Theory*(London : Routledge & Kegan Paul, 1985).

Robinson, William, "The Pitfalls of Realist Analysis of Global Capitalism : A Critique of Ellen Mciksins Wood's Empire of Capital", *Historical Materialism*, vol. 15, no. 3(2007), 71~93쪽.

Rostow, Walt, *The Stages of Economic Growth : A Non-Communist Manifesto*(Cambridge : Cambridge University Press, 1960).

Samuelson, Paul, "Parable and Realism in Capital Theory : The Surrogate Production Function", *Review of Economic Studies* 29, no. 3(1962), 193~206쪽.

Shils, Edward A., *Political Development in the New States*(The Hague : Mouton, 1966).

Stiglitz, Joseph, *Stability with Growth : Macroeconomics, Liberalization, and Develop-*

ment (New York : Oxford University Press, 2006).

_____, "Reforming the Global Economic Architecture : Lessons from Recent Crises", *Journal of Finance,* vol. 54, issue 4(1999), 1508~1521쪽.

_____, "Markets, Market Failures, and Development", *American Economic Review,* vol. 79, no. 2(1989), 197~203쪽.

Summers, Lawrence, "International Financial Crises : Causes, Prevention, and Cures", *American Economic Review,* vol. 90, no. 2(2000), 1~16쪽.

Tilly, Charles, *Coercion, Capital, and European States : AD 990~1990*(Basil Blackwell, 1990).

Veblen, Thorstein, *Absentee Ownership : Business Enterprise in Recent Times*((New Brunswick : Transaction Publishers, 1923(1997)).

_____, *The Engineers and the Price System*(New York : Harbinger, 1921(1963)).

_____, "On the Nature of Capital", *The Quarterly Journal of Economics,* vol. 22, issue 4(1908), 517~542쪽.

_____, *The Theory of Business Enterprise*(New Brunswick·London : Transaction Publishers, 1904).

Wade, Robert, "The Asian debt-and-development crisis of 1997~? : Causes and consequences", *World Development,* vol. 26, no. 8(1998), 1535~1553쪽.

_____, "East Asia's Economic Success : Conflicting Perspectives, Partial Insights, Shaky Evidence", *World Politics,* vol. 44, no. 2(January, 1992), 270~320쪽.

_____, *Governing the Market : Economic Theory and the Role of Government in East Asian Industrialization*(Princeton : Princeton University Press, 1990).

Wallerstein, Immanuel, *The Capitalist World-Economy*(Cambridge : Cambridge University Press, 1979).

_____, *The Modern World-System,* vol. 1 : *Capitalist Agriculture and the Origins of the European World-Economy in the Sixteenth Century*(New York·London : Academic Press, 1974).

Weiss, Linda·John. M. Hobson, *States and Economic Development*(Cambridge : Polity Press, 1995).

Williamson, John, "What Washington Means by Policy Reform", John

Williamson (ed.), *Latin American Adjustment : How Much Has Happened?*(Washington : Institute for International Economics, 1990).

Woo-Cumings, Meredith, *Race to the Swift : State and Finance in Korean Industrialization*(New York : Columbia University Press, 1991).

Wood, Ellen, "Logics of Power : A Conversation with David Harvey", *Historical Materialism*, vol. 14, no. 4(2006), 9~34쪽.

World Bank, "The East Asian Miracle : Economic Growth and Public Policy", *World Bank Policy Research Reports*(New York : Oxford University Press, 1993).

데이터베이스

공정거래위원회 기업집단공개시스템, http://www.groupopni.ftc.go.kr
국세청, http://www.nts.go.kr/
국회도서관, http://www.nanet.go.kr
금융감독원, http://fisis.fss.or.kr
재벌닷컴(Chaebul.Com), http://www.chaebul.com
통계청, http://www.kosis.kr/
한국거래소, http://www.krx.co.kr
한국은행 경제통계시스템, http://ecos.bok.or.kr/
KISVALUE(Nice신용평가정보), http://www.kisvalue.com/web/index.jsp
OECD Statistics, http://www.oecd.org/statistics
UNCTAD, http://unctadstat.unctad.org
World Development Indicators, http://databank.worldbank.org

찾아보기

ㄱ

가격 결정자 106, 396
가격 수용자 131, 395~396
가격 왜곡 43, 46
가능성의 한계 11, 17, 66, 220, 284, 292, 352
가치론 89, 134, 136, 160, 163, 170, 179~181, 184, 188
　-권력가치론 95, 98, 160, 180, 182, 185, 191
　-노동가치론 89, 92, 95, 98, 115, 134~136, 160, 164, 167~172, 174~175, 180, 185, 206, 213, 350
　-효용가치론 134, 173
가치사슬 106~107, 200, 376
간-주관성 116, 121, 161
갑을 관계 99
강한 국가 22, 58~60, 145, 268
개발독재 11~12, 22, 33~34, 50, 58, 65~66, 114, 225, 265, 318, 357, 396, 398, 411~412, 416, 420~421, 424, 426
거대기계 147, 150~153, 217, 260, 264, 266~268, 277, 290, 369, 371, 376, 379, 385, 392, 412
경제민주화 13~14, 21, 25, 32, 36, 39, 48, 289~290, 423, 426

경제자유화 16, 330
계급투쟁 76, 218, 313~318
골디락스 355
과잉 규제 47, 294
구조적 단절 284, 352, 356, 420
국가의 양도 203~205
국가의 후퇴 16, 22, 148, 320, 343, 370
국가이성 16, 37, 65, 225
국가 합리성 24, 351
국가 형태 121~122
권력 복합체 150~151, 266, 273, 290, 302
권력의 동학 22, 63
권력의 펜타곤 151
권력자본론 17~21, 23~25, 64, 66, 68~69, 73~74, 80, 86, 130, 159, 179, 181, 192, 197, 200, 225, 261, 267, 271~272, 289, 351~352, 376, 379, 394, 412~413
규제 완화 47, 67, 76, 288, 302, 329, 334, 339, 349, 369
그람시, 안토니오 86, 110, 120~121, 128, 287, 411
그린스펀, 앨런 47, 89~90, 297, 299
금융자본 32, 49~50, 78, 80, 91, 103, 105, 119, 125, 132, 142~143, 146~147, 209, 213~214, 282~283, 350, 353,

440

411, 419
- 비생산적 금융자본 23, 80, 105, 350~351
기대이윤 173, 195, 357
김상조 36, 48~51, 331

ㄴ

낙수효과 349, 357~358, 398
노동 분업 54, 99~100, 103, 119, 181
노동의 창조성 186
누에고치 265, 268, 303
닛잔, 조너선 17, 25, 54, 64, 68~73, 86, 95, 130, 138~140, 147, 149, 151, 159~161, 168, 179~185, 188~194, 196~197, 200, 202~203, 209~210, 215, 218~220, 226, 229, 265, 273, 303, 310, 319, 357, 360, 369, 376, 407, 411, 421~422

ㄷ

대안연대 48~51, 379

ㄹ

로크, 존 88, 115
리스트, 프리드리히 43, 90~91, 127
리카도, 데이비드 104, 135, 169~170, 175

ㅁ

마르크스, 카를 19, 35, 40, 92, 95~98, 110~112, 128, 130, 134, 160~180, 183~185, 188, 203~205, 218, 246, 411~412, 423

매판자본 41
멈퍼드, 루이스 150~151, 266, 290, 423
문화적 규범(노모스) 180, 183, 186
물질적 역량 112~114, 117, 120, 122~124, 128, 147, 151, 182, 219, 421~423
민영화 138, 148, 232, 237~238, 255, 288, 321, 323, 339, 372~373

ㅂ

박정희 32~33, 45, 51, 59~61, 68, 91, 108, 114, 208, 232, 258, 260~261, 265~266, 274~275, 278, 280, 284, 289, 411, 415~416, 418, 420, 424, 426
발전이론 38~40, 43, 227, 415
- 국가 주도 발전이론(발전국가론) 15~16, 36, 42~44, 46, 48, 50~54, 57~63, 65, 79, 85, 89~91, 102~103, 105, 107~109, 116, 122~123, 129~130, 132, 145, 148~149, 159, 229, 264~265, 277, 300, 342, 382, 390~391, 411, 415
- 신고전파 발전이론 15~16, 36, 42~44, 46, 48, 50, 52~58, 60~62, 85, 89~90, 100~103, 116, 123, 129, 131, 134~135, 148~149, 159, 171~174, 180, 229, 343, 415
발전주의 38~41, 51, 52~53, 74~75, 85, 131, 162, 226, 231, 248, 264~265, 330~331
배당 성향 390~391
배제 19, 184, 208, 243, 269, 353, 355~

356, 395, 414
베블런, 소스타인 74~75, 86, 113, 130, 132, 137~140, 142, 145~146, 181, 186, 207, 226, 268, 353, 391, 412, 419
베트남전쟁 280~281
벡텔 134
벤담, 제러미 58
보이지 않는 손 43, 54~55, 88, 94, 260
보호주의 32, 319, 321, 398
본원적 축적 163~166, 183, 185, 204, 243, 415
부가가치 75, 103~107, 114, 385
부재소유자 23, 66, 69, 142, 152, 261, 351, 392
 -글로벌(초국적) 부재소유자 25, 66, 69, 79, 351, 369, 386, 392, 419
부재지주 23, 142~143, 145
분배 연합 72, 148, 243, 246, 249, 254, 256~257, 259, 261, 264, 270, 301, 343, 356
불변의 가치척도 175~176
브로델, 페르낭 11, 62, 131, 149
 -《물질문명과 자본주의》 131
비용 절감 194~195, 197, 200, 357~358, 365, 403
비은행 금융기관 298, 334, 337
비정규직 12~13, 24, 32, 131, 190, 349~351, 353, 355, 365, 402~406
비클러, 심숀 17, 54, 64, 68~73, 86, 95, 130, 138~140, 147, 149, 151, 159~161, 168, 179~185, 188~194, 196~197, 200, 202~203, 209~210, 215, 218~220, 226, 229, 265, 273, 303, 310, 319, 357, 360, 369, 376, 407, 411, 421~422

ㅅ

사보타주 86, 137~140, 208, 268~270, 272, 353~356, 358, 360, 395, 397, 414
 -보편적 사보타주 147, 272
 -전략적 사보타주 19, 22~23, 138~140, 142, 243, 350~351, 353~354, 392, 395, 407
 -차등적 사보타주 147, 269, 272, 283, 392, 420, 423
사유화 19~22, 60, 75, 79, 114, 144~145, 148, 186, 202, 225~226, 229, 250~251, 267, 349, 351, 360, 369, 402, 419
사회관계의 물화 163
사회세력 32, 34, 64, 73, 86, 93~94, 113, 117~124, 126, 128, 155, 183, 220, 226, 244, 277, 287, 291, 304, 352, 389, 407, 421, 424
사회적 생산 19~23, 60, 132~133, 140~142, 147, 163, 172, 244, 262, 267, 350, 355, 392, 414~415, 419, 424
사회적 필요노동시간 136, 167, 170
산업자본 32, 51, 80, 103, 105, 132, 142, 146~147, 214, 282~283, 350~351, 353, 372, 390, 392, 411, 419
 -생산적 산업자본 23, 351
삼성공화국 34, 37, 359
상품 물신주의 163

새뮤얼슨, 폴 174
생산관계 95, 101, 107, 110~111, 115, 119, 162, 164~165
생산력 95~98, 111, 119, 130, 132, 151, 162, 266
생산양식 69, 95~96, 98~99, 111, 123, 164, 170, 204, 206
생성의 질서 70, 185, 422
세계은행 38, 53, 99, 118~119, 294, 320
세계 질서 25, 31, 33, 48, 59, 62, 64, 74, 86, 93, 110, 117, 121~122, 124, 128~129, 132, 211, 244, 266, 278, 284, 289, 302~303, 312, 319, 346, 352, 364
세계화 24, 31, 34, 37, 48, 66~67, 69, 77~79, 81, 116~117, 119, 159, 214, 217, 239, 291, 305, 320, 328, 330~331, 334~335, 345, 351~352, 369, 371~373, 376, 380, 384~385, 392, 412~413
세액공제 399~400
 -연구개발 세액공제 399~400
 -임시 투자 세액공제 399~400
소액주주 운동 48~49, 52
순환출자 234
스라파, 피에로 172
스미스, 애덤 54, 88~89, 91~92, 104, 116, 169~170, 175
스태그플레이션 138, 140, 194~195, 197, 225, 320, 357~358, 364~365
시가배당률 390~391
시가총액 193~194, 197~198, 235~240, 334~335, 374~375, 378, 386~388
시장 합리성 24, 225, 351
시중은행 79, 232~233, 237, 240, 323, 339~340, 378
신고전파 15~16, 36, 42~44, 46, 48, 50, 52~58, 60~62, 85, 87, 89~90, 100~103, 116, 123, 129, 131, 134~135, 148~149, 159, 171~174, 180, 229, 343, 415
신규 산업투자 77, 194, 196, 200, 225, 274, 277, 342, 344, 357, 364~365, 396
신자유주의 11~12, 16, 22, 32~34, 37, 46~48, 50~51, 55, 61, 65~66, 68, 78, 88~89, 91, 118, 121, 126, 129, 148, 203, 213~217, 268, 284, 288, 299, 301, 320, 328~331, 342~344, 351~352, 356, 370~372, 376, 380, 383~384, 391~394, 397~398, 407, 412, 415, 418~420, 422, 424
신제국주의 166, 211~213

ㅇ
아리기, 조반니 148, 205
IMF(국제통화기금) 38, 53, 118~119, 293, 297~302, 320~321, 331, 334, 341, 346, 373
암스덴, 앨리스 44~46
압축 성장 14, 60, 63, 225, 260, 277
애벌레 303
양극화 12, 99, 131, 351, 394, 402~404, 406
 -사회양극화 33, 36, 41, 91, 350, 356, 358,

392, 402, 418, 420
  - 양극화 성장 349~350, 352, 354, 357~358
에번스, 피터 44~45, 57
역사적 구조 65, 95, 111~113, 117, 120~123, 125, 128~129, 151, 219, 289~290, 412, 421
  - 물질적 역량 64, 113, 120, 123~124, 128, 151, 182, 421
  - 이념 64, 113, 120, 123~124, 128, 151, 182, 421
  - 제도 64, 113, 120, 123~124, 128, 151, 182, 421
역사적 블록 86, 110, 120~121, 123~124, 128~130, 203, 290, 411, 421~422, 424
역사적 유물론 95, 97, 128, 170
《역사적 유물론》 166
영리 활동 19, 75, 130, 133~134, 140~141, 145, 186, 226, 229, 231, 412, 419
OECD(경제협력개발기구) 227~228, 270, 275, 308, 331~333, 349, 416~418
오트 피낭스 125~127, 207
올슨, 맨커 148, 249
완전경쟁시장 55, 62, 101~102, 131
외국환평형기금 23, 401
우드, 엘런 M. 178, 210~211
울타리치기 20~21
워싱턴 컨센서스 31, 148, 288, 320, 322, 372
웨이드, 로버트 44, 299

위험률 70~71, 182, 185, 342, 392
유기적 구성 174~175
유기적 위기 287~288, 291
유연노동 31, 288, 349, 355, 372, 403, 405
이론적 관점 36, 53, 57, 86, 89~91, 93~94, 97
이병철 145, 234~235, 249, 253, 256, 259
이분법 16, 21
  - 국가와 시장의 이분법 15, 22~23, 35, 37, 57, 60, 63~64, 97, 112, 120, 178, 181, 187~188 289, 411
  - 산업자본과 금융자본의 이분법 80, 391
  - 이분법적 존재론 37, 63
  - 정치와 경제의 이분법 36, 57, 63, 74, 205, 225, 289, 412
이윤청구권 23, 142, 202, 248
이중 정치경제 191, 317, 396~397, 402, 406
2008년 글로벌 금융위기 374, 389~390
인수합병(M&A) 72, 145, 153, 194~195, 197, 199~201, 242, 320, 352, 357~358, 364, 373, 376, 402
인큐베이터 283
인클로저 19
일반 집중 362
잉여가치 101, 163, 176, 186
잉여노동 135, 176, 274, 365
잉여노동시간 187
잉여노동력 226, 306, 342

ㅈ
자본의 차등적 권력 192~193, 198, 309~

310, 387

자본축적 19, 22, 24~25, 33, 60, 65~66, 68~69, 72~78, 81, 98, 130, 155, 159~161, 163, 166, 171, 177~178, 180, 183, 185~192, 194, 202, 206, 208, 210~213, 225, 231, 255, 261~262, 264, 272~273, 284, 287, 289, 292, 342, 353, 360. 369~371, 385, 393, 396, 401, 412~414

자본화 18, 20, 70~72, 147, 149~151, 153~154, 173, 182~183, 185~187, 192, 194~196, 198~199, 202, 206, 208~210, 217~220, 270~271, 281, 346, 357, 369, 370~371, 376, 379, 385~388, 392, 402, 407, 412, 419, 425

 -자본화 공식 69~70, 182, 184, 195, 208, 218, 351, 371, 396

자유주의 50, 87, 90~91, 93~94, 117, 119, 122, 124, 126~129, 203, 207, 266, 305, 423

 -자유주의적 이상주의 91

자유화 31, 42, 47, 67, 77, 148, 217, 232, 281, 288, 297~298, 300, 302, 319~326, 328~337, 342~346, 349, 352, 360, 369, 372~373, 380, 386, 388, 392~393

자율조정시장(자기조정시장) 16, 35~36, 54, 56, 61, 87~88, 94, 122~127, 149, 207, 373, 394

작동 양식 57, 267

장하준 35~36, 45, 48, 50~51, 58, 61, 91, 132, 356, 411, 417~419

재벌 11~12, 16, 18, 21~25, 32~37, 48~52, 58~61, 65, 67~68, 73~76, 79~80, 91, 104~105, 109, 131~132, 146~147, 190~191, 200, 219, 225, 231~234, 236~237, 242~243, 246~250, 255, 258~259, 266~272, 274, 277, 281, 283~284, 288, 290~291, 293, 302, 304~306, 309, 311, 315~316, 324, 328~329, 331, 335~336, 338~341, 344~346, 350, 353, 355, 359~360, 362, 365~366, 368, 370, 377~379, 390, 392, 396~399, 401~402, 407, 412~416, 418~419, 426

 -4대 재벌 77, 231, 233, 235, 238, 309, 311, 362, 364, 367~368

 -30대 재벌 79, 231, 233, 237, 247, 270, 300, 306, 309~311, 336, 339~340, 344, 362, 364~368, 387, 413

 -삼성 18, 23, 34, 37, 75, 93, 115~116, 142~144, 146~147, 193~194, 230~231, 234~236, 240, 242, 247, 249, 253, 255~258, 270~271, 273, 275~276, 279, 324, 335, 339~340, 354, 359, 362~363, 367, 385~387, 397, 400·401, 413~414

 -SK 231, 235, 237, 240, 247, 249, 257, 335

 -LG 231, 235, 237, 242, 247, 249, 255, 257~258, 270~271, 273, 275~276, 279, 335, 385

 -현대 142~143, 147, 200, 231~232,

235~236, 242, 247, 249, 255, 257~258, 270~271, 273, 316~317, 335, 385~387, 404
재벌 개혁 32, 36~37, 48, 52, 61
저발전의 발전 40~41
적산 불하 246~249, 261, 415
전체론 97, 133, 178, 181
전형 문제 98, 167, 171, 176, 179
정경유착 49
정상수익률 70, 146, 151~152, 155, 173, 191, 385
정실주의 16, 18, 244, 264, 283, 297, 300~302, 329, 345, 372, 414
 - 정실자본주의 47
정치경제학 14, 17, 33~34, 37, 47~48, 63~64, 68, 86, 90~92, 95, 97, 135, 159~162, 167~168, 171~172, 176, 178~179, 191, 204, 212, 225, 264~265, 411
제도적 복합체 64, 70, 180
제도적 장치 19, 21, 34, 55, 75, 91, 100, 112~113, 117~118, 120~121, 127, 144, 148~150, 177, 182, 187, 202~203, 207, 209, 219, 269, 290, 322, 357, 368~369, 371, 376, 421
존슨, 차머스 44
종속이론 40~42, 47
주주자본주의 48~49, 350, 355, 411
지구화 78, 213, 312, 319
지니계수 394~395
지대 추구 261~263
지배 블록 24, 65~68, 120, 123~124, 132,

148~149, 182, 185, 203, 225~226, 260, 288, 290~291, 304, 313, 330~331, 343, 351, 359, 369~370, 412~416, 420~421
지배자본(지배적 자본) 17, 24, 66, 72~74, 76~81, 190~191, 193~197, 200~201, 218~220, 225, 231, 233, 240, 242, 246, 250, 256, 263, 267~268, 271~277, 279~280, 283~284, 291, 293, 300, 304~307, 309~313, 316, 318~319, 324, 328~329, 339, 343~346, 351~352, 355~367, 369~372, 376~377, 379~380, 386, 389~390, 392~394, 396~398, 401~407, 414~415, 420, 425~426
직접투자 41, 46, 59, 241, 324, 333, 369, 373~374, 380~381
 - 외국인 직접투자 126, 241~242, 321, 324, 332~333, 335, 380
 - 해외 직접투자 241~243, 380

ㅊ
차등적 권력 182, 192~194, 198, 202, 244, 271, 309, 310, 387
차등적 축적 66, 74, 77, 187~189, 191, 193~197, 201, 219, 225~226, 268, 270~273, 277, 283, 292~293, 304~306, 312, 319, 324, 351~352, 356~358, 360, 362, 364, 366, 368, 370, 372, 377, 385~389, 393, 402, 407, 415~416
참여연대 48~50, 411

1997년 금융위기 15, 20, 22, 25, 31, 33~
　　34, 42, 46, 49, 55, 63, 66, 68, 77, 91,
　　284, 288~289, 293, 295, 341
1987년 민주화 항쟁 31~32, 267, 313, 364,
　　369, 402
초국적화 67, 80~81, 118, 209~210, 213,
　　231, 238~242, 291, 351, 369, 371,
　　377, 380, 392~394, 407, 419
추상적 노동시간 136, 170, 175
축적 체제 24, 67, 73~74, 77~78, 138, 193
　　~194, 196, 202, 226, 265, 268, 277,
　　306~307, 312, 331, 350~352, 356,
　　358~359, 364~365, 371, 420
　-깊이 지향 축적 체제 72, 196~197, 200
　　~201, 225, 310~311, 319, 352, 357
　　~358, 364~366, 368, 371, 412
　-넓이 지향 축적 체제 72, 74, 78, 196~
　　197, 199~200, 226, 270, 273~278,
　　306~308, 310~312, 316, 318~319,
　　342, 351~352, 357~358, 364~368,
　　371, 376, 396, 412

ㅋ
케인스, 존 메이너느 98
케임브리지 논쟁 171~172, 174
코스피 194, 240, 295, 334, 378, 386~388,
　　390
콕스, 로버트 53, 57, 86, 95, 110, 112, 120,
　　122, 128, 151, 411, 421
쿤, 토머스 86, 168~169, 174, 176, 179,
　　191, 423

ㅌ
탈규제 148, 300, 302, 321~324, 329~
　　331, 336~337, 345, 371~372, 393
탈정치화 36~37
투자자의 기대 지수 195

ㅍ
파놉티콘 58
패러다임 38, 86, 89~90, 97, 162, 168~
　　169, 174, 187, 191, 210, 213, 423
포식자 본능 186
폴라니, 칼 124~128, 155, 370, 420
프레스턴, 피터 38

ㅎ
하비, 데이비드 178, 206, 210, 212~213
한계노동생산성 100~101
한계자본생산성 101~102
현실주의 90~94, 102
　-중상주의적 현실주의 90
효용 54, 56, 100~102, 150, 171~173,
　　180, 184, 394
효율성의 신중한 철회 138, 140
후쿠야마, 프랜시스 129

 총서 6

재벌, 한국을 지배하는 초국적 자본

펴낸날	초판 1쇄 2013년 9월 10일
	초판 2쇄 2016년 8월 30일
지은이	박형준
펴낸이	김현태
펴낸곳	책세상
주소	서울시 종로구 경희궁길 33 내자빌딩 3층(03176)
전화	02-704-1251(영업부) 02-3273-1333(편집부)
팩스	02-719-1258
이메일	bkworld11@gmail.com
홈페이지	www.bkworld.co.kr
등록	1975. 5. 21 제1-517호
ISBN	978-89-7013-850-3 04300
	978-89-7013-799-5 (세트)

책값은 뒤표지에 있습니다.
잘못된 책은 바꾸어드립니다.

이 도서의 국립중앙도서관 출판시도서목록(CIP)은 서지정보유통지원시스템 홈페이지 (http://seoji.nl.go.kr)와 국가자료공동목록시스템(http://www.nl.go.kr/kolisnet)에서 이용하실 수 있습니다.(CIP제어번호: CIP2013016169)